互动、融合与流动：
全球当代性语境下的博物馆

Interaction, Integration and Flow: Researching the Museum in the Global Contemporary

杨　瑾　主编

科学出版社

北京

内 容 简 介

　　本书从博物馆宏观研究、陈列展览、博物馆与社会、博物馆与教育、博物馆与技术、博物馆与藏品、博物馆与全球当代性共七个方面，阐释了全球当代性语境下的博物馆所面临的挑战，博物馆为适应全球社会经济发展，在定义重构、功能再造与技术运用等方面更需要在守正中不断创新，始终站在藏品征集、研究、展示与传播的前沿阵地，以满足全球公民文化需求为目标，不断超越自我。当代全球社会思潮中的博物馆学研究也应基于机构使命与愿景，不断增益赋能，承担起越来越重要的共建人类命运共同体的责任与担当。中国博物馆事业的蓬勃发展，切实助力于中华民族伟大复兴中国梦的宏大叙事，强基固本，砥砺前行，与世界互动、与社会融合，汇聚成滔滔浪潮，向着博物馆事业的美好未来奋勇前进。

　　本书适合于博物馆学的研究者、爱好者及大专院校相关专业的师生参考、阅读。

图书在版编目（CIP）数据

互动、融合与流动：全球当代性语境下的博物馆 / 杨瑾主编. —北京：科学出版社，2020.6
　ISBN 978-7-03-065268-3

Ⅰ.①互⋯　Ⅱ.①杨⋯　Ⅲ.①博物馆学–研究　Ⅳ.①G260
中国版本图书馆CIP数据核字（2020）第090443号

责任编辑：张亚娜 / 特约编辑：李吉光 / 责任校对：王晓茜
责任印制：肖　兴 / 封面设计：美光制版

科学出版社 出版
北京东黄城根北街16号
邮政编码：100717
http://www.sciencep.com

北京九天鸿程印刷有限公司 印刷
科学出版社发行　　各地新华书店经销

*

2020年6月第 一 版　　开本：710×1000　1/16
2020年6月第一次印刷　　印张：31
字数：496 000

定价：**138.00元**

（如有印装质量问题，我社负责调换）

编 委 会

序

继2018年"开放与共享：博物馆学理论与实践新思考"国际学术研讨会之后，陕西师范大学与英国莱斯特大学于2019年9月15—18日再次合作，在西安举办了"互动、融合与流动：全球当代性语境下的博物馆"国际学术研讨会，旨在进一步讨论全球当代性与全球博物馆发展的关键性理论与实践。此次会议吸引了百余名来自国内外高校、研究机构、博物馆等领域的专家学者，共收到论文61篇，主要分为博物馆宏观研究、陈列展览、博物馆与社会、博物馆与教育、博物馆与技术、博物馆与藏品、博物馆与全球当代性共七个主题。通过大会主题发言、分组讨论和工作坊等多种形式，与会代表围绕上述七个主题进行了深入讨论。

一、何谓"全球当代性"？

很多学者对此次会议的主题饶有兴趣。为何要用"全球当代性"这个词呢？这与莱斯特大学博物馆学院西蒙·尼尔（Simon Knell）教授的创意有关。2018年在筹办"开放与共享：博物馆学理论与实践新思考"国际学术研讨会时，由英国驻华使馆文化处程志宏女士引介，西蒙·尼尔教授应邀参加了会议。他的主旨演讲"当代博物馆"令人耳目一新，他在陕西省文物局"文博讲坛"的大型公众讲座"边界与桥梁：博物馆与全球文化和谐"同样获得了听众的阵阵掌声[①]。"全球当代性（Global Contemporary）"在英文中最早指当代艺术及其全球性联系。它源自德语Zeitgeist，意为"时间精神"或"时代精神"。18世纪引入德国，多见于欧洲学术圈，后进入艺术领域。汉斯·贝尔廷（Hans Belting），安吉拉·白蒂斯格（Andrea Buddensieg）和彼

[①] ［英］西蒙·尼尔著，杨瑾译：《当代博物馆学》，《开放与共享：博物馆学理论与实践新探索》，人民出版社，2018年，第3—18页；［英］西蒙·奈尔著，杨瑾编译：《边界与桥梁：博物馆与全球文化和谐》，《自然科学博物馆研究》2019年第2期。

得·韦伯尔（Peter Weibel）等学者在评论2011—2012年德国卡尔斯鲁厄艺术与媒体中心①当代艺术博物馆举办的"全球当代性：1989年以后的艺术世界"展览时，将21世纪早期艺术的显著特征总结为"全球当代性"②。

西蒙·尼尔教授认为这些特征中很多被用于广义的生活和文化，因此形塑了博物馆的角色。2016年春，西蒙·尼尔教授在筹备莱斯特大学博物馆学院50周年会议"全球当代性中的博物馆"时首次使用了更广义的Zeitgeist一词。他认为，Zeitgeist具有三重含义：一是指当代时间，即2006年以后开始出现的且强度不断加强的一种全球化感觉和当代生活，这是一个非等级的、全球性链接的且塞满了由当代生活所代表的时间薄片的世界。二是指我们当今所经历的一切，以及由技术产生的一个全球链接的世界对当代需求的回应。三是主要关注当代社会、当今全球联系的结果。全球当代性产生了当代博物馆学的概念，也成为思考与形塑博物馆的独特方式③。西蒙·尼尔教授的"全球当代性"与笔者《全球化、全球史观与博物馆的新诠释》一文不谋而合，都回应了当代全球博物馆面对新挑战、新使命下的困惑、思索与应对，因此也就有了此次会议的倡议。

二、互动、融合与流动

在设计此次会议主题时，双方充分考虑到兼顾教学、科研、教育与传播的高校博物馆学专业的功能与作用。

（一）互动性

在人员结构上充分考虑地域性与代表性，以莱斯特大学和陕西师范大学

---

① 卡尔斯鲁厄艺术与媒体中心（简称ZKM），位于德国卡尔斯鲁厄，是一家跨学科的艺术博物馆和新媒体研究机构，也是现代艺术和新兴媒体技术创作和展示的一个重要平台。

② Simon Knell. Introduction: Museums for the global contemporary. The contemporary museum: Shaping museums for the global now. London: Routledge, 2018: 1–10.

③ Hans Belting, Andrea Buddensieg and Peter Weibel. The global contemporary and the rise of new art worlds. Cambridge: The MIT Press, 2013.

教师和学生为基础，邀请世界各地相关领域的代表学者，鼓励对话、讨论与提升，力争观念互动与人员互动，特别是增加年轻的博物馆学专业学生和学者比重。因此，此次参会学者中25%为在读的博物馆学硕士研究生和博士研究生，莱斯特大学学生13人，占学生比例的45%，为培养未来具有全球视野的博物馆研究者提供了难得的机遇。

（二）融合性

会议围绕"全球当代性"主旨，从博物馆教育、信息化、藏品、公共服务、陈列展览等方面将博物馆作为一个整体进行综合讨论，更重要的是总结一些重要研究成果的研究方法，如西蒙·尼尔教授全面回顾了欧盟大型研究项目"国家博物馆（NaMu，2007—2009）"的学术成果——2016年由伦敦劳特里奇出版社出版的《国家博物馆：塑造国家形象的艺术》，重申了全球当代性概念，并通过比较性、包容性、情境性、相对性、赋权（能）性、建构性和文化性共七种方法论/哲学论元素来梳理该成果的特点、意义与影响。克纳尔·麦克卡西教授对《博物馆与毛利人：遗产专业人士、土著收藏与当前实践》《展示毛利人：展览的殖民文化史》等著作中关于毛利人的博物馆展示、收藏、管理与研究进行全面评价，并指出博物馆在书写、传播毛利人文化过程中存在的问题，探讨了应对的策略。

（三）流动性

流动性指博物馆处于不断的发展中，就像流水一般，博物馆学研究内容与方法应具有相当的弹性，即变数的多维度。体现在讨论中亦如此，除了发表观点、表达观念外，更重要的是培育科研生长点，保持科研增长力。此外，也要尝试不同研究主题和内容之间的流动及其适度性。

三、学术成果的出版

此次会议要求"携文与会"，即以交流、提升、凝练研究成果为目的，充分发挥研讨会对高校博物馆学的科研、教学与教育传播的促进作用，这也是本文集的由来。本次会议论文审定委员会在提交的65篇论文中选出44篇，比较有代表性的观点集中于以下七个方面。

（一）博物馆概念方面

陕西师范大学杨瑾在全球语境下讨论了中国研究型博物馆的概念以及建设思路与方法。莱斯特大学博物馆学院博士候选人马丽嘉在国际视角下梳理了社区博物馆的定义及其面临的机遇与挑战。复旦大学文物与博物馆学系孔达基于跨文化视角对博物馆对外展览与中国文化外交的关系进行了概念界定与研究。

（二）博物馆管理方面

汉景帝阳陵博物院院长李举纲从汉景帝阳陵博物院的实践出发，提出建立博物馆理事会制度的有效途径与方法。云南民族博物馆杨晓认为要通过主题展览、藏品研究、数字化项目等跨文化交流项目来实现博物馆的变革与创新发展。山东大学文化遗产学院王云庆、郑天皓提出要从文化传承与旅游开发、村民文化自觉性、保护乡村记忆等方面对传统村落进行生态化和博物馆化的发展。西安事变纪念馆时婷、李婧认为博物馆管理创新在于转变服务理念、更新职能、拓展教育群体和实施多元教育手段。吐鲁番博物馆王小雄提出吐鲁番博物馆应在新形势下进行地域性创新的尝试。

（三）博物馆技术方面

河南博物院石晓霆认为博物馆应该充分利用互联网，将藏品信息传递给尽可能多的公众。莱斯特大学博物馆学院博士候选人彭景玉认为应采用PDA、GSR等新型在馆技术，提升观众参观过程中的多种感官与情感体验。莱斯特大学博物馆学院博士候选人托希尔德·斯卡顿（Torhild Skåtun）认为以青少年为媒介的跨学科博物馆团队的联合式参与性合作会提升博物馆青少年教育活动的质量。

（四）博物馆展览方面

主要集中于叙事性、诠释性、世界性等热点问题。湖北省博物馆张明和黄建认为跨区域合作的展览会极大地促进博物馆作为文化中枢地位的形成。南通大学艺术学院徐宏认为采用叙事性展陈设计手段会极大地发挥地方博物馆的社会教育价值。太原市博物馆周墨兰提出建筑空间与展览形态、展览策划与展示效果、知识传播与价值教育是影响展览广泛吸引力和持续影响力的重要因素。汉景帝阳陵博物院胡小玉认为考古遗址博物馆和考古遗址公园都应该综合展示遗址空间、文化意象、虚拟空间、科学考古与保护过程及文化遗产的保护成就。北京大学哲学系疏沛原从人类学视角讨论中国墓葬文物展览与观众观念的互动。陕西师范大学冀佳颖认为应该采用诠释学，结合观众已有经验，促进对展览的理解。陕西怡宇文化传媒有限公司翟文敏认为要结合中国人的文化语境来解读其他文明。成都博物馆戴媛媛认为"灵蛇传奇"展览的空间、展线、氛围、香氛等方面可圈可点。莱斯特大学博物馆学院博士候选人罗兰舟在讨论20世纪50至70年代中国地方博物馆通史陈列模式时借助了批判性博物馆学（critical museology）理论。《艺术博物馆》杂志韩一认为促进馆外观众体验、视听结合、互动装置等新媒体方法有助于博物馆对敏感记忆的研究和传播。东北师范大学李想认为吉林集安高句丽遗址展示应采用融合互补的模式。陕西文物保护研究院的韩建武提出展览主题内容应该哲学化、文学化、艺术化、生活化、科技化。山东大学文化遗产研究院张玥认为博物馆展览古尸标本时要做好古尸的文物保护工作，避免商业化行为。

（五）博物馆的社会功能方面

南通博物苑曹玉星、宁波博物馆张思桐、南京艺术学院石磊、西北大学何凡均讨论了博物馆在全球化时代对城市性格塑造的宏观意义。陕西师范大学卜琳在生态文化理念下对博物馆建筑与环境、展示主题与方式、参与互动方式等进行新诠释。西北大学孔卯分析了博物馆的发展历程与公共领域转型间关系、公共领域新转型对博物馆的冲击及博物馆的应对之策、数字化博物馆兴起所带来的几点反思等问题。莱斯特大学博物馆学院博士候选人阿卡特立尼·维拉查克（Aikaterini Vlachaki）探讨了当代博物馆在当地社区营造过程中的赋能性、主题性与融合性作用。西北大学文化遗产学院张茜对社区博物馆在传承乡土文化中的作用进行了探析。

（六）博物馆教育方面

莱斯特大学博物馆学院博士候选人瑞秋·特斯基（Rachel Teskey）从全球视角审视如何为当地受众创建一个国家博物馆。陕西师范大学郭艳利和赵维娜认为博物馆应为留守儿童和随迁子女提供展览、社教活动等方面的服务。陕西历史博物馆白璐认为文物保护修复展览可以满足以休闲娱乐为主要目的的观众及大量对文物保护修复了解不多或兴趣不足的儿童的需要。中山大学历史学系吴妮娜、蔡息园提出博物馆应创建代入感强的情景体验，充分调动儿童的感官，发展儿童潜能和健康人格。

（七）博物馆藏品方面

西北大学博物馆张越认为对文物的研究应该从关注其物质属性到关注其社会属性和文化属性，从专业化走向大众化。西北大学喻刚、尹夏清系统提出创新以科学鉴定为主的、有针对性的人才队伍建设模式。莱斯特大学博物馆学院博士候选人埃洛艾萨·罗德里戈（Eloisa Rodrigue）认为英国、巴西艺术出现了国际性转向。陕西师范大学黄薇和南京博物院张蕾认为高校博物馆藏品管理应与博物馆学专业教学相结合。

此外，本次会议还有两个值得关注的地方：首先是前沿性。关于研究型博物馆、博物馆全球当代性、博物馆伦理等宏大主题不但回应了我国博物馆当前的热点、重点与难点问题，而且进一步拓宽了博物馆学研究的历史性、全球性、趋势性，也与博物馆发展建设及国家总体战略格局保持同步，为提高国家文化软实力而多层次、多渠道、全方位地努力的目标相一致。其次是创新性。第一是会议的创新：形式上，首次与莱斯特大学联合举办；内容上，研讨会+科研项目，在主题研讨会之外，还举办"全球当代博物馆研究"工作坊；理念上，着眼于当代，面向全球、未来的博物馆学研究；模式上，采取系列化、思想化的研究+教学型研讨模式，进一步提高博物馆学理论研究水平。第二是学术观点的创新性，比如所秉持的全球视野对中国博物馆学的发展颇有裨益。

全球当代性下的博物馆学已经引发广泛关注，2019年9月7日国际博物馆协会（ICOM）京都第34届会员大会形成的1号决议内容中提出博物馆"为赋权全球社会集体想象、设计与创造一个属于所有人的可持续性未来进行完美定位"①。尽管新的博物馆定义尚在讨论中，这种几近胶着的激烈讨论既是当代全球社会复杂而多变的态势的反映，也是博物馆在应对这种不确定性时表现出来的选择性迟滞与艰难，可谓"路漫漫其修远兮，吾将上下而求索"。不断探索也是全球博物馆人的永恒使命和责任担当，故此，2020年9月陕西师范大学和莱斯特大学将再次联袂，继续举办"包容与合作：全球当代博物馆学发展研讨会"，既是对本年度国际博物馆日主题"致力于平等的博物馆：多元和包容"的回应，也是进一步提高博物馆人全球化观察视野和研究能力，特别是继续推进为年轻学者建立的全球博物馆研究平台增容与赋能。

杨　瑾

2020年3月18日

---

① Resolution No.1 of Resolutions Adopted by ICOM's 34th General Assembly, On sustainability and the Implementation of Agenda 2030, Transforming our World，https://icom. museum/news.

目 录

宏 观 研 究

面向当代的博物馆跨文化交流战略

——以中国西南地区博物馆实践为例

杨　晓[*]

摘要： 本文研究了跨文化交流对当代博物馆发展变革的意义和作用，以中国西南地区的实践为例，从多元化展览、藏品诠释和学术研究、节日和艺术活动以及跨界联合参与社会生活等方面，分析了当代博物馆跨文化交流的发展趋势和现状；指出当代博物馆必须建立跨文化交流战略，制定长远规划，建立可持续性跨文化合作机制，同时，以观众需求为导向，探索个性化的跨文化教育品牌，借助数字化技术，使跨文化交流传播更加高效。

关键词： 博物馆发展　跨文化交流　西南实践

2015年11月，联合国教科文组织巴黎会议通过《关于保护和加强博物馆与收藏及其多样性和社会作用的建议书》，指出"博物馆作为文化传播、文化间对话、讨论和培训的场所，在教育（正式学习、非正式学习和终身学习）、社会和谐和可持续发展中发挥着重要作用"[①]。国家文物局局长刘玉珠在2019年国际博物馆日"作为文化中枢的中国博物馆"的演讲中指出，作为"文化中枢"的博物馆实则跨越了时间和空间两个维度：作为时间轴上的"文化中枢"，博物馆应肩负起连接过去、现在与未来的使命；作为空间轴上的"文化中枢"，博物馆应致力于搭建不同地域、不同文明、不同民族之

---

[*] 杨晓，云南民族博物馆研究员，主要研究方向为文化遗产保护与博物馆学。

[①] 李慧君：《联合国教育、科学及文化组织通过〈关于保护与促进博物馆和收藏及其多样性、社会作用的建议书〉》，《科学教育与博物馆》2016年第1期。

间沟通的桥梁[①]。博物馆作为保存文化身份和文化基因的场所，不仅是一个社会机构，更重要的是一种文化现象。博物馆是人类高度文明的产物，博物馆的建立与发展为跨文化理解和交流互动起到了重要的中介作用，在藏品与展品阐释、时间和空间的延伸与流动中，博物馆为不同文化的理解和交流提供了物质基础、时间定位和空间场所，最终促进了人类文明的互赏互鉴与共同进步。

一、跨文化交流对博物馆发展与变革的意义和作用

美国跨文化传播学者萨瓦默认为，跨文化交流是指拥有不同文化感知和符号系统的人们之间进行的交流。如果将文化视为传播的背景，处于同一文化背景下的传播是顺畅的，而如果文化背景产生差异，语境、习俗甚至价值判断的细小差距都会被无限放大，最终导致双方在理解过程中产生偏差，严重影响正常的沟通与交往[②]。因此，跨文化交流的目标是实现不同文化背景人群的沟通与理解。

纵观当代中国博物馆发展史，跨文化交流始终贯穿于博物馆的发展和变迁历程之中，具有不可忽视的意义和作用。首先，跨文化交流是推动博物馆产生和发展的积极力量。1868年，法国天主教神父韩伯禄（P.M.Heude）在上海徐家汇创立徐家汇博物院，即上海自然博物馆前身之一的震旦博物馆，从社会发展的角度来说，促进了中西文化的交融和科学文化在中国的发展，对中国近代博物馆的形成产生了较大影响。其次，跨文化交流充实和丰富了博物馆的收藏主题和展示内容。1864年，上海教会在土山湾创设孤儿院，同时，创办了工艺品厂。在百年时间里，土山湾成为中国西洋画的摇篮和海派文化的发源地，创造了中国工艺史上的诸多第一，开近代风气之先。土山湾博物馆在土山湾孤儿院现存遗址建成开放，展示西方文化与本土文化交流碰撞的百年历史，成为跨文化交流的历史长廊，印证了"不同文化之间的交

---

① 徐秀丽、李瑞：《博物馆如何发挥作为文化中枢的作用，听听嘉宾怎么说》，http://www.ncha.gov.cn/art/2019/5/18/art_1019_155116.html，2019年5月18日。

② 强骁曼：《浅析"一带一路"合作倡议中跨文化传播的理论运用》，《传播力研究》2019年第15期。

流，过去已被多次证明是人类文明发展的里程碑"。同时，跨文化交流是博物馆传播文化相对主义的必要途径。文化相对主义反对文化中心主义，强调各种文化应和平共处，这对全球领域内的沟通合作十分重要，契合"一带一路"合作倡议的主旨需求。在全球化的今天，文化多样性显得尤为珍贵。各民族各国家的文化均生长于特定的社会历史背景下，每一种文化都有其存在的必要性与合理性，并不存在"放之四海而皆准"的唯一价值标准。只有尊重文化的差异性，学会换位思考，地球村民才能够和谐共处。博物馆在全球化的当下加大了藏品和专业人士、参观者的互动，变得越来越便于访问和参观，让更大范围内的观众感知文化相对主义的传播和扩散。博物馆通过跨文化交流活动启迪科学与智慧，激发文化创意与艺术灵感，促进城市与社区的多元和包容。可以说，跨文化交流深刻地影响着博物馆的过去、现在和未来。

二、博物馆跨文化交流的发展趋势和现状
——以中国西南地区博物馆实践为例

博物馆已经成为国际文化交流的"民间大使"，主题多样的展览交流项目成为十几年来中国国际化进程中的象征之一。据初步统计，从2000年至2017年，中国举办对外文物展览119个，涵盖五大洲29个国家的70座城市，参观人数超过1800万。引进的跨文化展览数量也在逐年稳步增长，质量和内容也不断对标国际水准。中国西南地区自古以来就处在亚洲文化的十字路口，南方丝绸之路串联起不同文化背景的区域，与南亚、东南亚山水相连，人民相亲，文化相近，经济、文化等交流古已有之，并持续交流与碰撞。西南地区的博物馆跨文化交流实践具有自己独特的区域性特点，为中国博物馆的发展与"当代性"对话提供了有益的借鉴。从西南地区的博物馆实践来看，博物馆跨文化交流呈现以下趋势和特点。

（一）多元主题，举办异彩纷呈的展览活动

展览是博物馆进行文化叙事的基本手段，也是博物馆跨文化交流最显著的体现。以云南民族博物馆为例，从2001年至2018年共引进境外展览十余次，平均每年引进涉外展览1个以上，主题涵盖了非遗综合类、纺织与服饰

类、摄影图片类、书画艺术类等，彰显出鲜明的跨文化交流特色。其中影响较大的有：2001年"中韩造型艺术展"，2004年与加拿大驻重庆总领事馆合作"织物上的文化——加拿大原住民织品艺术展"，2006年与越南民族学博物馆合作"湄公河流域傣族纺织品展"，2007年举办"第十届亚洲漫画展""中韩百人书画艺术交流展"，2008年与香港国际创价学会合作举办"与自然对话——池田大作摄影展"，2009年与韩国庆云博物馆合作"宝贝孩子，漂亮衣服——韩国传统儿童服饰特别展"，2010年11月"以色列中国友好交流历史图片展"，2012年11月美国驻华大使馆主办、美国驻成都总领事馆和云南民族博物馆共同承办的"化零为整——21世纪美国的25位拼布制作者作品"中国巡回展，2018年美国个人收藏"四时的童趣——日本儿童服饰展"，2018年"异位的振幅——第二届中德艺术交流展"等。同时，通过参加中法文化年、中俄文化年输出民族服饰和工艺主题展览，与韩国各地博物馆也曾经开展系列化展览交流活动。跨文化交流极大地丰富了博物馆的展陈内容，为观众打开走向世界、了解国际文化的一扇窗口。

（二）扩大边界，拓展藏品诠释和学术研究

通过跨文化展览交流、艺术家和观众捐赠等渠道，博物馆的国际性藏品也在不断增加，赋予博物馆收藏更多的跨文化意义，拓展了藏品和学术研究的领域。云南民族博物馆现有国际性藏品约二百件，其中包括美国拼布，韩国传统服饰和书法作品，越南纺织品，尼泊尔、缅甸、老挝传统工艺品，巴基斯坦口簧，柬埔寨传统竹编制品等多个种类，建立了跨文化研究和展示的基础数据，纺织类、非遗类跨文化交流的未来潜力可期。

自2012年云南民族博物馆、广西民族博物馆等5馆巡展"化零为整——21世纪美国的25位拼布制作者作品"之后，拼布艺术作为一种全球性的古老艺术形式被更多人关注。美国拼布艺术启发了对西南少数民族织物类藏品的重新诠释，拼布这一概念超越了传统意义上的纺织物，更加多元和国际化，激发文化认同与精神共鸣。拼布主题展持续升温，云南民族博物馆、广西民族博物馆、贵州民族博物馆与美国密歇根州立大学博物馆、印第安纳大学博物馆、新墨西哥圣塔菲市博物馆六家博物馆联合举办的"中国西南拼布艺术展"在美国各地展出，并回到国内相继在广西、云南多家博物馆巡回展出，

"中国西南拼布艺术展"也成为西南地区博物馆界的一个特色鲜明的主题展览品牌。拼布的概念重新诠释了西南地区丰富的少数民族刺绣和织物的共性，从而取代了之前常常见到的纺织品、刺绣品等名称，藏品在向展品转换的过程中被重新定义，也获得了更多的文化认同，不得不说这是一种跨文化交流的反哺效应。同时，也激发了研究人员对美国拼布展、拼布文化和博物馆价值的关注和研究，其相关研究成果入选了2016年度中国博物馆协会博物馆学专委会年会论文集，而这一切只是一个开始，拼布的后续效应还在发酵之中。跨文化交流极大地拓展了博物馆藏品诠释，开阔了学术研究的专业视野。

（三）汇聚资源，涉足节日和艺术活动

越来越多的博物馆善用资源，整合优势，举办多种形式的跨文化主题活动，加强与社会公众之间的密切联系。云南民族博物馆与越南民族学博物馆建立长期友好的合作关系，2010年在中越两国建交60周年暨河内建城1000周年之际，在河内联合举办"越中色彩"中秋节活动。云南民族博物馆工作小组携民间艺人，进行白族剪纸工艺、布扎工艺、灯笼纸扎工艺，纳西族东巴象形文字书法、重彩画艺术及普洱茶艺的现场展示活动，并对白族中秋供桌场景进行真实再现。短短三天时间里，吸引两万余名观众前来体验和参与，是一次民俗文化保护和发展项目的成功实践①。博物馆真正成为跨文化交流和理解的桥梁与纽带。

举办艺术活动也是博物馆跨文化交流的有效途径。云南民族博物馆与美国中西部艺术机构合作，举办美国乡村音乐会，吸引学生前往观赏。南宁市博物馆牵头举办的"走近东盟——2018年新春音乐会"，邀请东盟六国驻南宁总领事馆的外交官员到场观看，同时通过与新媒体合作进行网络直播，近十万人次观看了音乐会实况。博物馆成为跨文化艺术活动大放异彩的特殊舞台。

---

① 杨晓：《在当代语境下塑造个性化的博物馆教育品牌——从"越中色彩"中秋民俗文化保护项目谈起》，《中国博物馆协会博物馆学专业委员会2014年"博物馆个性化研究"学术研讨会论文集》，中国书店，2015年。

（四）跨界融合，更广泛参与社会生活

在"当代性"的指引下，博物馆与各文化部门优势互补，不断扩大跨文化交流覆盖面，以跨界融合的方式，涉足相关文化行业和产业。图书出版、文创行业纷纷与博物馆跨文化交流联姻，开展多维度的国际文化交流。如南宁市博物馆与文创公司共同开发的《伦观朝歌——广西壮族神话传说丛书》，并与印度图书公司签署了该丛书的版权输出协议，推动了民族文化的域外传播。2017年，在"惟美无界——当代朝鲜油画精品展"举办期间，该馆策划出版国内首部介绍当代朝鲜油画艺术的同名书籍，成为继承和发扬中朝友谊传统的范例。该馆还以南宁市宋代古井"双孖井"为原型，创作了"双孖井红陶茶具"，被长久展示在菲律宾达沃市市政大厅①。博物馆正在打破单一的文化交流途径，向跨界、多元和纵深发展，在各个层面参与社会生活，扮演着跨文化交流中不可或缺的角色。

南宁市博物馆馆长张晓剑认为，当博物馆不再拘泥于馆藏资源和展览，而是作为汇聚文化资源的平台，积极主动作为，定能在国际事务和跨文化交流中发挥独特作用，增强文化交流软实力，为文明互鉴再添新色。

三、关于当代博物馆建立跨文化交流战略的对策思考

联合国教科文组织《世界文化多样性宣言》指出："文化多样性是交流、革新和创作的源泉，对人类来讲就像生物多样性对维持生物平衡那样必不可少。"博物馆不仅是人类文化多样性的守护者，同时也是跨文化交流的使者、社会创新源泉的提供者。当代博物馆的跨文化交流活动已经日新月异。同时，也激发我们的进一步思考——博物馆如何能够在全球化的进程中促进文化间交流的可持续性，提升社会的凝聚力？博物馆在增进文化的多样性和包容性，促进文化交流方面能够采取哪些策略，如何积极构建21世纪社会的新属性？当代博物馆应当做出哪些改变来适应越来越频繁

---

① 李湘萍：《南宁市博物馆——搭建对外交流文明互鉴平台》，《广西日报》2019年4月19日第11版。

的跨文化交流？在帮助构建跨文化性和包容性的价值观方面，博物馆又可以有哪些作为？要回答这些问题，就必须深入研究博物馆如何建立成熟的跨文化交流战略。

（一）制定长远规划，建立可持续性跨文化合作机制

潘守永教授指出：博物馆曾经是人类社会历史发展的见证者（清醒的旁观者）、社会记忆的收藏者（历史第一现场）、文化传播者和知识思想的启迪者，近些年强调博物馆是社会变迁的参与者，是社会变革的行动者和社会进步的积极力量。如果博物馆是文化中枢，它就不仅仅是社会运动的活跃的参与者的角色，而且是比这个更重要的参与领导者角色[①]。因此，作为文化中枢参与领导者的博物馆，制定跨文化交流战略势在必行。不可忽视，一些博物馆本来具有良好的跨文化交流基础，但由于缺乏长远目标规划和合理的交流机制，造成了跨文化交流发展的滞后。云南民族博物馆目前倾力打造的重大项目云南省民族文化宫建设，把"面向南亚、东南亚的文化交流中心"列为未来的定位和目标之一，希望这一规划能够促进博物馆跨文化交流更加繁荣。南宁市博物馆把博物馆跨文化交流纳入地区发展和对外交往的长远目标，积极推动双向、多向的对话，3年来先后邀请老挝、马来西亚、缅甸驻南宁总领事馆的官员进行关于"一带一路"文化交流的对话，与泰国、马来西亚、老挝、缅甸等国的文化和行政机构建立联系机制，并与老挝新闻文化旅游部、老挝国家博物馆、泰国孔敬市教育局等机构签署合作备忘录，成功搭建"民相亲、心相通"的交流平台[②]。博物馆跨文化交流战略的目标和愿景，既要与博物馆基本职能紧密结合，如教育、收藏、展示和研究各层面工作；也应当与图书出版、艺术、设计等机构的跨界合作，建立完备的跨文化交流目标和机制保障，博物馆跨文化交流之路才能循序渐进，稳步推进。

[①] 潘守永：《作为中枢的博物馆，不仅是参与者，更是社会进步的领导者》，《中国博物馆通讯》2019年第5期。

[②] 李湘萍：《南宁市博物馆——搭建对外交流文明互鉴平台》，《广西日报》2019年4月19日第11版。

（二）为藏品赋能，为跨文化交流活动创造物质基础

2016年11月，国际博物馆高级别论坛发布《关于博物馆和藏品的深圳宣言》：宣言鼓励博物馆及其藏品和运营模式的多样化，指出要为博物馆注入活力，使多样化的藏品和运营模式能够适应当今的使命，为开展更广泛的国内和国际合作制定必要措施，将公立和民间博物馆及其藏品置于更大的政策框架内，以便实现国际、国内和地方发展目标[①]。藏品转化为展品的前提是具备研究的基础，云南民族博物馆目前收藏有南亚、东南亚和欧美等地区的8个国家的纺织服饰、生活用品、书画和宗教用具藏品约二百件，在跨文化交流的趋势下，藏品数量还将逐年递增。如何为藏品赋能，是博物馆跨文化交流的一项课题。我们要大力加强对藏品的研究和分析，并探寻藏品的跨文化意义与价值，并将其纳入完善的藏品科研框架中，为原创性、合作交流性的展陈打好基础。首要的是建立藏品的跨文化研究机制，为藏品赋能开拓思路。一座博物馆就是一部物化的发展史，每件藏品背后都有一段故事，必须善于用喜闻乐见的方式，讲好每件馆藏背后的故事，其中也不能忽略藏品跨文化价值的研究。应当鼓励开展针对跨文化藏品的联合研究，探索藏品赋能利用的新方式、新途径。

（三）以观众需求为导向，探索个性化的跨文化教育品牌

我们应当看到，西南地区博物馆在跨文化交流实践中，提供的教育活动远远不能满足观众需要。《关于博物馆和藏品的深圳宣言》指出，"加强博物馆的教育作用，针对历史以及具有争议性和挑战性的社会问题开展辩论，以便形成相互理解和信任，同时针对环境和社会挑战交流看法，在全球化和多元文化的背景下，构建更加美好的未来"[②]。因此，要重视开发跨文化教育配套活动。意大利因其移民众多而成为多元文化的汇集地，很多博物馆都

---

① 《关于博物馆和藏品的深圳宣言》（选摘），《深圳特区报》2016年11月13日A4版。

② 《关于博物馆和藏品的深圳宣言》（选摘），《深圳特区报》2016年11月13日A4版。

重视开发跨文化教育活动项目，如2013年意大利锡耶纳博物馆启动"观点：锡耶纳省的博物馆与跨文化交流"项目，来自三所中学的五个班级参与了项目，围绕装饰物、玩具、仪式和社会关系四个主题选取一件博物馆藏品进行研究和讨论，该项目已成为锡耶纳博物馆基金会赞助的永久性教育活动。上海博物馆"浮槎于海：法国凯布朗利博物馆藏太平洋艺术珍品展"提供大量主题教育活动，帮助观众理解和学习太平洋民族艺术，同时联合"绘声绘色看展览"微信公众号，为儿童提供定制导览活动，取得良好效果。当代博物馆受众日益扩大，观众的需求也趋向多元，博物馆跨文化交流借助系统的展品阐释手段和寓教于乐的故事讲述，带领观众找到打开跨文化交流之门的钥匙。尤其是青少年观众，他们应当在博物馆跨文化交流活动中获得更多的帮助和启迪。建立丰富的跨文化教育活动，在条件成熟时发展成个性化教育品牌，如越南民族学博物馆国际中秋节的成功经验可资借鉴。

（四）借助数字化技术，让跨文化交流传播更加高效

现在全球文化正处于一种积极参与的状态，而且能够在短时间内与媒体内容进行互动，这为文化的高效传播提出了新的方向。宁波诺丁汉大学教授庄以仁教授认为，作为一个独特的文化组织，博物馆正在变得越来越复杂。不仅是内在意义上的"一个珍贵、迷人的专业知识的化身，一个独特的藏品综合体"，在对外意义上，它还管理着"一系列的价值观，那些目前正受到机构内部、学院和政府严格审查的价值观"。一些专业人士也呼吁，期望博物馆在做好单线程的收藏、研究和展览等传统职能基础上，创造性地增加多线程的功能，利用人工智能技术让博物馆、藏品、展览与观众有更多的互动，在文明传承与对话、文化认同与价值定义等方面帮助"人"到达未来[1]。数字化技术具有高效传播、有利于互动、体验和学习的特点，而且受时空限制较小。充分利用导览APP让跨文化信息准确传递，VR和AR技术让跨文化交流有了更多生动情景再现，5D动画让文化价值传播的过程生动，并令人过目难忘，留下震撼心灵的力量。因此，数字化技术极大地改善和提

---

① 《5·18国际博物馆日 大家一起来聊天》，"漫行博物馆"公众号（https://mp.weixin.qq.com/s/KOOIIFb845kRnRz81bqt4g），2019年5月19日。

高了博物馆跨文化交流的效率和体验，在跨文化交流战略中要重视数字化技术的利用，活化"展示方式"，进行数字化的高效传播，并鼓励观众进行数字化参与和学习，使观众获得更加立体生动的参观体验。

四、结 语

博物馆是收藏时间和历史存档的异托邦，是对人类及其环境的见证物进行搜集、保管、研究、展览的机构，是传统文化汇聚之地，是人类文化的记忆方式之一。当代博物馆不但专注于呈现自身的文化，而且承担更多的社会责任，面对全球，文化当下博物馆的使命，就是推动不同文化之间的交流与对话①。跨文化交流已经渗透到博物馆教育、收藏、展示和研究的主要功能中，而且在不断拓展博物馆参与社会生活的层面。作为一个更加开放、包容、多元的文化汇聚之地，博物馆聚焦着世界的目光，吸引各个层面的观众在此观展、感悟和体验，传递文明的脉动，续写文化交流与碰撞的乐章。习近平总书记曾指出，博物馆是保护和传承人类文明的重要殿堂，是连接过去、现在、未来的桥梁，在促进世界文明交流互鉴方面具有特殊作用②。面向当代的博物馆在跨文化交流战略的引领下，将更加积极推动不同文化交流与对话，为人类社会的进步和发展做出独特的贡献。

---

① 郝黎、马怀伟：《博物馆：国际文化交流的探索——以首博外展为例》，《中国博物馆协会博物馆学专业委员会论文集粹》，中国书店，2013年，第433页。

② 习近平：《习近平向国际博物馆高级别论坛致贺信》，http://www.xinhuanet.com//politics/2016-11/10/c_1119886747.htm，2016年11月10日。

从生态博物馆视角探索传统村落保护新路径

——基于广西龙脊村生态化保护发展分析

王云庆　郑天皓[*]

摘要：中国作为传统农业大国，在数千年的农耕历史中，许多村落极具特色、产生众多珍贵的历史文化遗存。但随着城镇化水平的不断提高与对旅游资源的片面开发，传统村落的文化空心化现象屡见不鲜。自20世纪90年代以来，我国开始以建设生态博物馆的方式，加强对传统村落的生态化保护。本文以原地保护、活态传承的视角，分析广西龙脊村通过建设生态博物馆进行生态化保护的具体实践，认为新时期传统村落保护应采取理顺机制、立足特色、加强参与、旅游融合、记忆建构等具体措施。基于生态博物馆视域挖掘村落的内在价值，在传统村落的保护开发中融合丰富的民间文化，使隐于民间的乡村记忆更好地保存延续下去，为保护和发展中国传统村落提供全新路径，留存人们共同的记忆。

关键词：生态博物馆　传统村落　生态化保护　龙脊村

我国作为世界上的传统农业大国，受农耕文明影响深远，村落数量众多，大量的文化遗存坐落于全国范围内的诸多村落中。然而随着近年来我国城镇化水平的不断提升，城市规模不断扩大，许多村落被城市吞并，使得我国传统村落保护面临极大的挑战。自21世纪以来，我国的村落数量正在迅速

　＊　王云庆，山东大学历史文化学院教授、博士生导师，主要研究方向为图书档案学、文化遗产学；郑天皓，山东大学历史文化学院硕士研究生，主要研究方向为图书档案学、文化遗产学。本文系国家社会科学基金项目《非物质文化遗产项目及传承人建档保护策略研究》（项目批准号：16BTQ090）阶段性研究成果。

减少。据国土资源部与住房城乡建设部的统计数据，2000年时，我国国内自然村总数约为363万个，至2012年，我国传统村落的数量已下降到不足230万个，在未来十年内传统村落数量将减少到不足200万个[1]。在诸多学者对我国许多传统村落进行大规模的田野调查与走访工作时，发现"太多的非常优美和诗意的古村落，已经断壁残垣、风雨飘落"[2]。许多传统村落为迎合旅游需求，进行了一系列的改造工作，虽在短期内取得一定成果，但由于其未能与地方特色文化传统紧密结合，反而导致传统村落的地方性特色正逐渐消退、文化积淀渐渐流失。面对传统村落保护的严峻形势，近年来，我国先后出台了《中华人民共和国非物质文化遗产法》、颁布了《历史文化名城名镇名村保护条例》、建立了国家级传统村落保护名录、启动了"中国传统村落立档调查"项目，对非物质文化遗产保护与传统村落实体的保存在法律与社会层面提供了相应保障。至2018年12月，共有五批6799个传统村落被列入我国传统村落保护名录之中[3]。

面对上述一系列现象，探索一种使村落实体保护与非遗活态传承并重的方式，对我国传统村落中物质与非物质文化遗产的保护工作具有极大的意义。而生态博物馆这一概念的引入正为我国现阶段传统村落生态化保护提出了一种有效的解决方案。

一、生态博物馆与传统村落生态化保护

（一）生态博物馆概念

生态博物馆是20世纪下半叶出现的一类新型的博物馆模式，于20世纪70年代初由法国博物馆学家乔治·亨利·里维埃（Georges Henri Riviere）和于格·戴瓦兰（Hugues de Varine）提出。里维埃指出，"生态博物馆是由公共权力机构和当地居民共同设想、共同修建、共同经营管理的一种工具……是

---

① 任越：《传统村落文化建档问题探究——以黑龙江省少数民族传统村落为例》，《档案学研究》2017年第2期。

② 冯骥才：《为文化保护立言》，文化艺术出版社，2017年，第237、249、271页。

③ 张桂贵、蒋琪：《第五批拟列入中国传统村落名录的村落今起公示》，http://country.people.com.cn/n1/2018/1210/c419842-30453776.html，2018年12月10日。

当地人民关照自己的一面镜子，用来发现自我的形象……也是一面能让参观者拿着以深入了解当地产业、习俗、特性的镜子"①；国际博物馆协会在2012年出版的《博物馆学大辞典》中则将其定义为"一个致力于社区发展的博物馆化的机构……它融合了对该社区所拥有的文化和自然遗产的保存、展现和阐释功能，并反映特定区域内一种活态的和运转之中的（人文和自然）环境"②。自20世纪80年代生态博物馆概念引入我国之后，国内学者们对这一概念也进行了许多研究与阐释。潘守永在总结我国生态博物馆实践之后，认为"生态博物馆不再仅仅围绕'藏品'而是围绕'社区/社群'开展工作"③；周真刚和胡朝相则表示生态博物馆在发展的过程当中，应当以其所在地的社区居民作为主体，"消除生态博物馆社区居民的贫困是保护社区文化遗产的前提，只有……在物质生活的需求得到保护的前提下……才能谈文化遗产保护"④。苏东海将生态博物馆对遗产的保护概括为整体保护、原地保护、自我保护和动态保护四个方面，认为贵州的生态博物馆建设是中国的第一代生态博物馆，其突破了传统博物馆的局限、弥补了传统博物馆的缺陷；广西模式则在其基础上将生态博物馆向专业化、博物馆化的方向进行提升，是中国生态博物馆的第二代模式⑤。

综上所述，生态博物馆是一种基于某一地域、以其居住者为主体构建，并面向社会进行展示的、对传统村落遗存进行集中统一保护的机构。它将一个具有价值的社群整体上视为保护与传承的对象，注重对包括自然环境和人文环境在内的有形遗产和无形遗产的整体性保护，从而使人与环境在其原生的生态关系中和谐共处、协调发展，凸显现代社会中传统村落的特色。

---

① 刘沛林、Abby Liu、Geoff Wall：《生态博物馆理念及其在少数民族社区景观保护中的作用——以贵州梭嘎生态博物馆为例》，《长江流域资源与环境》2005年第2期。

② 段勇：《当代中国博物馆》，译林出版社，2017年，第134、138页。

③ 潘守永：《生态博物馆及其在中国的发展：历时性观察与思考》，《中国博物馆》2011年Z1期。

④ 周真刚、胡朝相：《论生态博物馆社区的文化遗产保护》，《贵州民族研究》2002年第2期。

⑤ 苏东海：《新农村·农村文化·生态博物馆》，《中国文物报》2006年11月17日第5版。

（二）生态博物馆在村落生态化保护中的作用

在现代社会中，许多传统村落通过自身的旅游开发与大规模现代化改造吸引游客，进而促进地方文化遗产的保护与宣传。凤凰古镇等传统村落正是以这种方式取得了相当成效，成为全国知名的历史文化村落。然而这一举措造成了旅游发展和地方特色相脱位，文化空心化程度加剧，独具特色的地方文化名存实亡。贵州东南部的西江千户苗寨经过改造，"街道拓宽了，广场扩大了，临街房屋建筑大都是重新修建的，虽然外观和原来差不多，但是本质上已经不是原汁原味的了"。因此，在时代发展中传承特色地方文化，对加强传统村落生态化保护至关重要。

传统村落生态化保护为传统村落保护提出了更高的要求，在乡村范围内对于其中的物质与非物质文化遗产进行保护与活态传承，得以保存与继承传统村落语言文化与民风民俗等多方面内容。在我国少数民族地区，建设生态博物馆更加有利于发挥民族特色，在保护少数民族文化的基础上兼顾旅游开发，实现地区的文旅融合。我国生态博物馆建设实践始于20世纪末，我国在贵州、福建、云南、广西等地进行了生态博物馆中国化的尝试。生态博物馆的展品并非传统意义上的静态实物，而是随着村民生活的不断更新而发展，展品的变化也记录了某一社群发展的过程。它不仅能反映传统村落动态的人文与自然环境，还可以帮助研究者理顺村落发展的脉络，有助于完善乡村记忆，更好保护文化遗存。

二、广西龙脊村生态化保护实践

生态博物馆理念于20世纪80年代引入我国，在其诸多建设实践当中，位于广西龙胜县龙脊村的龙脊壮族生态博物馆便是我国传统村落生态化保护中的典型案例之一，对我国其他地区生态博物馆建设具有较大的参考价值。

龙脊村（即龙脊古壮寨）地处越城岭山脉西南麓的湘桂边陲，位于广西壮族自治区东北部龙胜各族自治县龙脊镇，由岩湾、岩板、岩背、七星、廖家、侯家和潘家7个自然村组成，共有286户，1265人，总面积约4.2平方千米[①]。龙脊古壮寨的居民构成以壮族、瑶族为主，地区内旅游资源十分丰富，拥有始建于元代的国家AAAA级景点龙脊梯田景观。龙脊古壮寨中壮族居民是壮族当中的分支——白衣壮的典型代表，村寨居民自称"布也"，民风淳朴，具有风格独特的少数民族生活习俗与文化传统。由于龙脊村民族特色浓厚，村镇内民族文化留存较为完整，因此，自2006年以后，在综合评价了龙胜自治县壮族的族群居住、文化遗产状况、民族影响力等方面因素之后，广西文化厅最终确定了以建设生态博物馆的方式，在龙脊村的侯家、廖家和潘家三个村作为保护区建设壮族生态博物馆，开展生态化保护工作[②]。2010年11月，龙胜龙脊壮族生态博物馆正式对外开放。

由于龙脊村周边区位优势明显，拥有大量具有少数民族特色的村寨与梯田，旅游环境日臻成熟，龙脊村面临着文化保护传承与巨大的旅游红利之间的矛盾，因此龙脊生态博物馆在建设方式与发展模式上与我国早期生态博物馆都有所差别。

在发展模式方面，与国内多数生态博物馆先建设博物馆，再围绕生态博物馆进行旅游开发的方式不同，龙脊村以"旅游促馆建"的社区发展路径，借助得天独厚的旅游资源带来较多的流动资金，并将之反哺生态博物馆建设，能够更好地促进文化与旅游的融合。龙脊生态博物馆属于广西民族生态博物馆"1+10"建设工程的参与机构之一，"1+10"即为以广西壮族自治区内十个民族生态博物馆为工作站点，共同承担本区域民族传统文化保护、研究、传承与展示的任务，以强化广西民族博物馆对各个生态博物馆的专业指导以及资金、技术和设备的支持，进而逐步实现村落生态化保护的专业化[③]。

在建设方式上，龙脊村在建馆时并非将整个村落一次性地纳入生态博物馆建设范畴之中，而是采取循序渐进的方式，根据村民自愿，在村里先期选取部分家庭作为示范户进行管理，随后再逐渐扩展到整个村落。这一举措在

① 龙胜龙脊生态博物馆：《龙胜龙脊壮族生态博物馆基本概况》，http://ljstbwg.guilinmuseum.org.cn/News/General/gk。

② 谢菲、麦西：《多重力量交互下的生态博物馆旅游与社区发展——基于广西龙脊壮族生态博物馆发展分析与评价》，《西南边疆民族研究》2015年第2期。

③ 潘守永、覃琛：《龙脊壮族生态博物馆的现在与未来》，《中国文化遗产》2011年第6期。

不影响居民正常生活的情况下，保证了当地居民的参与热情、有效保护了活态民族文化遗产。在当地村民眼中，为村落生态博物馆建设做出自己的贡献是一件"光荣与自豪的事情"。与此同时，龙脊壮族生态博物馆的信息中心设立于一所闲置的小学中，信息中心建筑面积达601平方米，展览展品200余件。即使村镇资源得到合理配置，村落中的物质与非物质文化遗产也得到了较妥善地保护。龙脊村通过以上措施，在生态博物馆建立以来的近十年时间中使当地村民的人均收入翻了一番，有效地保护了龙脊地区的物质与非物质文化遗产，可谓传统村落生态化保护实践中一项经典的范例，对于我国其他地区的传统村落保护工作也具有较大的参考意义。

三、我国传统村落生态化保护中存在的问题

传统村落生态化保护是村落中的各类遗产多角度、全方位地保护，具有提高社会意识、树立村民文化自觉、促进村落文旅融合的优势。然而，传统村落在生态化保护的过程中仍暴露出了许多问题。

（一）生态博物馆建设重量轻质

我国传统村落生态化保护历史较短，生态博物馆中国化发展也仍在探索过程之中，学界与地方政府对于生态博物馆的理解存在认知偏差。许多地区生态博物馆建设出现重数量而轻质量的情况，部分生态博物馆项目未经科学规划便匆匆上马。在"十二五"期间，西安、昆明、扬州等地均提出了布局数十甚至上百所博物馆的目标，四川省大邑县安仁镇计划在5年内投资20亿元，将其建设成为世界级博物馆小镇①。然而在现阶段，盲目增加生态博物馆项目、单纯堆积博物馆数量并非传统村落生态化保护的最佳路径。

首先，生态博物馆应围绕传统村落而建，尤其是已列入国家级传统村落保护名录的重点村落。如果在生态博物馆建设中主次分明不清，会导致资源配置不合理、保护效果欠佳。例如，我国西北某市斥巨资在其辖区内建立

---

① 宋宇晟：《博物馆建设乱象：平均不到2天就增加一座新博物馆》，《山西晚报》2015年3月3日。

了十余家生态博物馆，大多博物馆中仅有简单几件村中曾使用的传统农具作为展品，对村庄的文化传统与非物质文化遗存则介绍甚少。村民对于博物馆内容既不感兴趣，也未产生任何参与博物馆建设的主观动力，使博物馆效果微乎其微。其次，有些地方虽尚未建设生态博物馆，但当地文化生态保持尚好，不需政府进行过多干预，重复设立生态博物馆；否则过多人为干预会对当地文化传承产生负面影响。例如江西婺源地区与浙江松阳等地区中的一些苗寨与畲寨，由于其文化自觉意识形成较早，通过对"古村落群"集体的人文力量进行自我凝聚、互补与强化，取得了显著的成效①。因此对于上述文化生态较好地区的生态博物馆建设应更侧重于发挥村民的文化自觉，促进其对村落文化的活态传承。

综上所述，单纯追求生态博物馆的数量并非科学之策，政府需要审慎建设生态博物馆。许多地区甚至将生态博物馆看作"摇钱树"，其不仅与建设生态博物馆的初衷相背离，更会使村民对生态博物馆建设产生误解，不利于传统村落保护工作的开展。因而，在建设生态博物馆之初，更应当广泛调研、科学规划、民主决策，才能推动生态博物馆科学建设，进而使其真正为传统村落保护做出贡献。

（二）文化传承与旅游开发难以兼顾

随着我国人民生活水平的提高，旅游业逐渐受到了社会的青睐。许多城市居民纷纷选择乡村、古村镇作为自己的旅行目的地。然而许多具有特色的民族性村落，由于自身知名度欠佳，加之文化与旅游融合程度不高，一年到头仍游客寥寥。

龙脊村背靠重要农业文化遗产龙脊梯田，旅游资源丰富，2017年龙脊景区共接待游客120.83万人次，实现旅游门票收入达8165.81万元②。龙脊村在建设生态博物馆之初，在村民间也产生了许多误解。

由此看来，旅游资源的深度开发与对传统村落进行"原汁原味"的

---

① 丁华东：《讲好乡村故事——论乡村档案记忆资源开发的定位与方向》，《档案学通讯》2016年第5期。

② 任越：《论我国传统村落文化建档的实践诉求与现实困境》《档案学研究》2018年第2期。

文化活态传承之间的矛盾已迫在眉睫。许多村落为改善当地的生活水平与经济条件，选择向旅游开发倾斜，村落传统文化习俗为旅游需求服务（如少数民族往往仅在特殊节日才进行民族舞蹈表演变得日趋常态化），使村民与参观者逐渐忘却了其背后的文化内涵，导致村落传统文化最终流于形式、虚有其表。

（三）村民文化自觉性有待提升

我国传统村落生态博物馆在建设过程中通常需要居民与政府进行合作，共同保护传统村落的物质与非物质文化遗产。但是许多生态博物馆的建设过程却常常鲜有当地居民参与。一方面是因为许多传统村落的经济条件尚不容乐观，当地居民更注重自身经济与生活条件的改善，对生态博物馆建设工程不甚热心；另一方面则由于部分居民在生态博物馆建设期间，片面追求其建成之后为自身带来的旅游资源与经济效益，因而更愿意将时间投入于旅游开发而非生态博物馆建设中。

在当前情况下，我国大多数农村居民的"文化自觉"仅处于萌芽阶段，政府需要在建设生态博物馆过程中采取一定有效措施，才可以更好地完善生态博物馆建设，为传统村落保护服务。

四、我国传统村落生态化保护的相关措施

在现代社会中，许多传统村落通过自身的旅游开发与大规模现代化改造来吸引大量游客，以旅游开发带动地方文化遗产的保护与宣传，凤凰古镇等传统村落正是以这种方式得到了保护与发展，成了全国知名的历史文化村落。然而与此同时，这使得村落文化逐渐服务于旅游业的发展，文化空心化情况日益加剧，独具特色的地方文化名存实亡。因此，我们在保护传统村落的过程中必须坚持以保护与传承文化遗产为基础、对传统村落进行生态化保护，进一步发挥生态博物馆的非遗保护功效，培育村民对于构建生态博物馆的参与意识，保存乡村记忆。

（一）建立多方管理机制，培育良好生存环境

传统村落是我国具有特色的历史遗产，是农耕文明的见证，也是传承和弘扬中华优秀传统文化的物质保障。许多生态博物馆建成后，村民简单将其视为村庄的"摇钱树""展示栏"，并未看作是民族与地方特色文化的"传播站"，导致生态博物馆脱离村落特色文化与风貌，失去了原有作用。而加强传统村落生态化保护，保证生态博物馆的作用发挥，首先应理顺多方关系，培育好生态博物馆的生存环境。

生态博物馆建设涉及诸多主体，仅仅依靠当地政府的力量远远不够，应当大力整合专业学者、开发商、当地居民，形成总体管理机构，在建馆过程中对本地区具有相当了解的各方力量进行赋权，使其共同参与相关标准的制订与考核，尽可能实现多方均衡受益。只有如此才能充分挖掘社会力量与民间力量，规避生态博物馆建设中的人为阻力，为生态化保护扫清制度障碍。

（二）立足地方特色，建立传统村落保护示范区

新时期，党和国家十分重视生态建设与传统村落保护，而生态博物馆理念中的生态性原则便要求将传统村落的文化遗产置于其生态环境中加以保护与传承，即对非物质文化遗产的"活态性"保护与对物质文化遗产的整体性、原生性保护。因此，立足地方特色至关重要。苏东海认为，在对乡村进行生态化保护的过程中，"生态博物馆只是一种理念，而非一种固定的模式"[①]。由于我国各地社会与经济发展情况的不同，难以归纳出一种普适性的生态博物馆建设与发展模式。相关政府部门可以通过设立传统村落保护示范区的方式，随后再逐渐推广。设立保护示范区可以在重点区域内贯彻、深化生态博物馆发展的理念，探索出适合我国不同地区现实情况的传统村落保护个性化模式。与此同时，保护示范区的设立也可以使生态博物馆能够植根于地方特色，基于各地不同的地域特点，挖掘并保护不同地区的特色文化，国家应根据不同地区实际情况，创造性地进行自然和文化遗产、物质和非物质

---

① 苏东海：《新农村·农村文化·生态博物馆》，《中国文物报》2006年11月17日第5版。

文化遗产的研究、保护、发展、创造和利用，一步到位与一劳永逸的情况难以持续，逐步推进、逐步完善、永续发展才是适合传统村落生态化保护的长久之计。

（三）加强社区参与，培育村民的文化自觉

生态博物馆与传统博物馆的区别是"社区参与"，而传统村落的生态化保护也必须依托于当地村民的支持。如果其割裂了与当地居民之间的联系，生态博物馆便无从准确反映当地的风土人情，生态化保护也将无从谈起。以龙脊村生态博物馆为例，龙脊地区古代壮寨的历史可以追溯到元明时期，数代壮民们通过自己的劳动构建了他们独具特色的民族文化，不断丰富着村落的文化内涵。这些村民是龙脊村的亲历者、缔造者、传承者，因而只有使其真正参与进村落生态化保护的具体工作中，龙脊地区的生态化保护才更具内涵与意义。

由此可见，政府必须要逐渐培养村民的参与意识。首先，应当在适当情况下吸纳村民代表参与博物馆的建设决策，使村民参与到村落保护的规划与决策过程中，发挥其主人翁作用；其次，可以通过宣传教育培育村民文化遗产保护的意识，使其了解文化遗产保护的标准与要求，协助生态博物馆建设与发展；最后，在制定旅游发展目标及旅游决策时，也应当倾听居民对发展战略的希望与看法，鼓励村民建言献策，让生态博物馆真正与村民息息相关。

（四）保护与传承为主，加强文旅融合

传统村落在生态化保护开展前期，固然会造成部分经济利益的损失，然而囿于眼前的旅游利益而放弃对传统民族文化的保护与传承，则是国家文化的永久性流失。因此，传统村落生态化保护需要具备前瞻性、长期性的发展规划目光，将村落中物质与非物质文化遗产的保护与传承放在首位，注重对传统村落历史文化的延续与发展，坚决抵制损害文化传承的短期经济行为：具体来说，首先，国家可以在现有法律的框架下设立文化保护基金，通过在国家指导下的体系化制度化程序，为文化保护项目提供一定数额的专项拨款，对具有地方特色且亟须资金支持的生态博物馆进行资金支持，为生态博物馆解除后顾之忧，以便充分发挥自身优势，专注于传统村落保护与非物质文化遗产传承；其次，传统村落应当立足于自身基础，在保护、传承好自身文化的基础上加强文化与旅游的融合发展，将村落文化与旅游开发紧密融合，加强对村庄文化的宣传与推广，树立村落文化品牌，讲好村落故事，使村民与参观者真正理解村落文化内涵；最后，积极发挥专业化的非政府组织作用，如地方旅游行业协会等，鼓励民间团体和公众参与文化旅游融合建设。国际上大多数国家都建立相应的旅游行业协会与社会组织，并以此为平台充分汇集全社会力量共同发展文化旅游。

（五）推进传统村落立档，保护乡村记忆

传统村落作为居民生产生活的家园，是一个民族的历史底蕴与文化源泉。除旅游经济价值外，还具有更为深刻的历史研究价值和社会情感价值。丁华东认为，"每个传统村落都是'宏阔与深邃'的记忆场，积淀着内涵繁富、品类多样的记忆资源"[1]。在对传统村落进行保护与开发中的过程中，政府要避免盲目开发旅游产业，使传统村落历史建筑、文化遗产面目全非，要避免传统村落过度商业化，要避免传统村落失去文化底蕴，造成文化空心化。因此，政府与学界应当紧密合作，推动传统村落立档工作，加强乡村记忆构建，保护共有的乡村记忆。因此，我们必须要加强对传统村落立档工作，将具有地方特色的村落历史收集、记录下来，为社会保留文化底蕴，为以后的利用者服务。乡村记忆作为一种社会记忆、历史记忆或文化记忆，是村落形成、变迁和发展过程中凭借各种媒介保存、流传的记忆。

2014年3月，中国文联、中国民协、中国摄协在全国启动了"中国传统村落立档调查"项目，该项目旨在为我国两万多个传统村落建立可供备查与传承的档案记录。经过三年时间，我国已有223个传统村落完成了基础立档工作[2]。然而，我国在传统村落立档工作中还有许多亟待克服的问题，如难以制定通用的立档规范、村落客观条件难以进行完善立档工作，这都对传统村落

---

① 丁华东：《讲好乡村故事——论乡村档案记忆资源开发的定位与方向》，《档案学通讯》2016年第5期。

② 张桂贵、蒋琪：《第五批拟列入中国传统村落名录的村落今起公示》，http://country.people.com.cn/n1/2018/1210/c419842-30453776.html，2018年12月10日。

立档工作提出了更高的要求。只有进一步规范传统村落保护开发政策，认真吸取传统村落保护与开发过程中的经验和教训，完善档案的收集与利用开发环节，才能更好地构建乡村记忆，保护传统村落。

冯骥才指出："在人类历史由农业文明向工业文明转型的当代，我们保护好一些具有各类代表性的古村落，不正是为我们后代留下农耕历史的文明标本，让我们的后代对自己的文明永远有家可回吗？"①生态博物馆建设只是传统村落生态化保护的方式之一，为我国新时期传统村落保护提供全新的思路与方法，但并非一劳永逸的万能良方，在传统村落保护方面，我们还有很长很远的路要走。只有合理保护与开发传统村落，进一步培养居民的文化自觉，加强保护继承传统文化，我们才能明白自己究竟来自何方，我们的文明才能永远有家可回。

---

① 冯骥才：《为文化保护立言》，文化艺术出版社，2017年，第271页。

新形势下吐鲁番博物馆地域性创新建设初探

王小雄[*]

摘要：博物馆是收集、典藏、陈列和研究人类文化遗产实物的机构，是一个国家、民族的文化符号，记录和珍藏着人类和自然、社会的进化历程。吐鲁番博物馆珍藏着丰富的文物，将这些珍贵文物保护好、利用好，新形势下需要以新的视野重新思考其使命与功能，以便更好地服务社会，并科学地引领吐鲁番地区博物馆工作发展的新方向。

关键词：吐鲁番博物馆　地域性创新建设　数字技术　公众参与

吐鲁番博物馆位于新疆维吾尔自治区吐鲁番市高昌区，是集文物收藏与展览、文化遗产保护与研究、知识宣传与教育等职能于一体的国家一级综合类博物馆。博物馆现有馆藏文物20637件（套），珍贵文物707件（其中一级文物120件，二级文物149件，三级文物438件），藏品类别有石器、陶器、泥塑、木器、铜器、铁器、金银器、文书、绘画、古尸及各类古代食品、纺织品等35种[①]。由于吐鲁番盆地气候干燥，雨量稀少，使得残存在地上地下的古代遗迹和遗物能够较好地保留下来。闻名于世的吐鲁番巨犀化石、吐鲁番文书、毛纺织品、彩陶、古代干尸等文物，以其独特的魅力吸引着众多的中外观光者（图1）。

---

* 王小雄，吐鲁番博物馆、吐鲁番学研究院馆员。

① 吐鲁番博物馆编：《吐鲁番博物馆》，新疆人民出版社，2012年，第3页。

图1　吐鲁番博物馆^①

一、吐鲁番博物馆历史发展和馆藏特色概述

吐鲁番古称"高昌"，位于新疆东部天山山脉的南麓，是古代欧亚陆路交通要道和丝绸之路重镇，也是东西方经济、文化的交汇点。

早在遥远的石器时代，这里就有人类活动的遗迹。春秋战国时期的塞、车师族，秦汉时期的匈奴、汉族，魏晋南北朝时期的柔然、高车族，隋唐五代宋时期的吐蕃、回纥（回鹘），元明清时期的蒙古、回等民族，在这里迁徙流动，聚居融合，悠久的历史和丰富的文化，使得这里留下了数以万计的地上和地下文物。

吐鲁番博物馆始创于1956年，现在的吐鲁番博物馆于2009年9月建成并向游人开放。博物馆整体框架结构共三层，文物展示面积为4000平方米，分为9个展厅，分别为吐鲁番通史陈列、巨犀化石陈列、出土文书陈列、古钱币陈列、出土千年干尸及其随葬遗物陈列等。

● 通史陈列厅。由7个文化单元8个部分组成，主要展出自1949年以来考古出土、征集、采集、捐赠的文物精品。整个展览以时间为轴线，展示了从刀耕火种的远古时代到经济文化繁荣的唐西州，再到回鹘文化的兴盛以及清代对吐鲁番的管理和发展，向观众展示各族人民的友好相处，团结合作，用劳动和智慧创造了灿烂文明。

● 巨犀化石陈列厅。分为古动物展区、巨犀化石展区、生命的起源展区以及灵长类的起源展区。展厅运用了声光电等现代展示技术，通过实物、图

---

① 图片来自吐鲁番博物馆编：《吐鲁番博物馆》，新疆人民出版社，2012年，第1页。

片、场景、模型、多媒体等多种展示手段，拉近博物馆与观众的距离，观众有身临其境的感觉。展出的巨犀化石是1993年兰新铁路复线修筑过程中在吐鲁番东部的飞跃火车站发现的，巨犀是这里曾经生存过的最大的哺乳动物，体长约9米，体高约5米，体重约30吨，是吐鲁番博物馆的镇馆之宝。

● 古钱币陈列。展示了吐鲁番洋海、交河沟西、阿斯塔那等墓地出土的一批古钱币精品以及捐赠的35枚波斯萨珊王朝金银币。

● 吐鲁番出土文书陈列。主要展示了吐鲁番地区出土的大量文书，包括契约、籍账、官府文书、私人信札等展品。是研究魏晋南北朝以及隋唐史的重要资料，粟特文、回鹘文、梵文等古代多种文字文书是研究古代西域多元文化发展、交流融合的珍贵资料。

● 吐鲁番出土干尸及其随葬遗物陈列。展出的出土干尸数量众多、人种丰富。年代从商周时期至清代时期，主要出自阿斯塔那的哈拉和卓古墓群、苏贝希古墓群、洋海古墓群等。由于吐鲁番特殊的气候条件和地理特征，使得这里的干尸数量最多、保存质量最好。除此之外，大量的人体骨骼标本也在这里得到了完好的保存。

● 其他常设展览。有民族团结展、援疆展、丝绸之路上的交河故城和高昌故城展等常设展览。

这些展览以其独特的具有地域性文化的魅力，吸引着众多的中外游客。

二、全球化视野下，重新思考和定位博物馆的使命与功能

近年来，随着全球化思潮的不断演进，当代博物馆的社会身份越来越多元化，因此在文化互动、融合与流动等方面面临着诸多挑战，需要以全球化的宏大视野重新思考、重新定位博物馆的使命与功能，以便更好地服务社会，并科学地引领行业发展方向。

为了适应发展，新疆维吾尔自治区政府、吐鲁番市政府和吐鲁番博物馆对目前博物馆所面临的问题以及未来的计划做出了相应的调整和改变，制定出一个全新的、更符合时代要求的，博物馆的使命与功能。具体来说，首先深入思考，盘活馆藏文物资源，策划实施相关主题的文化传承的展览活动，以满足于社会教育的需求。其次通过大量珍贵精美的历史文物，为吐鲁番各

族人民群众及广大游客提供一个准确、系统、生动了解吐鲁番历史的途径，使得博物馆融入社会的步伐加快，以便博物馆的文化辐射力和社会关注度提高，公共文化服务能力和社会效益进一步增强。

三、面对新时代，吐鲁番博物馆的新举措

博物馆既要考虑未来发展的趋势，还要考虑博物馆的地域特色与独特性。因此近年来吐鲁番博物馆通过不断地探索和调整，并且结合实际情况，进行了一系列探索。

第一，推进"看历史、游家乡、爱祖国"，吐鲁番人游吐鲁番主题活动。吐鲁番自古以来是一个多民族、多宗教的聚居区。各族人民在这里友好相处，用劳动和智慧创造了这里的文明，留下了大量精美的文物。为了引导广大群众正确认识新疆历史，共同维护民族团结，开展了"看历史、游家乡、爱祖国"，吐鲁番人游吐鲁番主题活动，接待了高昌区、托克逊县、鄯善县等区县的近千名群众前来参观。博物馆双语讲解员结合馆藏文物，以通俗易懂的语言，讲解吐鲁番悠久灿烂的历史文化，旨在让历史和文物说话，促进吐鲁番社会稳定和长治久安（图2）。

第二，长期开展"爱祖国、爱家乡"中小学生研学活动。促进中小学生对博物馆的利用，这是教育发展的新潮流。近年来，吐鲁番博物馆开展了主题为"让历史走进孩子们的童年""弘扬中华民族传统佳节""我们行走在丝绸之路上""新疆的美食""古代礼仪与文化"等系列活动100余次，通过穿古装、学讲解、滚元宵、写书法、学礼仪等生动有趣、丰富多彩的社教活动，激发了广大青少年爱新疆、爱家乡的热情（图3）。

第三，推动经济发展——文博产品创意基地的成立和文创产品开发。为发掘和展示吐鲁番文化，打造"吐鲁番文创"品牌，促进吐鲁番博物馆文创产业进一步发展，在吐鲁番市政府、吐鲁番市文物局、吐鲁番博物馆的大力支持下，成立了吐鲁番博物馆文博产品创意基地。基地文创立足吐鲁番区域文化特色与优势，通过文化创意激活文物资源，把吐鲁番丰富的文物资源优势转化为文创产品（图4），为广大从业者搭建了更广阔的文创交流与展示平

图2 吐鲁番人游吐鲁番主题活动（笔者摄）

图3 中小学生研学活动（笔者摄）

台，有利于带动和发展具有吐鲁番特色的文创产业，更好地满足广大人民群众的精神文化需求。

目前，文博产品创意基地已有多家商户入住，经营范围包括文物医院、文创产品商店、陶艺制作与展示、桑皮纸传统制作工艺、民族手工艺品等。文创产品大多从吐鲁番的可移动和不可移

图4 文博产品创意基地（笔者摄）

动文物中汲取灵感，创作出具有地域特色的文化创意产品。如共命鸟图案丝巾，其设计理念就紧扣时代主旋律，取其"共命运"的寓意，把民族团结带入到产品设计中。白玉奔鹿茶杯、奔鹿笔筒，有文物图案的钥匙链、移动充电器、手表、打火机、活页本和高昌吉利钱工艺品、巨犀模型等产品，深受广大游客欢迎。这些文创产品也在旅游文化广场、车站等人流量密集地段销售。我馆还与全国博物馆商店、天津文博艺术品销售有限公司签订文创产品授权销售协议，并将文创产品通过互联网出售到全国各地。

第四，让文物流动起来——流动博物馆与村共建活动。为了让博物馆丰富的文物真正的"活起来"，真正在社会发展中发挥教育功能，进一步让广大村民和学生了解新疆历史文化，吐鲁番博物馆走进艾丁湖镇花园村，开展"传承历史文化 共建美好家园"流动博物馆活动（图5）。在活动中用通俗易懂的语言，宣传普及新疆历史知识，让村民和学生在家门口了解新疆历史、民族发展史、宗教演变史、文明融合史，使他们深刻认识到在中国统一的多

图5 小学生表演《共命鸟》节目（笔者摄）

民族国家的长期历史演进中，"新疆各族人民同全国人民一道共同开拓了中国的辽阔疆土，共同缔造了多元一体的中华民族大家庭"①，激发他们爱祖国、爱家乡的热情，更加坚定中华民族共同体意识，为增强民族团结凝聚力量。

四、吐鲁番博物馆发展面临问题

目前，吐鲁番博物馆建设已经取得了一定成绩，但与发达地区的博物馆相比较，在许多方面还有待提高。

第一，需进一步提升博物馆讲解员的业务能力和知识水平。讲解是深受广大群众欢迎的一种宣传教育形式。一个博物馆的宣传效果如何，不仅体现在丰富的展品及科学的陈列方面，还体现在讲解水平方面。因此，讲解在博物馆工作中有着举足轻重的作用。吐鲁番博物馆近年来为了推动讲解服务的系统化、规范化、专业化，通过资深讲解员带队辅导的方式，积极开展讲解员培训并且增强英语、日语等语言的培训，以便于更好地进行讲解（图6）。

图6 讲解员培训（笔者摄）

第二，需加强馆藏文物的数字化。随着互联网的普及和发展，博物馆数字化在世界范围内形成一种不可阻挡的趋势。文物的数字化，就是运用计算机的图像技术，将文物制成三维模型，参观者能浏览博物馆网页，观看馆内各种藏品的立体的仿真展示，查看文物的相关信息资料；从而引领博物馆进入公众可参与交互式的新时代，引发观众浓厚的兴趣，达到科普的目的。

---

① 中华人民共和国国务院新闻办公室：《新疆的若干历史问题（2019年7月）》，人民出版社，2019年。

目前博物馆以馆藏文物数字化及活态艺术展示为主，通过数字技术，运用图文音像交互等展示方法，力求充分挖掘出馆藏文物的价值，将沉睡在库房里的吐鲁番历史文明唤醒。

第三，加强馆藏文物安全保护措施。博物馆是文物保存与展示的重要场所，在文物保护方面起着重要作用；但目前工作中仍存在着如电气设备的老化、保安队伍建设薄弱等一些亟须解决的问题。通过馆领导和安全消防部门认真排查后，对博物馆里的安防、消防系统设施，包括报警系统、视频安防监控系统、出入口控制系统、内部通信系统等升级改造，使其具有防盗、防破坏、电视监控、录像录音、电子巡查等各种功能，建立有安全防范报警中心控制室（监控室）。安防制度健全，落实到位，做到标准高、技术新、覆盖全、维护好、预案细、演练勤，符合相关法规标准要求，尽量减少安全事故发生。

第四，加强文物的修复和保护力量。博物馆现有馆藏文物20637件（套），由于年代久远和保护不善，许多文物亟须修复和保护。目前最缺少的还是文物修复的专业人才。尽管2008年以来博物馆获可移动文物修复单位（二级）的资质，成为自治区纸质文物保护重点科研基地，可以完成对出土文书清洗修复，石窟壁画残片修复、加固，出土纺织品修复等工作，但是，大量的文物还在库房里面需要修复和保护。因此，加强文物修复人才的培养，是当前亟须解决的问题，同时用于修复保护的科技仪器设备也亟须升级。

第五，加强科研、学术研究力量。1956年以来后，我馆逐步成为吐鲁番展示当地多元文化和丝绸之路辉煌历史的中心。近年来，随着博物馆的发展，成立了中国敦煌吐鲁番学会、吐鲁番学研究院和《吐鲁番学研究》杂志编辑部等机构。同时又增设考古研究所、文物保护与技术修复研究所、文献研究所、资料信息中心、编辑部，学术研究力量得以增强。2006年设立全国文博系统第一家博士后工作站，它已经成为国际吐鲁番学研究新的中心，从根本上改变了"吐鲁番在中国、吐鲁番学在国外"的被动局面，在国内外学术界享有很高的知名度。

五、结　语

　　吐鲁番博物馆在以后的发展中，不但要保护好、利用好这些珍贵文物，而且要以新的视野重新思考其使命与功能，不断地激发博物馆的发展动力，继续深化博物馆免费开放政策，推动博物馆公共服务的文化功能，促进博物馆多元化发展。同时，要不断地推进博物馆文创产品开发，拓展博物馆的社会职能和各种藏品体系，让博物馆中的文物真正的"活起来"，真正发挥好博物馆的教育功能，以便更好地服务社会，并科学地引领吐鲁番地区博物馆工作发展新方向。

新西兰博物馆与原住民

——《博物馆与毛利人：遗产专业人士、土著收藏与当前实践》书后

克纳尔·麦克卡西 著　韩 一 译[*]

摘要：博物馆、美术馆与毛利部落之间的关系不断发展，在《博物馆与毛利人：遗产专业人士、土著收藏与当前实践》（以下简称《博物馆与毛利人》）一书中就说明了毛利人的思维方式在博物馆从业人员工作中的影响力。同时，对于想要从事博物馆行业的学生，或者对博物馆与原住民之间关系尤其是前殖民地时期二者关系感兴趣的学者，该书本身就是一个研究项目。

关键词：博物馆　新西兰　毛利人　原住民

本文将围绕"今天，毛利人想从博物馆中获得什么？"这一问题来进行思考。本研究广泛地分析了目前专业领域内的相关实践，包括藏品、展览、管理、政策、人员以及道德伦理。在过去的30年中，新西兰的博物馆因其双重文化背景改革而享誉国际，这一改革推动了毛利人积极参与本民族文化瑰宝的收藏与展示。因此在本项研究中，笔者认为是时候去梳理一下目前新西兰博物馆内毛利文化的发展形势了。笔者提出了以下两个问题：在过去的30年中，博物馆在满足毛利人的需求方面取得了什么样的进展？专业人士、研究学者和社群领导人如何看待展示毛利文化的博物馆的发展形势？回顾自20世纪80年代举办"毛利人（*Te Māori*）"展览起至今，在全国范围内的发展状

---

　　* ［新西兰］克纳尔·麦克卡西（Conal McCarthy），惠灵顿维多利亚大学博物馆与遗产研究项目负责人，主要研究方向为博物馆学；韩一，《艺术博物馆》杂志编辑，主要研究方向为博物馆学。

况，以及对行业内外新的趋势与发展的展望，本研究记述了博物馆、美术馆与毛利部落之间的不断发展的关系。我在本文中阐释了我是如何考虑推进这一研究计划的：涉及的问题、研究方法、研究过程、写作进程以及后续的传播方式。有关本项研究的书籍出版于2011年，该书以一系列对未来多层面工作的建议作为结尾，也探究了对其后相关研究项目的影响。

一、我是如何写这本书的：一个有关个人的故事

20世纪80年代，我就职于惠灵顿国立博物馆时，发生的一件事情让我汲取了终生难忘的教训。我端着一盘食物准备去举办活动的地点时，路过了毛利展厅（Māori Hall）。在展厅中央是一个类似于洞穴的空间，里面展示着毛利人的珍宝——雕刻和手工编织物。这些藏品因其富含毛利文化的精髓，而受到了毛利人后代的崇敬。就在刚走进展厅大门的时候，我突然停了下来，因为我听见有人在一直重复着一些关于食物的事情，但我不知道该如何是好。作为一个典型的英裔新西兰人（Pakeha），我想这种情况对很多博物馆从业人员应该并不少见。我并不想因此冒犯到什么，反而，我想要做正确的事情，尽管我并不确定那是什么。我在新西兰南部的小岛上长大，与毛利人也没有什么太多的接触，直到我去了克莱斯特彻奇（Christchurch）上大学，后来又留在了惠灵顿郊区的波里鲁阿（Porirua）的一所高中任教之时才有人告诉过我，不能把食物（kai）和毛利人的瑰宝放在一起，但在那时我必须要将食物送去活动地点，我又实在是想不到其他的路径，何况，我要迟到了。

我局促地站在原地，望向四周想要寻求某些帮助时，博物馆的一名安保人员彼得·雷维（Peter Rewi）走了过来。那时，彼得60岁，看起来非常的冷淡，他在怀卡托（Waikato）长大，多年来与他的妻子贝蒂一起以强有力的毛利人形象出现在有关毛利的展览中。当他走近时，我开始耸着肩膀向他求助，诉说着我的困境及送食物的必要性，并询问他我该如何是好？

彼得严肃地看着我，平静却又坚定地跟我说："带着敬意走过去。"之后他便走开了，让我独自去做未完成的事情。这没什么大不了的，也不要四处打量。我心怀愧疚但是又有着些许的安心，托着食物的托盘快速地穿过了展厅，走向了我的目的地。

这是一个简单的故事，我们甚至可以花一些时间从这件事上对毛利人的民俗或是"毛利方式（Tikanga）"进行讨论。但是，当时打动我并给我留下深刻印象的是困境中最为务实的解决方法。现在必须指出的是，我从这个事情中学到的并不是行为处事的标准，而是一种根据具体情况做正确事情的感觉，同时也认识到不应过度分析一件事情。这本书的出发点也是一样的：为不同背景的博物馆从业人员提供一个范例，帮助他们批判地思考他们的实践与原住民之间的关系。在全球范围内，所有的文化组织在工作当中必须考虑到原住民及部落成员。《博物馆与毛利人》（Museums and Māori）一书出版于2011年，旨在加强毛利人的思维方式在博物馆从业人员工作中的影响力。同时，对想要从事博物馆行业的学生，或对博物馆与原住民之间关系，尤其是前殖民地时期二者关系感兴趣的学者而言，该书本身就是一个研究项目。

其实，类似的场景每天都会在新西兰的博物馆内发生，我们可以试想一下：

● 作为博物馆藏品管理者，你在面对库房内存放的有关毛利文化的藏品时，你如何在符合毛利人价值观的前提下保护、管理这些藏品？

● 你正在参与一家博物馆的招聘，该博物馆不仅位于毛利人聚集区，而且毛利人对该博物馆工作的参与度也很高。你将如何准备面试？你又希望被问到什么样的问题？当地的毛利人具体是什么样的？你又该如何通过与他们的合作来完成工作目标？

● 你是一个正在策划毛利主题展览的策展人，你该如何与当地的毛利人群体进行交流，并听取他们的意见？

● 当你在博物馆内接待想要与你讨论所有权存在争议毛利部族的展品时，你将如何规划这次讨论？

● 在完成博物馆扩建工程的过程中，发现了人类遗骸，你应该怎么做？

还有一些是我在完成本项研究的过程中已解决的问题：如今的博物馆从业人员依据什么样的规则处理博物馆中收藏的原住民民俗藏品？他们如何从实践的角度出发和原住民产生互动？国际社会对代表权、文化财产和展览政策等问题表现出了极大的兴趣，但是，很少有博物馆完全基于目前博物馆的实践或原住民的意见来考虑原住民社群方面的工作。

世界各地的博物馆从业人员都会在他们的职业生涯中遭遇到这样的情

况。不论是在新西兰、澳大利亚、加拿大、美国、南非等国，还是在欧洲、亚洲地区，博物馆都是有关文化、身份、历史、文物归还和社会包容性这些主题的辩论中心。如果你生活和工作在受殖民、移民或冲突影响而产生多元文化的国家和地区，那么关于物质文化的所有权、收藏和展示的议题将是无法规避的现实。任何一个博物馆工作人员，不论归属于哪一个部门，他们都应该了解自己做什么、如何做。

但是在多种文化规则并行的环境中工作是非常复杂的，哪怕这样的工作只需要机械地去遵从现有的规则和协议就可以了。我相信，有一些基本原则可以从博物馆实践的方面为从业人员提供帮助，从而验证原住民对文化遗产和博物馆的看法。令人无法接受的是什么都不知道，什么都不做，将自己隐藏在无知或是偏见之下，但这一切都会暴露在博物馆之中。

在本项研究中，我们观察、记录、采访了过去30年中参与过新西兰博物馆实践改革且拥有原住民背景的博物馆从业人员及相关社群代表，并解决了一些常见的问题。20世纪70年代以来，新西兰的博物馆与毛利人展开合作，开始积极探索收集、保管和展示毛利文化珍宝的新路径。如今，这一探索也面临着新的挑战和发展，包括文物归国、文化中心，以及有关身份、文化财产和遗产管理方面的争论。形成教案是编写本书的原因之一，希望通过这本书，让下一代博物馆从业人员有能力面对上述问题，并且找到这些问题的答案。

伴随着20世纪80年代新西兰社会内部"去殖民化"进程的发展，曾经代表一元文化的博物馆随着"毛利人"展的开展而变成了公开的双重文化背景机构。近年来，伴随着原住民社群发展的压力以及新博物馆学理论的发展，博物馆的身份再次发生变化。到了21世纪，我感觉到具有原住民背景的博物馆从业人员和他们的同事一起逐渐从"双文化论"过渡到了"双民族论"，他们旨在探索毛利人作为"内部民族"如何在博物馆内外管理自己的遗产。我想要追踪并记录这个历程，供学生及博物馆从业人员阅读和思考。

对于新西兰的许多人而言，当他们在提到博物馆为融入毛利人的价值观和做法而进行的变革时，使用的术语是"双文化论"。从最简单的层面上来看，这仅仅意味着两种文化或两种处事方式在博物馆内的并行。尽管"双文化论"的定义仍然存在问题，但我还是使用了这个词，因为大多数从业者经常使用这一词语。本研究是对"双文化论"的批判性分析，尽管它的时代已经过去，但其中有用的元素仍被保留了下来。本书试图对其影响进行历史评估，而不是进行毫无意义的笼统的评判。在推进研究的过程中有这样一个惊喜：我改变主意了！我一开始认为"双文化论"是问题的答案，但事实并非如此。

二、国际背景：博物馆与原住民社群

一直以来，原住民与博物馆的关系都是国际热点之一。在过去的30年里，这一争论成了许多讨论、研究和创作的主题。本书对相关争论进行了简单的梳理和回顾，以便对当地存在的问题有所了解，并试图形成一个以研究博物馆实践复杂性为基础的详细本土案例。这一案例将真正有助于国际同行，并形成能够填补博物馆和原住民社群间研究空白的文本。多元民主制度下的博物馆，特别是曾作为殖民地的国家的博物馆，有许多需要向新西兰学习的地方。

《博物馆与毛利人》将重点放在博物馆内部的实践策划上，特别是管理、收藏和展览这三个直接推动了博物馆创新的方面。简单地说，新西兰的博物馆在管理、展览策划和藏品管理方面的根本变化并不是凭空出现的，而是作为一种对跨种族现象的特殊回应，即有关展示殖民地人民相关文化生活的政治辩论。

我在这个项目中主要使用到了以下理论：

● 詹姆斯·克利福德（James Clifford）有关接触地带的设想；

● 劳拉·皮尔斯（Laura Peers）与艾莉森·布朗（Alison Brown）对于原住民社群的理解；

● 克里斯提娜·克里普斯（Christina Kreps）的文化解放理论。

与很多研究中将移民与原住民区分开的研究方式不同，我发现克利福德将博物馆视作"接触地带"的想法十分有帮助，这一想法同时考虑到了毛利人与欧洲遗产组织之间从过去至今不曾间断的交流。克利福德这样定义了"接触地带"：来源于不同地理、历史背景的人在该区域建立长期、稳定的联系及关系，但伴随着强迫行为、种族不平等和难以解决的冲突。

基于克利福德的研究，我认为，在有关博物馆与原住民当代关系的学术研究中，最重要的一点是明确"源社群"的概念是什么。皮尔斯和布朗认为，重要的不仅是原住民作为藏品来源的历史群体的身份，更要重视经常来博物馆参观这些藏品的原住民后代的身份。皮尔斯和布朗对博物馆学中这一待研究领域发展情况进行了极为有用的调查，他们的调查表明了该领域亟须更多的调查与研究：

　　博物馆学需要更多能同时反映、解释、思考及处理藏品新方式的出版物，并以此作为发展与原住民社群关系的起点……藏品与原住民社群的关系是新型策展实践最重要的表现形式，但在一些关键的文献中，它们的建立过程并没有能够受到广泛的关注。

　　《博物馆与毛利人》一书直接呼应了这一现象，即开展新的研究以填补以往研究中的空白。大多数关于这一主题的描述都是积极的，它们倾向于跳过存在的问题或被遗漏的部分，没有能够坦诚地面对失败。然而，这种失败可能比成功更具有教育意义。通常，我们认为只有策展人才是联系博物馆与社群之间的纽带，但实际上博物馆所有的工作人员都应该参与其中。

　　有一些原住民，特别是在博物馆领域从业的毛利人，他们描述了他们参与的新西兰博物馆改革，这对于本研究十分珍贵。皮尔斯和布朗曾在研究中指出过：在类似澳大利亚、新西兰、加拿大和美国这样的国家中博物馆和原住民之间的关系变化最为显著，因为在这些国家"原住民如今生活在由移民者创建的国家中"。

　　在关于原住民与博物馆的研究中，实践过程中的许多变化不但是简单地对它们所处的工作环节很重要，而且从广义上看对博物馆本身也很重要。皮尔斯和布朗在研究中提醒过读者，对于"源社群"认识的转变导致了"有关博物馆本质的重新设想"。克里普斯对此进行了进一步的研究：

　　文化解放不仅是归还或恢复一个民族对文化遗产的管理权或控制权，它同时将我们的思想从"欧洲中心论"中释放了出来，即博物馆实践的发展，只有认识了这一问题我们才能够更好地认识到其他的文化形式。文化解放将推动一种新的博物馆学话语的诞生，在这种话语中，我们不需要参照西方的博物馆定义与决定。这种"新的包容性"将那些曾经被边缘化的"其他方面"看作是创造了新的博物馆学范式的核心。

三、国际语境：新西兰（New Zealand）和/或新西兰（Aotearoa）

在讨论国际背景下的博物馆相关问题的同时，我意识到这本书对于其他国家的读者而言，需要补充一些有关新西兰的简短的历史及一些关于新西兰社会背景的描述。作为地球上最后被人类选定的定居地之一，新西兰的历史虽然短暂但极富趣味性。尤其是在过去的150年间，它与全球的主要发展形成了呼应。18世纪末，在欧洲人频繁踏足南太平洋的这些温带岛屿时，毛利人已经在"新西兰（Aotearoa）"生活了大约一千年。1840年，英国王室与毛利部落首领签订了《怀唐伊条约》（Treaty of Waitangi），这标志着新西兰成了英国的殖民地。但是，该条约承认了毛利人拥有的权利，并保证他们享有一定的自治权。在19世纪60年代的土地战争和70年代的淘金热后，主要由英国殖民者组成的社会迅速扩张。20世纪初，新西兰已然成为英国"本土"市场中富裕的农业生产商。新西兰人将自己视为"南太平洋上更好的英国人"，曾在两次世界大战中为英国而战。直至20世纪六七十年代，英国加入了欧洲经济共同体（European Economic Community），否认了新西兰是英国"本土"市场的一部分，新西兰才开始以一个独立国家的身份出现在历史的舞台。从那时起，新西兰经历了一个痛苦的脱英和向世界开放的过程。与之相对应的是，经济的变化、新选区的产生、移民和其他的社会力量，或如历史学家詹姆斯·贝里奇（James Belich）所认为的那样"国内去殖民化进程"所带来的内部认同危机。

同样，这本书还需补充一些关于毛利人及其背景文化的知识。在过去，已经有很多学者详细地描述了毛利人及其文化、毛利部落的经历与新西兰历史的联系。无法否认的是，殖民时期的痛苦、损失和破坏对当地的语言及文化都造成了深远的影响。因此，朗格努伊·沃克（Ranginui Walker）撰写的有关新西兰毛利人历史的文章被命名为《永无止境的奋斗》（Ka whawhai Tonu matou: Struggle Without End）。不过，故事总是具有两面性。博物馆的文本有时会夸大殖民化带来的影响，而忽略了毛利人的反应。贝里奇警告我们不要忽视"毛利人在抵抗英国殖民者同时与他们合作的伟大生存故事"。毛利人不是被动的受害者，他们渴望又迫切地以一种创新的方式学习了欧洲思想，接触了欧洲事物。所谓的"毛利文艺复兴"见证了一个边缘化的原住民重新回到国民生活的舞台中心的过程。20世纪80年代，对于新西兰而言是一个多事之秋，在这段离我们不远的历史中，新西兰取得的最重要的成果便是在某种程度上达到了自我设定的最终目标，本书就是在这样的背景下完成的。本书历史性地概述了新西兰面临前所未有的社会变革时，"双文化论"出现的历史背景：越来越多的毛利人搬入了城市，有关毛利人政治与改革的法案也越来越激进，如1975年成立了唐伊仲裁法庭，以及1984—1990年的第四工党政府。

我发现有一件非常重要的事情需要读者记住，那就是：新西兰的历史和社会虽然是英国殖民地的典型形式，但又因其当地情况的不同产生了特殊的变化。我学到的一件非常重要的事情是，在向其他国家的人们讲解新西兰博物馆时，要记住从三个重要的角度来解读新西兰在某些方面的特殊情况。首先，《怀唐伊条约》的中心地位，其一直被毛利人视为神圣的条约，以维护其作为"大地之子（Tangata Whenua）"或"这片土地上的人民"的特殊地位。其次，中央政府及其机构的重要性。虽然这在新西兰的历史上一直比较薄弱和漏洞百出，但其在实现一个小型、中央集权的民族国家的变革方面发挥了关键作用。最后，我们需要考虑到在整个新西兰历史上毛利人与英裔新西兰人（Pakeha）之间不断产生的交流情况。在古老的种族和谐相处的神话之下，形成了一个非常亲密的社交领域，其形成方式并非理想的那般开明，而是依靠简单的人口统计学。在这个不大的国家里，其他文化背景的人与人口数量相对较大的毛利人每天生活在一起，他们很难将毛利人视作处于"当时和过去"的少数族裔。

四、双文化论：定义与内涵

同时，我也意识到这本书需要批判地分析"双文化论"。"双文化论"的历史发展是特定时间和地点下产生的特有概念，因此本书简要地介绍了分析这一概念最有用的模型和框架，正如20世纪八九十年代中博物馆所体现出的那样。

这本书进行的研究表明，对"双文化论"一词的实际用法反映了英裔新西兰人与毛利人之间广泛的理解、价值观和分歧。专业人士对"双文化论"有多种理解：英裔新西兰人（Pakeha）更可能将其视为整合了"毛利人做事方式"的一种方式；毛利人更有可能提及《怀唐伊条约》及伙伴关系原则；许多毛利人并不将此视为优先选择，而是想要寻求更多的自主性；然而，生活在主流群体关系中的毛利人仍然使用它，可能基于英裔新西兰人（Pakeha）对此的理解；许多专业人员缺乏对其工作领域涉及的文化、身份和体制结构等方面的批判性分析；大多数专业人员不了解也不熟悉与《怀唐伊条约》及与毛利社会发展有关的新西兰历史、政治。

因此，双文化论对博物馆专业人员来说意味着许多事情，包括：两种观点，或在组织中工作的方式；《怀唐伊条约》承诺的伙伴关系；建立在政治层面的宪制；个人的政治或艺术实践；目前正在进行的是：

- 英裔新西兰人（Pakeha）对毛利人的回应。
- 毛利人则在走向自主。

关于从单文化过渡到双文化，甚至是超越双文化，这是博物馆实践不断发展的核心。尽管我们需要注意毛利人与英裔新西兰人不同观点间的紧张关系，并且这种关系不容易被调和；但是博物馆如何处理它与社会转型的关系呢？

五、专业背景：新西兰的博物馆业

据调查，在人口总量为430万的新西兰大约有500家博物馆，可以说新西兰人均拥有的博物馆数量比许多发达国家的都要多。这是一个好消息。但坏消息是，新西兰的博物馆、美术馆及相关文化组织大多规模小、成立时间晚、资源分散、专业化不够并且资源不足。只有少数几个博物馆、美术馆或相关文化机构拥有100年以上的历史，新西兰1/3的博物馆、美术馆及相关文化机构是在过去的50年中成立的。将近40%的博物馆、美术馆及相关文化机构只有5个甚至更少的带薪雇员。另外的40%甚至根本没有专业人员（只是用志愿者）并且每年的预算不到5万美元[①]。

新西兰博物馆的建筑外观、规模、类型各不相同。从类型上看，新西兰的博物馆包括历史、科学、战争和运输等方面，同时还有美术馆及现当代艺术空间，它们中的大多数由图书馆、档案馆、遗产及旅游业等基本部分组

---

① Sector Survey 2009.

成。正如表1所示，从奥克兰博物馆（Auckland Museum）、新西兰国家博物馆（Te Papa Tongarewa）、坎特伯雷博物馆（Canterbury Museum）及奥塔哥博物馆（Otago Museum）等四大博物馆，到位于城市中的15—20家中型博物馆（员工人数20人左右），再到小型博物馆（1—5名工作人员），最后到微型博物馆（没有专业的带薪雇员），他们有各种各样的资金来源和管理安排：国有博物馆主要由政府资助，理事会制度下的博物馆主要由其所属的地方政府进行资助，而其他如隶属于慈善信托或私人的博物馆则从各种渠道获得资金，甚至包括自己筹集资金，但是资助博物馆的行为在新西兰并不像在美国那般常见[①]。

新西兰的公共部门可以说是高度集中的，但是对博物馆而言，在很大程度上权力被下放、不受监管，而且，相对其他公共部门而言，博物馆并不是正式的公共部门。新西兰是一个人口稀少的小国，人们主要生活在两个岛屿之上。南岛与北岛之间存在着显著的差异，主要是由历史、人口及其他因素造成的，如：毛利人人口较少，毛利文化与主流文化在不同区域的互动程度不同。条条大路通罗马，政府与社会的其他组成部分一样在文化生活中扮演着中心角色。文化与遗产部门除了监管与制定政策外，并没能在博物馆领域发挥出积极的作用，但他们直接对国家博物馆负责。一些大型博物馆是由议会法案批准建立的，许多城市的中型博物馆以慈善信托的形式运作，并有一定的章程；私人博物馆与社群博物馆则由个人或利益相关者组成的委员会独立管理。由地方议会管理的博物馆没有具体的管理结构，因为它们与公园、图书馆及其他社区服务一起直接通过议会进行管理。毛利人的立法环境在一定程度上也受到了轻微的限制。《2002年地方政府法案》（The Local Government Act 2002）要求议会为毛利人提供"促进决策进程"的机会。此外，《物品保护法》（The Protected Objects Act/Taonga Tuturu）规定了毛利人对制造或使用超过了50年，涉及毛利人的文化和历史的物品拥有所有权，以及贸易及出口方面的权利[②]。

---

① Sector Survey 2009.

② 《物品保护法》（The Protected Objects Act），2006。

新西兰博物馆与原住民——《博物馆与毛利人：遗产专业人士、土著收藏与当前实践》书后

表1 新西兰博物馆概览表

类型	数量	案例
国家级	1	新西兰国家博物馆（Te Papa Tongarewa）
大型都市博物馆（20—100位雇员）	3	奥克兰博物馆（Auckland Museum）、坎特伯雷博物馆（Canterbury Museum）及奥塔哥博物馆（Otago Museum）
大型都市美术馆（20—50位雇员）	4	奥克兰美术馆（Auckland Art Gallery）、惠灵顿城市艺术馆（City Gallery Wellington）、新西兰基督城美术馆（Christchurch Art Gallery）、旦尼丁公立美术馆（Dunedin Public Art Gallery）
主要的区域博物馆/美术馆（少于20位雇员）	17	怀卡托博物馆（Waikato Museum）、泰拉威博物馆（Tairawhiti Museum）、普基阿里基（Puke Ariki）、霍克斯湾博物馆（Hawke's Bay Museum）、蒂玛纳瓦（Te Manawa）、罗托鲁瓦博物馆（Rotorua Museum）、普基阿里基（Puke Ariki）、旺加努伊博物馆（Whanganui Regional Museum）、帕塔卡（Pataka）、新道森（New Dowse）、奥塔哥移民博物馆（Otago Settlers Museum）
小型区域性博物馆（少于5位雇员）	20	旺阿雷博物馆（Whangarei Museum）、蒂阿瓦姆图博物馆（Te Awamutu Museum）、怀拉拉帕艺术历史博物馆（Aratoi）、阿卡罗阿博物馆（Akaroa Museum）、南坎特伯雷博物馆（South Canterbury Museum）、北奥塔哥博物馆（North Otago Museum）等
小型地方性组织	50	
其他小型或微型博物馆	400+	

资料来源：《2009行业报告》（Sector Survey 2009）

两个关键组织为国家级博物馆提供了一些建议及指导。新西兰博物馆联盟（Museums Aotearoa）是一个独立的会员组织，积极维护博物馆并制定发展战略及政策方针。它发布信息和新闻，在其网站上发表期刊，并组织年度会议[①]。设立在新西兰国家博物馆（Te Papa Tongarewa）内的服务队为博物馆、毛利部落和相关组织提供联络、援助、资料、培训和其他方面服务。这两个组织规模很小，预算也不多，但对新西兰全国的博物馆文化却影响巨大。国

---

① 新西兰博物馆联盟官网（https://www.museumsaotearoa.org.nz）。

43

家服务机构提供一系列的资料指南，并积极主动地组织有关"双文化论"和有关毛利部落发展的工作坊①。

如果政府不干涉博物馆的监管框架，那么新西兰博物馆业也可以被描述为规模小、支离破碎及相对非专业化，因此，它的创新性确实令人惊讶。全国博物馆行业雇用了大约2000名来自不同背景的员工，但只有少数从业者具备博物馆研究方面的学历（该课程只在三所小型大学的研究生课程中才有）。新西兰不像英国那样具备针对博物馆或个人的资格认证制度，与其他国家在进入博物馆工作前必须具备资格证书的情况也不相同。

新西兰博物馆行业的规模和与其他国家相比较而言，存在的不足当然是一个严重的缺陷，但这种专业化的缺乏也可能是一种幸事。因为缺乏关于毛利人问题的国家政策声明（如在澳大利亚或加拿大），所以导致了人们对专业人员的工作内容及职责感到困惑。专业人士可以更关注于技术层面，他们有时对学术理论持怀疑态度。一般来说，博物馆行业对新思想的态度与其他行业一样的谨慎。然而，由于博物馆行业总体规模小、易于渗透且流动性强，这意味着博物馆里的人们对其他相关领域都是开放的，确实能相对迅速地接受新的想法，变革也能快速地席卷整个行业。

六、关于本研究项目/书：研究方法、研究目的和具体步骤

这本书让读者能够了解博物馆与毛利之间的关系，特别是供正在这个行业从事博物馆和文化遗产方面研究的学生阅读，帮助他们熟悉这方面的文献资料，这些文献非常难找到，并且收藏的较为分散，甚至有些已经绝版。在一定程度上，这本书的目的是为专业人士提供一本专业的双文化论在实践中的指导手册，这是一本有针对性地解决工作场合可能出现的问题的书。

但在形式和范围上，这本书超越了基础阅读的集合或是"如何去做"这种工作技巧的汇编。本书的核心是对博物馆为回应原住民而不断实践的批判性分析。也就是说，这本书调查了20世纪80年代以前博物馆与毛利人关系的

---

① 国家服务队（National Services Te Paerangi）官网（http://www.tepapa.govt.nz/learn/for-museums-and-galleries/national-services-te-paerangi）。

发展，分析了20世纪90年代以来，一系列博物馆在多个领域进行的实践，探讨了"后双重文化背景"关系和未来的发展方向。因此，这本书是一个混合的产物，不仅是一本专业手册，也不仅是学者和学生的学术研究的参考书，更是描述博物馆30年中变化的年表。这本书是这三者的结合，不同的部分根据主题需要，侧重于不同的方面。

我认为，新西兰的博物馆有很多东西值得其他国家的博物馆学习。本书详细介绍了新西兰的博物馆是如何发展以应对管理、理解、收藏及展示毛利文化方面的挑战的。这是一个考察前殖民地如何在不断变化的政治环境中，成功地解决极具争议性的殖民地遗产问题的案例，将是博物馆学研究中重要的国际文献。多年来，在新西兰博物馆行业中从业的毛利人与英裔新西兰人在国外谈论他们的经历时，听者总是会对他们所说的话产生极大的兴趣。

但是专业人士在他们自己的工作领域忙得不可开交，没有人有时间反思并撰写一本书记录这段不平凡的历史，为其他地方的博物馆及博物馆研究提供帮助。因此，我的任务是描述、记录和表现新西兰博物馆专业人员的经验、教训和想法，并分享他们所学到的东西。为了避免那种在有争议话题写作中经常出现的积极政策言论，我坦率地讨论了该领域的实际问题，并且相信我们可以从错误中汲取教训。当然这也适用于作者，我愿意纠正我的错误，并期待着这本书将引起的争论。

如果博物馆的实践必须具有代表性和反思性，那么研究也应如此。这项针对当代博物馆实践及博物馆如何通过处理与原住民的关系而发生改变的分析，是由一名英裔新西兰人（Pakeha）主导的。当然，这具有一定的局限性，研究不能伪装成毛利人，提供对方对这一主题的看法；但我具备专业的经验，并且在博物馆的工作中与毛利人关系密切。我认为，有关博物馆与毛利人之间关系的批判性概述的迫切需求会克服上述的不足，同时也考虑到研究的框架、成果和受众将对文化和政治产生的影响[①]。我的确收到了一些来自毛利文化背景的批评者的批评，但是我觉得为这本书展开辩论是值得的，并且鼓励他们通过写作表达观点。

---

① 本研究承认了一种"批判性的原住民方法论"，并得到了那些寻求"去殖民化"博物馆和缩小文化遗产与原住民之间差距的研究者的指导。

博物馆与毛利人之间的关系是什么？博物馆的做法是如何改变的，又为什么会改变——以上问题推动了笔者的思考和写作，本书理论框架运用了"实践理论"、"接触地带"和"源社区"的概念，也采用了多种不同的研究方法。首先，以多点民族志（multi-sited ethnography）的形式观察博物馆、博物馆专业的从业人员以及博物馆的工作实践。其次，对60多名从业人员、社群领袖、学者和评论家进行了访谈。最后，广泛参考各种资料、档案文件，特别是未出版的博物馆政策条文、文档记录和工作手册，以及已发表的研究、文章和报告。

当然，这项研究也具有一定的局限性：它缺乏大量信息样本为基础上，因此它不够全面；它建立在一些案例研究的基础之上，进而寻求一种合理但并非详尽的总体印象。那些期望在本书中看到一种媒介、学科或主题的人（如雕刻、自然历史或管理）必然会感到失望。本书涉及处在日益融合的美术馆、图书馆、档案馆和博物馆之中的广泛多样的藏品和文化组织，这或许被描述为遗产行业更加合适。我不想给人留下这样的印象——新西兰博物馆的变化仅表现在本书所关注的原住民问题方面。当然，有许多的社会、经济和政治力量用不同的方式塑造了不断发展的博物馆实践，但我没能公正地考虑这些文化机构工作的更广泛的背景。《博物馆与毛利人》一书的出版当然不代表这个问题的结束，我希望它能引出新的问题，鼓励大家进行讨论，并促进进一步的研究。

最后，我思考的是：

这本书带来的结果将会是怎样？

其结果将以怎样的形式呈现？

接下来我应该做什么？又是如何将其建立在本项研究的基础之上的？

传承与进步

——文旅融合下的博物馆发展路径思考

时　婷　李　婧[*]

摘要：中国特色社会主义已进入新时代，我国社会的主要矛盾已经转化为人民日益增长的美好生活需要和不平衡不充分的发展之间的矛盾。文化和旅游融合发展是国家的重大战略决策，对博物馆事业发展来说也是重大机遇。博物馆作为为社会公众服务的重要文化机构，应当顺应时代需求，更新观念，创新方法，发挥好文化纽带作用，促进文化和旅游融合发展，努力满足人民日益增长的美好生活需要。本文从传承与进步的角度，分析纪念馆在文化和旅游融合过程中所面临的问题，探索发展的新路径。

关键词：传承与进步　文旅融合　博物馆发展

文化是一个国家、一个民族的灵魂。没有高度的文化自信，没有文化的繁荣兴盛，就没有中华民族的伟大复兴。习近平总书记在党的十九大报告中指出，"文化自信是一个国家、一个民族发展中更基本、更深沉、更持久的力量"[①]。必须坚持马克思主义，牢固树立共产主义远大理想，培育和践行社会主义核心价值观，不断增强意识形态领域主导权和话语权，推动中华优秀传统文化创造性转化、创新性发展，继承革命文化，发展社会主义先进文化，不忘本来、吸收外来、面向未来，更好构筑中国精神、中国价值、中国力量，为人民提供精神指引。

---

　　* 时婷、李婧，西安事变纪念馆。

① 习近平：《决胜全面建成小康社会　夺取新时代中国特色社会主义伟大胜利——在中国共产党第十九次全国代表大会上的报告》，人民出版社，2017年。

一、博物馆事业发展的时代背景与发展机遇

（一）时代背景

新时代，党和国家对文博事业高度重视，明确提出要加强文物保护利用工作，推动中华优秀传统文化创造性转化和创新性发展，让文物活起来。

博物馆作为重要的文化机构，是多元文化汇聚的载体，也是城市的基因库，集结了城市的深度与厚度、古朴与繁华，展示着灿烂的中华文明。新时代，博物馆的作用正在发生变化，在不断发展的社会、经济和政治环境中，曾经是"静态"的博物馆正在将自己改造成为"动态"的文化中心，在寻求彰显其收藏、展示和教育功能的同时，传递着文化自信的力量。

（二）博物馆面临新的发展机遇：传统的未来

2017年1月，中共中央办公厅、国务院办公厅在《关于实施中华优秀传统文化传承发展工程的意见》中提出要把优秀传统文化融入生产生活，发展文化旅游，推动休闲生活与传统文化融合发展。而博物馆是展示优秀传统文化的重要场所，从天下兴亡、匹夫有责的担当意识，到精忠报国、振兴中华的爱国情怀，再到崇德向善、见贤思齐的社会风尚，以及孝悌忠信、礼义廉耻的荣辱观念，这些优秀的中华传统美德在博物馆中都有精彩的阐释，它不仅向人们展示着传统文化的精髓，更是在未来的发展中展示着中华文化的一脉相承。

2018年，《国务院办公厅关于促进全域旅游发展的指导意见》中明确要求推动旅游与文化融合发展，推动科学利用文物遗迹、博物馆、纪念馆等文化场所开展文化体验旅游[1]。文化与旅游的融合使博物馆事业发展面临着新的历史机遇。然而，面对人民群众日益增长的美好生活需要，博物馆区域发展不平衡问题依然存在，如何全面提升博物馆公众服务水平，是新时代文化和旅游融合下博物馆发展面临的新的挑战[2]。

---

[1] 国务院办公厅：《国务院办公厅关于促进全域旅游发展的指导意见》（国办发〔2018〕15号），2018年3月9日。

[2] 钱兆悦：《文旅融合下的博物馆公众服务：新理念、新方法》，《东南文化》2018年第3期。

2019年，国际博物馆日的主题是"作为文化中枢的博物馆：传统的未来"，体现出尊重传统是博物馆未来发展的基础。文化和旅游融合下的博物馆，不仅是现代人休闲旅游、文化教育活动的场所，也是联通地区历史、人文、科技的枢纽，还是传统与未来的超链接载体。

二、在传承与进步中实现文化与旅游的融合

在我国最具共识的博物馆定义，是1989年国际博物馆协会第16届大会通过的《国际博物馆协会章程》中的描述："博物馆是为社会及其发展服务的非营利的永久机构、并向大众开放。它为研究、教育、欣赏之目的征集、保护、研究、传播并展示人类及人类环境的见证物。"①这个定义强调了博物馆公众服务、公益性两大特征以及研究、教育、欣赏三大基本功能。2007年，国际博物馆协会对博物馆定义进行了局部修订，把"见证物"拓展为"物质和非物质遗产"，并把教育放在三大基本功能之首。

从博物馆的定义不难看出，博物馆是公共文化教育和服务的机构。旅游，根据《现代汉语词典》释义，即"旅行游览"。旅行，是为了某一目的在空间上从一地到另一地的行进过程；游览，是在行进过程中观看、欣赏沿途风景、名胜，带有一定的体验、娱乐性质。旅游是人们丰富生活、了解世界最为主要的方式，已经形成联系紧密、发展成熟的旅游产业链。

文化和旅游的融合是博物馆发展的时代产物，赋予了博物馆新的历史使命。博物馆要承担起推动文化交流、丰富文化生活，增进公众理解的重任。要提高博物馆的公众服务能力，发挥好博物馆文化枢纽的作用，只有通过不断创新博物馆文旅品牌、跨界合作，积极引导社会公众走进博物馆，改变"走马观花"式的旅游，才能满足人民日益增长的美好生活需要，使博物馆旅游成为公众生活新时尚，让博物馆成为公众陶冶情操、提高人文素养、承载城市遗产的文化枢纽。

---

① 王宏钧主编：《中国博物馆学基础（修订本）》，上海古籍出版社，2001年。

（一）转变服务理念，变被动为主动服务的"店小二"

新时代文化和旅游融合下的博物馆不再仅是一处休闲景区、旅游景点，还是更为广义上的文化场所，应当更加自觉地承担起坚定文化自信、讲好中国故事的使命担当，也更加自觉地承担起弘扬和传承中华优秀传统文化、革命文化和社会主义先进文化的时代担当。博物馆在文旅融合的新时代下，有了新的定位，新的服务对象，做好公众服务工作也必将有新的创新路径[①]。

随着人们对旅游需求的增加，对旅游体验感也在不断提升，在这种要求下我们通过实施精细化管理，着力提升游客参观环境品质。同时培养职工日常精细化管理的工作意识，积极按照窗口单位服务的标准化要求、把行业要求和工作作风转变相结合、把提高服务标准和长效规范管理相结合、把提升人的综合素质与教育引导相结合，注重培养一线人员的服务意识，变被动服务为主动服务，努力改善游客体验。

西安事变旧址是西安城内少有的民国院落，在参观旺季来临之前多措并举改善游客参观环境。具体来说，提升基础设施：改善馆区卫生间环境，做到专人负责、有纸巾、无异味。提升馆区环境：实施绿化、美化专业修剪，加强日常养护，见缝插绿，立体增绿，将景区绿化管理与游客服务设施提升紧密结合，从细节做起展现"民国院落"的独特魅力。提升博物馆品牌：设计线条简单、识别度高的标识，建立纪念馆标识标牌系统。改造游客服务中心：重新设计、解决了原先投影、灯光、音响、空间利用不足等实际问题，同时融入体现品牌效应的标识，完善了服务和使用功能，使其成为集游客服务、休息、社会教育、培训讲座于一体的多元化功能性区域。

（二）更新职能，改变科研思路，将单纯的历史文化研究转变为开放式的文化价值研究

西安事变纪念馆是西安事变旧址，即张学良将军公馆和杨虎城将军的止园别墅旧址。长期以来，主要任务是保护西安事变旧址、保管好可移动文

---

① 申军波、张毓利、张玲玲：《基于文化旅游融合的博物馆创新发展路径》，《中国旅游报》2018年8月21日。

物、组织相关历史研究、举办陈列展览、开展主题鲜明的社会教育活动。随着文化和旅游的深度融合，游客的需求层次不断拓展，单纯的历史文化研究显得单一、缺乏新鲜感，纪念馆的整体氛围也缺乏活力。

博物馆在文化和旅游融合进程中需要不断提高跨界融合能力，构建"博物馆+"新模式，与社会各领域深入开展交流与合作，全面拓展博物馆公众服务范围^①。近年来，西安事变纪念馆的研究领域不断拓展，从以"西安事变"为中心的近现代史研究，转变为对博物馆建设的研究、文化遗产保护的研究、西安事变旧址背后文化价值的研究和文化价值的转化研究。

（三）拓展教育群体，将针对青少年的主题性教育转变为社会公众的广泛性教育

长期以来，纪念馆以"讲好革命故事，弘扬爱国精神"为己任，开展形式多样又独具特色的社会教育活动。"小小讲解员"培训班、"12·12"互动课堂、"清明时节缅英烈"等主题鲜明的社会教育活动，使纪念馆已经成为中小学校开展德育教育、爱国主义教育、革命传统教育、国防教育的重要场所，但对象也主要针对青少年。近年来，我们的教育覆盖面逐渐拓展，由原先的"请进来、走出去"，转化为从馆内向馆外延伸、从城市中小学校向农村偏远中小学校延伸、从共建单位向普通社区延伸，开展"博物馆进百校"、"博物馆进双百校"以及"博物馆进社区、军营、企业"等活动，取得了显著效果。比如走进蓝田县灞源镇中心社区，通过充满文化内涵和历史韵味的现场讲解，拉近了纪念馆与普通群众的距离，丰富了居民的文化生活。

另外，志愿者服务作为博物馆对外服务的重要组成部分，也是满足观众多样化需求的重要手段。由我馆在册志愿者编排的情景剧《西安事变》，成为每年"双十二"西安事变纪念日活动的必演项目，自2013年起，纪念馆先后招募数千名大学生志愿者参与演出，已成为纪念馆做好社会公众服务工作，讲好革命故事和宣传教育的特色展示方式。

---

① 徐眹昀：《博物馆创建跨界融合共赢模式构想》，《自然博物》第4卷，浙江科学技术出版社，2017年。

（四）宣传展示手段顺应时代需求，向多元化迈进

由于自身历史内容的特殊性和严肃性，纪念馆在与新事物的融合上总显落后。近年来，宣传手段日益更新，"两微一端"升级为"三微一段"，逐步进入"微传播"时代，微视频越来越受到观众的热捧，许多博物馆纪念馆也在如此的宣传之下成为"网红打卡地"，中国国家博物馆和故宫博物院就是成功范例，文博类知识探索性节目也广受欢迎。在这样的契机之下，"博物馆"探索旅游线路、文博研学线路和红色旅游线路日渐火爆，这些是宣传带来的效应，使得文旅融合后的旅游更富有内涵和意义。

全球化和数字化也是博物馆向多元化迈进的历史要求，这也是全世界的博物馆面临的新挑战。除了宣传形式的多样化、快时尚化，展陈方式也由图片实物的静态展览向数字化和智能化展示转变，全景、全息、AR、VR 等新技术手段的应用，使得博物馆"沟通历史与现实的超链接"功能冲破时间、空间的阻隔，拉近历史、展品与观众的距离。不仅如此，在网络时代下生活的年轻人，成为数字产品和智能产品的主要消费者，也是促进文化和旅游融合，提高博物馆公众服务能力和文化旅游资源创新的驱动力，服务领域也将拓展到博物馆参观接待、宣传教育、文化研究、收藏保护、文创开发、日常管理的各个环节。

（五）博物馆由重视社会效益向经济效益、社会效益并重转化

博物馆确定了自身在文旅融合发展中的角色和定位后，需要进一步研究、打造博物馆文旅品牌。旅游景区更多的是单纯的游览，旅游资源开发也更为注重是否能在后期产生经济效益。而随着越来越多的博物馆免费开放，参观博物馆的观众更多的是在游览的同时满足知识的获取和更高层次的享受。在文化和旅游融合过程中，如何让旅游更有文化意义？如何让博物馆的运营更具经济效益，优势互补呢？博物馆本身也在进行诸多的尝试和实践。

如，依托西安事变纪念馆藏资源打造的特色品牌教育项目"我是小小情报员——民国探秘互动项目"，是我们和社会机构联合设计开发，主要针对5—10岁小朋友开展，由社会机构负责招募参与者并收取一定费用，我们提供场地、组织人员、设计游戏环节，完成整个活动。这一过程中，我们通过有

趣的形式、丰富的内容达到了教育目的，在获得社会效益的同时也获得了一定了经济效益。

北京故宫博物院和中国国家博物馆的成功实践表明，文化创意产品可以使博物馆获得品牌效益、社会效益和经济效益的大丰收。文化创意产品就是文化价值研究转化的产物，也是体现文化自信、让文物活起来、使文化资源服务于当今社会和人民群众的生动实践，博物馆的文化创意产品更有文化内涵、更具收藏价值，实现了让游客把博物馆带回家的美好愿望。

时代在变，博物馆要顺应时代变化才能发展和进步，"要坚持创造性转化、创新性发展，坚守中华文化立场，传承中华文化基因，不忘本来、吸收外来，面向未来，汲取中国智慧、弘扬中国精神、传播中国价值，不断增强中华优秀传统文化的生命力和影响力，创造中华文化新辉煌"[1]。博物馆要从自身职能出发，坚持在传承中实现进步，从改变自己做起，拓宽眼界，才能实现文旅融合，实现双赢。

---

[1] 中共中央办公厅、国务院办公厅：《关于实施中华优秀传统文化传承发展工程的意见》，新华社，2017年1月25日。

考古遗址的展示与保护设计研究

——以吉林集安东台子遗址为例

李　想[*]

摘要：吉林集安东台子遗址是高句丽历史遗迹的重要组成部分，东台子高句丽建筑遗址所体现的独特的文化内涵和表现形式，是文化与旅游方面不可多得的资源，通过遗址损毁部分修复、原址保护展示、遗址博物馆展示三部分，循序渐进，不仅能对遗址本体实施有效的管理和保护，对出土文物也有了展示，通过建筑的复原，使人们对高句丽建筑和祭祀文化也有了直观的感受和了解。

关键词：考古遗址　展示　保护　东台子遗址

吉林集安东台子遗址是高句丽重要的宗庙祭祀遗存，是至今为数不多保存较为完整的高句丽建筑遗址，具有极高的历史价值和文化价值。与世界文化遗产高句丽王城、王陵及贵族墓葬相比，东台子遗址具有很强的独特性，对遗址进行保护与展示，在遗址周边对建筑进行规划复原、建设遗址博物馆，不仅可以丰富高句丽文化遗产的展示内容，也是对东台子遗址保护的最佳方式。

一、遗址概况

（一）东台子遗址发现及相关研究

东台子遗址位于集安城东，距高句丽国内城东门约500米，遗址于1958年

---

　*　李想，东北师范大学历史文化学院，研究方向为文化遗产保护。

由吉林省博物馆进行发掘，学界一般认为其性质为4世纪末修建的高句丽宗庙和社稷遗址^①。东台子遗址由四座廊道相连的建筑基址组成，主体建筑分别为一号建筑基址和二号建筑基址，二号建筑北侧为三号建筑基址，一号建筑东南侧为四号建筑基址（图1）。其中一号建筑基址保存较为完好，二号、三号建筑基础部分缺失，四号建筑基础仅存北墙一段。一号基址与二号基址北侧有一段保存较好的廊道基础。建筑内部可辨认的遗存有炕、烟道、灶坑等，建筑外部有烟筒残迹，遗址出土了较多的建筑构件、铁器及其他遗物。

图1　东台子遗址发掘照片

（二）遗址的文物价值

东台子遗址与世界文化遗产高句丽王城、王陵及贵族墓葬以及其他高句丽时期遗存共同组成高句丽文化载体，是高句丽历史遗迹的重要组成部分。东台子遗址作为高句丽国家祭祀仪式行为的见证，是研究和复原高句丽历史文化不可缺少的实物资料，具有极高的历史价值。

东台子遗址建筑群规模宏伟，布局严整，其平面布局为四座廊道相连的特殊建筑形制则尤为罕见，其建造工艺和建筑材料，均代表了高句丽当时最高的建筑水平和独特的建筑理念，在东亚建筑史上具有重要的文化意义和极高的科学价值。

---

① 方起东：《集安东台子高句丽建筑遗址的性质和年代》，《庆祝建国三十周年吉林省社会科学学术报告会考古学文集》，吉林省社会科学学术报告会社会科学学会联合会办公室，1979年。

东台子遗址出土的柱础、瓦当等建筑构件以及其他生活用品、装饰品等，具有典型的时代特征和地域风格，具有极高的艺术价值。

东台子遗址建在依山傍水的高台上，其建筑的形制特征使后人能够对一千多年前高句丽时期的文化有直观感受。该遗址紧邻高句丽王城、王陵及贵族墓葬等高句丽时期其他遗存，作为建筑遗址又具备其他景区如墓葬、城址所不具备的独特性，是集安市乃至吉林省旅游事业不可多得的文化资源，具有极高的文化价值和社会价值。

二、遗址保护展示设计

（一）遗址本体保护与展示

考古发现的高句丽建筑遗址数量不多，其中完整的建筑遗址更少，与东台子遗址年代相近的丸都山城中的宫殿遗址进行过全面发掘①，集安国内城及民主遗址有部分揭露②，集安建疆遗址揭露了部分等级较低的房屋遗址③。东台子遗址作为较完整、较大规模的高句丽建筑遗址，相对其他高句丽时期遗存有其特殊性，是高句丽考古具有重大意义的发现，其祭祀遗存的性质在高句丽遗迹中更显弥足珍贵，其价值和意义毋庸置疑，对遗址进行充分的保护和展示是十分必要的。

考古发掘基本理清了东台子遗址的平面布局和建筑形制，但经过数十年的风雨侵蚀，遗址已有一定程度的破坏，和一般土遗址类似，东台子遗址也普遍发育干缩开裂、表面粉化、土体坍塌、生物破坏等众多病害，而且东台子遗址紧邻居民区，在历年来的城市建设和生产生活中，均有一定的损毁。秉承着"保护为主、抢救第一"的原则，优先对遗址进行针对性的保护是十分必要的过程。通过对东台子遗址前期调查和考古发掘资料的分析，对遗址

① 吉林省文物考古研究所、集安市博物馆：《丸都山城——2001～2003年集安丸都山城调查试掘报告》，文物出版社，2004年。

② 吉林省文物考古研究所、集安市博物馆：《国内城——2000～2003年集安国内城与民主遗址调查试掘报告》，文物出版社，2004年。

③ 吉林大学边疆考古研究中心、吉林省文物考古研究所、集安市博物馆：《2011年集安市建疆遗址考古发掘报告》，《边疆考古研究》（第17辑），科学出版社，2015年。

的边界范围进行确定，按照相关规定和程序核定遗址的保护等级，制定管理制度，明确管理责任，完成遗址保护规划，在制度上予以保护和保障。

针对遗址各区域不同保存状态制定不同修复方案。遗址区内部分区域现被地面构筑物和作物占压，遗址展示需要将对遗址有影响的建筑物、构筑物、树木及作物等清理干净，将遗址重新揭露，在遗址外围设置围栏。东台子遗址现存主体及赋存形式为土遗址，现阶段对土遗址的保护和加固一般通过工程手段来改善土遗址的保存环境、改善其力学稳定条件等，具体实施方法如围栏隔离保护、遗址表面复原、建设保护棚等，但是，这些工程方法并不能解决土遗址保护的全部问题，尤其是遗址本体处于比较脆弱状况下，需要专门进行本体的技术保护处理，考虑多种保护方法的协同作用。工程措施、化学加固和环境控制等各种技术的综合运用，才能从根本上达到遗址保护的目的。同时还应开展对遗址土质基础的水害防治，石质文物保护封护加固以及建立遗址附属设施及监测体系等相关工作，并在确保遗址安全的条件下，开展遗址的展示工作。

遗址的保护方式较为多样，如回填保护、覆盖式保护与博物馆式展示等。就具体的考古发掘遗址，特别是土遗址而言，保护主要为遗址本体的加固和遗址环境的控制两个方面。东台子遗址区面积较大，形状不规则，不适合厅馆保护；集安地区降雨充沛，年平均降雨量881.5毫米，而且降水集中在5—9月，占全年降水量的78%[1]，雨蚀对露天土遗址破坏作用是长期的，潮湿地区土遗址保护至今尚未有较好的解决办法，如采用露天原状陈列，在日晒雨淋等浸蚀下，土遗址会有一定程度的破坏。相比较来说，东台子遗址更适合覆土保护展示，是在遗址表面覆土回填保护，在覆土上部用与遗址建筑石构件类似的石块进行模拟展示，如良渚遗址和高句丽丸都山城宫殿遗址的展示方式。东台子遗址为平面布局，附属文物种类不多，该方法可有效保护遗址文物本体，还能够较好地将遗址展示出来。将遗址复原到地面，给参观者更多的想象空间，较适合于建筑群[2]。在遗址内部按照一定路线设置栈道

---

① 集安市志编纂委员会：《集安市志（1984—2003）》，吉林文史出版社，2005年。

② 李雄飞：《城市规划与古建筑保护》，天津科学技术出版社，1989年，第108页。

（图2），指明参观路线，使参观者更贴近遗址，栈道同时还能够起到约束作用，并为参观者提供安全感。

图2　某建筑遗址栈道设置

（二）遗址博物馆

从遗址的类型上来看，东台子遗址是已经发现的高句丽遗迹中为数不多的建筑遗址；从使用功能与性质上来看，留存了至今的可确认为高句丽祭祀遗存的只有东台子遗址和国东大穴遗址[①]，而国东大穴遗址相对较为偏僻，路途遥远，交通不便，与其他高句丽遗迹共同展示的可能性较小。东台子遗址类型特殊，功能性质与其他遗址不同，可以打造成为一处综合展示高句丽建筑与祭祀等相关内容的遗址博物馆。

东台子遗址平面布局较为清晰，自发现至今，中外学者对其进行了较为全面的考古学研究，基本确定了遗址的年代和性质，对东台子遗址的形制和建筑形式意见较为统一，遗址建筑复原难度较小，可考虑采用异地复原的方式，在遗址周边建设以高句丽祭祀文化和高句丽建筑为主题的遗址博物馆。

遗址博物馆建筑可按照遗址布局进行复原（图3），建筑群现有的四座建筑在复原建成后可全部有效利用，建筑内部按照考古发掘及研究确定的内容进行原状复制，如一号建筑中的方形巨石、一二号建筑中的炕等。此外，

---

① 吉林省文物志编委会：《集安县文物志》，吉林省文物志编委会，1984年。

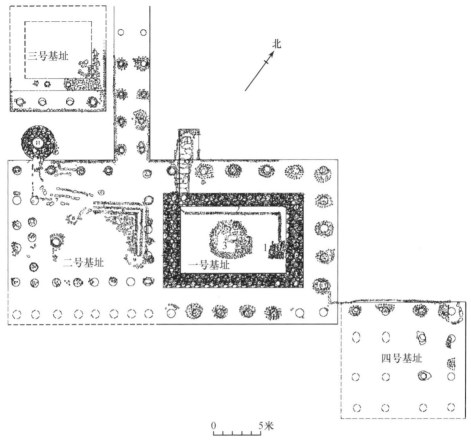

图3 东台子遗址平面布置图

可依据建筑群整体布局、建筑单体规模以及内部原状陈设等条件设计展览。按照其功能，可将复原后的一号建筑设置为高句丽祭祀文化展，展示内容可包括近年来考古发现的有关高句丽祭祀遗存的实物与信息，结合对高句丽祭祀研究，使游客对高句丽祭祀文化有一个直观的认识，展览内容与建筑本身性质亦吻合。东台子遗址是5世纪高句丽建筑工艺、建筑技术的集中体现，复原后的二号建筑内部设计为高句丽建筑展，展示内容有出土的高句丽典型建筑构件、复原的建筑模型、建筑细部结构解析模型等内容；复原后的三号建筑可设计为东台子遗址出土文物展，东台子遗址出土了大量的文物，如柱础石、瓦、砖等建筑材料，陶器、铁器、装饰品等日用品，还有甲片和武器等，出土的遗物现分别藏于吉林省博物院及集安博物馆，但因展览主题所限，并未能将东台子遗址出土的文物全部在现有的展览中展示出来，发挥其应有的作用。三号建筑复原后可将东台子遗址出土文物进行陈列展览，弥补现有展示的不足；复原后的四号建筑可设置为管理用房及游客服务中心，对博物馆以及东台子遗址本体进行保护和管理。

（三）遗址与高句丽世界文化遗产展示的融合互补

随着经济社会的迅速发展，中国文物保护事业进入到一个蓬勃发展的黄金时期，文物保护尤其是大遗址保护的重要性不言而喻。如何从单纯对文物的保护，逐渐发展成展示、利用与保护并重，综合考虑文化遗产保护的社会效益，更加强调保护对社会发展的促进作用，是当今文化遗产保护要重点解决的问题①。

2004年高句丽王城、王陵及贵族墓葬于被列入世界文化遗产名录，自此集安市的文化旅游发展进入了一个新的阶段。东台子遗址紧邻禹山贵族墓地，与国内城距离仅800米，与太王陵距离亦不足3000米。东台子遗址与高句丽王城、王陵及贵族墓葬和其他所有高句丽时期遗存共同组成高句丽文化载体，是高句丽历史遗迹的重要组成部分。与其他高句丽遗存相比，东台子遗址又具有独特性，将其纳入高句丽文化旅游路线，可以丰富高句丽遗产旅游元素，使整个旅行路线内容更加完整。

集安市重点推介的高句丽遗产旅游路线以高句丽文物展示中心即集安博物馆为起点，经长寿王陵、好太王碑、禹山贵族墓地至丸都山城，东台子遗址的位置刚好位于禹山贵族墓地至丸都山城的路上，紧邻五盔坟等高等级墓葬，处在五盔坟至国内城之间的地带，位置适宜，交通便利，东台子高句丽建筑遗址的保护开发与高句丽世界文化遗产景区有机融合，对带动当地旅游业发展也有极佳的促进作用；随着集安城区的向东扩展，有效开发利用东台子高句丽建筑遗址，深入挖掘遗址内涵，更好展示集安文化底蕴，可以满足人民群众日益增长的文化需求，实现让文物活起来的目标。

---

① 童明康：《树立科学保护理念 完善保护理论体系——〈中国文物古迹保护准则〉修订前言》，《中国文物古迹保护准则（2015年修订）》，文物出版社，2015年，第2页。

三、结　语

东台子遗址是高句丽考古发现的重要的建筑遗址和祭祀遗存，具有重要的价值和意义。以前期的研究成果和历次考察调查所留存的影像资料作参考，对现存部分遗址本体保护，尽最大限度保存遗址蕴含的历史信息刻不容缓。通过对遗址损毁部分修复、原址保护展示、遗址博物馆展示三个阶段，循序渐进，不仅能对遗址本体实施有效的管理和保护，对出土文物也有了展示，通过建筑的复原，使人们对高句丽建筑和祭祀文化也都有了直观的感受和了解。

东台子高句丽建筑遗址的文物保护和展示开发利用，是对东台子高句丽建筑遗址历史信息的保存，是更好地展示遗址风貌的必经之路。东台子高句丽建筑遗址所体现的独特的文化内涵和表现形式，是文化与旅游方面不可多得的资源。全面提升遗址的研究和保护水平，将使其成为高句丽旅游的最重要目的地之一和高句丽祭祀文化展示的最佳场所。

博物馆理事会制度的实践与思考

——以汉景帝阳陵博物院为例

李举纲*

摘要： 汉景帝阳陵博物院作为全国首批法人治理和理事会制度试点单位，在这两方面进行了大量探索，通过切实落实意识形态工作责任制，结合实际做好章程修订，积极发挥外部理事作用，借助其专业特长和资源促进博物院发展，不断扩充和优化理事构成，实现理事会决策地位、智囊作用、社会参与角色相统一，健全社会广泛参与治理的民主机制，深化人事制度和收入分配制度改革，进一步激发博物馆事业发展活力。

关键词： 法人治理　理事会制　汉景帝阳陵博物院

汉阳陵是西汉第四位皇帝汉景帝刘启及其皇后王氏同茔异穴的合葬陵园，位于西安渭河北岸的咸阳原最东端，地跨西安市高陵区和咸阳市渭城区、泾阳县，"泾渭分明"景观东距汉阳陵约10千米。

汉阳陵始建于汉景帝前元四年（公元前153年），系以当时的弋阳县为陵址预作寿陵，至公元前126年，王皇后去世合葬阳陵，阳陵修建时间长达28年。汉阳陵遗址占地面积约20平方千米，由帝陵陵园、后陵陵园、南北区从葬坑、礼制建筑、道路系统和东区陪葬墓园及阳陵邑等几部分构成，是目前考古发掘最深入，取得成果最丰富，保护展示利用最为科学有效的一处西汉帝陵。1956年被确定为陕西省第一批重点文物保护单位，1991年5月，汉景帝阳陵从葬坑及其彩绘陶俑被评为1990年度"全国十大考古新发现"，1999年9月，汉阳陵考古陈列馆正式建成对外开放，2001年被确定为第五批全国

---

*　李举纲，汉景帝阳陵博物院研究员，主要从事考古学、博物馆学研究。

重点文物保护单位，2006年3月，汉阳陵帝陵外藏坑保护展示厅和礼制建筑遗址（罗经石）保护工程正式建成开放，2008年被评为首批国家一级博物馆，2010年被评为首批国家考古遗址公园。

一、汉景帝阳陵博物院法人治理结构建设和理事会制度近五年实践过程

汉景帝阳陵博物院是陕西省文物局所属公益二类事业单位，2013年初被中央编办确定为全国博物馆系统两个开展事业单位法人治理结构建设试点单位之一，按照《中共中央　国务院关于分类推进事业单位改革的指导意见》、《国务院办公厅关于印发分类推进事业单位改革配套文件》和中央7部门《关于深入推进公共文化机构法人治理结构改革的实施方案》以及陕西省省委省政府《关于建立和完善事业单位法人治理结构的指导意见》精神，汉景帝阳陵博物院以改革创新的精神，从理顺体制、完善机制、健全制度上积极推进法人治理结构建设试点工作。

2013年4月汉景帝阳陵博物院正式启动法人治理结构建设试点工作，2014年底完成了《汉景帝阳陵博物院章程》（草案）的制订，2015年2月正式组建了第一届理事会和监事会，建立了理事会+管理层+监事会的法人治理结构形式。

2015年2月，新的管理体制建成后，汉景帝阳陵博物院一方面完善体制建设，厘清各管理层面的权责关系，一方面抓好适应新体制的机制建设，建立了适应新体制的运行管理机制。在近五年时间里，由理事会审议通过了一系列运行管理制度，建成了符合博物院实际的管理体制和运行机制。

2017年2月10日，中央编办在对汉景帝阳陵博物院试点工作情况进行第二次调研后明确指出，"该单位在新的体制运行后，整体工作全面提升，取得了显著成效，已成为全国文化系统试点单位的经验典型。关键在两点：一是举办单位支持放权；二是理事会有效运行"。2017年12月5日，中央编办对汉景帝阳陵博物院的试点工作进行了验收，认为达到了预期的目标，顺利通过了验收。

从2015年2月到2019年7月，根据理事会制度和博物院实际工作需要，先后召开了14次会议，从研究博物院管理层人事任免到对管理层工作进行考

评，从审议博物院重大事项到研判博物院的工作，从质询博物院运行中存在的问题到为博物院工作出谋划策、解决发展遇到的困难等，充分发挥了理事会的领导和决策作用，发挥了理事的参谋智囊作用。

法人治理结构建设和理事会制度为我院发展带来勃勃生机，整体工作全面提升，职工精神面貌焕然一新，连续三年在省文物局年度任务目标考评中成绩优异。在管理体制和运行机制上，基本实现了权责清晰、运行规范、决策民主、执行高效、监督有力的目标。省文物局按照政事分开、管办分离、简政放权的改革目标，将博物院重大事项的决策监督权移交给了理事会和监事会，并返还事业单位在财务、资产等方面享有的自主权，明确了理事会治理机制相关方的职权。

管理层以盘活用人机制、加大激励机制为突破口，通过开展全员公开竞聘上岗、引入竞争机制、完善目标任务考评管理、推行目标任务四个层次的考评办法，进一步拉大绩效工资分配差距。同时，通过建立院长专项工作奖励办法，向创新工作和突出贡献人员进行奖励，有效激发了内部活力。

在博物院发展建设过程中，按照外部理事的意见和建议，深化社会教育和爱国主义基地、优秀传统文化传承基地建设，建成了8个活动基地、编撰了10多种活动教材，开展了数十种主题教育活动，涉及受众10余万人次；在研学旅游方面，开发了汉文化主题系列教育活动，形成了独特的品牌，接待受众学生超过10万人次。在文化产业发展方面，持续加大对外合作和资源转化力度，产业发展思路日益清晰，文化产品不断丰富。以汉阳陵帝陵第15号外藏坑出土的西汉茶叶遗物为创意，采取文化资源支持形式，与地方政府及茶叶生产企业合作开发推出的"秦汉古茶"系列产品，是活化文化资源，探索文化阐释和产业扶贫深度融合，践行"让文物活起来"重要指示的积极举措，也是我院在理事会体制机制下取得的重要成果。

在理事会积极协调下，我院事业经费按照公益二类事业单位纳入财政全额预算管理，事业编制也由36人增加到70人；同时，根据博物院文物科技保护工作的需要，审议通过了博物院公开招聘文物科技保护总工程师意见，解决了制约博物院事业发展的人才经费问题，提升了博物院的文物保护利用水平。近五年来，遗址公园建设取得了显著成效，核心区的保护展示整体风貌已具雏形，基础服务设施得到完善，环形参观线路基本建成，解决了游客出入高速公路的交通瓶颈问题。文物科技保护水平进一步提升，国家陶质彩绘文物科研基地工作站落户博物院；"基于大数据的汉阳陵外藏坑保存状态预测研究"课题，成功获得国家社会科学基金课题立项，博物院参与的"遗址博物馆环境监测与调控关键技术研究"课题荣获"十二五"文物保护科学和技术创新二等奖。

2017年9月8日，中央电视台《新闻联播》推出《砥砺奋进的五年》以"让更多群众共享文化改革成果"为主题，报道了博物院开展法人治理结构建设试点工作取得的成效。2017年11月1日《人民日报》以《试行"理事会+管理层+监事会"的法人治理结构——汉阳陵博物馆运转模式尝新》为题，对博物院法人治理结构建设试点工作取得的成效进行报道。

二、推进法人治理结构建设和理事会运行过程中的几点思考

（一）在体制建设上，要加强党的领导，切实落实意识形态工作责任制

党的十九大报告强调要"落实意识形态工作责任制"。中宣部、文化部等7部门联合印发的《关于深入推进公共文化机构法人治理结构改革的实施方案》也在理事会治理机制建设上明确要求，要加强党的建设，落实意识形态工作责任制，完善"双向进入、交叉任职"的配备方式。凡涉及公共文化机构改革发展稳定和事关职工群众切身利益的重大决策、重要人事任免、重大项目安排、大额度资金使用事项，党组织必须参与讨论研究，理事会作出决定前，应征得党组织同意。

如何贯彻落实党的十九大精神和中央相关文件要求，加强党的领导，落实意识形态工作责任制，建设中国特色社会主义理事会制度？这是理事会制度建设的首要任务和根本保障。首先，要加强举办单位党组和博物院党总支对党建工作的领导，进一步夯实党建工作的基础和责任。在理事会对重大事项做出决策前，要在党组织内部进行充分酝酿，形成一致意见，确保理事会的决策符合我党推进公共文化机构改革发展方向。其次，要在理事会治理结构中完善"双向进入、交叉任职"的配备方式。不仅要选派举办单位党组和博物院党总支成员进入理事会，还要选派成员进入监事会，确保党组织意

见在决策、执行、监督各个环节得到贯彻落实。最后，要对章程进行修订完善，把党建工作纳入到章程条款中，明确举办单位党组和博物院党总支参与重大决策的优先权和具体途径，切实加强党对意识形态工作的领导。2019年1月29日，第一届理事会第十三次会议按照贯彻落实加强党的建设要求，对《汉景帝阳陵博物院章程》（简称《章程》）进行了修订。新修订的章程明确规定，在理事组成上，要确保管理层党组织书记和副书记进入理事会；在理事会、监事会人选上要保证党员人数占到一定的比例。同时，管理层对事关改革发展稳定和重大事项、重要人事任免、重大项目安排、大额资金使用事项，以及事关职工切身利益的问题，在提交理事会审议前，要在本院党组织或工会中进行充分讨论，在征得党组织或工会同意后，方可提交理事会审议。

在具体操作中，"三重一大"事项、理事会会议内容安排等均通过院党总支委员会会议研究，确保了党对法人治理建设工作的领导，为理事会各项活动的开展把握了正确的政治方向。

（二）根据法人治理结构建设和理事会运行要求，结合实际做好《章程》修订

我院《章程》于2014年中开始起草，至当年年底完成初稿编制，并经过省事业单位登记管理局、省文物局组织的专家论证。在2015年2月2日，第二次理事会表决通过《章程》后，经历过两次修订。一次为2016年5月10日召开的第一届理事会第六次会议，按照贯彻落实党管干部原则和保证理事会决策地位相协调的思想，对原《章程》中的馆长、副馆长等管理层成员的产生方式进行修改，调整为"坚持正确的政治方向和党管干部的原则，馆长和副馆长由举办单位推荐提名，理事会研究聘任，举办单位按照干部管理权限办理干部管理报备手续；党总支书记、副书记由举办单位依据相关组织程序产生……按照干部管理权限办理经理事会正式聘任的馆长、副馆长报备手续"。同时，根据我院作为爱国主义教育基地和公益类社会文化服务单位的行业特点和基本属性，对原《章程》中"理事会设理事7人"，调整为9人，将服务对象有原来的1人，增加为3人，为中学和民营旅游企业增设了名额，有利于我院在做好未成年人社会教育和公众服务的基础上，为更多游客提供更为丰富的文化旅游产品，提高资源利用率和转化水平。另一次即前文提到

的第十三次会议以加强党的建设，在法人治理结构全过程贯彻党的领导为要求进行的修订，基本实现了党的领导和理事会决策的有机统一。

通过近五年的实践，我院认识到，《章程》并非一成不变，而是应当随着形势和需要变化而不断修订和完善。《章程》的意义在于规范行为，指导工作，《章程》的活力在于与时俱进，发展更新。《章程》是开放式的，它的基本原则是保证事业单位法人治理结构建设和理事会运行平稳顺利的重要依据，而其本身也是不断发展变化，不断顺应形势做出积极调整的，只要坚持《章程》原则和理事会运行一般规律不动摇，对《章程》做出符合发展需要和工作要求的修订则更能体现它的权威性和指导性。

（三）积极发挥外部理事作用，借助其专业特长和资源促进博物院发展

第一，选好理事长，推进理事会治理机制有效运行。作为举办单位的省文物局，认真遴选理事，审慎挑选理事长。特别是在理事长人选问题上，局党组严格按照党性原则、组织观念、领导水平和协调能力等方面综合考量，确定省文物局副局长兼任理事长。由于抓住了关键少数，选好了理事长，理事会的自身建设在工作中不断得到加强，理事的主人翁意识、大局意识、责任意识不断增强，在参与决策事项上发挥了领导作用，在推进博物院工作上发挥了参谋智囊作用。理事会的运行机制、决策机制在探索中不断得到完善，形成了高效运行、民主决策、科学研判的工作机制。这是理事会治理机制能有效运行，并有效发挥领导决策作用的关键。

第二，发挥外部理事作用，建立广泛参与治理的民主机制。在外部理事作用发挥上，要重视发挥好决策作用，注重发挥对博物院工作的建设性意见，坚持以问题为导向，建立了理事开展工作调研、研判博物院的工作制度。通过理事，特别是外部理事直面博物院工作中存在的问题，反映不同领域和社会公众对博物院工作的重大关切，促使博物院及时调整工作重心、解决工作中存在的问题、满足社会不同群体的文化需求。近五年来，外部理事提出了许多建设性意见，如开发研学旅游线路、院校优秀传统文化传承基地建设、合作开发文化产品等；解决了长期困扰的高速路出入口问题。促进了博物院工作与社会公众需求的有效接轨，实现了博物院工作由单一行政管理到社会参与治理的转变，形成了广泛参与治理的民主机制。

（四）不断扩充和优化理事构成，实现理事会决策地位、智囊作用、社会参与角色相统一

理事会作为议事决策机构，切实履职尽责，发挥作用关键在于理事，尤其是外部理事的责任感、荣誉感和能力素质；也在于理事构成是否科学合理，是否能为事业发展提供帮助和支持。在我院的具体实践中，首先在制度层面规定了理事会的决策地位，保障了理事的决策作用，外部理事在人数上始终多于内部理事，从源头上体现了理事会成员来源的广泛性和构成的社会性。

在理事会筹备阶段的理事初次遴选中，我院立足事业属性、行业特色、发展需要，以及事业单位章程范本中的相关规定，第一届理事会理事为7人。除院党政主要负责人和一名副院长确定为当然理事外，省文物局推荐提名1人担任理事长，其余3人为外部理事，其中博物馆管理专家1人，驻地政府代表1人，服务对象（国有旅游企业）1人，外部理事占理事总人数43%。经过一年多运行，我院认为，外部理事的组成和数量尚不能完全适应我院事业发展要求，基于博物馆作为社会文化公益单位属性和国民教育第二课堂的作用，加之研学旅游已蔚然成风，文化旅游市场主体不断壮大，我院兼具博物馆和AAAA级旅游景区和科普教育基地等多重身份，社会需求也日趋多元，因此在2016年5月召开的第六次理事会会议上，修订《章程》议题中即包含了增加外部理事数量的内容。议题通过后，根据新修订的《章程》，聘任了教育界（中学）代表1人，民营旅游企业代表1人为理事，此时外部理事的比例达到了56%，而理事借助自身专业和资源也为我院在管理、发展建设、文化旅游和研学以及景区服务水平提升等方面提供了大量支持。此后，随着我院对外宣传和社会教育科技化信息化发展需要的不断提高，理事会再次对《章程》进行了修订，对外部理事进行扩充，在2019年1月29日召开的第十三次理事会上，外部理事又新增2人，分别为媒体代表1人，文化创意产业代表1人，总数达到7人，占到理事总人数64%。可以看到，外部理事经过两次扩充，人数和所占比例不断提升，而在博物院管理层中产生的当然理事始终保持在3人。这正是理事会开放、多元、社会化形态的具体体现，也是借助理事力量促进博物院事业发展的重要制度设计。

截至目前，我院除理事长之外的7名外部理事中，博物馆专家为我院提供了先进的管理经验；地方政府代表为我院提供了一定的项目支持；旅游企业代表从景区服务规范化方面给予大量指导和跟踪检查，也为我院客源提升起到了积极作用；教育界代表与我院密切合作，除开展常规的社会教育进校园活动外，还共同编制校本教材，承担相关课题；媒体界代表在我院对外宣传的系统性和持续性方面给予了帮助；文化创意产业代表在我院社会教育和文化体验活动的"互联网+项目"和线上线下体验项目中贡献良多，并与我院合作开展了庆祝建院二十周年之"这！就是汉阳陵"大学生短视频大赛。这些都是依靠法人治理结构和理事会制度将社会相关领域的积极力量聚集我院，并凝聚成促进我院发展的巨大推动力，也说明理事会制度只要有效运行，真正融入博物院发展并起到积极引领作用，就能够取得实实在在的效果，理事会不是形式、不是另设机构，而是博物院的决策者、发展参与者和贡献者，同时其并非完全代表个人，更是体现了社会资源对博物院事业发展、职能发挥、公益服务等相关领域的积极作用。

三、下一步工作思路

（一）进一步健全社会广泛参与治理的民主机制

首先，要按照《章程》赋予监事会的职责和权力，健全对决策、执行环节的监督机制和责任追究制度，探索从机制和制度源头上建立监督制衡的有效途径。其次，要畅通监督渠道、实行信息公开，建立反映公众需求的意见征询反馈制度，要把工会和大多数职工的意见建议、社会公众和媒体舆论的评价，作为强化对博物院日常工作监督的重要内容。把职工满意不满意、社会认可不认可、公众喜欢不喜欢，作为监督问责的重要依据。最后，要对监事会人员组成进行适当调整，使监事会在人员组成上更具广泛的代表性，更能客观准确地反映社会各界对博物院工作的评价，建立起社会广泛参与治理的民主治理监督机制。

（二）在阵地建设上，要强化社会教育职能，发挥教育引领和文化传承的作用

博物馆是社会教育和优秀历史文化传承的重要阵地，我们要坚定文化自信，坚持教育引领，深入挖掘中华优秀传统文化蕴含的思想观念、人文精神、道德规范，不断加强阵地建设：一要发挥博物院作为陕西省第一批优秀传统文化传承基地的作用。按照省文物局"七个一"基地建设要求，开发主题鲜明、内容丰富、适应不同群体需求的基地教育题材，使基地真正成为弘扬优秀传统文化、提升民众文化素养的场所。二要发挥博物院作为陕西省中小学生教育实践基地和研学旅游基地的作用。按照溯到源、找到根、寻到魂的基地建设方向，完善基地项目建设，丰富项目实践内容，使基地真正成为增强中小学生民族自豪感和爱国情怀的重要场所。三要建立常态化的社会教育活动宣讲队，把博物院的文化服务和厚重的历史文化知识送到群众的身边，以朴实的言语、通俗易懂的方式和丰富多彩的形式，让更多群众得到传统文化的熏陶，提升人民群众的文化素养。

（三）在制度建设上，要深化人事制度和收入分配制度改革，进一步激发事业发展活力

事业单位法人治理结构改革的目标是理顺体制、健全机制、建立制度。博物院在推进试点改革工作上已实现了体制机制改革的目标，建立了符合自身实际的理事会治理结构形式，但在制度建设上，还需要大胆探索、不断创新，要把盘活用人机制、健全激励机制、激发事业发展活力，作为创新发展的制度支撑。

在制度建设上，一是切实落实人事管理自主权，建立能进能出、能上能下、以岗定薪、岗变薪变的人事管理制度。要打破现行事业单位人员招聘管理办法，建立以博物院为主体的人员招聘管理制度，并探索建立"人才蓄水池"制度，加强人才的储备和培养；要打破一聘定终身的事业单位劳动合同管理办法，建立以工作需求和工作业绩为导向的动态劳动合同管理制度；要打破论资排辈、任人唯亲的用人观，完善竞聘上岗、岗变薪变的岗位管理制度。二是落实收入分配自主权，建立以绩效工资为主体的奖

励激励制度，加大绩效工资分配的差距。要打破绩效工资分配的平均主义，建立绩效工资重奖励、重激励的分配制度；要打破绩效工资分配的职级障碍，建立绩效工资向关键岗位和做出突出成绩人员倾斜的制度；要积极探索促进文化产业更好更快发展的长效机制，制定文化产业收入奖励激励政策，健全现代文化产业体系和市场体系，创新生产经营机制，完善文化经济政策，培育新型文化业态。

汉景帝阳陵博物院法人治理结构和理事会建设工作已走过近5年历程，全新的体制机制为我院发展凝聚力力量，破解了难题，为我院追赶超越目标的实现奠定了坚实基础。《人民日报》等中央媒体的报道，中央编办、国家事业单位登记管理局的多次调研，全国数十家单位的实地考察学习，14次理事会会议的召开，都是对我院理事会制度的高度肯定和积极落实。我院将全面总结回顾近五年工作的经验与不足，将自身对法人治理结构和理事会制度的认识与实践提高到更高层次，为全国博物馆系统开展相关工作提供有益借鉴，为建设有中国特色的事业单位理事会制度贡献自己的一份力量。

全球语境下中国研究型博物馆探析

杨　瑾[*]

摘要：研究型博物馆旨在以藏品为基础，以博物馆存在并发挥作用的环境为外延，以高水平展陈体系为支撑，旨在多维度地创造和传播围绕藏品而取得的"独特的""高水平的"知识，促进社会发展、经济建设、科教进步和文化繁荣。目前我国博物馆对科学研究功能的弱化，对科学研究作用的轻视，严重影响了博物馆服务社会的能力和动力。因此，应重新审视博物馆科学研究的功能与作用，并借此来重构博物馆的角色与边界，构建研究型博物馆的科学研究体系，确立博物馆学术研究的权威性，建立科学研究与应用相结合的矩阵式博物馆。

关键词：研究型博物馆　特征　路径　目标

自2008年中国博物馆协会实施国家一级博物馆运行评估以来，历年的分析报告中皆称科研短板是所有博物馆普遍存在的问题，也是制约博物馆发展的瓶颈^①。如何破解这一难题？2018年11月中国博物馆协会发布的《2014—2016年度国家一级博物馆运行评估报告》中提出"强化藏品研究的基础性地

---

* 杨瑾，陕西师范大学历史文化学院教授，主要从事文物学、博物馆学研究。

① 博物馆协会评估报告撰写组：《2008—2009年度国家一级博物馆运行评估报告》，《中国文物报》2010年6月22日第3版；博物馆协会评估报告撰写组：《2010年度国家一级博物馆运行评估简报》，《中国文物报》2012年5月30日第5版；博物馆协会评估报告（2011年度）撰写组：《2011年度国家一级博物馆运行评估简报》，《中国文物报》2013年5月22日第4版；博物馆协会评估报告撰写组：《关于公示2012年度国家一级博物馆运行评估结果》，《中国博物馆通讯》2014年第1期；博物馆协会评估报告撰写组：《2014—2016年度国家一级博物馆运行评估报告》，《中国博物馆通讯》2018年第9期。

位，促进藏品研究成果及时转化为展览、教育等公共文化服务资源，使国家一级博物馆真正成为研究型博物馆"，"由国家文物局直接给予支持，推动国家一级博物馆成为研究型博物馆、创新型博物馆和世界性博物馆"①。2018年12月25日，在全国博物馆工作座谈会上，国家文物局局长刘玉珠题为"承前启后　勇于作为　探索博物馆事业发展的新征途"的讲话中指出，国家文物局即将推出《关于推进博物馆改革发展的实施意见》，其中就有"加强以藏品为核心的收藏、保护与研究工作，强化预防性保护和数字保护，着力推动研究型博物馆建设"②。虽然研究型博物馆并非新的提法，但其特征、内容、目标、路径是什么？为何/如何建设研究型博物馆？它是不是所有博物馆的发展目标？这些问题并未得到学界广泛关注，笔者不揣简陋，就上述几个问题进行探讨，并提出，在全球化背景下及其所带来的知识经济时代，研究型博物馆既是一个组织概念，也是一个发展目标。

一、何谓研究型博物馆？

从渊源上看，研究型博物馆（Research Museum 或Research-Oriented Museum）显然借鉴了研究型大学（Research University）的概念与实践。因为博物馆与大学关系密切，最早的博物馆——阿什莫林博物馆于1683年诞生于牛津大学。一方面，博物馆承担着与大学类似的功能，即培养公民能够进行各种协调活动的"智力"、"能力"和获取关于某一科学、艺术或文学分支学科基础智识的"方法"③。另一方面，博物馆最基本的研究功能，即发现、命名、收集世界上的珍品和瑰宝，并予以分类和展示诠释，与大学教育的发展同步。与一般性大学相比，研究型大学最大的特点是知识生产的密集性、知识生产能力的至高性以及强烈维护纯知识、纯研究或纯科学的强烈意志。

---

① 博物馆协会评估报告撰写组：《2014—2016年度国家一级博物馆运行评估报告》，《中国博物馆通讯》2018年第9期。

② 国家文物局网站（www.sach.gov.cn）。2019年5·18国际博物馆日宣传活动中，国家文物局副局长关强再次强调年内将印发《关于推进博物馆改革发展的实施意见》。

③ ［美］史蒂芬·康恩著，王宇田译：《博物馆与美国的智识生活，1876—1926》，上海三联书店，2012年，第15页。

因此，研究型博物馆也应该凭借独一无二的科学研究在社会知识体系中发挥着重要作用，甚至在某些领域要处于核心或中心圈位置。

（一）几个相关的概念

在我国现行的博物馆实践中，存在着"学术""研究""科研""学术研究"等词汇混用的现象。尽管我们有意无意地将它们等同起来，但在词汇学方面，这几个词汇还是有区别的：学术，指较为专门的、有系统的学问①。《辞源》中解释为"学问""道术"。《旧唐书·杜暹传》载，杜暹"素无学术，每当朝读议，涉于浅近"。南朝梁何逊《集赠族人秫陵兄弟诗》云，"小子无学术，丁宁困负薪"②。研究，即钻研、探求。《世说新语·文学四》载，"殷仲堪精核玄论，人谓莫不研究"。南朝宋谢庄谢光禄《秦改定刑狱》载，"都邮贱吏，非能异于官长，有案验之名，而无研究之实"。南朝梁释慧皎《高僧传》六《释慧远答姚兴书》云，"欲令作大智论序，以申作者之意……缘来告之重，辄粗缀所怀，至于研究之美，当复期诸明德"③。《辞海》将研究解释为"用科学方法探求事物的本质和规律"④。学术研究，指钻研、探求专门的、有系统的学问。科研，即科学地钻研、探求专门的、系统的学问。尽管这几个词存在不同用法，为行文方便，笔者讨论研究型博物馆时暂且统一为科学研究。

（二）研究型博物馆

除具备国际博物馆协会2007年博物馆定义中的各要素外，研究型博物馆特别强调以文物藏品为基础，以博物馆存在并发挥作用的环境为外延，以高水平展陈体系为支撑，旨在多维度地创造和传播围绕藏品而取得的"独特的""高水平的"知识，促进社会发展。这与自庶先生提出的研究

---

① 辞海编辑委员会：《辞海》，上海辞书出版社，1999年，第3193页。

② 广东、广西、湖南、河南辞源修订组，商务印书馆编辑部：《辞源》，商务印书馆，1997年，第432页。

③ 广东、广西、湖南、河南辞源修订组，商务印书馆编辑部：《辞源》，商务印书馆，1997年，第1215页。

④ 辞海编辑委员会：《辞海》，上海辞书出版社，1999年，第4657页。

型博物馆的任务有不少契合，即"要以收藏展示为中心，以科研创新为前导，研究博物馆自身，研究博物馆在社会生活中的地位作用，研究博物馆与观众的互动关系，发挥博物馆在文化传承、艺术欣赏、科技宣传等方面的积极作用"①。

与这一概念相关的提法还有研究职能型博物馆和一流博物馆。研究职能型博物馆多附设于研究机关和大学，主要任务是进行科学研究，仅供内部利用，不对社会开放，如伯克利脊椎动物学博物馆、法国巴黎矿业大学的矿物博物馆等②。显然，这与本文讨论的主题有较大区别。一流博物馆是国内的提法。我国一些博物馆曾提出"国内一流，国际知名"的发展目标③，同样也是参照了"一流大学"的概念，如中国国家博物馆从2012年"建设世界一流博物馆"到2016年"全面建设世界一流博物馆"④，2005年首都博物馆提出的"世界知名，国内一流"发展目标⑤，有的专家甚至提出了"一流大学要有一流的博物馆"等，但一流博物馆并非研究型博物馆⑥。二者的差别在内容、目标、手段等方面，前者强调量化指数，后者注重内涵质量。

---

① 自庶：《建设研究型博物馆》，《中国博物馆》2004年第1期。

② 黎先耀、张秋英：《世界博物馆类型综述》，《中国博物馆》1985年第4期。目前关于博物馆的分类有公益事业型、学习型、体验实践型、完整型、共享型、活态型、参与型、服务型、友好型等。无论哪种类型，如果不是建立在科学研究基础上，均缘木求鱼。

③ 张建华：《国际一流博物馆评价标准与我国博物馆建设探析》，《中国博物馆通讯》2008年第3期。

④ 中国国家博物馆：《中国国家博物馆隆重召开第一次学术工作大会》，http://www.chnmuseum.cn。

⑤ 参见首都博物馆官网（http://www.capitalmuseum.org.cn）。

⑥ 同样参照"双一流"大学建设。2015年8月18日，中央全面深化改革领导小组第15次会议审议通过《统筹推进世界一流大学和一流学科建设总体方案》，决定统筹推进建设世界一流大学和一流学科。2015年10月，国务院印发《统筹推进世界一流大学和一流学科建设总体方案》。2017年1月，经国务院同意，教育部、财政部、国家发展改革委联合印发《统筹推进世界一流大学和一流学科建设实施办法（暂行）》。2017年9月，教育部、财政部、国家发展改革委联合发布《关于公布世界一流大学和一流学科建设高校及建设学科名单的通知》，世界一流大学和一流学科建设高校及建设学科名单正式确认公布。

（三）特征分析

与一般性博物馆不同的是，研究型博物馆应该拥有独一无二的藏品资源、国内外知名的研究团队和研究领域、卓越的研究组织能力以及学术创新能力。具体来说，主要有以下六个方面。

藏品。藏品本身具有专门性、复杂性、多样性等特征，具有较高的跨学科研究价值。

人员。接受过长期系统的专业学术或技术训练，基础知识扎实牢固，能够进行深奥的、前沿的、变革性的、排他性的学术研究，能够始终处于学科前沿与持续变革的前沿，并能够改变"象牙塔"式的单向知识传递模式，创造出整合型多元互动的网络化全球知识融合机制，并因此带来组织演变与职能重构的潜能，以获得稳定的、创新的、可持续的知识以及维持知识更新的能力。

资源。科研经费充足，拥有完善的研究设施和优势团队建设能力，能够吸引领军研究人才，产生具有社会影响力的高层次科研成果。

组织。具备高水平的学术研究管理能力。一是具有明确的学术发展定位和中长期发展规划，拥有能实现长远目标的管理和治理结构，能提供不断更新的学术环境。二是给予研究以较高的优先地位，核心业务活动均以研究为基础。三是能够把研究与公众服务有效结合起来。四是一流的学科和学科成长能力。五是卓越的领军人才及良好的组织氛围。

声誉。研究人员学术水平和学术声誉高，具有解决重大问题的能力，展陈与科研成果质量和社会认可度高，社会服务质量高。

服务。藏品资源和科研成果对内和对外开放程度高，为科研人员搭建参与型的知识与信息平台。

此外，研究型博物馆在科学研究的能力、层次、转化度等方面均要优于一般博物馆的标准，后者的研究为纯理性的专门研究，而前者的研究为掺杂情感的为阐明问题而进行交叉性研究。研究型博物馆的科学研究成果也能够成为国家与地区经济发展的加速器、国家和地区社会发展与繁荣的推动机，乃至成为国家和地区决策咨询的思想库（表1）。

表1　一般博物馆与研究型博物馆业务划分比较

一般博物馆	研究型博物馆
管理（治理、规划、财务、信息技术、设备）	行政管理（治理、规划、财务、设备）
资金（收入、提议、活动、捐赠者关系）	应用管理（文创、安全保卫）
人力资源管理（招聘、培训、薪酬系统）	业务管理（藏品、陈列、教育）
研究（学术、展览设计、出版物）	科学研究（行政管理、核心业务）
教育项目（外延、成人课堂、特殊活动、讲座）	
藏品与保护（征集、鉴定、登录）	
展览与项目（策展、陈列、支持材料）	
观众服务（商店、餐厅）	
营销与销售（促销、广告、图录）	

二、为何要建设研究型博物馆？

研究型博物馆的提出既是基于我国博物馆发展的现状，特别是一些日益突出的制约博物馆发展的瓶颈问题，也是为了满足广大人民群众对博物馆不断增长的多元化参观需求，更重要的是要充分发挥博物馆在社会发展和经济变革以及文化自信建设中的作用。

（一）必要性

当前我国博物馆在运行过程中出现了诸多制约性瓶颈，被称为"发展中的问题"或"成长中的烦恼"[①]。从博物馆业内观察来看，2008年至今博物馆运行评估结果比较突出的"研究"或"科研成果"普遍薄弱的问题在短期内无法得到根本改观（如科研投入少，重视不够，成果数量少，质量不高等）。从社会各界的反应来看，博物馆的知识权威性屡遭质疑。因为在经济全球化带来的知识全球化时代，知识边界不断拓展、知识生产与获取方式变得多元化，博物馆在提供有关藏品的知识时，表现出明显的保守、封闭，其权威性和核心地位不断受到挑战。

---

① 安来顺、毛颖：《国际化、高质量、可持续：中国博物馆事业发展的方向与战略——国际博物馆协会（ICOM）副主席安来顺先生专访》，《东南文化》2019年第2期。

博物馆的核心竞争力在于其独特性、中心性和不可替代性，而博物馆目前在内外制约因素共同作用下，如果不能壮士断腕般破茧而出，而是随波逐流、自甘平庸，会不断消弭其支撑未来发展的变革性能力与可持续能力。目前可见的是，其核心优势已经变成某些看似客观化、统一化的职能价值量化评估体系带来的数据泡沫，其应该承担的复杂性、多重性、整合性的职能被简单化为若干指标和新闻快餐，这样做不但削弱了博物馆的科学研究地位，动摇了其长期规划的耐心与决心，弱化了其对重大现实问题、基础性问题、应用性难题的回应，还使得博物馆在激烈的全球竞争压力下陷入了发展方向和发展路径的迷茫。

（二）紧迫性

文旅市场竞争给博物馆带来的压力。近年来，关于博物馆科学研究地位边缘化的讨论和对博物馆教育功能的误读，导致博物馆科学研究动力不足、创新不足的现象比较突出，以至于博物馆展陈、教育活动、文创、数字化等方面存在着明显可以察觉的同质化、过度娱乐化现象，对博物馆带来负面影响，也削弱了博物馆满足社会需求的能力。与此同时，社会上出现的一些高水准的科研成果、研学活动、教育项目以及文创等已经开始强势地与博物馆竞争公众资源，而博物馆暂时的被动性应对显然经不起越来越多的竞争的考验。

知识生产模式创新需求带来的压力。在全球性知识创新和商业化能力的创新的当今，信息技术与交通运输能力的快速发展使得分散在全球各地的知识生产机构之间得以开展无缝的对接、密切的互动、紧密的合作，而这些互动与合作又使新知识和新技术在全球范围内的交换、流动、传播变得更为迅速、便捷与频繁，其结果便是逐渐形成一个"社会弥散性的知识体系（Socially Distributed Knowledge）"[1]，博物馆科学研究在应用性、异质性、跨学科性、社会弥散性和社会问责性等方面面临极大的挑战。随着博物馆藏

---

① ［英］迈克尔·吉本斯、卡米耶·利摩日、黑尔佳·诺沃提尼，等著，陈洪捷、沈文钦，等译：《知识生产的新模式：当代社会科学与研究的动力学》，北京大学出版社，2011年，第4页。

品知识生产模式的不断外化，博物馆藏品知识也越来越多地成为炙手可热的市场化商品，成为市场竞争力的源泉，甚至是资本竞逐的对象，博物馆自身因对藏品知识生产能力不足而逐渐失去应有的地位。

当前制约瓶颈的长期性。博物馆在科学研究方面面临的问题也是长期积累而成的，短期无法突破。随着学术研究的社会弥散化，博物馆将被迫逐渐让渡其垄断地位，但制度化、规范化、系统性的研究训练基础尚存，对社会弥散性研究还能产生一定影响，因此还有改观的基础。现在若不重视且予以改善的话，博物馆科研地位和影响力将会不可避免地式微。有鉴于此，建设研究型博物馆已成为中国博物馆的当务之急。

三、建设研究型博物馆的路径

研究型博物馆的建设是一项长期、系统的综合治理工程，需要重构博物馆的角色与边界，需要建设多主体的博物馆科学研究体系，需要树立博物馆的权威性与中心性。

（一）重构博物馆的角色与边界

虽然博物馆常常被定义成教育机构，但其科学研究的功能和重要性仍得到学界的普遍共识，即科学研究是博物馆一切业务活动的基础。博物馆的研究除苏东海先生提出的三度研究，即普及性研究、服务性研究和学术性研究[1]，还有传播性研究、整合性研究、运用性研究和创新性研究[2]。然而，在当前的博物馆工作中，科学研究常被边缘化，科学研究时间长、见效慢等说法让人们来不及等待科研成果就匆忙上马的急就章仍然可见，反而一些关于"科研成果的学术性、原创性、创新性"的讨论显得尤为珍贵。因此，研究型博物馆应该以科学研究为基础，努力成为藏品跨学科研究、博物馆学研究方面的权威，唯有此，才能在专业知识供给的内容、手段、数量和质量等方面满足社会对博物馆知识的迫切需求，重新树立博物馆科学研究的权威性，

---

① 苏东海：《博物馆科研工作的再思考》，《中国博物馆》1995年第1期。
② 徐显明：《大学理念论纲》，《中国社会科学》2010年第6期。

消减被质疑的声音，并与日益增多的、弥散在博物馆之外的知识生产机构建立合作关系，在资金、人力和物力方面搭建合作共享的平台，共同推出更多的新型博物馆研究成果，并打造多维度的知识生产、供应和传播链条，增强博物馆研究在社会知识体系中的影响力。

（二）构建研究型博物馆的科学研究体系

研究型博物馆的科学研究特点是多主体性、多学科性、多功能性，传播方式由象牙塔式或专家型向社会弥散型延展，旨在建构一个规模更庞大、角色更多元、形式和内容更创新的、联系更紧密的"整合性知识体系（Integrated Knowledge System）"。

1. 博物馆科学研究的内容

（1）藏品研究。第一，藏品是博物馆立馆之本，无论是作为记忆和基因，还是作为信息和价值载体，不同种类的收藏品在科学研究中均有非常重要的作用。它们不仅作为研究资料，而且能成为跨学科研究的孵化器，几乎所有学科都可以找到研究题材和内容，获得新发现或新突破。因此，蒂莫西·阿姆布罗斯和克里斯平·佩恩认为，"对博物馆藏品的不断研究可以为不同类型的博物馆用户提供有关藏品的新信息。这些用户包括专业学者、有研究任务的大学生、参与某个研究项目的小学生和普通观众"[①]。

第二，对馆藏品进行研究是每家博物馆的责任。即使再小的博物馆都有责任研究自己收藏的器物，挖掘藏品的多重价值。蒂莫西·阿姆布罗斯和克里斯平·佩恩指出，"各博物馆不论规模大小，其基本任务之一都是通过开展研究促进知识的传播和增长。……博物馆馆长和管理者必须尽可能地帮助和鼓励员工研究本馆藏品，发表或出版他们的研究成果。同样，博物馆馆长也应推动馆外人员开展藏品研究，可以主动提出研究邀请或答复别人的研究请求。博物馆还需要对研究其藏品的外部要求进行回应。……提供合适的研

---

① ［英］蒂莫西·阿姆布罗斯、克里斯平·佩恩著，郭卉译：《博物馆基础》，译林出版社，2016年，第112页。

究设施"①。例如，2002—2005年美国福特汽车博物馆利用独特的馆藏资源，联合密歇根大学迪尔伯恩分校建设了以课题研究项目"汽车与美国的社会与生活"为主的博物馆文化网站，由大学教职员工、图书馆员、博物馆馆长、来自密歇根大学迪尔伯恩分校和本森福特研究中心的档案保管员共同参与，不断夯实博物馆的研究能力，提高研究成果的社会转化率②。

第三，藏品研究要与收藏政策紧密联系。藏品研究应该是一个持续的过程，要以博物馆的政策研究为基础。一是要有符合本馆主旨的科学的收藏政策。二是坚持开展器物研究项目。采用多学科方法、新兴的研究范式与手段进行综合研究，无须局限于某一高深领域。器物研究人员也不应当仅限于馆内的藏品管理者、文保人员、教育和展览人员，以及志愿者，也要包括国内外相关学者。三是研究内容不仅仅包括基础资料等内在信息，而且还要研究制作或使用情况等外部信息以及价值与意义。博物馆藏品不仅具有本地区域性价值，还有更大地理区块链接价值，无论哪个时代，无论何种材质，都或多或少地处于某个多维空间与时间结构中，这些独特价值的挖掘需要多学科、大视野的研究。四是不仅研究藏品的历史意义，更要研究藏品的当代价值，比如藏品在公众终身学习体系，特别是青少年教育体系中的重要作用。但我们惊喜于博物馆藏品研究的相关内容出现在习近平总书记在"一带一路"国际合作高峰论坛的致辞中、出现在高考的试题中、出现在企事业单位的工作内容中的时候，同时也有些遗憾地发现这种趋势是我们没能预测的，因此，博物馆藏品的巨大潜能需要更进一步的发掘与研究。值得一提的是，对1949年以后社会发展的物证和红色革命文物的政策性关注也让博物馆科学研究具有了更多的现实关怀。

---

① ［英］蒂莫西·阿姆布罗斯、克里斯平·佩恩著，郭卉译：《博物馆基础》，译林出版社，2016年，第113页。

② 沈丹姬：《关于课题研究在博物馆新媒体传播中的应用分析——以福特博物馆网站为例》，《理论广角》2014年8月（下）。博物馆提供大量一手收藏资料，包括展品、图书、贸易登记、档案材料、期刊、磁带、照片、产品说明书、设计图纸、广告、印刷材料、音频文件、视频文件等。可以在线获得的服务内容有：研究中心编目，收藏品数据库，在线收藏品可浏览、收集和分享，在线展览的主题、影像资源库的购买和下载，获得限量版的艺术印刷品等。

第四，研究型博物馆科学研究的至高性。爱德华·P. 亚历山大曾说过，"博物馆应当高度重视收藏高质量和有用的藏品，并且就藏品的阐释而设定最高的curatorial和学术标准。我们应该牢记，博物馆是一个社会工具，它在大众化教育中能够发挥巨大作用，非常有用。……博物馆的第一需求是通过学术化的途径引导观众……有人担心，如果让学者们来管控这些博物馆，那么博物馆的一个重要功能就无法实现——即在人文学科和社会学科领域开展良好的大众化教育。对这一点，我认为大可不必担心"[①]。

（2）陈列展览研究。陈列展览不仅是博物馆核心业务，也是热门的研究主题，当前的研究成果斐然，而且不断出现新的研究内容、视角和方法，比如策展人、释展人、学术型展览、技术性展览、叙事性展览以及展览史等[②]。笔者要再次强调的是，陈列展览的学术研究基础，即学者们提出的基于创新性研究的"学术性展览"，它的陈列选题、过程和结果都必须基于准确、最新的信息之上，要从博物馆学科和陈列展览使用者的角度讨论某个陈列展览的价值与意义。除像故宫博物院这类通过学术研究"引导与论证故宫博物院主办（合办）的重大主题展览的内容设计，为推动故宫策展人制度的实施提供学术支撑"外[③]，即使小型博物馆所策划的陈列也应该侧重于自身能力研究的主题，如当地的民族学或当地野生动植物[④]。原因在于：与以往相比，如今的博物馆观众更加多元，他们眼界更宽、教育程度高、获取知识途径多，年轻面孔也越来越多。面对观众的多样化需求，博物馆能否设计更吸引人的展示展览，也基于其学术研究水平的高低。除了展览本体研究外，还应该在目前基础上进一步通过新技术手段、鼓励社会机构参与等方式加强观众的研究，加强展览的支撑系统（资源、技术）、传播、诠释等方面的研究。

---

① ［美］爱德华·P. 亚历山大著，陈双双译：《美国博物馆：创新者和先驱》，译林出版社，2016年，第266页。

② 在一些类研究型的综合性博物馆中，"释展人"属于展览创意/设计团队成员，不过却是与策展人/研究人员关联最为密切的一员。见沈辰、何鉴菲：《"释展"与"释展人"——博物馆展览与观众沟通的桥梁》，《博物院》2017年第3期。

③ 故宫博物院官网（http://www.dpm.org.cn）。

④ ［英］蒂莫西·阿姆布罗斯、克里斯平·佩恩著，郭卉译：《博物馆基础》，译林出版社，2016年，第143—144页。

（3）文明交流价值的研究。就像中国发展与全球经济之间的密切关系一样，博物馆也在不同程度地与全球博物馆开展交流，尤以陈列展览、科研项目等形式为主。也有一些学者指出，中国博物馆对外交流虽然取得了不俗的成就，但也存在诸如科学研究不足、人才匮乏等问题①。笔者认为，中国改革开放四十年以来，中国的博物馆在促进发展的理念影响下，是积极参与全球经济的诠释者，体现了中国作为世界大国的作用。中国博物馆是面向世界的文物收藏和科学研究机构，拥有世界知名专家队伍，在相关领域应获得更多的话语权。

2. 博物馆科学研究的形式

（1）广泛合作。在这方面，我国的博物馆已有很多好的做法。国家文物局局长刘玉珠指出，"博物馆更加注重学术能力建设，联合高等院校、科研院所、科技型企业，不断加强文物保护利用针对性科学研究，已建成六批30家国家级重点科研基地。2014年至2016年，仅国家一级博物馆就累计形成各类科研成果14981项，一批兼具科研创新能力和公共服务能力的研究型博物馆崭露头角"②。笔者认为，博物馆还应围绕各自研究体系，将弥散在社会各个场域中的非博物馆系知识生产机构纳入其中，构成一个整合性的知识体系，促进博物馆研究在社会整体性知识生产过程中的作用。

（2）开放资源。除了充分发挥自身科学研究体系的作用外，博物馆还应为非博物馆系统人员研究提供服务，包括提供资料、环境等。首先，开放文物资源。大英博物馆自我定位为一个研究组织，其收藏旨在代表整个世界的面貌，让学界、研究人员、学生及大众都能接触到学术馆藏。目前国内外越来越多的博物馆开放数字藏品资源，取得了令人瞩目的成果。如2019年5月24日国家文物局官网发布"全国馆藏文物信息"③、北京市博物馆发布大数据平

---

① 单霁翔：《博物馆使命与文化交流合作创新》，《四川文物》2014年第3期；刘曙光：《一带一路背景下的中国文物对外交流》，《文化软实力研究》2017年第6期。

② 刘玉珠：《承前启后 勇于作为 探索博物馆事业发展的新途径——在全国博物馆工作座谈会上的讲话》，国家文物局官网（www.sach.gov.cn），2018年12月25日。

③ http://gl.sach.gov.cn/sachhome/service/col-national-info.html，2017年国家文物局在政府网站公开346.13万件（合235.43万件/套）全国博物馆馆藏文物信息。

台①、博物江西②和博物中国的上线③。值得一提的是，2019年6月26日《中国国家博物馆藏品总目》（第二期）正式上线，新增48万件（套）藏品信息可供公众浏览。至此，加上第一期公开的信息，中国国家博物馆向社会公开的藏品信息已超过78万件（套），达到全部馆藏数量的一半以上④。其次，建立常态化向社会开放的机制体制。目前有些博物馆仍受制于各种行业限制或政策，向研究者开放不足，或设置种种门槛，让查阅者知难而退。现行的博物馆藏品保管制度和信息开放制度对基于器物的历史研究带来一些消极影响⑤。

（三）构建博物馆学术研究的权威性

研究型博物馆在馆藏研究方面应该具有权威性，近年来博物馆因说明牌或其他内容错误而屡被曝光，既反映了博物馆在科学研究方面的短板，也反映了博物馆作为知识传播者的权威性不足。因此博物馆应该重建科学研究的权威性。第一，认真分析造成博物馆权威性减弱的主要原因：一是21世纪的科学研究性质发生了重要变化。互联网的普及使得人们足不出户就可以开展各种研究，博物馆收藏在研究过程中所起到的作用越来越小。二是博物馆的科学研究出现了社会弥散化现象。频频亮相的"民间高手"让人们不再单一地从博物馆获取科学研究成果。第二，重构以科学研究为支撑的运行理念。安来顺曾指出，"博物馆所有的活动都必须坚持学术理性，要避免把博物馆趋同于其他文化机构或文化项目，更要警惕为了单纯地更加吸引观众，而将陈列展览沦为博物馆的一种市场营销手段，要避免资源的社会化使用对博物馆的学术和文化公信力造成任何实在或潜在的减损"⑥。第三，加强研究人员

---

① http://bjmuseum.org.cn/web/index.html，29家博物馆的33137件藏品在该平台公开。

② http://www.jxwwpt.com/mip/pc/index.html#/home，博物江西可移动文物普查数据资源服务平台正式上线，64万件馆藏文物。

③ http://www.museumschina.cn，博物中国上线1832家博物馆，共计藏品180851件。

④ http://www.chnmuseum.cn/portals/0/web/zt/cangpin/colletionlist.html.

⑤ 2018年全国两会期间，全国政协委员、中国美术出版总社总编辑林阳向全国政协十三届一次会议提交了《关于免费向公众开放我国藏品图像资源版权的建议》的提案，提出各级博物馆、图书馆要免费向公众开放我国藏品图像资源版权。

⑥ 安来顺、毛颖：《国际化、高质量、可持续：中国博物馆事业发展的方向与战略——国际博物馆协会（ICOM）副主席安来顺先生专访》，《东南文化》2019年第2期。

的科学研究能力。通过长效培训机制和绩效管理机制保持研究人员的研究动力与能力。特别是学徒项目、针对本科生和研究生的研究项目（为学生将来到任何类型的博物馆入职工作做好准备。因为研究性的内容出现在研究生阶段，他们只有在入职后才开始学习和了解博物馆运营中的所有具体细节）。第四，加强研究成果的转化。比如研究成果和评估报告的发布与博物馆展陈、传播、文创转化。第五，建立研究型博物馆与其他馆的合作机制。在很多工作繁忙的小型博物馆，虽然真实性、准确性和专业性是其核心竞争力，但员工没有太大动力去做相关的研究工作。吉诺维斯教授指出，"博物馆学家未能充分参与到这些（哲学）讨论之中，我们很少花时间提出和讨论'为什么'、'谁'、'哪里'、'什么'以及'为什么再一次'等问题"[1]。因此，研究型博物馆有义务帮助这类博物馆通过出版物等研究成果传递给观众真实而准确的信息。"博物馆不仅是真实的存在，而且代表一种卓越标准。"[2]此外，还可以通过建立"学科研究中心"的方式来实现研究上的互补性平衡[3]。

四、建设研究型博物馆的目标

研究型博物馆旨在建设制度化、规范化、系统性研究体系，培养解决行业趋势、政策、理论等重大问题的能力、方法与人才，进一步将博物馆研究成果转化为未来人才培养与社会服务等方面的成果，提升研究型博物馆在社会知识生产体系中的重要地位，致力于我国社会应对变革的能力。

---

① Hugh H.Genoways. To members of the musuem profession, in Museum Philosophy for 21st Century. MD: AltaMira Press, 2006. 转引自［美］爱德华·P. 亚历山大、玛丽·亚历山大著，陈双双译：《博物馆的变迁：博物馆历史与功能读本》，译林出版社，2014年，第356页。

② ［美］爱德华·P. 亚历山大、玛丽·亚历山大著，陈双双译：《博物馆的变迁：博物馆历史与功能读本》，译林出版社，2014年，第356页。

③ 自庶：《建设研究型博物馆》，《中国博物馆》2004年第1期。

（一）培育一批具有全球竞争力的研究型博物馆

目前全球知名的研究型博物馆，包括大英博物馆、英国自然历史博物馆（伦敦）、德国柏林自然历史博物馆、法兰克福自然历史博物馆、瑞典斯德哥尔摩自然历史博物馆、美国史密森国立自然历史博物馆、耶鲁大学Peabody自然历史博物馆、佛罗里达大学自然历史博物馆等。这些博物馆的考古学家、人类学家、历史学家、博物馆学专家在全球各地博物馆广泛活动，各自构成了能够代表国家水平，乃至世界水平的研究体系或平台。值得一提的是，美国史密森学会下属的多学科研究型博物馆群，已经拥有19个博物馆、1个动物园、9个独立研究中心。加拿大皇家安大略博物馆也是一个包含众多学科的世界性研究型博物馆，通过建立8个发现研究中心，致力于博物馆藏品的全球性研究，让公众了解研究人员的前沿性成果。

以此为参考，笔者认为，建设研究型博物馆应先在我国综合类博物馆中进行试点培育，特别是目前着手朝这方面转向与重构的博物馆，如北京故宫博物院、中国国家博物馆、上海博物馆、中国丝绸博物馆、河南博物院等①。

1. 北京故宫博物院

以创建"学术故宫"为宗旨、以服务"平安故宫"为指针，以"科研课题项目制"为基点，创新管理模式，努力发展成为国家级重大科研课题项目学术基地和故宫学研究的中心，引领学术发展，实现故宫学术研究、人才培养、学术出版和对外交流等事业的可持续发展。目前已建成包括故宫研究院（下设28个研究所）、故宫学院、古陶瓷保护研究国家文物局重点科研基地、清代宫史研究会、紫禁城学会等在内的综合研究机构，拥有数百名高级研究人员，努力成为明清建筑、文物、历史的全球研究中心②。

2. 中国国家博物馆

近年来，该馆在立馆原则、目标、机构以及功能定位方面不断重构。比

---

① 河南博物院网站（http://www.chnmus.net）。

② 故宫博物院网站（http://www.dpm.org.cn）。

如，立馆原则由"人才立馆、藏品立馆、学术立馆、服务立馆"转变为"人才立馆、藏品立馆、研究立馆、展览立馆、服务立馆"。目标重构为：建设与世界大国地位相称、与中华民族悠久历史和灿烂文明相称、与蓬勃发展的中国特色社会主义事业相称、与人民群众日益增长的美好生活需要相称的世界一流大馆，努力成为具有世界影响的收藏中心、研究中心、展示中心、传播中心和交流中心。机构方面，2019年成立研究院（下设18个研究所）、文保院、书画院、考古院，进行博物馆战略研究、展览研究和管理研究。功能方面，将其核心业务按重比调整为藏品征集、保管与保护，科学研究，陈列展览，教育培训，国际联络，信息数据[①]。该馆还通过不断吸纳优秀研究人才，推出一批适应博物馆发展需求的高质量研究成果，不断朝研究型博物馆的方向和目标推进[②]。

3. 上海博物馆

该馆在功能升级背景下也将自己定位为研究型博物馆，开展全方位的研究，更好地把握规律，敏锐地把握发展大势，使博物馆符合时代发展的要求。特别是在藏品和展览方面开展的全球性研究，让文物真正"活"起来。如广受好评的"幽蓝神采——元代青花瓷大展""吴湖帆书画鉴藏特展"就是例证，这都是建立在上博研究员的科研成果基础之上。

（二）建设一批专业性研究型博物馆

一些专题性博物馆凭借独特的资源优势，在建设研究型博物馆方面已经取得了可喜的成就。

1. 中国丝绸博物馆

通过陈列保管、技术（文保国家重点科研基地）和社会教育等重要业务的"学术引领，建设一个研究型博物馆"，特点是"专"，即要把专业领域

---

① 中国国家博物馆网站（http://www.chnmuseum.cn）。此前为逐步建立起"以业务带科研，以科研促业务"的国家博物馆科研体系，加速实现建设世界一流大馆的战略目标。

② 《研究型博物馆是未来的发展趋势吗》，《科技日报》2015年9月12日。

的研究打造成特色（丝绸、工艺与保护研究），且要达到极致①。

2. 天津自然博物馆（北疆博物院）

与中国科学院古脊椎所联合成立研究中心，双方将通过开展合作研究、联合培养人才、组织学术会议及培训、组织科普教育及成果展示等活动，打造研究型博物馆。

3. 沈阳故宫博物院

2004年，在沈阳故宫被正式列入世界遗产名录后，该馆确立了建设"研究型博物院"的新办院方针。2017年，沈阳故宫博物院清前史研究的重点项目工程《清前史通鉴》的编纂，对于该院构建学术研究型博物馆，建设国内乃至国际清前史研究中心，具有里程碑式的意义②。

4. 海南大学图书馆

以海南历史文化研究基地为依托，于2008年初开始筹建海南历史文化博物馆，与建设研究型图书馆的目标相一致，博物馆也将建成一座附属于图书馆的小型研究型博物馆，这是近年来海南大学图书馆加强地方文献建设的一个重大举措③。

此外，厦门大学人类学博物馆、中国印刷博物馆、浙江大学博物馆、马约翰纪念馆、青岛贝壳博物馆等也致力于研究型博物馆的建设。这类博物馆的专题研究具有不可替代的优势。比如一些红色革命藏品（材料），特别是涉及村庄一级的中共基层管理的材料（书信、征粮或借粮条子，军鞋等物品分配清单等），在一些国家级博物馆藏品体系中微不足道，但成为一

---

① 赵丰：《丝绸之路 锦绣前程——从一部中国丝绸史到中国丝绸博物馆》，《中国文物报》2018年9月11日第7版。

② 张俊梅：《建立研究型博物馆 增强核心竞争力——访著名学者、沈阳故宫博物院院长武斌》，《中国文物报》2008年7月18日第3版；邓庆：《研究型博物院的理论与实践——以沈阳故宫为例》，《理论家》2009年第12期。

③ 万颖萍、顾时光、邓玲：《海南大学图书馆筹建海南历史文化博物馆刍议》，《农业图书情报学刊》2009年第2期。

些地方博物馆或非国有博物馆的立馆之本，也是研究中共党史和现代史的宝贵材料。

（三）建立科学研究与应用相结合的矩阵式博物馆

这是一种最初用于苏联科学研究的模型。这类博物馆由从理论研究到生产应用各个环节所需要的研究、设计和生产组成，通常是以大型科研机构为核心构建的综合体，根据研究人员特长组成不同的分支机构或团队。特点是：以研究为统领，构成从科学研究到生产应用各环节的有机连续体或矩阵式组织结构。注重科学研究的全球性、多语言性、跨学科性。如前文所述，2002—2005年由美国福特汽车博物馆和密歇根大学迪尔伯恩分校因"汽车与美国的社会与生活"的课题研究项目而设立了面向全球的文化网站，围绕博物馆独特的藏品资源，组织引导全球学者、公众参与研究，特别是大学师生，不同主题之间分工合作，最终获得高水平的科研成果，极大提升了博物馆的展览水平和研究水平[1]。

五、结　语

近来，魁北克文明博物馆不断强化研究部门，将其与组织架构中的展览部分离开来，而专属藏品部门。此举是为了加强藏品研究，并将展览制作与藏品保护协调起来，"重申博物馆生产专业知识的能力"，"突出博物馆在研究与知识分享与传播过程中的作用"，"突出博物馆的学术价值"[2]，这一点也值得我们在研究型博物馆建设中借鉴。研究型博物馆是我国博物馆发展的方向，但并非所有博物馆就要以研究型博物馆为目标，也并非有些学者所说的藏品少的博物馆应该建设成研究型博物馆。如果按照美国著名博物馆学

---

[1]　沈丹姬：《关于课题研究在博物馆新媒体传播中的应用分析——以福特博物馆网站为例》，《理论广角》2014年8月（下）。

[2]　马蒂厄·维奥—库维尔著，刘光赢译：《没有（学者型）策展人的博物馆：经理人管理时代的展览制作》，《国际博物馆》（全球中文版）2018年Z1期。

家古德的分类法①，不同博物馆有不同的研究领域，应因馆制宜，构建起全球时代我国具有引领性的研究型博物馆体系，加强博物馆在藏品知识生产、知识传播、知识应用等活动中的核心地位和引导作用。

---

① 古德将博物馆分为美术博物馆、历史博物馆、人类学博物馆、自然历史博物馆、技术博物馆、商业博物馆，这些分类代表了博物馆可以展示的智识的总和，同时也代表了博物馆展品所能够体现的所有理念。亦见［美］史蒂芬·康恩著，王宇田译：《博物馆与美国的智识生活，1876—1926》，上海三联书店，2012年，第21页。

陈 列 展 览

理想与现实的对接：博物馆陈列展览品质提升路径研究

周墨兰[*]

摘要： 近年来，文化诉求的多元化、知识经济的常态化、文旅融合的新业态、休闲产业的新动能等都改变着博物馆的社会土壤，博物馆面临前所未有的新机遇和新挑战。新时代的博物馆应从理论层面分析性质定位、藏品资源和传播目的对陈列展览策划与实施的影响，应以博物馆学专业能力建设为突破口，统筹展品、空间、观众三大要素，加强展览的选题和相关学术研究，探索展览策划与展品利用的有效途径，合理构建展览语境和情境、视点与视觉，妥善平衡价值教育和休闲娱乐之间的关系，打造具有广泛吸引力和持续影响力的精品展览。

关键词： 博物馆陈列展览　品质　价值

博物馆是为社会及其发展服务的，向公众开放的非营利性常设机构，博物馆的起源、变迁和发展与其所处经济社会环境密不可分。近年来，随着我国经济结构调整，博物馆面临前所未有的新机遇和新挑战。文化诉求的多元化、知识经济的常态化、文旅融合的新业态、休闲产业的新动能等都改变着博物馆的社会土壤。新时代的博物馆，作为公共文化服务的重要阵地和文化旅游发展的重要载体，应准确认识自身社会角色，重新审视使命、功能与责任，加强博物馆学专业能力建设。陈列展览是博物馆向社会奉献的最重要的精神文化产品，是博物馆开展社会教育和公共服务、实现社会职能的主要载体和手段。博物馆应进一步做好陈列展览工作，提高展示服务水平，充分发挥博物馆在弘扬中华优秀传统文化、建设文化遗产传承体系、丰富人民精神文化生活中的重要作用。

---

* 周墨兰，太原市博物馆馆员，主要研究方向为博物馆陈列展览。

一、陈列展览是博物馆的核心

陈列展览是博物馆工作的核心内容，不仅体现了一个博物馆的文物藏品数量、保存环境质量、学术研究成果、展览设计水平和展厅设施条件，还反映一个博物馆的社会服务意识、文化传播能力、综合管理水平与后勤保障能力。可以说，陈列展览是一项具有高度综合性、专业性和前瞻性的工作，主要考验博物馆在观念创新和资源整合两方面的专业能力。具体而言，博物馆的性质定位、藏品资源和传播目的对展览策划与实施具有重要影响，博物馆陈列展览应当具备理论依据和实操条件。

（一）陈列展览与博物馆定位

博物馆是人类认识环境和认识自己的媒介，也是推动社会发展的动力。博物馆行进在促进社会发展与变革的道路上，自身的转型与发展同样需要其承担相应的社会责任和历史使命。陈列展览作为博物馆的中心工作，深受博物馆观念影响，同时又最能体现一个博物馆对于自身角色的定位和认知，甚至影响博物馆的发展方向。以南京市博物总馆为例，它是国内第一家实行"总分馆制"[①]的博物馆，下有南京市博物馆、六朝博物馆等九家市属文博馆所。南京市博物总馆秉承整合资源、服务社会的发展理念，致力于挖掘展示南京历史文化的深厚内涵，在陈列展览及相关方面多馆联动，形成集约效应，成为南京公共文化服务体系的重要组成部分。

新时代的博物馆已经不是一般意义的收藏、保护、研究和展示文化遗产的机构，越来越成为促进社会发展的积极力量。在新的发展机遇期，博物馆应准确把握自身角色定位，以科学的发展观引领展览实践，通过好的陈列展览联结观众、服务社会，肩负起时代所赋予的历史使命，真正提升博物馆的社会影响力。"地域一体·文化一脉——京津冀历史文化展"[②]在京津冀协同发展的战

[①] 参见《南京市博物总馆新添分馆，"总分馆制"在探索中创新》，https://new.qq.com/omn/20181108/20181108A0BS45.html，2018年11月8日。

[②] 华翰：《从"京津冀历史文化展"谈博物馆的责任与使命》，《博物院》2017年第1期。

略背景下应运而生，展览利用丰富的藏品资源，揭示出京津冀地区联系日益紧密、最终走向一体化的历史必然，体现了博物馆在深入解读和实施这一区域发展战略上做出的思考与表达。

（二）陈列展览与藏品资源

藏品是博物馆陈列展览的基础，理想的展览应该具备丰富且合理的藏品支持。现实中博物馆往往面临藏品匮乏的窘境，尤其是一些新建博物馆经常面临馆藏文物不足，难以充实基本陈列的难题。问题其实出在了对藏品的认识及其获取途径上，很多展览面临的最大问题在于如何将碎片化的藏品串联起来，为观众讲述一个能够理解的故事。首先，藏品的信息是需要挖掘的。博物馆应关注藏品自身信息的解读，探索从藏品到展品逻辑认识转变的手段与方法[1]；其次，藏品的获得是多渠道的。博物馆可以通过馆际合作、社会捐赠等多种形式整合藏品资源。最后，藏品的范畴是不断扩展的。加强对本土题材藏品的征集可以有效弥补馆藏资源的匮乏，增强博物馆的公众认可度，发挥博物馆在社会建设中的作用和价值。

上饶博物馆新馆建设项目于2016年启动，当时的馆藏文物仅89件[2]，基础非常薄弱，难以满足新馆陈列展览设计需要。博物馆转变思路，除了挖掘藏品信息，亦将视线投向馆藏文物之外更加广阔的领域，展览最终定位在地方文化的阐释传播。在此基础上，博物馆根据展览主题和内容线索，通过考古发掘、捐赠、购买等形式最大限度地获取展品支持。经过两年多时间的努力，博物馆陆续征集到一批地域特色鲜明的文物，有效填补了展览内容，积累起地方文化的文献实物资料库，形成了历史脉络较为完整、收藏门类较为齐全的藏品体系。目前，馆藏文物总量达到5078件[3]，极大地充实了博物馆展览，树立了博物馆的新形象，彰显出博物馆对地方、对明天负责的态度。

---

[1]　严建强：《信息定位型展览：提升中国博物馆品质的契机》，《东南文化》2011年第2期。

[2]　《上饶市博物馆将于2019年春节前后向市民免费试开放》，http://www.srzc.com/news/srxw/xinwenfabu/wqfb/2018/1229/2504079.html，2018年12月29日。

[3]　《上饶市博物馆将于2019年春节前后向市民免费试开放》，http://www.srzc.com/news/srxw/xinwenfabu/wqfb/2018/1229/2504079.html，2018年12月29日。

（三）陈列展览与传播目的

陈列展览是博物馆面向公众进行知识传播的信息体，是实现博物馆文化价值和核心功能的基本方式，也是博物馆服务公众的重要手段。传播目的[①]是展览的总目标和贯穿展览全程的主线，影响着展览内容的诠释和设计的表达。传播目的的设定和执行，可以使展览信息以一种清晰有序的方式得到整合。在传播目的的指引下，展览将按照一定的主题、序列组织而成一种便于观众理解的形象化集合，有利于提升展览质量和展示效果。博物馆需要深入研究和准确设立展览的传播目的，根据传播目的有效提取内容信息、合理组织展览结构。

传播目的规定了展览的传播方向和传播内容，最终指向展览的价值旨归。价值是衡量博物馆展览的根本标准。博物馆展览具有双重价值属性，一是信息体的集合与扩散，即展览内容直接表现的知识传播；二是价值观的塑造与影响，即展览更深层次的主题立意与价值导向。主题是统领展览的核心和灵魂，也是展览的立意所在。主题展览的价值不仅在于知识的传播与认知，更重要的是形成了一种观念上的体悟和启迪，影响并塑造着人与社会未来的发展轨迹。博物馆在展览策划过程中应重视展览的主题定位和价值立意，这是展览创作的起点，也是价值旨归，最终服务于展览传播目的的实现。

二、陈列展览的实践与反思

近年来，我国博物馆事业呈现良好发展态势，展览题材日益丰富，展出形式日趋多样，展览数量和观众人数不断增加，社会影响力显著提升。截至2018年底，全国博物馆达5354家，比上年增加218家[②]。2018年全国博物馆举办展览2.6万个，教育活动近26万次，观众达11.26亿人次，分别比上年增长

---

① 陆建松：《论博物馆展览各级传播目的的设定及执行》，《自然科学博物馆研究》2016年第3期；尹悦、黄佳丽：《浅析"以公众为核心，以传播为效应"的博物馆展览策划理念》，《大众文艺》2017年第14期。

② 《2019年"5·18国际博物馆日"中国主会场活动开幕式在湖南省博物馆举行》，http://www.sach.gov.cn/art/2019/5/18/art_722_155103.html，2019年5月18日。

30%、30%和16%[1]。"博物馆热"成为中国社会文化的新时尚，博物馆成为人民向往的美好生活的重要部分。面对文旅融合发展热潮，博物馆还应保持冷静思考。从数量回归质量，反观博物馆展示现状和策展实践的经验得失，陈列展览在空间形态、设计表达、展品利用和信息传播等方面不同程度存在问题，影响了展览的创新发展和博物馆社会功能的发挥。

（一）建筑空间与展览形态

博物馆建筑是博物馆进行各项工作、开展各项活动、实现社会功能的重要物质载体，博物馆建筑在功能使用、材料结构、艺术形象等方面都应满足博物馆文物收藏、陈列展示、社会教育等基本需求。近年来，随着我国社会经济快速发展，博物馆建设热潮涌动。新馆建筑在体量和规模方面比过去馆舍条件大为改善，但在使用过程中往往存在建筑空间与展览空间不相适应等问题。

首先，建筑体量与展览需求不匹配。一些新建博物馆规模宏大，建筑面积动辄上万，而馆藏文物捉襟见肘，难以支撑展厅空间，大量辅助展品充斥其间，损害了博物馆展览的实物性特征。建筑空间与展览内容不协调，展厅跨度和高度不足，展品数量和体积与空间不符，展示设计陷入被动，影响展览效果。此外，一些博物馆建筑外观片面追求独特造型，削弱了内部空间的使用功能，影响了展览空间的实用性和适应性。过度的中空设计减少了展厅使用面积，造成空间浪费，限制了展览规模。

其次，建筑空间划分不合理，陈列展览空间与收藏保管空间、公共服务空间、管理办公空间、机电设备空间相互交叉，不仅影响参观流线的设计和组织，也增加了人员疏散和消防安防的风险。一些博物馆展厅分布位置及出入口设置，与正常参观顺序和楼梯上下行方向存在矛盾，导致观众参观动线混乱、参观内容遗漏和观展状态疲劳。此外，一些博物馆展厅空间划分过多，单个展厅面积有限，缩短了展线长度，展厅空间难以表达展览内容。这种建筑格局如果在后期设计过程中没有重新规划，将会破坏展览空间的连贯性，影响展览之间的衔接过渡和观众的参观节奏。

---

① 《2019年"5·18国际博物馆日"中国主会场活动开幕式在湖南省博物馆举行》，http://www.sach.gov.cn/art/2019/5/18/art_722_155103.html，2019年5月18日。

（二）展览策划与展示效果

博物馆展览是一项从策划、设计到实施的分阶段目标管理工程，每个阶段都需要明确意图、准确表达和相互衔接。在展览策划与内容设计阶段，一些博物馆由于缺乏学术研究和藏品积累，实物、图文资料基础薄弱，策展工作举步维艰。抑或是观念因循守旧，未能充分发掘文化资源、有效利用馆藏文物，致使展览刻板、单调、远离观众的心理认知。策展能力薄弱是当前博物馆面临的主要问题之一，制约博物馆可持续发展。在形式设计与施工阶段，博物馆展览仍然或多或少存在形式设计与内容设计脱节的问题。由于内容设计与形式设计人员专业背景和知识构成不同，其对展览设计的认知角度和思考方式各有侧重，容易产生分离。例如内容设计者在构思展览结构与内容层次时，未能结合空间条件，导致展览内容与展厅空间不匹配；或者在设置展项与设备应用时，不符合经费预算和技术实际。形式设计者未能充分领会内容设计意图，容易产生空间设计扰乱内容之间的逻辑关系和衔接过渡等问题；或是仅从视觉传达角度考虑，以整体视觉冲击或过度装饰代替了内容中心。博物馆展览是内容设计与形式设计相统一的艺术整体，内容设计是展览的基础，形式设计是展览的升华，二者虽然在工作程序上先后有别，但在展览过程中应相辅相成、协调统一。

（三）知识传播与价值教育

博物馆作为公共文化服务机构，陈列展览归根结底要面向社会、面向公众，发挥价值引领的作用。展览价值的实现与否，主要取决于三个维度。一是信息模块向展览内容的过渡，二是专业知识向公共知识的转化，三是知识教育向价值教育的升华。博物馆展览是在多种信息模块进行梳理、重组、提炼的基础上形成的，是具有内在逻辑关系的体系构造，并非各种素材的直接堆砌。展览策划即是实现资料、素材等信息向内容文本的过渡。在此基础上，知识传播成为博物馆展览的一项重要功能。值得注意的是，展览所体现和传播的知识应该具有开放性和包容性，通过展览语境由专业知识转化为公共知识。

当前仍有不少展览照搬书本内容，未加处理转化，缺乏陈列语言，未能达到专业知识和公共知识的平衡，远离观众的认知结构，使观众对展览产生陌生感、距离感。博物馆展览应做到通俗易懂、深入浅出，满足观众不同层次的知识需求。此外，博物馆应在观念上有所转变，进一步将展览定位由知识教育上升为价值教育，努力在展览的价值引领与观众的参与体验之间建立联系。博物馆需要通过展览启发观众思考，从而影响观众的内心或行为，而不是简单地为观众呈现展览内容、介绍具体知识。因为博物馆展览的最终目的和存在意义在于价值教育而非知识教育，否则博物馆将失去特性沦为建筑的空壳。

三、陈列展览的品质提升

在文旅融合的新时代，博物馆专业能力建设与展览品质提升成为构建博物馆与社会、与公众良性互动的题中之意。博物馆展览是一个系统性文化信息传播工程，展品、空间、观众是陈列展览的核心要素，陈列展览成功与否取决于三者之间如何互动。博物馆应以博物馆学专业能力建设为突破口，以主题展览的价值诠释研究为关键点，统筹展品、空间、观众三大要素，加强展览的选题和相关学术研究，探索展览策划与展品利用的有效途径，合理构建展览的语境和情境、视点与视觉，妥善平衡价值教育和休闲娱乐之间的关系，形成既适应时代发展又符合自身规律的展示标准，实现理想与现实的对接。

（一）加强展览策划与研究

选题策划是展览谋篇布局的起点和重点，主要以学术成果和藏品资源为依托，探索主题定位与展品组合的实现途径。首先，博物馆应重视展览的主题定位研究。展览主题应立足博物馆性质和定位，以弘扬优秀传统文化、传承文化遗产价值为使命。在主题的统领下，博物馆根据自身的藏品情况选择最能体现展览主题的展品，或者通过馆际合作等形式整合藏品资源，最大限度获取展品支持。其次，加强学术研究和藏品研究。学术研究是展览的基石，学术研究越充分、越扎实，展览越具有强大的生命力。藏品是展览的支撑，藏品研究的充分与否影响着展览实施。博物馆如果缺乏对藏品信息的阐释和解读，将导致藏品利用不足，难以完善藏品—展品—主题展览的信息链条。博物馆必须积极构建藏品体系，为陈列展览提供有效的展品支持。同时加强对藏品的研究和解读，确保展览策划与展品利用行之有效①。

"根·魂——中华文明物语"特展从"实物"角度，观照中华文明历史长河，意在揭示中华文明历史悠久、博大精深，这种文明的力量从历史贯穿现实，渗入民族的血脉，是中华文化的"根和魂"，今天也依然是我们推进改革开放和社会主义现代化建设的强大精神力量。展览联合全国22家博物馆，精心选取30件（套）反映中华文明发展历程的标志性文物，以历史发展进程为序展开叙述。展览最大的亮点在于将展品还原时空坐标中，多向度梳理其发展脉络，查找其在各个坐标体系中所处位置，以此进行多方位解读，呈现中华文明的绚丽多彩。

以新石器时代良渚文化神人兽面纹玉琮为例，展览横向展示器物造型、使用功能，纵向展示玉琮的造型变化、纹饰内涵的演变脉络，突出社会生产力的发展与技术的进步。战国时期曾侯乙铜鉴缶，展览横向展现其铭文示意、纹饰图案、造型设计、实用功能及匠人精神，纵向展现冰酒、温酒方式的演变与进步。唐代鎏金鸿雁纹银茶碾，展览横向展示其造型、装饰工艺、宫廷与民间茶艺对比，纵向表现金银器高超的制作水平以及唐代茶文化的发展②。这种将文物所蕴含的各种文明成就进行横向、纵向多维度的全新解读方式，使每一件文物都成为这个纵横网络中的节点与焦点，不仅全方位展示了文物本身，而且通过文物演变诠释了文化遗产对当今社会的影响或启示，进而表达出文化遗产是中华民族精神文明的载体，是当今社会物质文明发展的基石，是中华文明与中华民族永不磨灭的"根和魂"。

（二）构建展览语境和情境

展览语境是基于展品本体及其衍生信息形成的，展品是构成展览的基

---

① 杨文英：《博物馆应该将更多更好的展览呈现给广大观众》，《首都博物馆论丛2015年》，北京燕山出版社，2016年；包明吉：《论如何提升博物馆展览的策划与设计》，《上海鲁迅研究》2015年第3期。

② 参见《"根·魂——中华文明物语"等展览在长沙开幕》，http://www.sach.gov.cn/art/2019/5/18/art_722_155101.html，2019年5月18日。

础，信息是对展览内容的注释。理想的展览语境应该是展品与信息的有机统一体，每一件展品既是一个具体的信息点，又是一个能引发联想的信息源。以展品为中心传递展示信息，需要在特定的空间范围内运用视觉传达手段，营造展览氛围，为观众理解展品提供形象化、立体化模式。展览情境即是观众与展品产生共鸣的中介。博物馆需要在展品视点和衍生信息的结构性关联的基础上建立展览语境，赋予展品特定意义和价值，同时以展览情境设计烘托展品形象，为观众创造与展品形象和展览主题相契合的情感氛围，以沉浸式、体验式环境，强化展品与观众的联系，促进信息的有效传播，启发观众在展览时空内进行思考和对话[1]。

"文明的阶梯——科举文化专题展"[2]以建筑场域和历史遗址为依托，通过展品选择、信息诠释、空间隐喻和视觉传达的组合形式构成了与主题立意紧密结合的展示序列。展览选取代表性科举文物，根据文物属性和空间特点，采用组团式、阵列式、对比式等陈列方法，以情境设计营造出具有科举文化意味的叙事语境，全景式再现了中国科举文化的发展历程。

序厅侧壁巨幅墙面镶嵌铅字版的中国儒家经典书籍"四书五经"，象征学海无涯；宏伟的"科第世家"牌坊诉说着"三元及第"的历史荣耀；牌坊后面的水幕墙流淌着百家姓氏以及耳熟能详的科举名人，象征"逆流而上"奋斗精神。"魁星点斗"展厅四面高耸的墙面，放置浩如烟海的书籍，环形天幕星罗棋布，呈现北斗七星的主景，历代状元名录在灯光照耀下熠熠生辉[3]。

以"村童闹学""贡院赴考""号舍百态""鱼跃龙门"为主题的短片，生动展示了古代读书人从幼学启蒙到金榜题名的生活画卷。在"金陵佳话"展区，南京街市的繁华景象跃然眼前，观众以考生视角体验茶舍、试

---

[1]　沈辰、何鉴菲：《"释展"和"释展人"——博物馆展览的文化阐释和公众体验》，《博物院》2017年第3期。

[2]　展览由南京中国科举博物馆举办，以制度、空间、文化、遗址四个点切入，雅俗共赏，寓教于乐，全面论述科举文化及其现代影响。

[3]　参见《专题博物馆的典范：南京中国科举博物馆》，http://www.360kuai.com/pc/9307f7e949464b5c2?cota=4&tj_url=so_rec&sign=360_aa58bd32&refer_scene=so_1，2018年7月21日。

馆、江南贡院、书坊、河房等市井生活场景，了解科举制度如何塑造南京的人文景观。尾厅长卷式画面勾勒出从古至今的考生群像及历代名家对科举制度的评价，引发观众无限思考①。

（三）迎合观众与影响观众

陈列展览是博物馆与观众进行沟通交流的重要方式，博物馆应致力于以优质的展览吸引观众、打动观众，在迎合观众与影响观众之间寻求平衡，形成优良的展示标准和展览品质②。迎合观众是指博物馆需要举办贴近观众文化心理的展览要最大限度地与观众的认知结构相吻合，以恰当的方式满足观众文化需求，并促使展览良好的品位和品质的标准形成。影响观众是指展览要为观众创造深入思考和想象的精神空间。博物馆为观众提供了一个开放的空间来阅读展览，展览对观众的影响也是多层次的，如愉悦、教育、陶冶、提升等。展览的最终目的不是展示而是对话，衡量展览效果的标准不是有多少人观看展览，而是展览与多少人进行了对话，展览的价值在于给观众心理带来的变化。

"伟大的变革——庆祝改革开放40周年大型展览"③紧扣"坚持和发展中国特色社会主义"这一主题，多角度、全景式展示改革开放40年的光辉历程、伟大成就和宝贵经验。展览聚焦改革开放以来的大事、要事、喜事，运用历史图片、文字视频、实物场景、沙盘模型、互动体验等多种手段和元素，强化历史纵深感、群众获得感、发展成就感和新旧对比感，广泛运用"互联网+"、VR、AR等手段，营造立体展陈体验空间，适应观众接受习

① 参见《专题博物馆的典范：南京中国科举博物馆》，http://www.360kuai.com/pc/，2018年7月21日。

② 美国博物馆联盟专家委员会著，宋向光译：《博物馆展览标准及卓越展览的标志》，《自然科学博物馆研究》2017年第3期。

③ 展览由中共中央宣传部、中央改革办、中央党史和文献研究院、国家发展和改革委员会、商务部、新华社、中央军委政治工作部、北京市共同举办，2018年11月13日至2019年3月20日在中国国家博物馆展出，通过关键抉择、壮美篇章、历史巨变、大国气象、面向未来等主题展区，运用历史图片、文字视频、实物场景、沙盘模型、互动体验等多种手段和元素，充分展示改革开放40年来特别是党的十八大以来，人民群众生产生活发生的伟大变迁。

惯。展览实现了艺术与技术高度融合，满足分众化、智能化、信息化时代观众对亲身体验、交流互动的需求，使受众通过眼观、耳听、体感等多种方式参与展览，并在互动参与中感到震撼、得到感悟、受到教育。"大美中国"影像长廊、《清明上河图》穹幕影院、"时光博物馆"、"展览说吧"等互动项目吸引了大量观众特别是青少年观众的广泛参与，取得了良好的社会反响①。

总体来看，这一重大时政题材展览通过精心打磨的展览元素、贴近观众的展览语言、丰富多样的艺术呈现，充分展示出改革开放40年来特别是党的十八大以来，人民群众生产生活发生的伟大变迁。展览强化前后对比、突出横向对照，彰显历史厚度、文化深度和感情温度。通过富有表现力的形象集合，展览实现了深刻思想性的完美艺术表达，增强了传播力和影响力。观众深刻感受到中国特色社会主义新时代，中华民族迎来了从站起来、富起来到强起来的伟大飞跃，迎来了实现中华民族伟大复兴的光明前景；中国改革开放40年既是一段国家的辉煌传奇，也是亿万百姓的精彩人生。

四、小　　结

博物馆是公益性文化机构，为社会和社会发展服务是博物馆工作的出发点和落脚点。陈列展览作为博物馆与观众进行沟通交流的重要方式，是博物馆工作中直观展现、直面观众的部分，也是观众评价博物馆品质的重要依据。新时代的博物馆应以更加包容、开放的心态对待社会环境和时代背景的发展变化，秉承"专业化服务者"的理念，以更加周到平等、更具亲和力和人文关怀的工作态度服务观众，通过展览选题的立意表现、展览内容的精彩解读、展览效果的整体呈现以及展览影响的价值效应等一系列环节，策划具有广泛吸引力和持续影响力的展览，实现理想与现实的对接。

---

① 参见《"伟大的变革——庆祝改革开放40周年大型展览"展览办负责人答记者问》，http://politics.people.com.cn/n1/2018/1120/c1001-30409676.html，2018年11月20日。

死生之域：中国墓葬文物展览与观众观念的互动及相关人类学探讨

疏沛原[*]

摘要：在中国考古类博物馆的藏品中，墓葬出土的文物占有相当比例。在西方博物馆展陈中，这些文物的展出不会令观众在观念上产生排斥；而由于中国文化传统中有关死者与鬼神的民俗，观众对墓葬和逝者相关的展品往往抱有敬而远之的态度，特别是长辈在为儿童选择博物馆时。在中国现有的考古博物馆中，墓葬文物类展览占绝大多数，这提供了难得的研究不同时期生死观及其差异与流变的平台。通过研究观众参观行为体现的现代观念以及与其他观念可能产生的互动，可由此阐明博物馆在社会观念构建中扮演的"回忆"角色。

关键词：墓葬文物　博物馆展陈　生死观　观念互动　回忆

中国的考古类博物馆，顾名思义，其主要藏品与展品是考古出土文物。而在中国近年的考古工作中，墓葬发掘占据了相当比例。以陕西省为例，2018年，陕西省考古研究院出版的13本考古报告中有8本为墓葬报告，发表的12篇考古简报中有8篇为墓葬简报。同时，即使是在属于其他类型的聚落与城市考古工作中，也大多包含墓葬的内容[①]。由此可以合理推断，在考古出土文物中，出土于墓葬的文物占有可观的比例。单从墓葬文物内部以丧葬视角为线索分类，墓葬文物按有无显著的墓葬元素分为两类。但在当下，博物馆藏品部门大多并未将墓葬文物作为一种单独的分类，而是将其按材质分进不同

---

　*　疏沛原，北京大学哲学系本科生。

　①　《陕西省考古研究院2018年科研成果目录》，http://www.shxkgy.cn/contents/10/3076.html，2019年1月30日。

的门类，如青铜器、玉器、瓷器等①。在实际展出中，墓葬文物的展出大致分成三类：作为某一主题展览中展现展览主题的文物，如在通史类展览体现时代特点、在工艺类展览体现技术进步；作为某一墓葬专门展览的展品，如湖北省博物馆梁庄王墓常设展、深圳博物馆"大汉海昏侯——刘贺与他的时代"展；作为墓葬文物专门类型展览的展品，如南阳市汉画馆的常设展。

从博物馆实践来看，这三类展陈面临了一个相同的问题：由于观众所固有的生死观念，当墓葬这一线索被明确提出时，观众会对展陈产生下意识的拒斥与疏离。对于某一主题的展览来说，视觉上带有显著墓葬元素的展品会造成这一问题；对其他类型展览来说更是如此，因为这类展览本身即营造了一个涉及墓葬与死亡主题的环境。加之一些关于"考古等于盗墓"的错误宣传，这一观念性问题会直接影响观众进入博物馆的选择，尤其是家长为孩子选择教育场所时。因此，这是博物馆建设必须尝试解决的重要问题。

为了澄清这一观念的相关内容，我们需要分析以下问题：何种文物可被称为"带有视觉性墓葬元素"？这种元素是如何对观众产生影响、与观众产生观念互动的？产生这种互动需要调动何种社会经验，体现了何种社会模式？本文接下来将结合以上三种模式的具体展览实例，尝试解答以上三个问题，并希望借此提出对这一博物馆常见问题的解决方案。

一、视觉性墓葬元素及其表现

所谓具有视觉性墓葬元素的文物，即从外表即表现出与墓葬的密切关联的文物。强调视觉的原因在于，博物馆展览中观者调动的最直接与核心的感觉就是视觉。因此，一件展品给人的第一印象决定了展品对观者而言的基本性质。墓葬的核心意义在于埋藏死者，而在中国传统中，死者与生者应有绝对的分野，从墓葬中包含的"藏"的含义便可看出②。而当这一分野通过考古发掘与博物馆展示被打破，持有分野观念的观者的心理状态与认知会随之出现失衡。

①　冯甲策：《基于藏品管理系统的文物普查实施——以中国国家博物馆为例》，《文物世界》2018年第2期。

②　巫鸿：《墓葬考古与绘画史研究》，《古代墓葬美术研究》第四辑，湖南美术出版社，2017年。

要使其回归平衡，存在两种可能的解决方案：一是重新建立这种分野，而这显然不可能；二是采取其他的方式消除分野观念对观众的影响。因此，在确认视觉性墓葬元素时，我们需要寻找在展品与观者之间建立分野的重要元素。

中国墓葬中随葬品种类众多，包括了各类日用器与装饰品。由于从考古工作的总体来看，墓葬出土器物占考古所见完整器的绝大部分，我们形成的对古代生活用品的普遍印象已经与墓葬出土器物基本重合，因此我们无从推断墓葬器物与生者使用器物的区别。因此，主要的分野因素应当不来自一般的日用品。除日用器与一般饰品，墓葬中同样常见主要与死者有关的图像与器物，包括墓室中出现的人神图像与镇墓俑等。分析这些墓葬文物有两种方式：一是通过比较这几类墓葬文物的特点与影响，分析何种类型在何种程度上影响这一分野的建立与削弱；二是通过调整这几类文物的使用方式来构建文物发挥作用的模型，深入分析不同类型文物的安置如何影响观者的观感。本节将根据前述的三种分类，引据代表性展览的藏品组成，分析博物馆中常见的视觉性墓葬元素及其加强与削弱的不同情况。

（一）人神形象的构建、转换与"神性祛魅"

墓葬中人的图像可出现在墓内的多种媒介上，如壁画、画像砖、雕刻、随葬俑等。据考古研究，墓内所见人图像一般可根据服饰、相貌、动作区分人与神及其具体身份[1]。就图像内容来看，可分为以下几类。

①墓主人像。典型代表有大同沙岭北魏7号壁画墓墓室后壁墓主人夫妇并坐图[2]与河南禹县白沙宋墓"开芳宴"图[3]。

②墓主随从像。典型代表有河北磁县湾漳北朝墓墓道卤簿图[4]与咸阳懿德太子李重润墓侍卫图[5]。

---

① 李梅田：《北朝墓室画像的区域性研究》，《故宫博物院院刊》2005年第3期。

② 韦正：《大同沙岭七号北魏墓壁画几则题材浅析》，《西部考古》第16辑，科学出版社，2018年。

③ 徐苹芳：《重读〈白沙宋墓〉》，《文物》2002年第8期。

④ 中国社会科学院考古研究所、河北省文物研究所、邺城考古工作队：《河北磁县湾漳北朝墓》，《考古》1990年第7期。

⑤ 陕西省博物馆、乾县文教局唐墓发掘组：《唐懿德太子墓发掘简报》，《文物》1972年第7期。

③教化图像。典型代表有南京西善桥宫山大墓"竹林七贤与荣启期"砖画[①]与辽墓二十四孝图画像石[②]。

④生活群像。壁画中的典型代表有宣化辽墓壁画中的散乐图、备茶图[③]与集安高句丽壁画墓中的社会风俗画[④]，随葬俑中的典型代表有洛阳北魏元邵墓的陶俑群[⑤]。

⑤神圣图像。典型代表有洛阳西汉卜千秋壁画墓的东王公、西王母画像[⑥]与大同沙岭北魏7号壁画墓中的伏羲女娲图像。需要注意的是，即使是神圣图像，也是在人的图像上加上神圣因素构造而成的，例如伏羲女娲图中的蛇尾与摩尼宝珠[⑦]。

根据以上五种人神图像可以发现，墓葬中的人神图像事实上来自同一种元图像，即人的基本图像。墓葬图像创作过程当中，会通过改变图像的位置、大小、动作、装饰来赋予某一图像特定的身份与地位。由于人的元图像与这类改变工作的运用在现代社会同样具有可操作性，因此，这一系列工作之后产生的图像可以以相似性作为标准来与现代图像进行对比。

五种图像中，神圣图像是最贴近现代生活概念的一种。由于佛、道等主要宗教的持续性与稳定性，包括佛教造像在内的神圣图像以庙宇、道观等宗教建筑与场所作为载体得以延续。以大同北魏沙岭壁画墓为例，墓中所见的伏羲女娲形象在汉代画像石上已有出现[⑧]。由此可见，当一种墓葬图像更多与作为他用的现代图像相似并联系在一起、或此种图像不仅在墓葬中使用时，

---

① 韦正：《南京西善桥宫山"竹林七贤"壁画墓的时代》，《文物》2005年第4期。

② 郭东升、薛璐璐：《从辽墓二十四孝画像石管窥儒家思想对辽契丹文化的影响》，《辽金历史与考古国际学术研讨会论文集》（上），辽宁教育出版社，2012年，第6页。

③ 李清泉：《宣化辽墓壁画散乐图与备茶图的礼仪功能》，《故宫博物院院刊》2005年第3期。

④ 李殿福：《集安高句丽墓研究》，《考古学报》1980年第2期。

⑤ 洛阳博物馆：《洛阳北魏元邵墓》，《考古》1973年第4期。

⑥ 孙作云：《洛阳西汉卜千秋墓壁画考释》，《文物》1977年第6期。

⑦ 韦正：《大同沙岭七号北魏墓壁画几则题材浅析》，《西部考古》第16辑，科学出版社，2018年。

⑧ 王煜：《汉代伏羲、女娲图像研究》，《考古》2018年第3期。

其现代性含义会替代原有的墓葬含义，而这一可能性集中体现在墓葬中被神化的人图像上。这种现象可被总结为"神化祛魅"，即由于宗教图像及其艺术风格的稳定性与宗教本身的吉祥含义，带有宗教内涵的墓葬文物在观者眼中会祛除与墓葬关联带来的负面信息。与之原理相似的是教化类图像。二十四孝与竹林七贤的故事成功流传到了今天，且具有较强的普世性、符号性与叙事性。在观看这一类图像时，根据已知故事诠释其图像成为重点，因此淡化了其与墓葬的相关性。山东嘉祥武梁祠中的圣人与孝子故事画像石与墓葬无关，但墓葬中也出现过同类题材的砖画与画像石。

其余的三种，都在我们可知的图像与信仰系统范围内缺少比对的类型。宗教图像与孝子图像都曾以不同的尺寸与表现方式出现在近代乃至现代社会中，因此它们能够成为一种图像习惯。而墓主画像、随从图像与生活群像并不是我们常见的图像形式，尤其是墓主画像和随从图像，其诠释过程无法避开墓葬的主题。

在研究人员做带有人物的图像志工作时，一般首先需要确定的是人物的身份。墓主画像与随从图像一样，是从绘画角度进行的虚构：将已经过世的墓主人以活着的方式重新表现出来，并携带可能真实存在（活着）也可能只是完全虚构的侍从。当图像主与观者存在情感上的联系，如唐太宗时期图绘的"凌烟阁二十四功臣图"在创作时具有记功性质时，图像的观看不会产生隔阂[1]。而当画像创作时即与死者发生关联时，图像本身就带上了忌讳的性质，对于与图像主无关的普通观众来说，对它的观看也就成了一种忌讳。这一点，是画像类壁画无法避免的、以死亡为线索的隔膜。因此，上文所说的"祛魅"无法在此实现。

除此之外，这三类图像的设计与安置，也会加重这一隔膜。这一问题将在下一节中讨论。

（二）墓葬文物尺寸、数量与在博物馆中的安置特点构成"死亡压迫"

对安置在博物馆中的文物来说，其尺寸会显著影响观者对自身地位的判

---

① 杜正乾：《凌烟阁与唐代政治试探》，《南京师大学报》（社会科学版）2006年第4期。

定。当观者显著小于展品时，可能会感受到来自展品的压迫，尤其是在展品本身带有忌讳性质时。这一点可与佛教石窟造像艺术进行比照：当佛像高大且佛龛前空间较小时，佛像庞大的体积会增加礼拜者的敬畏感[①]。由于墓葬中的壁画等图像在创作时并未预设生者的观看习惯[②]，且墓室在葬礼后即被封闭，因此，这对当时的生者并不构成观看上的不适。而当我们将其打开、或将其一部分移入博物馆时，一些体积较大的文物便会造成问题。以东魏北齐墓葬为例：大部分壁画墓在墓道左右都有高于或大致等于活人身高的卤簿图，当一个可能去世或虚构的人物与作为生者的观者体量相似时，会产生逼真的视觉效果。在前述的死亡忌讳已经存在的情况下，这一点会加重其负面影响。

随葬品的数量产生的影响，其原理则来自群体造成的压迫感与焦虑。在中国历史中，俑人，尤其是与实际存在的人有明确关系的俑人，能够扮演真人的角色。因此，对观众来说，俑人可以有两层含义：一是一种与真人有同样功能的假人；二是寄托逝者或逝者亲属的意愿[③]。无论是单个还是群体的俑人，当其中一个可以扮演一个活人的角色时，群体的俑人就会在精神意识上会对生活在今日的观者产生一种压迫。由于其与死亡的密切关系，这可以被总结为一种"死亡压迫"。最典型的展览实例即秦始皇陵兵马俑：当外表彼此相似且与真人相似的俑成群地出现在与观者相同的平面上时，会产生威势与压迫。而在秦始皇帝陵博物院的展陈设计中，观众的参观路线设置在兵马俑群平面上方、与现代地面平齐的位置，采用俯视视角观看，会很大程度上减轻这类焦虑。对一些体积较小的俑人，观众能够以自身的体积优势来获得安全感。但对画像来说，我们显然不能通过这种方法来解决这个问题。

另一个重要的问题就是图像中人的动作与意向，这一影响主要表现在与

---

① 徐艺：《敦煌北朝彩塑造型语言研究》，中央美术学院博士学位论文，2013年。

② 关于墓葬中图像的观者是谁这一问题，巫鸿、郑岩、朱青生等都有讨论。大体观点为：由于对相关墓葬礼仪分析现在仍不清楚，我们可以首先预设一个模型：如果在葬礼上，逝者的亲属或地位较高的人可以进入墓道而不能进入墓室，则墓室中的图像预设的观者为逝者或与逝者相关的超自然存在，而墓道两壁的壁画则会考虑到生者的观看需求。当然，这一点并不影响墓道中的图像有可能同样为逝者服务。

③ 凌宇：《俑义考述》，《理论月刊》2011年第7期。

真人同等大小的图像中。在大同北魏沙岭7号壁画墓的夫妇并坐图中，夫妇二人都直视画外，可以与图像本身的观者产生互动与交流；而在唐太宗昭陵众多陪葬墓中，图像中的仕女与仪仗往往侧身而立。对于能够与观者产生互动的图像，观者将会主动寻找图中人物的身份，这一点曾经被诸多中国古代文学作品证明①。因此在这里，探究的问题又回到了死者身上，无法避开。而对平行于画面的方向产生动势的人物，尤其是群体性人物，观者也会倾向于顺其方向进行下一步的观看。当人物引向了死者时，这同样会产生所谓"死亡压迫"。这一问题在生活群像中并不明显，因为一般在群像中，不同分工的人物有不同的动势且阶级分化不大，因此，观者会更倾向于总体观看，而不会单独将其中的一个人作为扮演真人角色的画中人。

（三）高等级随葬品的"死亡淹没"

在极高等级墓葬中，如西汉中山靖王刘胜墓与西汉海昏侯刘贺墓，有着数量庞大且价值极高（往往带有大量高价值的贵金属）的随葬品。对这些墓葬的研究重点往往集中在随葬品的技术与工艺的成就上。这与"神性祛魅"相同，是另一种角度的死亡淡化。需要强调的是，这里涉及了观者对展品的价值判断。在我2017年做的一次博物馆观众调查中，面对"针对一件展品提出问题"的提问，众多观众会询问其价格，并倾向于通过其材质与工艺判断其价值。当焦点集中在这一问题上时，展品本身的死亡性质就被淹没，例如人形的中山靖王金缕玉衣②。

二、艺术化、情感化与延续的回忆：解构死亡

综上所述，对一些墓葬出土的、且在展览中相当常见的文物，我们很多时候难以避免涉及死亡恐惧的问题。而更核心的问题其实在于，当博物馆本

---

① 苏醒：《唐代绮罗人物画探析——兼论中唐人物画玩赏化的倾向及其对五代仕女画的影响》，《湖北美术学院学报》2018年第1期。

② 这件文物现藏于中国国家博物馆。对于它是否造成了死亡恐惧与焦虑，我没有做实地的考察，但这是中国国家博物馆"古代中国"展览中唯一一件人形的、与逝者本人形象直接相关的展品，因此姑且作此猜测。

身与墓葬与生死观念如此接近时，我们很难说服一些对此心存芥蒂的观众踏入博物馆。例如，笔者2017年参观洛阳古代艺术博物馆（即原洛阳古墓博物馆）时，便被出租车司机询问"女生为何要一个人去鬼气重的地方"这一问题。当我们很难改变考古类博物馆的藏品结构时，我们要考虑的就是：如何在不削减藏品内涵的前提下合理规避上一节中提到的问题？

我提出的第一种方式是展品的艺术化。当我们将墓葬美术中的优秀作品提取出来时，我们将会强调其艺术性而非思想性。需要承认的是，除一些墓葬的原地保存与展示，很多博物馆会将一组展品拆分成多个部分进行展示，如南阳市汉画馆与陕西历史博物馆的唐代壁画珍品馆。在这一拆分的过程中，本身就会丢失一些关键信息，不能完整地表达墓葬中的思想因素。在这种情况下，不如将展示诠释的重点放在对图像艺术性的解读上。例如陕西历史博物馆唐代壁画珍品馆中的唐墓壁画，当将仕女图拆分成不同版块时，观者更容易将其视作一幅美术作品。馆内的卤簿图在构图上与徐悲鸿的《八十七神仙卷》有一定相似，若将其做图像上的单独提取，其丰富的内容本身可以满足诠释需求。这一做法的问题在于，作为历史类博物馆，过分强调绘画技巧的高超而非其历史价值可能会产生问题。

另一种方式是情感化。收藏于西安碑林博物馆的隋李静训墓石棺是与逝者本人直接相关的文物，而情感化的诠释将重点放在长辈对李静训表达爱意与惋惜的行动上，并希望由这些行动构建长辈们期待的李静训的往生世界[1]。观者会对陌生人的死亡产生恐惧与疏离，而亲人的去世、白发人送黑发人的悲伤能够与大多数人产生情感共鸣。情感的诠释同样是对死亡的一种淡化，将重点放在由死亡产生的情感而非死亡本身上。这种方式本身保留了一定的历史事实与文化诠释，但情感本身如何能作为博物馆的表现中心仍然值得探讨。

虽然目前没有看到实行的可能性，但笔者仍然保留一种方式，即将死亡及其相关艺术形式本身作为一个正面的主题，而不是上文两种的死亡规避。死亡本身是一种社会经验，而考古类博物馆展出文物的一个目的便是制造一

---

[1] 这一观点见于芝加哥大学艺术史系林伟正（Wei-cheng Lin）在第六届国际古代墓葬美术研究国际学术会议上的报告《何嗟夭寿——李静训墓的情感表达》。

种回忆空间。虽然观者所处的时间与文物诞生的时间有极大的差距，但这种遥远的回忆本身能够作为博物馆叙事的一个重点。古人与今天的观者都存在所谓"死生之域"，生者企图将自己与逝者隔开，这是一种观念的流传与重合。由于历史的发展，过去的生者也成了逝者，今天的观者面对的是古人的生死观，可称之为"生死观中的生死观"。我们可以将其视为一种宝贵的历史资源：通过展览触发社会观念的回忆与互动，并就此打破现代人与古人之间的"死生之域"。

诠释学视野下的博物馆策展

——以"桃夭自立——芮姜夫人与性别政治"为例

冀佳颖*

摘要： 当前博物馆展览面临的问题不仅在于架构方式偏重文物学、考古学、历史学、艺术史等学科，使观众对博物馆的理解死板且局限，更重要的是采取了"观众—物件"的"主—客体"模式而不自知，混淆了研究与教育传播功能，将自身形塑成了照本宣科的实体场所。诠释学作为主张人本体能动性、清楚划分历史与自然研究之分野的成熟学科，其理论与博物馆传播要求的教育特性、展品的自我言说能力、观众的自主性不谋而合。诠释学表达、断言与言说，说明，翻译三个向度与理解、语言、经验、探问、历史意识五个方法论关键词启发博物馆：应立足于历史意识，理解并运用语言，让观众探问与经验，以助于博物馆更好地理解"人"与呈现"人"，成为一个"活"的场域，承担起各式各样更具人文精神的议题与工作。"桃夭自立——芮姜夫人与性别政治"以梁带村遗址M26出土青铜方盒为核心展品，运用诠释学进行策展，以展示诠释学方法在博物馆中的应用。

关键词： 博物馆　诠释学　梁带村　芮姜夫人方盒　展览策划

在展品内涵解读方面，有学者主张将观众与研究者置于相对平等的地位，采取观众参与的展览方式[1]。展览策划方面，早年便有学者提出博物馆

---

* 冀佳颖，陕西师范大学历史文化学院硕士研究生。

[1] 张飞燕：《如何有效传播文物所承载的文物内涵》，《科学与艺术·数字时代的科学与文化传播——2012科学与艺术研讨会论文集》，北京艺术与科学电子出版社，2012年，第239—249页。

应当有自身的语言系统①；近年也有运用不同视角阐释文物的成功案例，如大英博物馆"100件文物中的世界史"巡展②。但整体来看，大家所在意的仍旧是对观众或展览的分别分析，重视手段而没有关注到博物馆观看中根本问题——博物馆到底在构建怎样的历史，观众到底如何参与到展览中去。

一、诠释在博物馆中的可能性

教育是博物馆的核心功能，它因人而异，高度灵活，不同的教育方法会激发出不同的观感；展品及展览具有自我言说的性质，当它们被呈现在博物馆中，便成了一件可以言说自己的作品，而非仅仅是一个被观看的对象；观众的自主性则是一切的推力，观众由此可以成为经验活动的受体，使诠释过程得以完成。

（一）灵活的博物馆教育

教育是博物馆的主要职能，展览是博物馆的灵魂与核心，博物馆展览应当具有教育功能。与学校教育相比，在知识体系方面，博物馆不提供系统的知识，它提供的是以实物或实物为基础的信息集合，其产生的结论与影响因人而异；在接受方式上，观众在博物馆所得到的教育是潜移默化的，不是被动吸纳；在教育结果上，博物馆教育不能增加观众的系统知识量，而是促进观众人文素质的提升；在教育实践上，博物馆提供的是终生的服务，人或许不能永远处在被教育的状态，但其却可以一直处在被文化影响的氛围之中。博物馆教育的上述特点使博物馆展览的灵活性、选择性、尝试性大幅提高，为多样的文物诠释创造了先决条件。

（二）展品的自我言说

真正的概念是活的，有用的情景是活的，情景一旦被概念致死便无可用，思想一旦被概念定义便无生机。西方自柏拉图至黑格尔一直沿用"概

---

① 申娟：《博物馆语言的结构及其传播和交流》，《中国博物馆》1993年第2期。

② 闫志：《全球化视角诠释下的世界史——"100件文物中的世界史"的一个面向》，《博物院》2017年第2期。

念"来框定哲学内涵，事实上，只有情境是活的，也只有在情境中，语言及文本才能够很好排演。"语言自己言说"便是此意，人替语言说话便有了造假的可能性，应让语言自己言说。

博物馆展览中的展品具有了整体语境，其性质已完成了从"藏品""发掘品""艺术品"到"展品"的转换，此时，展品或展览"是一件作品，而不是客体"[①]，正在自我言说。

（三）观众的自主性

首先，观众受"前理解（preunderstanding）"引导[②]进行参观行为。鲁道夫·卡尔·布尔特曼（Rudolf Karl Bultmann）认为：理解与兴趣形成问题，进而发生历史在观众"心灵中重演的主观事件"[③]。展览不是对既有材料的翻译与言说，而是脱离陈述、通过素材以激发观看者的个人理解与表达，创造出新阐释的过程。这一理论的基础便是观众天然具有自主性。博物馆应当尊重观众的自主性，否则很多辛苦的"踩点"与"调研"便会变成知识阶层压迫：博物馆的下视与观众对博物馆的猎奇，共同造成了对"殿堂"外的人群真正需要的忽视。

其次，能力不是赤裸的炫技也不是自大的把控，而是柔和的输出。博物馆作为公共文化机构，呈现的知识必须高雅并对专业负责，但并不意味着灵活的思维力与并不标准的答案便与此立意相左，正是将"半成品"交给个性来补充，这样珍视多样性的思维才更加凸显此立意。

二、将诠释学引入博物馆

诠释学始于《圣经》注释的相关学问，后不断被文学、语言学、精神科

---

① ［美］理查德·E. 帕尔默著，潘德荣译：《诠释学》，商务印书馆，2014年，第19页。

② ［美］理查德·E. 帕尔默著，潘德荣译：《诠释学》，商务印书馆，2014年，第73页。

③ ［美］理查德·E. 帕尔默著，潘德荣译：《诠释学》，商务印书馆，2014年，第73页。

学、现象学等学科丰富，在各类学派的主张中成长为完善的诠释体系。诠释学主要包含两类：一类是以马丁·海德格尔（Martin Heidegger）、布尔特曼、汉斯-格奥尔格·伽达默尔（Hans-Georg Gadamer）为代表的本体论派，他们主张历史不是诸多事实的博物馆，而是在语言中得以表达的一种实在。在面对事物时，我们不是去追问"事实曾是什么""我们怎样才能够说明这个事实"，而是关注"这个事实在神话中表达的是什么""被传达的东西是什么"，他们强调人的能动性，强调事物在被感知与被经验的过程中才有意义；另一类是以弗里德里希·丹尼尔·恩斯特·施莱尔马赫（Friedrich Daniel Ernst Schleiermacher）、威廉·狄尔泰（Wilhelm Dilthey）、埃米利奥·贝蒂（Emilio Betti）为代表，他们更关注诠释的方法论，认为前一派把被观看的客体边缘化，抛弃了客体自身的言说力量，危及了诠释客体的客观本性，以至于诠释学失去了人文研究的方法论。学者们虽经历了长久的思辨与辩论，思维和方向存在不同程度的分歧，却达成了如此的共识：诠释是人类思维最基本的行为，生存本身就可以说是一个持续不断的诠释过程[①]。

（一）诠释学的三个向度与立论基础

诠释学的展开涉及它的三个向度：表达、断言与言说（express，assert，say），说明（explain），翻译（translate）。作为表达、断言、言说的诠释学主张语言不是一套科学的原则，强调语言原始的形式和功能，即意义丰富的表达力量，那种活生生的声音，与视觉领域中的寂静模样相对。作为说明的诠释学重在推理（discursive），它使得某种东西能够表达出来，并理性化（不同于概念化），使理解通过陈述而明晰，是一种对陈述本身的系统表述行为。作为翻译的诠释学是将意义中陌生、不熟悉和晦涩的东西转变成"说着我们语言的"富有意义的东西，并且，它保有能动精神，当意识到一种视域冲突的问题，它主张采取措施去处理而非将其掩藏起来[②]。

当我们理解了诠释学如何开展自己的工作，便可以进而去谈诠释工作的

----

① ［美］理查德·E. 帕尔默著，潘德荣译：《诠释学》，商务印书馆，2014年，第20页。

② ［美］理查德·E. 帕尔默著，潘德荣译：《诠释学》，商务印书馆，2014年，第27—49页。

出发点：历史科学与自然科学是根本不同的，不能用自然科学的框架束缚对人的研究。启蒙运动后，人们愈发拒绝不能被理性的"自然之光"验证的一切东西，理性（the verifying reason）成为上诉的最高法庭①。数字作为最纯净、最明晰和最抽象的概念，特别为人所称道。每一事物都成了可度量、可重复或可显现的图示②。在这些思想行为的挤压之下，原初观念化（形象化）的思维形式和知识经验，动辄被认为是不真实的或不重要的。可问题无比明显：这种框架无法察觉人生存中无处不在的语言和历史的力量。语言被视为用于交流"意义"的某种东西，人被认为是一种制造符号的动物，语言是人控制的符号系统。同时，所有"客观"仍来自主体，这个主体便是神圣的不可撼动的"科学"，且其之外绝无任何参照点。理查德·E. 帕尔默（Richard E. Palmer）对人类现代的技术狂热发出了这样哀婉又不屑的叹讽：对权力意志（will-to-power）的追求成了人类活动的主要动因——现代狂热追求技术知识正因为此，人除了更为全面地控制他的世界中的"客体"之外，别无选择③。他认为这是人的安全感被摧毁后的表现。确实，当我们把清楚、明晰的科学的概念世界，比照于我们身处其间的充满冲突的、模糊的和不幸的世界时，那些朦胧的、无法回答的问题才让我们窥见了存在着的历史性④。诠释学集大成者伽达默尔无奈反讽：我们处于这种惊奇的困惑中，某些东西竟能被科学地认为是可以一劳永逸地并为所有人而确立的东西⑤。所以，不能因无法用实践科学的方法来无限检验人的理解与行为而指责它们处在"生命之外"，是"非科学"。

---

① ［美］理查德·E. 帕尔默著，潘德荣译：《诠释学》，商务印书馆，2014年，第313页。

② ［美］理查德·E. 帕尔默著，潘德荣译：《诠释学》，商务印书馆，2014年，第291页。

③ ［美］理查德·E. 帕尔默著，潘德荣译：《诠释学》，商务印书馆，2014年，第291页。

④ ［美］理查德·E. 帕尔默著，潘德荣译：《诠释学》，商务印书馆，2014年，第325页。

⑤ ［美］乔治娅·沃恩克著，洪汉鼎译：《伽达默尔——诠释学、传统和理性》，商务印书馆，2009年，第46页。

（二）诠释学的五个关键词

很自然地，诠释学选择了人文的研究方法，它给出了关于诠释行为的五个关键词：理解、语言、经验、探问、历史意识[①]。它们凝练又全面地体现了诠释学的主张和精神，给予了人文研究诸多关怀与参考。

"理解"是诠释学的核心概念，若诠释学的三个向度阐明了诠释的工作与内涵，"理解"则言简意赅地展示了诠释的行为模式——毋宁将诠释学称作理解学。诠释学认为理解是语言的、历史的和本体论的；理解是人生存于世界的基本模式。通过理解，我们能辨别我们被置于某处的方式，能够通过语言来把握意义，像世界这样东西才能够成为我们存在其中之视域[②]。

"语言"则是"弥漫"于世界的，语言的存在如此自然，人不能生产语言，人只是顺从、运用它；我们在理解语言时，持存的不是某种主观的东西，而是某种人在外界与之相遇、且作为理解世界，显示自身的东西。人每选择语言的一部分来说明一个情境时，这种选择都会折损语言其他更多力量，让原本的语言变得狭隘，削弱它原初的言说力量[③]。

"经验"在诠释学中主要指一种行动过程，人因经验而富有生气，人的经验形成了历史。经验与知识区别重大：经验是预判，知识则是空泛。经验被认为是一种创造性地超越和推翻体系的手段。去"经验"不是去更好地理解，而是去做出不同的理解，通过经验明白我们曾进行的理解是错误的[④]。

"探问"时要谦逊，要将我们的预设当作可改变的东西，允许我们观看的事物向我们提出反问。与探问相对的是检验，探问是围绕主题不断思索、广开言路，以便改变自己的理解，检验则是事先划定、分析求证。

---

① ［美］理查德·E. 帕尔默著，潘德荣译：《诠释学》，商务印书馆，2014年，第311页。

② ［美］理查德·E. 帕尔默著，潘德荣译：《诠释学》，商务印书馆，2014年，第294页。

③ ［美］理查德·E. 帕尔默著，潘德荣译：《诠释学》，商务印书馆，2014年，第295—297页。

④ ［美］理查德·E. 帕尔默著，潘德荣译：《诠释学》，商务印书馆，2014年，第299—301页。

诠释学的"历史意识"是指一切诠释行为需与当下建立联系,诠释的任务就是沟通历史与当下。"历史"在诠释学中不是指几万年至今的时间标尺,而是个体的回忆即"他历史地形成的理解"、他对当下的关切、他对未来的预期组成的集合体,诠释学主张历史是个人的历史,每个人的历史各不相同。意义没有受体则无意义,语言没有受体则无法言说,历史没有受体便无可立足,历史的受体便是现在。故诠释学要求诠释者清楚地描述作品在今天的意义,要求诠释者跨越他的视域和文本视域之间的历史间距[①]。

(三)诠释学中的艺术观看

诠释学认为一件艺术作品之所以能够作为艺术而存在,在于它以一种物质形式表现了一个世界,世界是显现在艺术作品中的整体。艺术揭示着存在,显示着"事物的存在方式"——真理。艺术的实质不是感官认识,而是理解,人在艺术中得以更加完整地呈现自己,艺术理解是人"返回家园"的行为[②]。

非诠释学的做法是对艺术进行剖析,分割它的审美与意义,假定作品的形式和"客观意义"能够成为分析对象,从而使作品不依赖于我们对它的经验而存在;我们没有体验作品的能动性的假象,或是不据此剖析结果便被认为是"谬误",通达作品的路径成了理性的、而非经验的,脱离了活生生的语境关联,消灭了历史特性。诠释学称这种行为为技术性的考察,认为它仅仅在寻找关于对象的知识,以便驾驭和控制对象——观看者是主体,艺术是客体[③]。帕尔默认为"主客体模式"是现代的艺术主体化发展过程中一个非常错误的虚构,是一种"为了艺术而艺术"的行为。他疾呼:是放弃这种分离论的时候了[④]!

---

① 〔美〕理查德·E.帕尔默著,潘德荣译:《诠释学》,商务印书馆,2014年,第315页。

② 〔美〕理查德·E.帕尔默著,潘德荣译:《诠释学》,商务印书馆,2014年,第308—309页。

③ 〔美〕理查德·E.帕尔默著,潘德荣译:《诠释学》,商务印书馆,2014年,第289—292页。

④ 〔美〕理查德·E.帕尔默著,潘德荣译:《诠释学》,商务印书馆,2014年,第310页。

诠释学主张观看艺术的方式应为"身处其中"。艺术是"作品"而非"客体"，是向我诉说的"你"而非一个任我支配的"它"，艺术是产生于关系中的东西，有助于人们牢记意义，而非一种客观的、永恒的观念①。所以，应当拒绝将人类主体性作为艺术的参照点，停止追问艺术如何影响着我们，而以艺术作品的存在方式作为起点，去感受、去体验。

三、博物馆诠释学方法的应用："桃夭自立——芮姜夫人与性别政治"

诠释学对自然科学与历史科学分野的清楚划分可以给博物馆很大启示：若采取自然科学结论指向型的理论框架便仍难脱出"主—客体"思维模式，漠视观众的个人理解，欲给予观众"标准答案"；仍认为历史是一把条带状标尺，甚少练习当下人们的关切。将诠释学的建构框架引入博物馆会助博物馆更好地理解"人"、呈现"人"，更好地成为一个活的场域，承担起各式各样关切人的议题与工作。

诠释学认为没有一种诠释是"一劳永逸"和"正确"的，博物馆应当立足于历史意识，理解并运用语言，让观众探问与经验，即：博物馆应该正确理解"历史"，研究范畴内的"历史"限于选择性地取用，体察观众眼中的过去、当下的关切以及未来的期待，基于这样"人的历史"去考虑博物馆议题；重视观众的理解能力，与观众交流而不灌输；运用语言去表达、断言与言说，去说明和翻译前文确立的内容；询问观众并接受观众询问，采取苏格拉底式的学习，凡提供的皆负责任，良多意见皆兼容并包；让观众在博物馆中经验作品以理解作品、获得行动感与参与感，而非按部就班地执行完设置好的流程。

此处以芮姜夫人生平策展为例，探讨博物馆如何立足于历史、关切现在，如何应用诠释学让展品言说，以及促进观众的经验和理解。

①　[美]理查德·E.帕尔默著，潘德荣译：《诠释学》，商务印书馆，2014年，第293页。

（一）展览立意：刚柔并济的女政治家

梁带村芮国墓地为姬姓芮国遗存，于西周中晚期开始形成，历西周晚期、春秋早期两个较大的时间范围①。芮国墓地M26为一代芮公（M27墓主）之夫人芮姜之墓，年代为春秋早期。芮姜在丈夫芮公亡故后，因厌恶已为人君的儿子宠幸的人太多以至在其位不谋其事，将其驱逐出境，即《左传·桓公三年》所载"芮伯万之母芮姜恶芮伯之多宠人也，故逐之，出居于魏"。秦借"芮国无君"的机遇攻打芮国，却因轻敌而告败，后在芮国之外捕获芮伯万，并掳至秦为质子六年之久。后秦人出于休养生息、求和于芮等原因将芮伯万送归芮国。这一系列事件的肇始与环节推动均与芮姜关系密切。

芮姜夫人生于乱世，面对国内外纷杂的政治环境，不急于时，目光长远，于内政有把控力，于外事刚正有略；面对诸多质疑与挑战，不困于心，不限于行，不因外界的否定怀疑自己。可以说，她作为母亲，教子严厉、罚子果断；作为政治家有勇有谋，担当亦果敢；作为领导者不畏艰难，勇为表率，展现了女性刚柔并济的多面形象。联系当下，展示芮姜夫人生平以鼓励观众尤其是女性观众：不论处境如何，均保持向上的昂扬姿态；不论胜算几何，不因外力妄自菲薄，不为身外言语左右；尽心竭力地做好本职工作，为自己与团队的目标尽责，成为独立、自信、有能力、有担当的人。旨在用距今两千年的材料驳斥两千多年的强加在男性与女性身上不合理的枷锁，引发观众思考。

（二）展品选取：女性物证与政治象征

芮姜墓M26为单墓道长方形竖穴土圹墓，随葬器物十分丰富，遍及椁室和椁内，棺椁本身亦装饰华丽。其随葬器物按质料可分为铜器、玉器、料器等，铜器包括礼器、弄器、车马器，玉器包括礼器和配饰，另有残碎玉器与制玉残料，料器分为煤精制品和玻璃珠（管）。以上可作为展品者众，符合女性物证与政治象征两个面向者皆可服务展览主题。此处择青铜弄器与五鼎四簋为例。

---

① 张天恩：《芮国史事与考古发现的局部整合》，《文物》2010年第6期。

　　六件青铜微型器青铜方盒（M26∶135）、双层方鼎（M26∶136）、贯耳罐（M26∶137）、圈足匜（M26∶138）、单把罐（M26∶139）、小錾（M26∶261）（图1），共同出土于M26东侧棺椁之间靠近墓主头部的位置，与置于椁室西南角的青铜礼器分开放置。此类弄器不属于礼器，应为墓主人的珍爱物品。其中要者青铜方盒的功能或为首饰盒，或为颜料罐，或为盛放珍宝的器具，或为仅供赏玩的爱物或玩具，可称"两周之际的女性专属品"，可当作"女性代码"看待[①]。

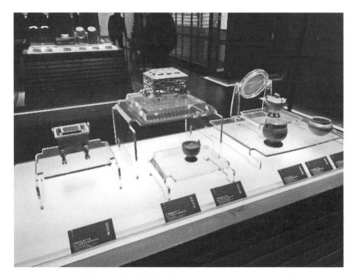

图1　青铜方盒与其他五件微型器（自摄，2019年）

　　芮姜墓椁室西南角随葬铜礼器，包括鼎、簋、方壶、瓺、甗、盉、盨、盖盆等。芮公墓M27随葬七鼎六簋，芮姜墓M26随葬五鼎四簋（图2），是夫人比国君"礼降一级"的表现，此两座墓也是国君与夫人异穴合葬墓[②]。青铜礼器的随葬显示着墓主人的身份地位与等级权力。

　　青铜方盒作为首饰盒，具有鲜明的女性特征，青铜礼器则带着鲜明政治

　　①　王洋：《梁带村芮桓公夫妇墓随葬青铜器的性别观察》，《考古与文物》2013年第2期；张童心：《梁带村里发现的微型青铜器》，《大众考古》2014年第9期。

　　②　陕西省考古研究所、渭南市文物保护考古研究所、韩城市文物旅游局：《陕西韩城梁带村遗址M26发掘简报》，《文物》2008年第1期。

图2　M26出土五鼎四簋（自摄，2019年）

印记。芮姜夫人的杰出品质在展览中可以被充分发挥，以说明展览主题——她是宜室宜家的桃之夭夭，也是自信自立的女子仲姜。

　　为帮助观众理解展览立意，采用对立的宏大视觉形塑核心展品：青铜弄器与五鼎四簋可分别于展场两侧左右排开，高度自入口至出口依次升高，背景分别采取红色珠幔拟宫廷华贵、青铜剑戟拟家国护卫。"桃夭自立——芮姜夫人与性别政治"展立足于现今观众的历史意识，关切时代需求，用芮姜夫人的事迹鼓励当代各行各业的观众热爱生活、戮力本业、自强自立，不断自我成长，完善自我认知。

四、结　语

　　诠释学主张历史科学与自然科学的研究是大相径庭的，不能因为历史现象无法如自然研究那样无限次地被同一理论印证而否定自身，或误入歧途。它主张人的本体能动性，鼓励人的自在感知，认为人的经验为上，"我们永远是从两种视角理解历史事件，一种是比我们前驱能具有的更广阔的观点，一种是比我们后代将获得的更狭窄的观点"①。观看艺术时不可分割艺术的形式与内容，而是全情投入，倾听世界通过艺术传递给我们的语言。

博物馆理应是关切人之所想所感的场所，应是为人的发展提供多样理解和多样经验的缪斯（Muses），而不是生硬倒卖研究成果的商贩。诠释学能够给予博物馆与以往完全不同的理解视域，促进它建立真正"以人为本"的知识体系。诠释学助人理解，助人"诗意地"栖居于大地之上，也助博物馆真正成为关切人性的殿堂。

---

① ［美］乔治娅·沃恩克著，洪汉鼎译：《伽达默尔——诠释学、传统和理性》，商务印书馆，2009年，第25页。

地方历史的叙事性展陈设计

——以南通博物苑"江海古韵——南通古代文明陈列"为例

徐　宏*

摘要： 地方历史的叙事性展陈设计不再以时间线为主线，而是寻找到地方历史的关键骨架，围绕核心主题对各种文物进行重新排列组合，结合多媒体、互动游戏、模型和布景、志愿者讲解，让文物诉说城市历史。南通博物苑"江海古韵——南通古代文明陈列"以"盐棉兴邑"为核心主题，中央展厅陈列煮盐的"盘铁"、盐结晶模型，辅以煮盐工艺动画游戏，又通过史前陶纺轮、手摇纺纱车、日本进口纺纱机等文物，叙事性展现南通古代以盐业、棉纺业为主的经济活动带来的城市发展。

关键词： 叙事性展陈　地方历史　核心主题　互动式体验

博物馆是当地社区、文化景观和自然环境中无法分离的重要组成部分。回顾2018、2019国际博物馆日的主题——"超级连接的博物馆：新方法、新公众（Hyperconnected museums: New approaches, new publics）"和"作为文化中枢的博物馆：传统的未来（Museums as cultural hubs: The future of tradition）"，都在积极呼吁寻找创新的方式来吸引日益多样化的当代观众，与所服务的社区保持更为紧密的联系，真正发挥作为文化中枢的作用。因此，在当今世界博物馆发展越来越多元化的时代，博物馆在展览陈列方面有了更多贴近观众、强化互动式体验的创意设计。

传统的博物馆更多表现为"收藏导向"，即更重视文物本身；近现代以来的博物馆在收藏、保护、交流、研究和展览等传统功能外，也在逐步增加

---

* 徐宏，南通大学艺术学院讲师，主要研究方向为艺术学。

新的功能，特别是社会教育功能越来越受到重视，可以说是"教育导向"；而后现代博物馆则是"体验导向"，注重强化观众的互动式体验。这种转变的趋势也在深刻地影响博物馆展陈设计的理念和具体做法。

地方历史的通史展览，一般采用以时间线为脉络的展览形式，不得对文物的先后顺序进行有意识的颠倒或穿插。但是单以时间线为脉络的通史展览，往往客观中立有余，与观众的互动不足，难以吸引观众体验与融入。而地方历史的叙事性展陈设计，则是寻找到地方历史的关键骨架，结合时间线，对各种文物进行重新排列组合，目的在于让展馆中的各种文物通过各个主题相互关联，共同诉说它们在这一城市的历史发展中曾经发挥的作用和价值。

一、博物馆叙事性展陈设计的具体做法与核心追求

从地方性博物馆展览陈列的优秀案例来看，不少博物馆已经意识到叙事性展陈设计的优点，并做了大量前期研究工作来更好地让文物说话。

例如，笔者曾到英国莱斯特新沃克博物馆和美术馆（New Walk Museum and Art Gallery）参观。这座莱斯特最悠久的博物馆于1849年6月正式向公众开放，且对所有来访者免费，距今已有170年历史了。博物馆规模并不大，周围高树浓荫、环境优美。一楼的博物馆基本为常设展览，以自然科学类为主，馆藏包括西伯利亚古生物骨架，古埃及文物，各种化石、标本等，亦设有关于地震的介绍与互动教学装置。二楼的展览以艺术类为主，可以欣赏到不少工艺美术品及大量画作，来自莱斯特城内各大中小学的学生经常来这里参观、临摹。很明显，这座博物馆兼具"收藏导向"和"教育导向"，同时也在向"体验导向"转变。

笔者特别欣赏的是这座博物馆二楼一个关于英国工艺美术运动的展览陈列。这一展陈的空间有限，但是主题非常明确，即英国工艺美术运动以及这一运动在莱斯特的发展情况，展陈设计的叙事性特征突出，因此在有限空间里这些精心选择的为数不多的文物能够引起观众强烈的探究之心，起到了以小见大、抛砖引玉的作用。

在英国工业革命带来巨大影响的背景下，来自社会、政治、宗教和艺

术等各界的改革者们开始反思工业文明带来的环境恶化、贫富差距加剧等问题,其中著名社会活动家威廉·莫里斯(William Morris,1834—1896)的"美术家与工匠结合才能设计制造出有美学质量的为群众享用的工艺品"的主张引发了英国工艺美术运动。莫里斯的理论和实践在英国产生了很大影响,在1880—1910年形成了一个设计革命的高潮,很多年轻艺术家、设计师反对机器美学,从手工艺品的"忠实于材料""合适于目的性"等价值中汲取灵感(图1—图3)[①]。

图1 英国工艺美术运动展陈的导言和莱斯特出品的铜铁纪念匾牌

图2 威廉·莫里斯设计的田园纹样

图3 威廉·莫里斯的追随者们的照片和他们的代表作

---

① 方怿、瞿孜文主编:《世界现代艺术设计简史》,中南大学出版社,2008年,第14—15页。

正如这一展陈在导言部分告诉我们的，工业革命带来的社会剧变同样也在莱斯特发生着，而提倡回归自然、质朴风格，反对矫揉造作、粗制滥造的工业制品的英国工艺美术运动也有莱斯特本土手工艺匠人和工艺美术设计师们的积极参与，如我们在这里能看到的恩斯特·吉姆森（Ernest Gimson，1864—1919）、约翰·库普（John Paul Cooper，1869—1933）、亨利·匹奇（Harry Peach，1874—1936）等。

这一展陈不再以时间线为主线，而是围绕核心主题展开叙事，手工艺匠人和工艺美术设计师们以及他们的工作作坊的图像、他们各自的制作领域和风格特征、彼此之间的传承关系和相互影响等，都与精心挑选出来的工艺美术品相互印证。观众在看到这些个性十足、富有美感的文物以及关于它们的制造者、出产它们的作坊的相关信息，特别是从取材到制作这些工艺品的流程（图4、图5），不由自主会产生深刻的联想，与英国工艺美术运动的先驱们共同思考什么是美好生活的永恒主题。

图4 手工铜饰及其工艺流程　　　　图5 手工家具陈列以及手工椅制作的
　　　　　　　　　　　　　　　　　　　　工艺流程

正如上面的图片显示的，这一展陈通过背景介绍、文物展示陈列、图片文字信息、工艺美术品制作视频等多种方式来共同诉说这一段地方历史：人物、文物、城市历史融为一体，展陈空间本身精致、简约，很好地将"好材料、好手艺、好设计：造就美好、实用、舒适的家，家改变了我们的生活方式（Good materials, good workmanship and good design produced beautiful, practical and comfortable homes that changed the way we live today）"的观点传达给了观众。

因此，地方历史的叙事性展陈设计的核心追求，应当是通过创意的展陈方式吸引公众，强化互动式体验，从而更好地实现教育教化、传承文化的功能，其具体做法是不再以时间线为主线，而是寻找到地方历史的关键骨架，围绕核心主题对各种文物进行重新排列组合，结合多媒体、互动游戏、模型和布景、志愿者讲解，让文物诉说城市历史。

更进一步而言，博物馆与公众的关系如何从传统的展陈与观看、教与学转变为积极互动、相互促成，如何从"以文物为本"转变为"以人为本"；博物馆展览陈列如何增加趣味性、艺术性，引起人们更多探索、了解的欲望，从而吸引更多公众前来体验，而馆方又将如何对观众体验过程的反馈加以研究，促进更好的观众体验，这些都应当成为博物馆展陈设计认真考虑和研究的内容。

二、南通博物苑"江海古韵——南通古代文明陈列"的叙事性展陈设计

地方性博物馆在展陈地方历史的时候，常常遇到这样的困境：展陈的空间有限而藏品众多，如何在有限的空间里，选择适当的文物来展陈，才能更好地讲述地方历史呢？

一些失败的展陈设计案例，在遇到展陈空间小、藏品众多的问题时，往往尽可能多地陈列展示文物，将所有文物按照时间线排序全盘推出、堆砌罗列，反而造成重点缺失、美感缺失、吸引力缺失。

地方历史的叙事性展陈设计或许能够尝试解答这一难题。优秀的叙事性展陈设计，首先会在前期研究中精心选择最具叙事价值的文物，找到文物与人物、文物与事件、文物与文物之间的内在联系，搭建地方历史的关键骨架，围绕核心主题进行展陈设计。我们应当清楚地意识到观众是能动的，当他们被展陈中的文物、核心主题所打动时，他们会自发去寻找更多文物、更多线索，主动去了解这一地方的历史文化，那么博物馆展陈就顺利达到了以小见大、抛砖引玉的作用。南通博物苑新馆的"江海古韵——南通古代文明陈列"就是以"盐棉兴邑"为主题展开叙事性展陈设计的一个优秀案例。

南通博物苑始建于1905年，是中国人自己创办的第一个博物馆^①，最初是张謇创办的通州师范学校植物园的部分，从1905年冬正式命名为"博物苑"，1914年基本建成为融天产、历史、美术、教育于一体的园林式综合性博物馆。近代实业家、教育家张謇提倡"设苑为教育"，因此尤其注重博物馆"开民智、明公理"，传承文明、传播科学、提高国民素质，乃至"救国存亡"的社会教育功能。南通博物苑一方面为通州师范学校的教学服务，"设为庠序学校以教，多识鸟兽草木之名"，因此藏品科学分类陈列，中英文标识；另一方面也为地方民众的生活生产服务，例如博物苑于1906年建"测候所"，专门"为观测地方气候之状况，验南通农业与气象之关系"，开近代气象学之先，从1909年开始更是将每日所测天气刊登在《通海新报》，用以指导人们的生活和农业生产，同时，博物苑试图分析当地民俗中蕴含的科学道理，对南通正月十五"放烧火"的风俗，给出了科学的解释，"放烧火、煨百虫""放烧火、剿虫窝"，有利于消灭越冬害虫^②。

正因为南通博物苑从建设之初就非常重视教育以及与公众的互动，此后的发展也因为公众的热心而征集到大量的民间藏品，更重要的是一些考古发掘，也是由南通博物苑与公众的互动而促成的，比如海安青墩遗址的发掘：1973年，南通海安县南莫镇青墩村出土了少量史前文物，博物苑加以整理收藏并展陈。1975年，一位名叫祝春荣的海安青年参观博物苑，看到展览室的新石器时代石斧，就跟南通博物苑原苑长邱丰说起在他的家乡多的是，这才促成了1976年考察、1978—1979年两次大规模的考古发掘^③。

因此，2002年建筑家吴良镛院士为庆祝2005年南通博物苑百年庆典而设计博物苑新馆的时候，特别注意尊重历史，巧为结合新老建筑，"由于旧馆无论北馆、中馆、南馆建筑体量均不大，因此新馆应尽可能避免成为庞然大物，咄咄逼人"，这就使得博物苑新馆整体采用亭式建筑为组合基本单位，每个展馆的体

---

① 吕济民：《张謇创办中国第一个博物馆》，《文史知识》2003年第8期。

② 陆春雪：《张謇"设苑为教育"思想的研究》，西南大学硕士学位论文，2017年，第25—26页。

③ 邱耘：《父亲邱丰与青墩文化遗址》，南通书画，http://www.ntshys.com/show.aspx?cid=10&id=4550&vid=0，2015年2月26日。

量都不大、空间适度，造型以简朴严谨为原则[①]。 南通博物苑新馆的东馆一楼"江海古韵——南通古代文明陈列"正是在805平方米的有限空间内运用叙事性展陈设计讲述地方历史（图6）。

图6　"江海古韵——南通古代文明陈列"
展厅入口处的示意图和前言

"江海古韵——南通古代文明陈列"共分五个部分：第一部分"江海沧桑"，讲述了南通新石器时代的文明和南通地质环境的变化；第二部分"盐棉兴邑"，展示了促进本地发展的盐、棉经济历史；第三部分"城镇肇基"，讲述了南通古城的演变和长江对本地的滋养与防护；第四部分"文华逸韵"，分庙堂钟鼎、文坛艺苑、市井民风三个单元，再现了江海文化的多元性与独特性；尾声"开启新天"，展现了以张謇为代表的先贤建设的"模范县"，为今天的南通迈向新的纪元奠定了坚定的基石。

这一展陈设计从整体看是以时间线展开叙述的，但是时间线并非主线，而是以叙事性为主。展览的第二部分"盐棉兴邑"显然是核心主题。一座濒江临海、由滚滚长江水携带的泥沙沉积而成沙洲、几度淹没于海中又逐渐成陆的地方，先民们如何生存繁衍、城市如何发展兴盛？靠的就是两件白色的产物——盐与棉，这恰恰是江海交汇的南通特有的地理优势造就的特产，也是人们日常生活的必需品。因此，一进入展厅，我们第一眼看到的就是六块巨大的煮盐"盘铁"和盐结晶模型（图7），展厅一侧辅以煮盐工艺动画游戏，可以从中直观地体验将盘铁组合成大的煮盐锅，再将浓缩后的卤水烧煮成盐的过程。而从一个小小的史前陶纺轮

图7　展厅中央的煮盐"盘铁"
和盐结晶模型

---

① 吴良镛、何玉如：《南通博物苑百年庆典工程与南通城市博物馆设计》，《建筑创作》2006年第1期。

到手摇纺纱车，再到织布机和明代棉布衣裳，南通地方纺织业的发展被清晰地记录了下来。

古代南通的棉纺业兴旺，这也是近代南通转型发展的基础，催生了近代工业文明的到来（图8—图11）。因此，当我们看到展厅摆放的近代南通水陆运纱的繁忙景象模型（图12）以及进口自英国、日本的纺纱机（图13），再进一步联系到南通发达至今的现代纺织业，确实会油然生发饮水思源之感慨。

南通博物苑新馆"江海古韵——南通古代文明陈列"围绕核心主题对文物进行重新排列组合的做法，正是体现了地方历史叙事性展陈设计的优点——"让文物说话"，寻找人们感兴趣的视角，抛砖引玉，引起人们探索、了解的欲望。除此之外，南通博物苑还通过一年一度的志愿者招募培训活动，小小讲解员、小小科普员招募培训活动，培养了一批又一批高素质的志愿者，提高了博物苑讲解服务的水平和受众参与度。博物苑专门的讲解员、志愿者讲解员和小小讲解员共同为公众讲述南通地方历史，使展览更加

图8　新石器时代陶纺轮

图9　手摇纺纱车、棉花、棉纱

图10　纺纱车和织布机

图11　明代棉布衣裳、运纱独轮车

图12　近代大通纱庄运纱的繁忙景象模型

图13　日本丰田纺纱机、现代南通城市
发展视频

平易近人，与此同时，也在实现着博物馆的社会教育价值，切实改变着博物馆与人的关系。

文明之窗

——浅谈中国策展人如何为中国观众阐释世界古代文明

翟文敏[*]

摘要： 以近几年国内博物馆相继举办的"埃及展"为代表，有关世界古代文明的引进展越来越受到中国观众的关注。中国观众文化水平的提高和中小学教育模式的调整，使人们对更高质量的展览有所需求。然而，借展展品和展览时间都极为有限的境外引进展在内容设计方面面临的问题层出不穷。本文将对其中的部分问题进行简要分析，在设计思路方面提出建议，以供同行讨论和参考。

关键词： 策展人 中国博物馆观众 世界古代文明 引进展

2019年3月31日一早，山东博物馆的门前人头攒动，人们排起长队等待入场参观，而大部分观众所期待的，就是当日开幕的一个引进展——"不朽之旅——古埃及人的生命观"。在近两年的中国文博界，人们常听到"埃及展"的名字，除了山东博物馆，国内的其他知名博物馆都先后举办了"埃及展"，这也成了国内博物馆爱好者热议的话题。"埃及展"的"爆红"，不仅意味着国内博物馆举办境外引进展能力的显著提高，更意味着中国观众对世界古代文明类展览需求的增加。

从境外引进到国内博物馆展出的展览（以下简称"引进展"）属于博物馆临时展览（以下简称"临展"），展期通常从开幕到撤展历时三个月左右。大致观览国内博物馆举办过的世界古代文明类引进展，不难发现其多数主题为历史悠久的，甚至已然消失的文明，如古埃及文明、伊特鲁里亚文

---

* 翟文敏，陕西怡宇文化传媒有限公司。

明、玛雅文明等。这些不论从时间、地理位置和文化形态方面都与当代中国人的生活距离十分遥远的古代文明，如今能够通过博物馆展览这一渠道进入我们的视野，但如果策展工作者仍以传统的"文物精品展""珍宝展"的形式展示古代文明，人们的观展便无异于走马观花、管中窥豹，既无法全面了解展示内容，又未必获得积极的情感体验，从某种意义上可被视为对资源的浪费。

中国博物馆观众对展览质量的要求还体现在日益提高的文化水平和教育需求方面。2017年9月，教育部发布了《中小学综合实践活动课程指导纲要》，提出将综合实践活动定为中小学教育中的必修课，并在附件中推荐了152个活动主题，特别提到了包括博物馆在内的文化机构与学校的合作①。博物馆被纳入教育体系，更加强化了博物馆的教育职能，而引进世界古代文明类展览，不仅可以对校内教学进行补充，还可以拓宽学生视野，这也使国内越来越多的家长倾向于带子女参观博物馆来度过闲暇时光。

观众的观展体验，直接取决于策展工作者对这一古代文明的解读。短短几个月的展览时间对策展工作者而言是一个挑战——如何利用有限的资源，将一个临展高质量地呈献给观众？而更大的难题是，面对不论从时间还是空间角度都与当代社会存在巨大差异的世界古代文明，策展工作者应如何使观众无困难地理解展览的内容？

为给中国观众带来更优质的展览，本文将从博物馆的教育功能和社会服务功能出发，以世界古代文明类引进展为研究对象，对中国策展工作者（主要指内容设计人员）在策展时面临的问题进行简要分析，并基于个人见解提出相应的解决方案。

一、不同的文明——从物质、精神到社会

人类从远古蒙昧时期至今，经历了生产方式的几次革新、信仰的不断树立，逐渐演化成当代世界的面貌，而当我们通过历史遗存回首人类文明久远的过去时，却很难想象建立在千百年前时空下的古代生活是什么样子。

---

① 中华人民共和国教育部：《教育部关于印发〈中小学综合实践活动课程指导纲要〉的通知》，教材〔2017〕4号，2017年9月25日。

诚然，当代世界与古代世界之间存在着毋庸置疑的时空差异，而人们认识世界的方式却总是有规律可循的。若从一名中国策展工作者的角度着手解决这一难题，首先需要对国内观众所受教育有所了解：我国的教育系统一致认可历史唯物主义的观点，即认识世界的过程开始于认识物质世界。因此，笔者建议国内策展工作者借鉴历史唯物主义的观点，对古代文明进行再阐释。

将一个文明带到另一片土地，就像是对一个不同的世界进行有限的重构。首先要构建的是物质基础，根据考古发现的历史遗存，并结合当地的自然地理情况，大致分析该文明所处地点的物资条件。与考古工作不同，策展工作者将一个文明呈现给观众的步骤并不一定要由分析历史遗存开始，相反，我们需要借鉴和采用相关考古学成果，必要时将"结果"作为大前提。

以古代两河文明为例，该文明早在8000年前就已存在，所在地基本与今天的伊拉克及周边地区对应，受气候和地理条件影响，当地并不以物产资源丰富著称——干旱的土地、无规律的洪涝是这片土地的常态。两河汇流南下注入波斯湾，在入海口附近形成一片冲积平原，两河文明的第一批居民就定居在那里，根据考古发掘和研究发现，当地缺少石料和木材，只得以泥沙和芦苇晒成方砖以建筑房屋；两河地区的农作物以大麦为主，家畜包括绵羊、牛、驴等。在物产资源方面，两河文明无法提供丰富的品类，匮乏的物资条件使当地的苏美尔人不得不从其他地区运输资源，这促成了轮子的发明，推动了人类运输工具的进步；有限的农作物产量使当地的贸易迅速成熟，适用于远距离贸易的滚印和文字系统由此产生；同样因为匮乏的物资，两河流域城邦间战争不断[①]。

在向观众介绍这一文明时，我们无须如考古研究者般一一深究其历史遗存的类型和源流，而是借助考古学者的研究成果，采用更为大众所接受的论点作为构筑两河文明的基础，在观众面前直接而清晰地呈现这一文明"物资匮乏"的特点，以便使该文明在观众心中形成一个最初的印象，并引出接下来的进一步解读。

在初步了解两河文明的物质基础后，我们将上升到精神生活层面，对该

---

① Stephen Bertman. Handbook to life in ancient mesopotamia. New York: Facts on File, 2003.

文明中的人类群体进行诠释。一方面，"文明"是以人类为主体的概念，而对远古先民而言，生活中的一切事物和现象无不与宗教或信仰有关。结合保存至今的文献资料，学者破译出两河文明的创世神话和宗教祷文，我们发现两河文明是个多神的文明，每个城邦都有自己的守护神，由凡人协助管理他/她的城市，人与神的关系更像是互惠互利、各取所需的契约关系，在特定时期，世俗君主甚至可以与神明获得同等地位。由于两河先民拥有这样的信仰，我们才能为观众更好地解释为什么他们会为不同的神打造石像，为什么要不惜使用最好的材料建造神庙，以及为什么末代君王那波尼德会认为把周边城邦各类神明的塑像聚集起来就可以使巴比伦更强大。另一方面，世界观决定方法论，虽然两河文明拥有不同版本的《吉尔伽美什史诗》，但是它们体现了当地人相同的世界观——"诸神创造人类的时候，也为人们预留了死亡"。他们不相信永生或天堂，也不寄希望于来世得到神的褒奖，而是充分利用现在所拥有的生命和现世的生活。这样的想法恰是建立在当地的物质基础上的，因为雨水和河流的汛期难以预测，河水可能突然泛滥摧毁一切，而死后的世界只有黑暗和孤独。所以比起对来世的期待，他们更乐于珍视眼前的生活。

物质生活和精神生活直接决定了远古先民的社会生活，从统治阶层的执政手段，到平民百姓使用的俗语、谚语，这些与当代人的认知最贴近的元素，无不由是产生。因为物资的紧缺，两河文明的统治者们致力于拓宽贸易渠道和四处征伐，逐渐产生了"一统天下"的念头；因为不寄希望于死后世界，人们坚持现世之罪不论大小必定得到惩罚，于是出现了《乌尔纳木法典》和赫赫有名的《汉谟拉比法典》。文学作品、道德观念、娱乐活动等世俗生活中的方方面面，皆由物质基础和精神信仰的铺垫，在人们面前层层展开，结合相应的形式设计，这对观众来说既是一次对古代文明的相对全面的科普，也将是一个栩栩如生的沉浸式观展体验。

二、留存的与消亡的——解读已逝的文明

纵观人类历史，曾经灿烂辉煌的古代文明大多已不复存在，而中华文明却延续至今，依旧为她的子民提供文明的土壤。中国的观众作为这一延续

的文明的继承者，在观览已然消逝的文明时，难免会由于时空隔阂而产生理解障碍，如同站在断崖的一侧观望对面迷雾重重的世界。而基于考古发掘所得到的成果，在缺乏可靠的文献资料的情况下，大多只能通过对出土文物或遗址的材料和外形来推断其功能，一旦学者的观点发生分歧，策展工作者便不得不使用一个甚至更多功能模棱两可的展品，加上该文明已不复存在，或许亦不存在其继承者，如何站在中华文明的立场，去理解已然消亡的神秘文明，成了一个难题。

在2018年国内各馆举办的玛雅文明展中，我们会发现玛雅人所崇拜的主要神明里，除了原始先民普遍崇拜的天神、太阳神、月神及其他代表自然力量的神之外，还包括了一位象征特定农作物的神——玉米神。玉米神的地位之高，甚至直接影响了玛雅人的审美，他们会将新生儿尚未成形的头颅故意塑造成细长的椭圆形，使之看起来与玉米的形状相似。这种行为难免使当代中国观众感到费解，这种不解甚至可能造成误会或偏见。

为了尽可能地拉近文明间的距离，策展工作者需要帮助观众去理解古代文明中的一些"违背常理"的现象。在展览的陈述方式上，我们可以按照上述方法，即"物质生活—精神生活—社会生活"的顺序向人们介绍玛雅文明。这样，观众就会发现，古代玛雅人的主要农作物是玉米，它决定了玛雅人的生存，它的生长规律也喻示着当地人眼中生命与死亡的循环系统。可以说，玛雅人不论在生前还是死后，都有玉米神和他的故事相伴，将婴儿的头颅塑造成玉米的形状，也是希望出生的孩子能够像玉米一样拥有再生的能力，像玉米神一样机智英勇。玉米神的传说同样解释了玛雅人热衷于足球运动的原因，观众便不难理解为何展厅中会出现形制夸张的玛雅式足球用具了——对于玛雅人来说，足球运动实际上是一种宗教仪式。

为什么我们要尽可能地帮助观众全面了解这类已消逝的文明？因为我们的文明依然存在，而且会继续延续。一个文明得以长时间存在，与其强大的包容力和进化能力有着密不可分的联系。由"不了解"而产生的隔阂与矛盾，需要用包容力去化解，这种包容力，源于对其他文明或文化的理解；在包容其差异的基础上，了解到该文明湮灭的原因，我们的文明便能够得到警醒，进而自我完善。策展工作者只有在展览中平等地呈现出另一种文明的面貌，才会使观众平等地看待其他文明和其他民族，这是博物馆作为公共教育机构所采取的行动，也是策展工作者为增进社会的和平友好所作出的努力。

三、原始资料与西方话语——西方视角下的古文明

当我们回到"埃及展"这个话题，就会发现，这些展览大多引进自意大利的博物馆。事实上，当今世界以古埃及相关展览和研究著称的机构，在现在的埃及境内几乎鲜有分布，在欧洲则较为常见，这与现代埃及学的诞生与发展直接相关。18世纪末，拿破仑率其军队入侵埃及，发现了大量古代埃及的历史遗存，这引发了欧洲人对古埃及强烈的兴趣，西方学者、商人、收藏家通过各种渠道获取古埃及文物，导致了目前古埃及藏品广泛散落在西方世界的现象。因此，我们现在所见的有关古埃及的学术资料，往往基于殖民时期西方学者的研究成果，虽然其科学性和严谨性大多被世人所认可，但是对古代埃及的阐释却是经过西方话语"过滤"后的结果。

西方世界自古以来就对神秘的东方文化充满憧憬，但是"东方文化"实际上是一种西方化的概念，它的本质是一种虚构和想象，其中，地中海一带如埃及、西亚等地被赋予了"近东"的概念。从古希腊罗马时期，"东方"一词就带有一定的贬义色彩，它既包含地理位置处于欧洲以东的地区，还包括欧洲区域内被认为是"蛮族"的领土[①]。到了文艺复兴时期，受到马可·波罗等人的影响，"东方文化"又蒙上了一层华丽的面纱，在西方世界的想象中，成了黄金、香料的神秘盛产地，而到了近代，"东方国家"由于战争、被殖民等历史因素而陷入被动地位，其文化彻底丧失了话语权，"东方世界"的华丽面纱在西方世界全面破碎，成了"资源丰富却文化落后"的矛盾结合物。

失去了自我表达的能力，"东方世界"只得被更具话语权的西方世界所定义，而这种定义更多是以"文化挪用"的形式进行的，即在缺乏深入的了解和平等的尊重的情况下，利用另一种文化中的某些元素，表面化甚至夸张化地制造出与自身文化不同的"异域风情"[②]。时至今日，西方世界的文化输出中所蕴含的所谓"东方元素"，也大多是对东方文化元素的生搬硬套。较为典型的例子如经典电影《木乃伊》，套用了西方世界对古埃及文明的固有

[①] 黄洋：《古代希腊罗马文明的"东方"想像》，《历史研究》2006年第1期。

[②] 张之琪：《西方如何想象东方：当维密天使身披青花瓷，腰缠一条龙》，http://www.jiemian.com/article/1774256.html，2017年11月27日。

成见，由于缺乏理解和文化歧视，将木乃伊具象化为"埃及法老的诅咒"，使其脱离了古埃及神圣的丧葬文化，而长期背负了"惊悚""恐怖"的标签；再如近期由迪士尼公司推出的《花木兰》真人电影，将唐妆、福建土楼和武术杂糅一团，以为这就是向"东方文化"致敬，实际上却是站在西方文化立场上的、居高临下式的自我感动。可悲的是，这种文化霸权不仅体现在西方文化看待所谓"东方文化"方面，还影响了"东方人"对待文化的态度[①]，在我国过去几十年的影视作品里，西方人的形象几乎都带着帝国主义的脸谱，而在当代的荧幕上，白种人也常常被塑造成强壮而鲁莽的形象。

文化地位的不对等，可以通过教育来纠正[②]。作为公共教育机构的博物馆，不仅可以帮助人们了解文化，还能够帮助人们正视文化。中国的策展工作者在进行内容设计时，应尽量避免直接采用借展博物馆提供的内容设计方案，而应结合中国人的文化语境来解读其他文明，鼓励观众用包容的、积极的态度认识世界，更重要的是，以平等的眼光看待外界与自身。博物馆就像一扇文明之窗，我们隔着玻璃向窗外观察，有时，我们看见绚丽多姿的世外桃源，有时，我们会在玻璃的反光中看到自己的面貌。

有关展览设计的方法论皆有赖于实践经验和总结，因为每位策展工作者都有自身的风格，由此得出的方法论必然也有所不同，所以上述文字仅为笔者基于自身有限的经验和学识提出的一点建议，旨在抛砖引玉；希望借此文章与策展工作者们分享一些思路，引发文博专家以及博物馆爱好者的思考。

---

① ［美］爱德华·W.萨义德著，王宇根译：《东方学》，生活·读书·新知三联书店，1999年。

② Laurette Bristol. Postcolonial thought: A theoretical and methodological means for thinking through culturally ethical research. New York: Palgrave and Macmillan, 2012.

关于展览主题内容的几点思考

韩建武[*]

摘要：博物馆陈列展览在主题内容方面应该在深入学术研究基础上，体现展品背后蕴含的哲学思想，采用文学化展览语言和艺术化形式设计，实现生活化的表现方式，融入科技化诠释手段，避免目前博物馆陈列展览常见的同质化、表层化现象，提升展览的传播力和影响力。

关键词：展览主题　哲学化　文学化　艺术化　生活化　科技化

"让文物活起来"，是说不应该让那么多的藏品一直沉睡在博物馆的库房之中，而是能让它们更多地与公众见面，有更多的展出机会；或者用更多的方法让它们能够得到生动的展示。而创新文物展览主题，拓宽、加深文物展示内容，是让文物活起来的途径之一。其实每个博物馆都凭借自己丰富的特色优势文物资源，举办常设展外，还经常举办各种专题性展览，但这些展览的选题仍多以馆内代表性文物为主。大多藏品因为无法构成一个突出的主题或不具代表性，即使文物本身也极具价值，却也只能深藏闺中。而好的主题创意可以整合文物资源，盘活馆藏文物资源，提高文物利用率，使一些零散的文物有用武之地，走出深闺，而不受时代、材质等方面的限制。也就是说，其实馆藏的每一件文物在好的创意下都是可以走入展厅的。下面我们就从展览的哲学化、文学化、艺术化、生活化、科技化共五个方面谈谈对提炼展览主题，创新陈列内容的几点思考。

---

[*]　韩建武，陕西省文物保护研究院研究员。

一、展览主题内容的哲学化

哲学，是理论化、系统化的世界观，是自然知识、社会知识、思维知识的概括和总结，是世界观和方法论的统一。是社会意识的具体存在和表现形式，是以追求世界的本源、本质、共性或绝对、终极的形而上者为形式，以确立哲学世界观和方法论为内容的社会科学。哲学告诉我们，万物虽然看起来复杂多样，但由基本原理所支配，真正的哲学就存在生活中，哲学并不神秘，它无时不在，无处不在。

近期台北故宫博物院举办的"实幻之间：院藏战国至汉代玉器特展"，展期原至2020年6月28日，共展出战国至汉代精选玉器214件。展览并非"高大上"的精品展，而是展出战国和汉代各式常见玉器。透过展品，了解战国玉器喜以"蛇"为设计原型，故作品具有平面延展的特色。而汉代倾向以"兽身"为形式，使得汉代玉器具有立体扭转的特征。探讨战国和汉代的制作者如何运用最简单的视觉原理，在蛇身和兽身不同的创作原型之下，设计出匠心独具的各式杰作。战国至汉代，是玉器史上独树一帜的错觉艺术时代，制作者在方寸之中琢磨出各种龙兽造型，它们的形体虽然静止不动，却能创造出动态的错觉。这种变幻莫测的身形，使视觉如同处于现实和幻象之中，令人深感惊讶。本展览定名为"实幻之间"，即试图透过视觉的变化，探讨玉器创作的技巧，以及观看者为何会产生错觉的视觉原因。

最后展览上升为"感知世界与物理世界的对话"，从广义相对论出发，提出视觉所认为的现实可能是错觉，而视觉认定的错觉有时反而更接近真实的物理世界。以此观看汉代各式玉神兽扭曲变形的身躯，虽然看来是不合常理的错觉，却可能更符合真实世界。展览展示器物深度研究成果并继而上升哲学层次，以重新探索玉器制作者的创意，并期待观众由此成为玉器跨越时空的知音，这是种新的展览探索。

二、展览主题内容的文学化

在举办展览时，我们要求文物大纲、文物说明客观平实，这没有错；但没有感情、没有温度、没有情怀的大纲、说明文字，是无法打动观众的。现在有些博物馆展览的说明牌就是文物档案的翻版，是年代、名称、尺寸、描述、作用、重要性、历史价值等的简单堆砌。单纯和片面地强调客观平实，完全忽视了文学美。一个具有强大感染力和说服力的展览，都是在以客观凝练、极具思辨性的语言征服观众的同时，又以极为形象和充满激情甚至是充满诗意的语言来拨动观众心弦的。所以展览主题内容除需精确的叙述语言，完整连贯性的章节外，还应做到如下几点。第一需要新颖，叙述语言其产生的感染力和说服力的强弱在于新颖性。新颖可以强化读者的注意力，而注意力的启动，本身就构成了一种说服力。第二，它还需形象，如果展览想具有感染力，就必须具有形象的特征，这种形象描写就是说服力。第三，强烈感情色彩。展览内容设计，必然要求作者的观点明确、立场鲜明，而鲜明的立场，就隐含在语言中。语言是内容的载体，同样也是感情的载体。激情是一种感染力，甚至是更强烈的一种感染力。这就要求我们在做大纲时，就需提高文本的文学性。笔者对飞廉纹六曲银盘做一描述：

> 其实在这万树桃花月满天的山庄，作一头日出而作，日落而归，节假日还可喘息的耕牛也没有什么不好。只是黑夜弥散开来，在此起彼伏的牛鼾声里，总有什么，时时刺破我安适的梦乡，令我惊起，瞪大圆眼，呆呆地熬到天亮。山外的世界是五彩缤纷，还是惊涛巨浪？我根本挡不住那探寻的愿望。我有了想飞出去的理想。结果，你们都看到了，我长出了翅膀，变成了自在逍遥的风神，可以随时出现在我想到达的任何地方。

飞廉纹六曲银盘，唐，高1.4厘米，最大径15.3厘米，重313克，1970年西安市南郊何家村窖藏出土。六曲葵花形，窄平折沿，浅腹平底，盘心模压一只鼓翼扬尾、偶蹄双足、牛首独角、鸟身凤尾的动物形象，其器形规整，纹饰精美。这件银盘的纹饰非常独特。由于盘底的动物形象为牛首鸟身，并有双翼，因此有的学者称其为翼牛纹。孙机先生考证认为所谓的翼牛应即中国神话中的飞廉。飞廉是中国古代神话传说中的风神。屈原《离骚》中有"前望舒使先驱兮，后飞廉使奔属"。王逸注解"飞廉，风伯也"。它的具体形象有两说：一说是兽身鸟头，另一说是鸟身兽头。鸟身的飞廉最早见于安徽马鞍山东吴朱然墓出土的一件彩绘漆格盘上，它的前半身类兽，后半身类鸟，头部像小鹿。再晚一些，在辽宁朝阳袁台子一座十六国后燕墓的壁画中也绘有飞廉，它仍是鸟身，但头生双角，颔下有须，像牛也像羊。可见飞廉其头部有牛、鹿、羊等几种形式，形象不一。关于唐代飞廉的形象，有日本正仓院所藏唐螺钿紫檀琵琶的红牙镂拨子上所绘的异兽，是马头独角，无独有偶，西安市南郊何家村窖藏还出土有一件鎏金银盒，其上飞廉形象也是马首独角的异兽。可见飞廉形象在唐人心目中也没有统一的定式，但兽头、有角、鸟身大尾的基本形象是被承传下来了。《太平御览》卷一七九引魏文帝歌"长安城西有双圆阙，上有双铜雀，一鸣五谷生，再鸣五谷熟"，《三辅黄图》讲述建章宫玉堂上的铜鸟"下有转枢，向风若翔"，可以看出，安装在屋顶上的铜鸟，应是司职风神的飞廉了。

不论这翼牛或翼马是不是飞廉，但它们与西方有联系是可以肯定的。波斯萨珊王朝的银器纹饰中，也有一种前半身像狗，后半身像鸟的神兽——塞穆鲁（Senmurv），这种神兽象征帝王的权威和国力的昌盛；而在粟特银器中，塞穆鲁则由本地的一种与之相似的有翼骆驼取代，这种有翼骆驼在粟特地区是神话传说中的胜利之神。在唐代的金银器中，唐朝工匠不但以中国的神兽飞廉取代了有翼骆驼，而且还突破了粟特银盘单一的圆形平面，将盘口作成唐代流行的六曲葵花形，使之既具有异域色彩，又有着明显的本土风格。从这件鎏金飞廉纹六曲银盘可以看出，唐人对外来文化并不是一味地模仿和照抄照搬，而是在模仿中时有创新，使器物的造型、纹饰变得更适合中国人的使用和欣赏习惯。

飞廉的自述是否从另一角度阐释了其文物本身内涵？是否能从另一角度吸引观众呢？

文物它能说话，但我们给它机会了吗？我们经常看到一些文物展，冷冰冰的一个个展柜，三言两语的说明牌，一点亲和力都没有。片面地强调文物本身的"表现力"，实际上忽视了考古学家、历史学家对文物进行缜密研究的学术成果，抹杀和遗落了与文物有着千丝万缕关系的珍贵信息，隐藏在文物背后的故事和它可以寄托的感情。以此怎能启动观众的好奇心和探索欲？2015年1月11日新华网评《让文物活起来，让监管硬起来》："今天，文物已越来越人格化，它不是一件没有灵魂的物品，更不是缺乏呼吸与记忆的'老古董'，而是有生气、有立场、有尊严的人格化主体。"你看，他带着体温，迈着方步，面带微笑；他巧笑倩兮，美目盼兮，向我们走来了，他真的活起来了，风趣幽默，或讲述自己的身世，或纠正后人的误解，或可适当演绎寄托观赏者的感悟，带我们穿越千年。他开口说话了，我们大家听懂了吗?

美国大都会艺术博物馆前馆长托马斯·霍文在他所著的《让木乃伊跳舞：大都会艺术博物馆变革记》中提到："要传达藏品被创造出来的那个时代以及创造者们的激情。"我们应对展品充分研究认识的基础上，挖掘与文物有着千丝万缕关系的珍贵信息、隐藏在文物背后的故事和它们曾经寄托的感情。这类另类展陈解读，诗一样的语言描述作为说明牌或陈列说明的补充，向观众讲述文物背后的故事及理解，以此启动观众的好奇心和探索欲，是否算是另一种清流呢? 这种激情的传达就在跳动的文字里，顿挫的表达里。

三、展览主题内容的艺术化

藏品是人类在历史发展过程中遗留下来的遗物，反映了社会的变革、科学技术的进步、人类物质生活和精神生活的发展变化，凝结了历代劳动人民的美学创造，具有独特的艺术美，体现着独特的美学价值，是博物馆美学存在的基础。国际博协将"研究、教育、欣赏"作为博物馆各项专业活动的工作目标，博物馆藏品不只有历史价值，而最重要的是其内在的人文精神价值，是藏品本身所具有的独特的美学价值，并呈现出艺术美、技术美、科学美结合的趋势。通过对藏品所体现出的审美价值和审美内涵的系统化研究，才能在陈列展览中对藏品进行充分的美学阐释。

2005年4月至7月，陕西历史博物馆与意大利文化活动和遗产部考古总局联合主办的"古罗马与汉长安——东西方文明比较大展"在陕西历史博物馆展出。罗马与长安作为两座历史名城以及罗马帝国与汉帝国的统治中心，始终是两个震撼人心的名字，它们分别代表了西方人和东方人心中可作典范的、辉煌灿烂的文明和伟大而光荣的时代。代表两大文明的330多件文物精华汇聚一堂，既再现了它们曾经拥有的辉煌，也让观众从中感受到古代东西两大主要文明的不同风格和特点，同时，也为我们正确审视中华文明在世界文明史上的地位以及更加深刻理解东西方历史、文化和艺术的差异提供了一个难得的机遇。但部分观众反馈认为，汉代雕塑艺术水准不如罗马，事实真是这样吗？应该是我们的研究和展览表现未到位。与古希腊、罗马相比，汉代纯粹的艺术品非常少见，主要是一些殉葬的物品，但汉人却善于将实用品或殉葬品变成艺术品，汉代的陶俑是绘画的载体，俑以墨线描眉，用朱红点染嘴唇，颜面涂以白粉，颧颊晕以淡红，彩绘与雕塑的艺术结合非常完美，这样工匠不必着力去雕刻人物的五官形体及剧烈动态下所形成的身体扭曲，因此汉俑的雕塑感远不如古希腊、罗马强烈。但是绘画并未削弱自身的表达力，反而形成头身手浑然一体，体态饱满的审美情趣。汉代虽然自始至终没有忽视对事物真实情况的临摹和考察，其写实水平也可以和同时期的罗马艺匠媲美；但汉代偏重追求的并非具体写实，而是追求一种气韵之美。西汉陶俑是在一定写实基础上追求传神，到了东汉，陶俑更多牺牲细节的摹写，没有修饰，不重人的写实对比，没有个性表现，突出高度夸张的形体姿态和粗线条的轮廓，使人感受到一种蓬勃热烈的生命力和速度的震撼力。汉俑体现的审美倾向对中国传统的绘画和雕塑艺术影响很大，艺术不再是对自然客观物理性的记录，而成为人们理想和性情的寄托物。

罗马雕塑继承希腊的传统，罗马的肖像艺术无与伦比，重视刻画真实人物的面貌特征，给人以栩栩如生之感；但被一整套金科玉律限制，个性消失在共性之中。而我们看到的汉代玉马、玉熊、玉辟邪等汉代雕塑，感觉均很小，没有罗马雕塑那么大视觉冲击力。但大家想想，和田玉料硬度非常高且玉料珍贵，在古代那样生产力条件下，小小的一件玉器花费的时间绝不亚于维纳斯那样的大件大理石雕塑。如果将汉代玉雕放大，水平也绝不逊色。我们在做展览时，只有将这些研究透、说透，从视觉、心理学、科学来分析美从何来，让观众意识到"原来可以这样看""原本需要这样看"，才能启迪观众，引导观众得到心理共鸣，达到办展的目的。

四、展览主题内容的生活化

随着现代社会对精神生活的需求已经上升到全民化阶段，文物展览必须走出象牙塔，它应成为大众生活方式的一部分。托马斯·霍文所著的《让木乃伊跳舞：大都会艺术博物馆变革记》，倡导"博物馆现代化＝学术＋大众"的模式。博物馆必须以观众需求为导向，策划与现实生活息息相关的展览，展览要与生活紧密联系，既要有艺术性，又能显现出艺术的生活化一面。这就意味着人们越来越希望博物馆成为一个可以直观而悟的地方，能够将厚重的历史文化大众化、生活化。在展览的表达方式上尽量通俗易懂，符合大众口味，做到为公众所喜闻乐见。在主题内容方面，结合自身实际，举办一些与观众日常学习、生产、生活紧密相连或者民众关心、关注的社会热点相关的陈列展览，例如，可以策划一些诸如文物，在当时值多少钱这样的"俗"展览。而展出内容也可以从文物展拓展到生活领域的各个方面。

2016年8月，大唐西市博物馆与尼古拉巧克力博物馆合作举办的"奇妙的巧克力世界——尼古拉巧克力作品展"在大唐西市博物馆举行。本次展览围绕丝路主题，通过巧克力这种新颖的载体，以独特视角反映了中国传统文化，特别是陕西本地文化；力求在展示与传承丝路文化的同时，带给观众不一样的视觉体验。巧克力大师精心制作了150件蕴涵中国元素，特别是表现陕西特色和丝路文化的巧克力艺术品，其中就包括以秦始皇兵马俑和汉唐铜镜为元素创作的作品，这些精美的巧克力展品无不创意新颖，匠心独具，它将历史文化信息通过各种生动的方式展现出来，得到观众的欢迎。

五、展览主题内容的科技化

传统方法的文物研究，造成了博物馆文物研究体系的单一与滞后，多学科融合交叉研究，一定会拓宽文物研究的深度和广度。尤其是现代科技在文物中的应用，各学科协同发展，不仅是完善文物研究体系，提升博物馆科学研究水平的迫切需要，也是让文物"活起来"，促进文物展览提升与文物保护的必然选择。如今科学技术已经深入到文物研究保护的每个过程，科学分析方法让我们对文物的认识从感性上升到理性，各种技术手段的应用使文物研究保护更加科学、合理、有效。现代科学技术的不断进步势必将文物研究保护带入一个更为广阔的领域，相信新型科学技术结合文物研究保护产生的高新技术成果会如雨后春笋般不断涌现。而对成果和获得成果的方法和过程展示，就是展览的最好内容之一。运用现代科技全方位、立体式、深层次解读文物，才能讲好文物背后的故事，展览也才能有所创新①。

隋炀帝萧后墓于2013年11月在扬州发现，其中出土的萧后冠饰是目前等级最高、结构最完整的皇家冠饰。2014年3月，扬州市文物考古研究所与陕西省文物保护研究院合作开展对萧后冠饰实验室考古清理和保护工作。通过研究，明确了萧后冠的框架结构及花树的分布，为科学揭示冠饰的结构、材质和工艺提供科学依据；为隋唐时期礼冠制度研究及礼冠复原提供了技术性资料，揭示了隋唐时期铜钗、钿花的结构特征与制作工艺，首次发现鎏金铜珠花工艺制品，发现了隋唐时期的棉。2016年9月，在扬州市文物考古研究所的精心筹备、陕西省文物保护研究院的大力协助下，"花树摇曳 钿钗生辉——萧后冠实验室考古与保护成果展"这一合作成果在江苏扬州博物馆对外公开展示，展览特色鲜明地将自然科学和社会科学有机地融汇，体现考古学、艺术史、文物保护、工艺研究的综合成果。从多学科融合的角度，将自然科学和社会科学有效地融汇在一起，展览获得一致好评。

上面我们从展览的哲学化、文学化、艺术化、生活化、科技化等五个方面阐述展览主题、内容的创新。其实就是要去除展览同质化、表层化，让文物活起来，以启动观众的好奇心和探索欲。其基础在于研究，文物研究成果是展览的核心与灵魂。文物研究的深浅，大的方面体现在展览的定位、立意、格局等方面，小则关系到具体文物的合理利用。此外要实现展览哲学化、文学化、艺术化、生活化、科技化五个方面的创新，还需要开门办展览，需要办展者要有开放融合的态度，和美术界、文学界等各行各业合作，走出办展的舒适区，勇于挑战，善于挑战，才能找到新鲜、适宜，广大人民群众真正喜闻乐见的展览主题与内容。

---

① 韩建武：《文物科技内涵应成为展览的重要内容》，《开放与共享：博物馆理论与实践新探索》，人民出版社，2019年。

与蛇同行

——"灵蛇传奇"艺术展的空间设计

戴媛媛*

摘要： "灵蛇传奇"艺术展以探寻蛇形艺术的神秘之源为主题，展品的选择以东西方的古老发现为出发点，进而到现当代艺术，亘今溯古。整个展厅的设计意向是将蛇形历史文物、现当代艺术创作与体现现代美学工艺之美的蛇形展品汇聚，形成一个与时尚密切结合的现代艺术空间。并在展览陈列中刻意营造对话组别，采用对比的展示手法，使中外古代艺术品与现当代艺术作品在同一主题统合下穿插对话，通过空间设计的方式立体展现文化艺术的魅力。本文阐述了"灵蛇传奇"艺术展厅的空间分布、纵横双线的展览布局、蛇形符号的氛围营造、香氛与音乐的多感官体验这四个空间设计方面的内容，探索当代博物馆"让文物活起来"的方式，实现传统文化的创造性转化和创新性发展。

关键词： 蛇形艺术　历史文物　现当代艺术　对比对话式布局

丛林秘境，大地万物、神人牛虎，与蛇交织，载歌载舞。密林穿梭，灵蛇或攀擎于天，或缱绻于地，或舒展身姿，轻起下颚，鼓目吐信，凝视着探身于茂林险境中的人群。耳畔的现代乐音提示着你，正步入一个神秘莫测、摄人心魄、玄妙幽暗、超越现实的灵蛇世界。

作为一种代表多重意义的符号——蛇，不但令人着迷，而且多个世纪以来无论在东方还是西方，都存在着各种人类与蛇关系的佐证。带着对东西方蛇文化和艺术的关注，从多个层面启迪与蛇有关的灵感，成都博物馆于2019

---

* 戴媛媛，成都博物馆馆员，主要研究方向为博物馆陈列设计。

年4月30日至8月25日举办的"灵蛇传奇"艺术展，让这个具有多重意义和多重表达方式的"蛇"在一层临展厅同台呈现。

展品的选择以古老的发现为出发点，进而将目光转向现代艺术。展览陈列围绕蛇形艺术这一主题，大致分为古代瑰宝、现代艺术两个部分：探寻从古到今蛇形艺术形象的表达方式——有时作为器物上的纹饰，有时呈现单独的艺术形态。当今艺术家如何从古代艺术品中汲取文化传统，对蛇形艺术又有怎样的表达。

一、展厅的空间分布

"空间"是策展者与观众、观众与展品的沟通方式。运用好"空间"，才能让展品走入观众的内心世界。此展览空间除历史文物外，还展出典藏珠宝、戏剧服饰、皮影灯箱、架上绘画、雕塑装置等与传统文物特质不同的展品，增强了展览的可看性。因此，整个展厅的设计意向是将蛇形历史文物与体现现代美学工艺之美的蛇形展品汇聚，形成一个颇具时尚感的现代艺术空间。以往的展览，会将同一时期展品陈列在一起，不同时期的展品分属不同的空间，此次"灵蛇传奇"定义为艺术展，方便构建对话对比型的展览空间（图1）。"灵蛇传奇"也希望借"艺术展"的思路，引领艺术和生活时尚。在展览中传播生活美学，提升观众的艺术素养，养成文明健康的生活方式。

本次展览总共分为8个展区。打破传统文物展厅时序严谨、分布整齐、方正规矩的空间布局，本次展览对挑高足够的方形展厅进行切割——围绕正中的八边形（第七展区），形成不同的异形展区。第七展区是宝格丽与灵蛇展区，展品为宝格丽典藏的蛇形腕表、箱包和珠宝首饰。这些引人瞩目的艺术品，从宝石选择到制作工艺，从创新精进再到成品陈列，无一不体现工艺之美和现代生活美学（图2）。宝格丽八角芒星的元素源自米开朗基罗设计的古罗马卡比多里奥广场，而八边形展厅的灵感亦来源于此。第七展区的中央是八个宝格丽典藏展品的展示柜，高低错落、层次分明、璀璨夺目。环绕着展柜的八个墙面提取展品局部纹样，融合成满屏投影不断变换，与玻璃地面的反射结合一体，形成大胆时尚、亦幻亦真的超现实空间。

展览空间不仅是展品的容器，展品与空间、展览与空间共同指向展览的

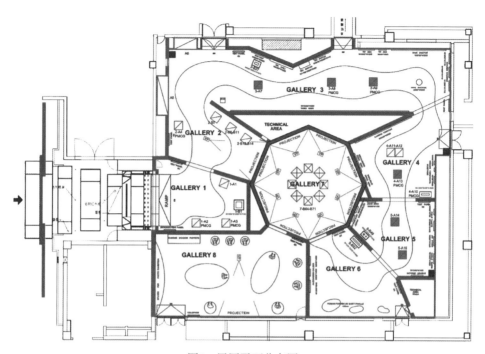

图1 展厅平面分布图

图2 第七展区的宝格丽与灵蛇

整体意义。整个展厅意在让观者在林立的展品中全心体会蛇形艺术的魅力。蜕化更新、匍匐游弋、攀行于上、卷曲盘绕等形态变幻，让观众感受目之所及与不可及的古今中外蛇形艺术。

二、纵横双线的展览布局

将执蛇的成汉陶俑与握蛇的赫拉克勒斯像对比陈列作为展览开篇，意在向观众展示这是一场对话对比展。而后的展览陈列中继续营造对话组别，将中华文明与西方文明对话，展示出极其相似或相反的喜爱和崇拜方式。同时又将古代文物与现当代艺术对比陈列，开启古代艺术与现代美学的对话……整体而言，展览布局可大致分为由古到今的蛇形艺术品意象的时间性演变，和中西方蛇形艺术的多面性在空间中的对比（图3）。

图3　执蛇的成汉陶俑与握蛇的赫拉克勒斯像的对比陈列

（一）古今蛇形艺术的意象演变

从古至今的艺术作品，颇多涉及"蛇"这一动物的塑造。蛇的形象在中华文明中反复呈现。随着社会认知的发展，不同时期艺术品中对蛇的态度及赋予的意蕴有所不同。艺术品中蛇的意象大多是在继承先前意蕴的基础上有所发展，进而转变出新的意象。展厅的第一重游线布局是按照时间顺序将由古及今蛇形艺术品的演变徐徐陈列。蜿蜒的展线上以古今蛇形艺术长期的流传与演变为主线：远古由惧蛇而衍生出敬蛇的原始信仰，抽象化、艺术化地表现为陶器、青铜器、玉器等器物上的主题纹饰或单体造型；包含丰富意义的四神之一玄武；象征繁殖生育、长生不老的女娲和伏羲的形象；南方地区将蛇作为自然之母崇拜，蛇与大地生物相生相合，和谐共存；中国传统中不得不提的十二生肖中的蛇；《白蛇传》皮影中蛇的形象。

当观者沿着文物的线索追寻蛇的印记，可以在精美的陈列中看到古代艺术中蛇的形象是如此奇妙。无论是青铜祭器上威严的蛇，还是礼乐器座上灵动的蛇，无论是象征大地之母的蛇形象，还是表现蜿蜒之美的蛇形饰品，抑或与巫觋、神兽相伴的蛇，以及冥王奥西里斯或赫拉克勒斯握住的蛇，古代的人们在塑造它们时，怀着万物有灵的敬畏之情，更充斥着对它的力量、速度、形态衍化而来的美的感知（图4）。

图4　展厅局部空间

从古到今，中西方艺术中对蛇的诠释，形成古今蛇形艺术品在意象上的对比。从远古走向现代，艺术家们寻找古代蛇形艺术与传统文化背景的关联，在历史和艺术的世界中探寻蛇的踪迹。再到当代艺术表现上，艺术家们借歌颂民间传说或重温历史传统为题抒发个人艺术理念，突出独特的个性与气质，创造新的蛇形艺术作品；突出其艺术造型之美，呈现出绚丽的效果，极具视觉观赏价值。这些艺术品承袭或重新演绎古代文化中蛇的寓意，创作新的蛇形艺术，注入更强烈的个人情感，为这个古老的形象注入更多寓意，使其焕发新的生机。

（二）中西蛇形艺术的多面性对比

在东西方世界里，蛇无疑都是具有灵气的生物。本次展览同时汇集中、意、法、英、美、日、葡7个国家的博物馆、美术馆和基金会的古代文物和现当代艺术品。展览也将东西方文物多角度对比陈列，让东西方不同气质的文化进行现场对话。西方现当代蛇形艺术作品中，不少作品在形态和主题上与中国古代艺术品有着惊人的相似，但在其相近的外形之下，又展现了截然不同的艺术语境。

第一展区以商朝的司母姒康鼎和西周的饕餮纹簋作为展览开端，找寻中国古代蛇形艺术与传统文化的关联。以同样手持蛇的成汉陶俑和年幼赫拉克勒斯与蛇搏斗像并置，展开中华文明与地中海文明的对话，再现古老传说的魅力。第二展区对比展示中西方蛇形器物、饰品等工艺。一侧从三星堆的祭祀铜蛇开始，沿墙展出了蛇形的饰件、杖头、匕首等古代文物，反映出在与蛇的长期接触中，人类观察到自然界中蛇的习性与特征，逐渐由惧蛇而衍生出敬蛇的原始信仰。作为商周青铜器上的主题纹饰之一，蛇纹承载着吉祥寓意或某种精神信仰，祭祀、礼仪活动的礼器上出现的令人生畏的蛇的形象，赋予祭器与礼器震慑的含义。另一侧则对比陈列希腊克里特岛克诺索斯宫出土的米诺安裸胸女蛇神陶塑，古罗马的蛇形饰品、青铜人偶等。从公元前四世纪中叶起，两条互相交织缠绕的蛇的图案出现在古罗马的手镯上，被称为"赫拉克勒斯之结"，人们将其视为珍贵的幸运符。公元前一世纪上半叶，埃及制造的精美蛇形工艺品备受罗马人青睐。公元前46年，随着埃及女王克利奥帕特拉七世来到罗马，蛇形工艺品在罗马风靡一时，这种埃及风格的图案作为富饶和美好生活的象征，更加广泛地为人们所接受。

第三展区中将西方拉奥孔青铜雕像与中国潮流艺术家创作的拉奥孔绘画进行对话；漆木匜形杯上的一鸟三蛇（一蛇衔于鸟嘴，二蛇缠绕在鸟翅之间）和与绘画作品《物云云》中鹦鹉与蛇是媒介材质间的对话，是古老经典与当代潮流艺术的对话，也是中西方艺术家的对话。第四展区中的伏羲女娲画像石、双人首蛇身陶俑、金之富之《蛇神那迦》的形象皆以缠绕形态出现

（图5），从竖条的交缠形态转为横条的交缠形态，且运用了不同的材质。这不仅是形态、材质上不同，且展品产生的文化背景及其背后的含义更是不同。第五展区中除了金沙石蛇与彩陶、蕾丝结合的蛇形雕塑同为S形的对比外（图6），最突出的是对猛兽与蛇这一题材的表达：一边是老虎与蛇交缠搏斗的紧张画面，一边是立豹脚踏交织如大地般的双蛇相伴前行、和谐共处的扣饰，在形态和主题上相似，但同时又有着完全不同的精神内涵，形成了有趣的对比。第三至第五展区展示的蛇形艺术品横跨古今中外，诠释了蛇的多重内涵与意义。

图5　双人首蛇身陶俑与金之富之　　　　图6　金沙石蛇与彩陶、蕾丝雕塑
　　　　《蛇神那迦》　　　　　　　　　　　　　《白色》《厄勒克特拉》

　　蛇充满神秘色彩，极具魅力，令人心神荡漾，赋予了东西方时尚界、戏剧界、艺术界不竭的创作灵感。众多摄影师根据自己独特的摄影风格来解读这种体形蜿蜒的生物，服装设计师则借以表现神秘、魅惑、令人心神不安的独特气质，将其作为女性礼服中的重要元素，艺术化与唯美化地将蛇的曼妙特性演变成了时尚与创新的源泉。第八展区汇集了音乐、戏剧演出中所用的蛇形展品——以《白蛇传》为蓝本的皮影展品，展现女性的美丽坚贞、大胆无畏；歌剧《图兰朵》戏服、礼服中繁复的蛇形装饰强化了女性力量（图7）。

　　这些对话性质的展品陈列相辅相成，并向观众揭示出不同的文明尽管相隔遥远，但同样可被蛇吸引；以及这种神奇的动物在不同文化中的不同寓意。

图7　第八展区戏服、礼服、皮影

三、蛇形符号的氛围营造

蛇令人畏惧的外表、长居阴暗角落的特性，让人们联想到某种隐秘与神奇的力量。"灵蛇传奇"艺术展除了刻意营造对话、对比性质的展览空间外，还利用蛇形符号营造氛围和引导展线。展厅入口左右两侧装饰本次展出的精美文物的主视觉画面，再以透亮的草绿色打底，宛如具有生命力的丛林大地。金色的"蛇洞"上镶嵌的白、绿、黄三色灯光，随展厅内的音乐节奏变换。"蛇洞"鳞次栉比地排列，宛如蛇的骨骼。其简洁的六边形结构，也与宝格丽展厅中六边形拼接的饰品暗合。观众步入序厅，仿佛跟随灵蛇窜入蛇洞，开启神秘幽暗、与蛇共存的空间之旅（图8）。

为展现蛇难以言喻的迷人特质，烘托阴暗的蛇穴氛围，整个展厅的墙面颜色为黑色。展线以蛇盘旋的身躯为灵感，设计出造型蜿蜒的天花板和地毯。展厅顶部的金色天花板搭配展陈灯光，象征灵蛇攀行于天；地面铺陈黄、黑两色S形地毯，仿佛灵蛇匍匐于地。顶部、地面的蛇形设计，像灵蛇的身影，有引领观者参观的作用（图9）。

随着参观的深入，展厅内随处可见蛇形符号的氛围营造。还有展厅中变幻的香氛、若隐若现的墙面蛇鳞投影（图10）、深邃现代的音乐等，以不同方式开启多重感官的想象之旅。

图8　展厅入口

图9　蛇形的展览流线

图10　展厅中墙面蛇鳞投影

四、香氛与音乐的多感官体验

气味，不可视亦不可触，但它可以牵连出人们不同的情绪与反应：少年狂奔时青春的气息，时空旅行者身上尘土的痕迹……嗅觉的叙事性在"灵蛇传奇"中得到了最具艺术感的体现。展厅中萦绕着背景乐音：从前几个展厅的灵动、轻快，到宝格丽与灵蛇展区时的时尚、现代，再到最后一个展厅的平和与升华。如果说以往观众能在博物馆寻到凝聚的时光，那么在这场展览中，美感便与鲜活的感官一同流动起来，围绕在周身。观众需要充分运用自己的多重感官体验这个空间。

此次展览，首次加入了香氛元素，宝格丽绿色经典淡香水（绿茶香）与海蓝男士淡香水交替于展厅，开启一次全新感官探索旅程，也完成一场原始自然世界的回归。

绿茶香氛的灵感来源于茶道，它体现了生活中对传统美学的不断追求；而海蓝男士淡香水由自然界崇高的"水"元素孕育而出，象征自然世界永恒秘密的海洋，散发着浑然天成的优雅。调香师创造香氛时的嗅觉灵感转换为可视的空间体验，身处其中，似乎能跨越时间和空间的限制，与艺术家们进行一场灵魂和头脑的深层互动。

五、结　语

在中国文化中，蛇的图腾崇拜由来已久，作为中华文明中具有突出地位的文化基因，蛇印记在神州大地的各个地区、呈现在中国历史的各个阶段。对国人而言，最熟悉的莫过于伏羲女娲的传说、龟蛇合体的玄武、十二生肖中的蛇以及妇孺皆知的蛇仙白素贞，它们都经过了长期的流传与演变，留存在我们的文化中。蛇的身影不仅在中华文明中居于重要地位，更贯穿于中国西南的巴蜀地区早期文明之中。当我们沿着文物的线索追溯蛇的印记，往往惊叹于在古人的世界里，蛇是这样的无处不在、又意义非凡。《山海经》中的记载"巴蛇食象，三岁而出其骨"，即是巴蜀文明中蛇文化的生动定格，也是本次展览落户成都的文化缘由。成都这座城市的悠久历史可以追溯至

4500年前，见证了中华文明伟大发展。漫长的历史中，巴蜀地区经历过多次的磨难与重建，却在岁月变迁中被打磨地愈加坚韧璀璨，永不屈服的文化个性恰如灵蛇隽永新生的经典寓意，这也是成都这座古城在今天依然表现得时尚优雅的美学秘密所在。古罗马与古蜀国尽管相隔遥远，但人们不约而同地选择了蛇作为人类触碰神界的使者。神秘悠远的古蜀故事与绚烂的地中海神话通过蜿蜒的灵蛇，完成了一次精彩的隔空对话。

本次"灵蛇传奇"艺术展汇集古今中外与蛇形主题相关的展品，探索"让文物活起来"的展览方式，实现传统文化的创造性转化和创新性发展。展厅排布，由古及今，布局新颖，节奏清晰，具有较强的创新性。并采用对比展示手法，使现当代艺术作品与古代艺术品在同一主题统合下相互穿插对话，通过空间设计的方式立体展现文化艺术的魅力。目前为止，"灵蛇传奇"艺术展已经迎来了近87万观众。音乐、灯光、气味，配合着现场的装置艺术、影像视频，"灵蛇传奇"艺术展带给观众一场令人震撼的视听盛宴。观众们置身在忽明忽暗的光线中，从视觉、嗅觉、味觉、触觉等方面，倾听艺术家最真切的心声，探寻关于灵蛇的各种想象。展览试图穿越时间和空间，从生活美学的角度展现创意时尚与展品陈列之美，开阔我们对不同文化、不同领域、不同艺术表现形式的审美视野，展示成都这座城市的生活美学——隽永与新生。

让展览活起来："万里茶道"巡展的文化中枢作用

张　明　黄　建*

摘要：近些年，"让文物活起来"在中国博物馆界颇受关注，讨论主要集中在文创产品、新技术在展览中的应用上，然而作为博物馆本身，其社会职能尚未得到充分的发挥。如何通过展览，让博物馆在文化活动中扮演更主动的角色，是本文想要探讨的问题。2017年12月28日在武汉首展的"万里茶道"巡展，是以国际贸易线路为主题的历史文化类展览，由湖北省博物馆担任主策展方。策展团队在打破公藏与私藏壁垒、增加文博界与企业界之间的联系方面做了一些尝试，得到国内近30家文博机构、企业、高校与私人藏家的支持。目前"万里茶道"正在申请世界文化遗产，湖北省博物馆成为申遗工作中最活跃的角色之一：从等待观众的被动角色，转变为吸引社会各界投入资源的"超级连接"。

关键词：万里茶道　世界文化遗产　博物馆　文化中枢

一、新时代的博物馆：回顾与转变

在知识经济快速发展的今天，文化以前所未有的方式成为大众关注的焦点，作为社会公益组织和文化展示机构，博物馆的重要地位并非巧合。现代博物馆学者很早就发现博物馆正在成为广泛满足学习与休闲体验的公共空间，被认为是最有价值的资源[①]。随着经济社会的发展，博物馆面临的机遇和

---

　*　张明，湖北省博物馆馆员；黄建，湖北省博物馆研究馆员，主要研究方向为博物馆陈列展览。

① 　John H. Falk and Lynn D. Direking. Learning from museums: visitor experiences and the making of meaning. Lanham: AltaMira Press, 2000: 210 - 217.

挑战与日俱增，对自身社会职能的认识也在不断改进。

在不同历史阶段，博物馆承担着不同的社会功能，也呈现出不同的发展特点。2007年，国际博物馆协会将博物馆定义修改为"博物馆是一个为社会及其发展服务的、向公众开放的非营利性常设机构，为教育、研究、欣赏的目的征集、保护、研究、传播并展出人类及人类环境的物质及非物质遗产"，博物馆的工作重心发生了从"物"到"人"的转变[1]。2019年国际博物馆协会第25届大会重新研讨了博物馆的定义，这是全球化趋势下博物馆对自身社会功能的重新审视与调整。

在以往的观念中，博物馆与"传统"有着密不可分的关系，"传统"长期被认为是一个与"现代"相对立的概念，单向地把观众带到"传统"中的展览，难以搭建现代的知识体系与传统之间的连接，当传统与现实之间的脉络被割裂，传统也就失去了活力。

2018年国际博物馆日的主题是"超级连接的博物馆：新方法，新公众（Hyperconnected museums: New approaches, new publics）"，"超级连接"包含人与人之间各种各样的沟通和连接渠道[2]，当"超级连接"与博物馆产生联系时，博物馆就有机会成为链接公众和社会文化的纽带，集合多方资源，共同打造向大众开放的传统文化成果。

2019年国际博物馆日的主题为"作为文化中枢的博物馆：传统的未来（Museums as cultural hubs: The future of tradition）"，再次深化了博物馆作为社会公共文化平台的角色定位。在开放的社会，只有主动牵头寻求全方位的合作，搭建不同文明交流对话的平台，博物馆才能活起来，而大型原创特展（special exhibition）已被公认为衡量博物馆活力的指标之一[3]。在此方面，台北故宫博物院、台北历史博物馆都有过上佳的作品，而大陆方面的上海博物馆、中国国家博物馆、首都博物馆等少数博物馆也走在前列。

---

① 龚良、毛颖：《中国博物馆大型原创性特展之展览策划——以南京博物院为例专访龚良院长》，《东南文化》2016年第6期。

② 安秋州：《解读"超级链接的博物馆——新方法、新公众"》，《长江丛刊》2018年第20期。

③ 龚良、毛颖：《中国博物馆大型原创性特展之展览策划——以南京博物院为例专访龚良院长》，《东南文化》2016年第6期。

近些年，"让文物活起来"成为中国博物馆界最受关注的发展方向，讨论主要集中在文创产品的开发、藏品流动、新技术在展览中的应用上①。然而作为博物馆，其社会职能尚未在这些活动中得到充分的体现。如何通过"展览"这一最具博物馆特质的行为，在公共活动中扮演更主动的角色，国内有一些博物馆做出了尝试。

2010年以来，烟台市博物馆下设的烟台民俗博物馆面向社会举办妈祖文化节，承办方为烟台市博物馆和与之有良好关系的福建商会、莆田商会、台商协会等。在活动筹款、节目内容、参拜人数等方面，都让博物馆看到了社会参与的积极性②。

2014年开始，广东省博物馆举办公众网络投票，选择两年后的展览项目，此外，还在公众体验、社会策展人、营销推广、公募基金等方面有诸多理念创新与探索实践。此外，粤博倡导"无边界博物馆"概念，把展览做进地铁、商场、机场等城市公共空间，强调博物馆要发展并充分发挥其社会作用，就应更积极、更主动地走出博物馆、走向大千世界③。

文化中枢的定位，促使博物馆在吸引人们走进博物馆和让展览走出去这两个方向做出努力，这两个方向的共同意义在于，使博物馆与社会产生真正的联系。文化中枢的功能不是停留在开发某件文物IP形象上，文物的"活"也不是简单地让画面动起来，而是与社会各个层面发生联系，实现真正的资源互动。

2019年3月，国家文物局公布了2018年度"弘扬中华优秀传统文化、培育社会主义核心价值观"主题展览推介项目名录，湖北省博物馆策划的"万里茶道"入选十大重点推介展览。"万里茶道"展览由国家文物局指导，万里茶道沿线8省区文物局主办，湖北省博物馆策划制作，并于2017年12月28日至2018年4月28日在湖北省博物馆首展。展览联合了万里茶道沿线8省近30家文博机构和茶叶企业，展品共600余件（套），再现了昔日万里茶道的繁荣风貌。

---

① 焦丽丹：《如何让馆藏文物"活起来"》，《中国博物馆》2015年第3期；王玲：《博物馆藏品与文化产品的创意开发》，《中国博物馆》2016年第4期。

② 王金定：《博物馆，如何让你的文物活起来》，《博物院》2017年第5期。

③ 魏峻、毛颖：《中国博物馆大型原创性特展工作的创新理念与探索实践——以广东省博物馆为例专访魏峻馆长》，《东南文化》2017年第6期。

　　“万里茶道”先后在湖北省博物馆、武夷山市博物馆、山西博物院、河北博物院、内蒙古博物院巡展，至今已经巡展到第五站（内蒙古博物院），期间受到2018年、2019年两个国际博物馆日主题，“超级连接的博物馆”“作为文化中枢的博物馆”的启发，“万里茶道”策展团队梳理了筹备过程与展览经验，在国际化语境中探讨新的策展可能，讨论博物馆作为社区、社群、社会活跃参与者的角色定位。

二、“万里茶道”巡展内容与策划

（一）选题缘由：世界文化遗产、大型原创特展

　　万里茶道兴盛于17世纪末至20世纪初，主要是中国至俄国之间以茶叶为大宗商品的商贸线路。这条线路南起福建武夷山，经江西、湖南、湖北的水路运输，又经河南、山西、河北、内蒙古等地，一直延伸至中俄边境的恰克图完成交易，而后经过西伯利亚地区至欧洲，总长达14000余千米。万里茶道的兴起，不仅是全球贸易史上极为重要的一环，也带动了沿线各地的商业文化交流，是中国茶文化连通世界的重要标志，也是东西方文化交流的见证。

　　自2007年完成基本陈列第二次改造后，湖北省博物馆在30余个大型临展的实践中，与山西博物院、河北博物院等知名省馆建立了良好的合作关系。策展团队认为，提升展览水平最终要靠举办有影响力的大型原创展览，特别是反映地方文化特色的大型临展。了解万里茶道的历史有着多方面的现实意义，能让人们感知“一带一路”的文化传承，作为申遗节点的文化窗口，博物馆有责任向观众全面而系统地展示万里茶道的历史文化。

　　2012年6月，“万里茶道”世界文化遗产申报工作拉开序幕，2019年3月，国家文物局正式将“万里茶道”列入《中国世界文化遗产预备名单》。作为“万里茶道”最重要的节点之一，湖北省一直积极参与申遗工作，作为申遗牵头单位，湖北省文物局联合各省文物局和文化机构，举办了一系列工作会议、学术会议，为展览提供了契机，也为展览做了前期的学术准备。

（二）展览定位：贸易文化线路

作为展览，"万里茶道"有着内容丰富的优势。路网全长达14000千米，目前申遗名录已增至52个遗产点，由一系列代表性历史文化遗存和文化线路景观集合而成，不仅有多区域、多线索的文化脉络，也因茶叶贸易这个主题，明确地将各个遗产点串联出来。从种茶到喝茶，从卖茶到买茶，沿着茶道线路搜集与茶相关的经济行为，就能找到各地生产生活方式、茶俗茶文化、商会会馆与宗教信仰等要素的关联性与差异性，从而建立交流的轨迹。

在确定展览基调时，"万里茶道"避开了国内地域性主题展中常见的"万方""殊方"等地域意识，基于18世纪中国茶叶在全球茶叶贸易市场占绝对优势这一史实，策展团队采用客观叙述模式，用贸易走向、经济数据和商人群体的行为说话，旨在展示这一重要的文化交往历史，凸显万里茶道所承载的人文历史信息。

根据现有条件，在规划展览时，确定了几个基本原则：

（1）以馆际联合举办"万里茶道"特展；

（2）以生产—贸易相关文物展现历史风貌；

（3）以学术研究和田野调查支撑展览大纲；

（4）以民间力量的参与丰富展览内容。

（三）展品选用：公私合作、重考据、深挖掘

由于万里茶道相关文物类型广泛，时间跨度大，涉及的节点多，如何选择最具表现力、影响力、代表性的展品成为策展团队的首要考虑。在巡展的每一站，策展团队都与接展单位密切对接，了解到相关的学说理论、研究成果、历史文献资料、档案资料、口述材料特别是相关实物，都还缺乏系统的收集、整理、考证和研究。

根据文物资源与展览的契合度，策展团队多次前往福建武夷山、江西婺源、湖南安化、湖北羊楼洞、山西祁县等地征集文物。在深入田野的过程中，团队发现民间藏品在数量、内容上的优势，但以往公立博物馆对民间收藏的强势交流让民间藏家普遍持有抵触和提防心理。策展团队对藏家的展品所有权给予了充分尊重，同时由策展团队拟定私人藏品运输安保方案并执

行。这些举措获得了藏家的信任与支持，大部分民间藏家对展览产生了浓厚兴趣，以相对低廉的借展费用出借展品，并提供了大量历史资料，甚至主动捐赠部分文物。

以往的巡展通常有固定的展品和内容，"万里茶道"则突破了这些限制，是一个"活"的展览。在巡展过程中，策展团队在每一站都丰富了当地展品及相关内容。2019年7月30日，"万里茶道"内蒙古博物院站正式开幕时，已对原展览近一半的展品进行了调换，最终以茶叶样品、茶叶生产工具、中西式茶叶罐、中西式茶具、茶商广告、账本、书信、碑拓、建筑构件、戏曲影像、票号实物、模型、图片等展品综合展示了万里茶道沿线人文、历史、不可移动文物和可移动文物之美。其中万里茶道第一大晋商常氏家族的"十大玉"商号相关文物，在1件"大泉玉"茶庄招牌（湖南临湘市文物管理所藏）、1本"大涌玉"账本（湖南临湘市文物管理所藏）的基础上，增加了"独慎玉"茶庄招牌（湖北赵李桥茶厂藏）、"大德玉"汇票（河北私人藏品）。各版块的相关文物均得到充实，湖南临湘地区提供了大量茶产区契约文书，湖北武汉、山西太原、浙江宁波等地私人藏家补充了欧洲回流的西式茶具。展品最终共计600余件（套），开幕时私人藏家提供的展品达到343件（套），展览内容得到有力支撑。

策展团队还与每个省馆的文保部门密切合作，从选择展品到文物点交，各馆保管部均全程参与，评估文物是否符合展出条件，对展品作必要的修复，以及展览过程中展出微环境的调控和展品本体监控。特别是从福建武夷山站到山西太原站，温湿度转变较大，山西博物院藏品保管部同仁对纸质类和有机物展品都进行了仔细检查，做了相应的防潮、防虫处理。

在与博物馆合作之前，申遗机构围绕万里茶道申遗举办的展览以图片展为主，通过古建、碑刻等照片主要展示沿线各节点现存的不可移动文物。而民间自发举办的展览或文化活动，多局限于某一遗产点，缺乏各点之间的沟通，而且展出内容缺乏科学性。

"万里茶道"采用"总策展人负责+团队协作"机制，总策展人与内容设计团队的研究方向均为世界史或中国近现代史，通过与各馆同仁、各地文史研究专家的合作，弥补团队知识面的不足。策展团队在现场了解文物，在田野中研读文献，更好地理解展品与地域的关系。在面对临湘市文物管理所提供的"辛巳年账本"时，策展人发现出借方的文物清单里记录为"1941年"，而根据账本的装订风格、棉纸的年代、所登记商号的经营时间推断，账本实际年代为1881年。私人藏家借展的茶罐、茶盒上所有文字信息与商铺历史源流也都得到了归类和梳理，这些展品信息不仅成为展览内容，也成为申遗资料的重要补充，如山西博物院展品《光绪二十一年重修汉口山陕会馆志》，填补了已被拆除的汉口山陕会馆的信息空白。

（四）展览内容：以"物"释"人"、地域特色

在与各个省馆的沟通过程中，策展团队发现各省馆提供的展品几乎均为晚清民国茶具，这与以往省馆文物征集重点有关。针对这一特点，内容设计团队将第一单元主要内容设定为"中国古代茶文化"，介绍茶器背后的茶文化源起，并引入历史上茶叶、茶器与世界各地文化的交流，从古代外销茶到近代外销茶，用1/3单元的篇幅进入主题。

展览大纲主要分为三个单元：第一单元"茶的故乡"，介绍茶叶分类、中国古代茶文化、外销茶的种植与加工；第二单元"香播万里"，主要讲茶的传播与影响、万里茶道、商路的演变，其中着重介绍中俄恰克图贸易、晋商的兴起和万里茶道各节点；第三单元"文化之路"，展示文明的交融、会馆文化、宗教信仰的传播、现代西方文明的引入；结尾展示万里茶道作为文化遗产的意义、遗产点名录、申遗大事记等相关内容。

展览中最难诠释的是不同文化背景中"人"的互动，其中既有种茶人、制茶人、贩茶人、饮茶人的生活面貌，又有贩茶商人在南北双向流动过程中与各个站点间产生的不同贸易行为。在有限的空间内，脱离原生环境的展品需要进行重构，使其融入新的语境中，引起不同地区观众的共鸣，策展团队最终将落脚点放在"物"的表达上。

传统展览告诉观众"古人创造了什么"，文物背后的故事不止于此。"万里茶道"试着向观众解释先民为什么要把茶叶运到外国，他们是在什么样的历史背景下创造了我们今天看到的砖茶，一百年前，砖茶和散茶又是如何参与到全球贸易当中。近现代文物有着时间上的优势，在年长的观众眼中，有些展品不是扁平的文物，而是他们曾经使用过的生产生活用具。从熟悉的地理环境和文化特色入手，感受不同地区不同方式的茶叶贸易与不同风

格的茶文化，就成为展览拉近文物与观众距离的切入点。

万里茶道上，长距离茶叶贸易导致票号的产生，码头上大规模的人力运输催生出武汉第一套邮票中的担茶人形象（图1），茶园的长期垦殖影响了临湘地区茶园契约的书写规范。在位于湖南山区的安化，由于消息难以传达，形成了勒石为禁的茶禁碑，伫立在风雨廊桥和运茶古道上。这些沉默的文物，见证了先民因茶叶贸易形成的生计、友谊、联盟或婚姻，以及由此带来的地方文化的演变。它们中的一部分，有幸在历

图1　担茶人邮票
湖北省博物馆藏

史长河中得以留存，走进博物馆里，让更多人了解当年的故事。基于以上思考，内容设计同仁以"茶的制作、使用、贸易"为中心思路，尽量将文物还原为地方史的见证，实现"人（展览中故事的主人公）"与"人（展柜前的观众）"之间的交流。

在展览的前半部分，策展团队着重考虑水路遗产点的地域特征。河流是文化的传送带，湖北省博物馆主要关注长江—汉水流域上的城乡聚落，包括茶叶包装、中转贸易的滨水聚落、茶产区的平原聚落和山地聚落等。除了展现因茶而兴的汉口，也关注到羊楼洞这一砖茶的故乡，重点介绍了当地所产青砖茶和米砖茶对边疆地区的影响。两湖地区因水域产生了经济文化上的密切联系，湖南安化、临湘地区也作为重点展示。

以三处水陆交通更迭节点（汉口、襄阳、赊旗）为转折，展览进入以陆路运输为主的后半部分，着重展示驼队的运输方式、易货方式、往来商铺账目、商人与会馆及相应的宗教信仰等。根据展览前期专家论证会的意见，增加了纸质文物的比重，如内蒙古博物院藏《1891年恰克图永玉和商号六月总账》内列有百余种中国从俄罗斯进口的货物，反映晋商将茶叶贩卖到俄罗斯后，返程带回了皮货、宝石、糖果等商品，记录了一次完整的贸易过程。

同一件文物处于不同的组合中会讲述不同的故事。汉口东正教堂的俄罗

斯铜钟，说明当时前来汉口的俄国茶商人数众多，导致俄租界建造东正教堂（图2），从侧面展现万里茶道上经济、宗教和文化的繁荣。又如清代晋商银锭（图3），在展线中与晋商的钱票、茶票和俄罗斯卢布等货币、代币并列，见证了从茶产区到销售区的贸易。

图2　汉口东正教堂铜钟
江汉关博物馆藏

图3　清代银锭
襄州区文物管理处藏

图4　山西站新增文物：《行商遗要》
祁县乔家大院民俗博物馆藏

在巡展过程中，8省文博机构内容设计通力合作交流，并关注到平常业务范围之外的领域，山西博物院首次对武夷山的晋商文化进行梳理，增补了武夷山节点的申遗内容。展览在山西站新增了晋商账本、合同、家书，特别是祁县渠家编撰的《行商遗要》原件（图4），替代了湖北省博物馆展览时的复印件，详尽说明了晋商从山西祁县出发，前往两湖地区收购茶叶的过程：包括沿途住宿、水陆转运、与当地船户的议价等大量细节，突出了线路的文化意义。随着申遗工作的推进，节点不断增加，设计人员也相应增绘了地图。

策展团队发现，在汉口开埠后，茶叶运输路线发生了重大改变：茶叶沿长江到上海，再走海路运输至天津，从天津分成两条线路，一是到张家口沿着老路前往恰克图，二是到大连、哈尔滨，从中东铁路横穿西伯利亚。私人藏家提供的安徽、浙江、上海、山东、天津（图5）、辽宁、黑龙江等地茶罐和茶行广告包装纸，有力支撑了中东铁路与万里茶道关系的展览内容，作为晋商南下之前的贸易主力，徽商的历史也得到呈现，这段历史也得到申遗团队的关注。

通过对"物"的观察，观众可以在"万里茶道"展厅里发现中西方在茶叶盒、茶广告上表现的不同审美；在印有商号名称的褡裢和印章、装满茶叶前

图5　天津正德兴茶庄茶罐
私人收藏

往大漠的皮口袋里追溯晋商崛起的历程；可以了解俄罗斯和东欧其他国家乃至英国、以色列的茶叶制品，其原料曾大部分来自中国南方地区，漂洋过海的茶叶先后为古代和近代中国铺设了连通经济文化的网络；茶叶贸易曾经是汉口、哈尔滨、张家口、恰克图等地浓墨重彩的城市史。展览内容体现出从农耕到游牧的跨文明生活，展现了从华南华中的丘陵茶园到江河体系、山地路线、草原、高原的欧亚版图，展示了茶叶的生产、运输、集散和贸易全过程，实现了对经济、社会、文化等各方面的反映。

（五）形式设计：嗅觉、味觉与视觉的结合

历史文化主题展对空间往往有延续性的要求，各站均采用大空间或串联式的展厅结构，满足展览的延续性。

在湖北省博物馆，"万里茶道"（图6、图7）设计了480米展线，整体空间根据展览内容划分为三个部分，结合几个重要的地理节点，将羊楼洞古街道场景、运茶古道、茶叶渥堆、汉口租界建筑群、船码头及俄罗斯红场等特色标志性建筑在展览中融合呈现，大型电子沙盘和站点互动游戏呈现翔实的茶道线路，4部实地拍摄高清纪录片直观展现武夷山、安化、羊楼洞、汉口等地风貌，增强展览实景代入感。又从运输工具的转变入手，从人力扛担、

图6　"万里茶道（湖北站）"展标

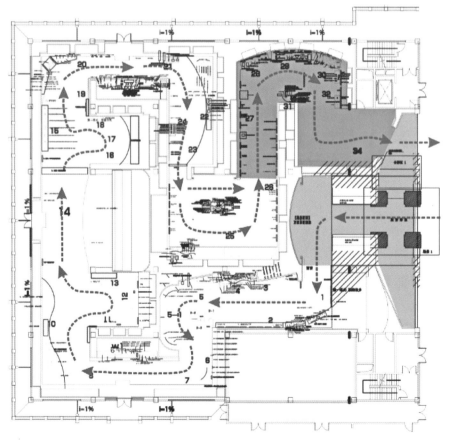

图7　"万里茶道（湖北站）"展厅单元划分图

制图：湖北省博物馆黄翀

船只水运、驼队陆运到近现代火车轮船运输，水波纹灯投影与船形展柜配合（图8），青石板鸡公车展品与老街商铺背景喷绘组合（图9），再现动态的运输过程。

　　对于生产生活工具，采用组合的方式是还原展品的原生环境。对安化黑茶的原始制作形态的展示（图10），是在舞台上挖了一个火塘，将篾篓茶、梭筒、腊肉、吊壶按照当地人在家生火做饭、熏制腊肉和黑茶的方式从高到低吊装展示，搭配当地居民家中的实拍照片及文字说明，还原了展品最初的样貌，最大限度地展现展品信息。

图8　湖北站船形展柜　　　　　　　图9　湖北站羊楼洞老街场景与视频

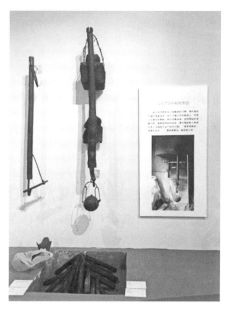

图10　湖北站展品组合：安化黑茶的原始制作形态

在博物馆展览中，非物质文化遗产的展示还是一个相对较新的领域。在展厅不具备现场表演的条件下，以纪录片的形式展示武夷山的工夫茶道、安化茶歌与千两茶篾篓编织技艺、赵李桥砖茶的机械压砖技术等制茶的非遗技艺。在武夷山站，增加了当地非遗传承人对宋代"茶百戏"的复原展示（图11）。在内蒙古站，则以汉蒙融合产生的"二人台"等民间曲艺展现地方民族文化交流特色（图12）。

为了展现边销茶特色，湖北省博物馆在赵李桥茶业集团的协助下，搭建了一面印有万里茶道路线图的砖茶墙（图13—图16），墙面两侧是湖南安化第一茶厂助力的两支富有安化黑茶特色的五千两茶，这一场景不仅与展览主题相关，更让观众有视觉上的震撼和嗅觉上的享受。因展示效果良好，在河北博物院（图17）与内蒙古博物院也采用了茶砖城门，而在武夷山站，则用制茶的熏笼、运茶的茶包散发茶香，在嗅觉上给各站观众都带去富有特色的展览体验。这些场景还成为观众在展厅内合影的首选地。

青砖茶是边销茶的主要产品，渥堆是青砖茶制作中的重要工序。"渥"是在茶叶上洒水，"堆"是将茶叶堆起来，也就是将茶叶堆放成一定高度后洒水，使茶叶充分发酵，达到去涩增香的目的。湖北站展厅内以茶叶喷胶的方式复原了一个渥堆，从渥堆中穿过时，通过体量、实物和气味，观众更直观地理解了青砖茶的制作技艺。而在北方各站，由于不是茶产区，渥堆的设计改为城墙，更符合地域特色。

在布展细节上，设计人员将展架与立体照片组合展示（图18、图19），文字内容和文物内涵的组织与组合，增强展览的趣味性、娱乐性，以无声的展览语言吸引更多观众主动获取展品信息。

（六）延伸方式：教育、文创、企业的助力

"万里茶道"在湖北省博物馆展出四个月，共接待观众近80万人次，湖北省博物馆社教部开发了"古道茶情"系列教育活动，活动内容包含茶学小课堂、展厅寻"茶"、茶文化剧场及多种趣味手工制作等，并专门培训志愿者讲解员15人，先后开展活动60余场次。陈列部牵头举办四场学术讲座，邀请知名学者、策展人与茶企专家从不同角度介绍万里茶道相关知识，产生良好反响。展览筹备期间，市场部举办文创大赛，共有来自全国24家单位及

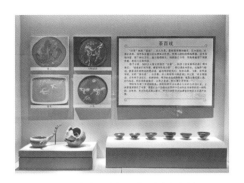

图11 武夷山站"茶百戏"展柜

图12 内蒙古站"二人台"展柜与
多媒体放映

图13 "万里茶道"茶砖地图

图14 湖北省博物馆场景:茶砖墙

图15 策展人黄建在茶砖墙(内蒙古站)
前接受媒体采访

图16 湖北省博物馆展厅内景

图17　河北博物院展厅内景：大境门城墙

图18　立体眼镜与镜架组合

图19　观众正在欣赏立体眼镜

个人参赛，产生了13个品种、103件作品，其中8家单位的30余件作品入围获奖，如万里茶道路线图飞行棋、茶庄广告版拓片书签等在展览开幕时已上柜销售，深受观众喜爱。

在制作渥堆场景、茶砖墙时，策展团队积极联系茶产区沿线各知名茶企，达成合作的福建正山堂、湖南安化第一茶厂、湖北赵李桥茶业集团等企业都是万里茶道上曾经辉煌的老字号品牌。作为资源互惠，湖北省博物馆在展览尾厅和馆区设置优质茶品展销柜，茶企在销售的同时为观众提供免费茶饮，从随手端起一杯茶，到主动了解茶背后的故事，这个文化连接的过程在观众的味蕾上悄然完成。在结束参观后，观众也更有意愿将茶产品作为展览文创带回家。

展览推广主要依托各个省馆及各节点所处风景区良好的人气指数；各馆利用官微和传统媒体的作用，从展览到教育活动开展专题报道。展览期间适逢外交部以"新时代的中国：湖北，从长江走向世界"为题举办湖北全球推介会（2018年7月12日），"万里茶道"部分展品入选展示，国务院新闻办公室网站、外交部网站、《人民日报》等官方媒体也为"万里茶道"做了宣传，让展览获益。同时，合作企业官微、知名藏家自媒体和被展览吸引的茶文化爱好者也都主动参与到展览宣传当中，扩大了展览影响力。

三、让展览活起来：展览的影响与辐射

（一）信息交流中心

"万里茶道"是一个反映多种文化碰撞、对话的主题宏大的展览，不仅时间跨度大，在空间上也打破了单一馆馆藏文物的地域性特征。展览反映出馆际合作、公私合作的必要性和优势。

作为主策展方，湖北省博物馆全面负责展览大纲的撰写、沿线实地调研、磋商借展事宜、推进巡展工作、制定文物运输安保方案等，与其他各省文物单位精诚合作，共同完成展览的前期筹备与巡展策划。在展品征集过程中，策展团队在公藏与私藏之间建立信任机制，从缺乏相关展品而不得不调整展览内容，发展到展品丰富且直接相关，逐渐打造出一个专题文物精品展，是多方合作的结果。同时，湖北省博物馆及时为申遗机构、私人藏家、公立文博单位提供需要的藏品或文字资料，对万里茶道各个历史时期的重大历史事件、各节点的文化面貌有了详细的了解，逐渐形成相关展品鉴定与学术研究的实力与口碑，成为万里茶道沿线各节点相关文物和文化活动信息的交流平台。

2019年7月26日，第六届山西茶博会在太原举行，在此期间山西省茶文化研究会单辟一个展区，对晋商文物进行展示，经由"万里茶道"策展人的牵

线搭桥，广东、福建、浙江、江西、湖南、湖北、内蒙古茶文物的主要藏家共赴太原，各地私人藏家的交流拓宽了展览的后续合作空间。

（二）后续工作的发起

受"万里茶道"展览形式的启发，同时为了配合申遗工作，沿线各节点地方文博机构也积极与当地私人藏家合作，以"公馆私藏"的方式打造当地特色专题博物馆，私人藏家的藏品得到了科学的展存和管理，万里茶道申遗的品牌效应也随之扩大。整个巡展过程中，多元的合作机制吸引众多非国有博物馆和私人藏家对湖北省博物馆的关注，湖南省安化县、湖北省赤壁市、山西省茶文化研究会先后组织团队来到湖北省博物馆考察，并有多地机构、藏家提出合作意向。

在协助羊楼洞·中国青砖茶博物馆筹建过程中，湖北省博物馆策展团队发现19世纪90年代俄商在羊楼洞古镇所设茶厂的厂房地基，立刻上报湖北省文物考古研究所，这一考古发掘，将填补申遗内容里俄商入华前期活动的空白，而考古发掘后的遗址也将成为当地青砖茶博物馆的重要展示。

鉴于茶企在展厅取得的良好销售业绩，万里茶道联合申遗办公室注册了申遗标志，正在与沿线茶企积极联系，订制万里茶道申遗纪念茶砖，此为展览延伸的经济效益。

（三）文化中枢的形成

通过"万里茶道"巡展，湖北省博物馆结合8家省级博物馆的策展经验、科研实力、场地优势，协助地县文化机构的展览策划、宣传活动、文物征集与保护；同时集结万里茶道申遗工作的各类实物资料和文献，推动基层文化单位和地方史研究者参与到省级、国家级的申遗工作中，为当地遗产点发声；每一站巡展，湖北省博物馆都建议展方邀请所有合作单位出席开幕式，通过知名博物馆的带动，让以前较少关注的重要藏品获得关注，为中小型博物馆的振兴带来契机。

通过"万里茶道"的8省联展，湖北省博物馆从等待观众走进展厅的被动角色，转变为主动引导社会各界共同参与文化传承工作，成为"万里茶道"申遗工作极为重要的文化中枢。借助展览这个面向社会的平台，不同的社会力量实现了平等对话与资源互换，推动了申遗工作，民间力量与公立机构进入更为密切的合作阶段，极大地提升了万里茶道的品牌效应。

申遗的成功将会彰显万里茶道的历史价值，同时增加其现实意义，随着茶文化的复兴，各节点的茶产业随之兴盛，湖北崇阳县虽然不在遗产点名录中，却因毗邻羊楼洞茶产区，茶产业带动了当地木工、锡工、竹工、漆工等周边行业的发展。而受到展览推动，湖南安化县文物管理所开始收集散落在山野间的茶禁碑，通过拍照、拓片、入藏等不同形式，使碑刻得到保护。各地民间藏家也合力抢救和保护当地文化遗产。不论从经济上还是文化上，万里茶道留下的传统资源都形成了与当代社会的对接，真正地"活"了起来。

四、结语：思考与展望

随着全球化程度的加深，全球博物馆的策展理念和方法日渐趋同，博物馆的范围也逐渐扩大。从国家到基层、从公立博物馆到私人藏家、从博物馆到社会各界，"万里茶道"展览结合了多方力量，成为申遗资源的集结点并向外辐射，并且在每一站巡展结束后，还能在当地持续起到促进合作的作用，从讲老故事到创作新故事，从物的展示到人的参与，从各自保管到资源共享，传统文化在这个平台上找到了与时代合作的新机遇。

在"万里茶道"展览中，博物馆里的"物"成为连接过去、现在和未来的桥梁，增进了公众的文化认同感与归属感，这是博物馆作为文化中枢，与社区交互发展的成果。当多方资源汇聚博物馆时，既能共享传统文化，也在乡村振兴、文化扶贫、城市文化建构、国际文化交流等方面展现出了比传统展览更为活跃的社会影响力。

2007年，湖北省博物馆成为中国第一家免费开放的公立博物馆。湖北省博物馆现任馆长方勤在接受采访时表示，免费开放以来，参观人数从每年30万人次增加到200多万人次，这就是公共文化的"均等性"。博物馆应该是能让人享受平等的公共文化服务的场所[①]，这种开放性不仅是欢迎大众走进博物

---

① 侯隽、杨蒋超、胡洁菲：《国宝"活起来"博物馆"火起来"——对话九大馆长：我们是这样让馆藏文物"活起来"的》，《中国经济周刊》2018年第5期。

馆，也体现在让展览走出去，成为社会共享的资源。

我们清楚地认识到"万里茶道"展览目前存在的不足。2020年，湖北省博物馆将在武汉再次策划"万里茶道"，作为对前五次巡展的回顾，本年将出版展览图录，同时筹备在其他地区的巡展。同时，策展团队也积极吸收近年来同类型展览的经验：如2010年西北五省区博物馆联合举办的"丝绸之路——大西北遗珍展"、2018年青海省博物馆牵头组织策划的"唐蕃古道——七省区精品文物联展"，均以"文化线路"为主题的或围绕世界遗产项目展开。

此外，策展团队也在积极联络东北、西北地区的文化机构及私人藏家，希望在万里茶道的支线上共同推进展览的影响力，将博物馆展览推送到更广阔的公共文化空间。

传统的未来在于传承，博物馆有义务把历史的智慧展示给今天和未来的人们。开放的合作资源，既有利于增强博物馆的发展活力，也有利于博物馆突破空间的限制，在城乡文化间扮演越来越重要的沟通角色。1905年，中国人创建的第一座博物馆——南通博物苑的墙上，张謇曾写下"导公益于文明，广知识于世界"。作为文化中枢，当下国内博物馆该如何更好地服务社会，这句话依然是深刻的启示。

当代中国地方博物馆陈列模式的形成

——以20世纪50至70年代陕西省博物馆通史类陈列为例

罗兰舟*

摘要： 当今世界上拥有中国古代藏品的博物馆众多，但以中原王朝更迭为线索的编年体通史陈列独具中国特色。本文以批判性博物馆学为理论视角，以陕西省博物馆陈列说明、展览图录、总结计划档案为一手材料进行案例研究，解析通史陈列在20世纪50至70年代的形成与发展。第一部分分析20世纪50年代，中国通史陈列模式首先在国家级博物馆建立并迅速推广到地方博物馆；第二部分讲述陕西省博物馆建立起"关联全国、着重地方、保持系统、突出重点"的地方通史陈列范式；第三部分对比20世纪70年代的两类展览，一类是陕西省博物馆挑选展品参加故宫举办的全国性的出土文物展以及地方博物馆借此机会重新开放的文物展，另一类是代表中国文化外交的"中华人民共和国出土文物展览"。地方博物馆在曲折探索中建立起一套体现中国当代性的通史陈列模式。

关键词： 通史陈列　地方博物馆　批判性博物馆学

对当代中国地方历史文物陈列的研究不断有新主张出现。大多数学者的陈列研究都属于实践性博物馆学（operational museology）[①]，即指出问题不足，提出针对性改善建议。这些研究对现有的两大陈列模式：以材质分类的类型学模式和以编年史为基础的叙事型模式（也称通史陈列模式）进行优劣

---

*　罗兰舟，莱斯特大学博士候选人，主要研究方向为博物馆学史。

①　对实践性博物馆学、批判性博物馆学的定义、关系参见：Shelton A. Critical museology: A manifesto. Museum Worlds, 2013, 1: 7 – 23.

势分析。普遍认为：不脱离中国通史宏大线性叙事逻辑，就很难全面展示地域历史文明发展脉络；而且地方通史陈列模式有同质化的问题。提出的建议包括提升美学设计①、给予展览最恰当的定名②、尝试信息组团模式③、展览运用多元混合（展品的混合：结合不可移动文化遗产、非物质文化遗产、历史文件档案；空间的混合：重构原生环境）来弥补收藏系统的不足④等。

本文借助批判性博物馆学（critical museology）的理论视角，不对实践进行评价，而是将中国地方博物馆陈列模式置于其原生环境中。相较于实践性博物馆学把博物馆内的展览、收藏、教育等都看作是中立的手段，如提出中国地方博物馆陈列可借鉴"大英博物馆百物展"文物说话、学科交叉、相互关联性的展览方法⑤；批判性博物馆学否认这些手段的普适性，而认为特定的环境和时空决定了这些手段，如同样是对大英博物馆的展览方法研究，则认为其实质在于利用启蒙运动的普适性去占领道德高地，对全球文化进行去政治化和去国家化的解读⑥。从这个理论视角出发下的研究，并不在于指导博物馆如何做更好⑦，而旨在理解当代中国地方博物馆陈列模式的构建。比如已有学者注意到中国博物馆同质化陈列模式利用历史文物支持了一种统一至今的国家形象⑧。

以批判性博物馆学为理论支撑看当代中国地方历史文物陈列，那么当代

---

① 茅玉香：《对地方博物馆陈列美学设计的探索》，《大众文艺》2010年第18期。

② 房学惠：《新机遇　新使命——新建博物馆陈列展览的策划与实施》，《博物馆研究》2016年第2期。

③ 李吉光：《博物馆通史类展览的第三种模式——对信息组团在通史类展览叙事中运用的思考》，《中国博物馆》2017年第4期。

④ 严建强、邵晨卉：《地方博物馆：使命、特征与策略》，《博物院》2018年第3期。

⑤ 赵甜甜：《关于地方通史陈列叙事方式的思考》，《文物鉴定与鉴赏》2018年第13期。

⑥ Knell S. National museums and the national imagination. National museums: New studies from around the world. Abington: Routledge, 2010: 3－28.

⑦ Knell S. National galleries: The art of making nations. Abingdon and New York: Routledge, 2016: X.

⑧ Varutti M. Museums in China: The politics of representation after Mao. Martlesham: Boydell & Brewer, 2014: 121.

不完全等于现在。相较于把历史看作是绝对的、不容置疑的事实，以当代视角阐释历史时，意识到历史是以现在视角回望过去①。在当代视角下，地方历史文物陈列不是一个固定的事实，是一系列当时不断改变的对过去的看法，也就是受时空影响的变化的历史观的体现。本文以20世纪50至70年代陕西省博物馆的通史类陈列为例，来揭示当代中国地方博物馆陈列模式不断构建和重构的过程。

一、博物馆马克思主义中国化编年史的形成

中国通史陈列模式是以中国国家博物馆前身北京历史博物馆的"中国社会发展史展览"为蓝本推广到全国博物馆的。1950年初，北京历史博物馆首先着手"中国社会发展史展览"中的"原始社会陈列"，1951年2月对外开放②。由于北京历史博物馆当时隶属中央人民政府文化部，该馆的展览能够直接体现新中国对博物馆陈列语言的构想。

在这个构想中，博物馆陈列语言由官方历史观掌控的。马克思主义中国化的先锋如郭沫若和范文澜直接参与策展，进行"方法上的指导"③。考古学家、人类学家只是提供资料，艺术史学家只在美工方面提供指导。也就是说，展览决定性的叙述和架构都是出自官方史学家，然后从别的学术领域中选取例证，选择权完全掌握在史学家手中。

那么，别的诸如考古学领域的声音会不会被展览采纳呢？会的，在符合中国马克思主义史学家观点时。1950年4月2日上午9时，北京历史博物馆在馆会议室召开座谈会，邀请文物局领导、及相关领域专家、与博物馆工作人员共同探讨陈列的具体问题。诸如考古学家尹达的发言被确定为"基本原则"④。他认为博物馆的使命是"使观众知道劳动创造了人，劳动创造了世

---

① Knell S. The museum in the global contemporary. The contemporary museum: Shaping museums for the global now. Abingdon: Routledge, 2019: 1 - 10.

② 中国博物馆学会：《中国博物馆志》，华夏出版社，1995年，第3页。

③ 李万万：《北京历史博物馆时期的展览研究》，《文物天地》2016年第3期。

④ 李万万：《北京历史博物馆时期的展览研究》，《文物天地》2016年第3期。

界；要使人们知道历史是劳动者的历史，是劳动者斗争的历史"①。"劳动创造了人"出自恩格斯《自然辩证法》，之后也成为中国学术界的主流观点。直到近年来，才有中国学者质疑这个基石性的原理和命题是早期中译本的失误，恩格斯的本意是"劳动创造了人本身"②。博物馆传递了经过曲解的恩格斯思想"劳动创造了人"，不但过分独断地重视劳动，而且抹杀了恩格斯为"完全形成的人"所界定的社会属性。但在单一理论指导一切的学术系统构建过程中，所有资料，无论是考古的实物资料还是历史档案文字资料，抑或是民俗学资料，都只能来证明这个理论的正确性。

　　北京历史博物馆展览的目标是明晰的，是满足根据官方定义的观众的需求。在展览计划中规定"总的方向"是"基于我国新的文化教育政策，以工农兵为服务对象，因此陈列场面必须与观众文化水平密切结合，适合其需要、解决其问题"③。这里的"需求"更倾向于官方对民众的要求标准。这些要求为以下三点：第一是"使观众认识我国原始社会发展的规律、过程及必然走入奴隶社会的具体情况，以便获取系统的知识，而完成'历史是发展的'的教育意义"④。强调"必然"进入另一种社会形态以及"历史是发展的"，单独看似乎是一种客观的历史观，但联系到"原始社会陈列"最终会被扩充成为覆盖中国几千年历史"中国社会发展史展览"，就可以发现这种逻辑暗示的是新的社会形态比旧的好，更进一步暗示当代新中国是目前为止最好的，未来会越来越好。这层层暗示在上文提到的座谈会上也有所呼应："我们要表现那时无剥削、无压迫的快乐，但不要忽视生产工具的幼稚及因此而导致生活上的贫困，以免使观众发生今不如古之感"⑤。"以免产生今不如古"也就是要强调现在比古代好。教育内容的第二点是"使观众认识到'生产与生产力能够决定经济形态及社会形态'，进而领会劳动的可贵性；

① 李万万：《北京历史博物馆时期的展览研究》，《文物天地》2016年第3期。
② 黄湛、李海涛：《"劳动创造了人"：对恩格斯原创思想的误读和曲解》，《吉林大学社会科学学报》2013年第6期。
③ 李万万：《北京历史博物馆时期的展览研究》，《文物天地》2016年第3期。
④ 李万万：《北京历史博物馆时期的展览研究》，《文物天地》2016年第3期。
⑤ 李万万：《北京历史博物馆时期的展览研究》，《文物天地》2016年第3期。

明了社会的发展即生产的发展，也就是劳动者本来的历史"①。这里把原本仅限于学术的恩格斯著作误读进一步传播给了普通民众，并且如错译一般，只重视劳动而忽视原著中的其他内容。教育内容的第三点是：将中国古代神话传说放置在原始社会的具体历史背景②。这样一来，不仅将最新发掘的实物作为理论支撑，那些口口相传、为广大人民接受的神话故事也被以社会性质为基础的叙事结构皈依了。

如果说官方史学家参与的北京历史博物馆策展过程，只能暗示一些官方态度；那么在展览开放后一个月的1951年3月，文化部正式指示陈列方针，认可了这种陈列模式。"以科学的历史观点和方法，将中国历史发展按年代、事件、人物布置陈列；设立物质文化专题陈列室，对生产工具、建筑、科学发明等历史上物质文化的发展过程予以系统陈列，并将考古材料作科学陈列；陈列中应贯彻科学性、思想性、艺术性。"在这个方针中，展览计划中带有自上而下"教育"的意味被替换，取而代之出现频率最高的词是"科学"。"科学"这类看似普适的价值成了衡量优劣的标准。

在地方博物馆尚不清楚这些标准的具体落实形式时，而应对新政策又势在必行，仿照北京历史博物馆的"原始社会展览"成为最稳妥的选择。甘肃省博物馆的前身西北人民科学教育馆举办了"从猿到人"展览③；浙江省博物馆也在走廊里临时挂上"从猿到人"的图片④，作为改造旧有陈列的一部分⑤；陕西省博物馆"经过学习"，"进入到对中央模仿抄袭阶段"⑥。"抄袭阶段"横跨陕西省博物馆在新中国建成初期频繁改名的阶段。该馆是在原西安碑林博物馆的基础上建立的，于1950年定名为西北历史文物陈列馆，

---

① 李万万：《北京历史博物馆时期的展览研究》，《文物天地》2016年第3期。

② 李万万：《北京历史博物馆时期的展览研究》，《文物天地》2016年第3期。

③ 俄军、韩博文主编：《栉风沐雨七十春——甘肃省博物馆建馆七十周年图录》，甘肃省博物馆，2009年，第11页。

④ 蔡琴：《浙江博物馆史研究（1929—1966）》，中国书店，2014年，第210页。

⑤ 省立西湖博物馆：《历史文化部1950年度工作计划》，浙江省档案馆：J039-001-008-024（1949-12-25）。

⑥ 何正璜：《陕西省博物馆建国以来的陈列工作》，《博物馆学论丛》，陕西人民出版社，1990年，第133—138页。

1952年改名为西北历史博物馆，到1955年由于大区撤销，改受陕西省文化局领导。因之在1955年6月又改名为陕西省博物馆①。直至1956年12月6日，陕西省博物馆调整中国原始社会展览室，抄袭阶段才受到挑战。

二、符合中国通史陈列的地方性构建

与马克思主义中国化编年史成为中国通史陈列蓝本的同时，在此蓝本之下的地方性陈列也在被构建。"地方"在博物馆语境下包含着国家文化部对博物馆的"地方性"定位。1951年10月27日文化部部长沈雁冰向各省、直辖市文教部门下发了《对地方博物馆的方针、任务、性质及发展方向的意见》（以下简称《意见》）②。在《意见》中，"地方博物馆"是在"进行革命的爱国主义教育"目标下，符合"地方性"和"综合性"。"综合性"是指地方博物馆必须包含符合苏联地志博物馆模式的三大陈列部分：当地的"自然富源（包括地理、民族、生物、资源等）"、"历史发展（包括革命历史）"和"民主建设（包括政治、经济、文化各方面的建设成绩）"。"综合性"是为了体现"与地方密切结合"的"地方性"，而这个"地方性"也不能脱离"全国性"。该"地方博物馆"的定位针对"各大行政区或省市博物馆"。这里的"地方"不完全与行政级别重合，但在1951年"地方性"概念形成初期，上海、南京、沈阳等地的博物馆被定位为"全国性"博物馆；西安、杭州、成都等地在内的省会城市博物院被指定为"地方性"博物馆③。根据中央的不同定位要求，各地博物馆开始了对常设展览的改造。

最明确的以及博物馆最能体现的改造要求就是将博物馆划分成三大陈列部分，但是，地方性博物馆不等于地志类博物馆。"地志"这个概念仅存在

---

① 陕西省博物馆：《陕西省博物馆六年来工作总结》，陕西省档案馆：232-2-90（1956-02-29）。

② 中央人民政府文化部：《对地方博物馆的方针、任务、性质及发展方向的意见》，《中国文化遗产事业法规文件汇编（1949—2009）》，文物出版社，2009年，第10页。

③ 郑振铎：《新中国的文物工作》，《郑振铎文博集》，文物出版社，1998年，第174—180页。

于很短的一个历史阶段。最早出现于文化部文物管理局1956年4月14日下发的《省、自治区、直辖市地志博物馆暂行条例（草案）》，把1951年《意见》中三大陈列部分的要求细化："省、自治区地志博物馆组织地方的自然、历史、社会主义建设三部分陈列；直辖市地志博物馆组织城市的历史、社会主义建设两部分陈列。"① 而到了1962年文化部文物局下发《关于博物馆和文物工作的几点意见（草稿）》② 已经不沿用"地志"这个概念，并且地方博物馆"社会主义建设"部分的陈列暂缓组织。考虑到本来拥有自然类藏品的博物馆也不多，所以地方博物馆大多仅剩历史类陈列。即使在1956年《省、自治区、直辖市地志博物馆暂行条例（草案）》下发之后，也并不是所有地方博物馆都能达到地志博物馆的要求。陕西省博物馆，按性质来说是属于地志博物馆，但实质上还完全是属历史范围的，因为新中国建设部分与自然富源部分，还都没有设立起来，社会主义建设部分只能以国庆临时展览的形式呈现③。因此，地志博物馆的要求并没有影响历史文物陈列在地方博物馆的发展；相反，地方博物馆将"地志"这一概念理解为突出地方特色。

在全国各地方博物馆争相复制"原始社会展览"时，陕西省博物馆于1955年前瞻性地确立了"关联全国，着重地方，保持系统，突出重点"④ 的陈列原则。为此，在1956年进行了大调整。"关联全国"确定了地方特色服务于中国一体；"着重地方"的体现是增加陕西地区出土文物，特别在原始社会部分，"使其具有鲜明的地志性"⑤。也就是说在这里陕西省博物馆把"地志性"中关于三大陈列部分的内容剔除，保留了其与地方性相似的含义。另

---

① 文化部文物管理局：《省、自治区、直辖市地志博物馆暂行条例（草案）》，陕西省档案馆：232-2-90（1956-04-14）。

② 文化部文物局：《关于博物馆和文物工作的几点意见（草稿）》，《中国文化遗产事业法规文件汇编（1949—2009）》，文物出版社，2009年，第44—47页。

③ 何正璜：《陕西省博物馆建国以来的陈列工作》，《博物馆学论丛》，陕西人民出版社，1990年，第133—138页。

④ 何正璜：《陕西省博物馆建国以来的陈列工作》，《博物馆学论丛》，陕西人民出版社，1990年，第133—138页。

⑤ 陕西省博物馆：《陕西省博物馆1956年工作计划》，陕西省档案馆：232-2-90（1956-02-05）。

外，为了突出文物出土地点，博物馆尽可能地注释了文物出土地点和绝对年代①。而这些地方文物是根据"保持系统"来挑选的。"突出重点"是在"系统"中挑选具有陕西特色的，比如扩充通史展览中周、秦、汉、隋、唐部分，是因为中国这几个王朝建都于此②。这个"系统"就是陈列模式，具体来说就是文化部指示的、在北京历史博物馆确立的以马克思主义指导的编年中国史叙事方式。这个"系统"在1962年《关于博物馆和文物工作的几点意见（草稿）》得到了再次确认："所谓思想红线，是指以马列主义、毛泽东思想来指导整个陈列；即是以历史唯物主义观点分析、研究材料，组织具有思想性的陈列"③。因此，陈列的大框架是固定的，阐释展品的方法论也是固定的，那么地方博物馆的空间在于如陕西省博物馆那般对框架内填充内容的调整，由此构建了地方性。也就是说，从保持关联全国的地方性系统出发，各地博物馆的不同只能体现在用作"例证"的藏品不同；而藏品征集也是以这个系统为标准，这个系统被固化下来。

为了完善这套体系，也有相应的对传播手段的改善。1957年，陕西省博物馆"为一般观众易于了解古代器物名称，对难识别的古字注以同音字"④。1965年，为了进一步"通俗化、大众化"⑤，陕西省博物馆又一次对通史陈列的重点周秦汉和隋唐陈列室进行大规模调整，增加了图表、雕塑、模型、布景箱，在当时的条件下尽可能地让观众能身临其境。同时，以防观众还不能从文字和展品领会"历史唯物主义、爱国主义以及阶级教育"⑥，展览还有配

---

① 陕西省博物馆：《陕西省博物馆文管会1957年工作总结》，陕西省档案馆：232-2-215（1958-02-15）。

② 陕西省博物馆：《陕西省博物馆12年远景规划草案》，陕西省档案馆：232-2-90（1956-12-25）。

③ 文化部文物局：《关于博物馆和文物工作的几点意见（草稿）》，《中国文化遗产事业法规文件汇编（1949—2009）》，文物出版社，2009年，第44—47页。

④ 陕西省博物馆：《陕西省博物馆文管会1957年工作总结》，陕西省档案馆：232-2-215（1958-02-15）。

⑤ 陕西省博物馆：《陕西省博物馆周秦汉和隋唐陈列室修改计划草案》，陕西省档案馆：232-2-742（1965-04-02）。

⑥ 陕西省博物馆：《陕西省博物馆文管会1964年工作安排》，陕西省档案馆：232-2-547（1964-01-13）。

套的讲解。并且陕西省博物馆还"有计划地与学校、工厂等有关单位加强联系，争取更多的工人、学生来馆参观"①。

三、"古为今用"——联系文物考古与思想政治教育工作

即使是在政治、社会环境不稳定的20世纪60至70年代，官方支持的考古及文物陈列工作都一直在进行②。借由毛泽东主席的"古为今用"为指导方针③，这些工作得以开展。毛泽东的"古为今用"是与历史唯物主义的辩证法联系在一起的。与上文讨论的"科学"含义相似，"古为今用"也是"给历史以一定的科学的地位"，目的是"引导他们（人民群众和青年学生）向前看"④。

1971年7月，关闭5年的故宫博物院重新开放，首个展览就汇集了来自全国11个省、自治区、直辖市的出土文物。这个展览是在"古为今用"的方针指导下，"把文物考古工作同思想政治教育工作结合起来"。展览把文物组合起来的陈列逻辑是，"一方面深刻暴露和批判历代统治阶级对劳动人民残酷剥削的罪行和反动腐朽的剥削制度，一方面热情歌颂创造历史和文明的劳动人民"⑤。展览也试图模糊事实和历史观的概念，旨在"恢复历史的本来面

---

① 陕西省博物馆：《陕西省博物馆文管会1964年工作安排》，陕西省档案馆：232-2-547（1964-01-13）。

② 姚远：《"文化大革命"中的文物保护》，《中国社会科学》2015年第6期。HO D. Revolutionizing antiquity: The Shanghai cultural bureaucracy in the Cultural Revolution, 1966–1968. The China Quarterly, 2011 (207): 687–705.LU D. From trash to treasure: Salvage archaeology in the People's Republic of China, 1951–1976. Modern China, 2015, 42(4): 415–443.

③ 《认真落实毛主席关于"古为今用"的伟大方针》，《人民日报》1971年7月24日。

④ 中国社会科学院中国特色社会主义理论体系研究中心：《深刻认识毛泽东"古为今用，洋为中用"思想的重要意义》，《光明日报》2013年12月22日第7版。

⑤ 出土文物展览工作组：《"文化大革命"期间出土文物》，人民美术出版社，1971年，第2页。

目"①。但是该展览并没有沿用中国通史陈列的逻辑，而是按照省份和出土地点进行分区。陕西省出土文物成了展览的重点之一。主要的叙事逻辑为，描述展品的形制、花纹，再加上结论性语句。同一批文物可以同时配上两个截然相反的主题：如西安南郊何家村出土的唐代窖藏，一方面可以从技术层面彰显民族自豪感："反映当时高度发展的封建文化和手工业艺术以及在医药、科学技术等方面所达到的成就"，并且赋予人民权利："表现了我国劳动人民伟大的创造力"②；另一方面也可以突出阶级斗争："这一窖藏的发现，给我们提供了唐代中期封建统治阶级的骄奢淫逸的实例""可以想见当时整个封建统治阶级对劳动人民的掠夺达到何等残暴地步""窖藏的每件文物都是对当时封建统治阶级的控诉"③。但这种按省份的陈列逻辑削弱了中国作为一个统一国家的概念。

故宫博物院的出土文物展览主要面向国内观众，在中国历史博物馆等各大博物馆闭馆的情况下④，该展览偶尔接待各国驻华使领馆人员和访华代表团⑤。时值中国开始大规模与世界各国建交，以故宫博物院出土文物展览为基础的"中华人民共和国出土文物展"成为文化外交的重要组成部分⑥。将出土文物组成展览推广中国国际形象的想法由来已久。早在1963年，文化部就向陕西、河南等省征集文物，由故宫博物院负责统一规划，准备于1965年在日本举办"中国历代美术展"。该展览预计办成1949后在国外举办规模最宏大的一次美术展，同时也具备"加强中日人民之间文化交流"的"重大政治

---

① 出土文物展览工作组：《"文化大革命"期间出土文物》，人民美术出版社，1971年，第2页。

② 光明日报：《"文化大革命"期间出土文物》，人民出版社，1972年，第2页。

③ 出土文物展览工作组：《"文化大革命"期间出土文物》，人民美术出版社，1971年，第10页。

④ 陈振裕：《"文化大革命"期间出土文物展览亲历记》，《湖北文史》2009年第一辑（总第八十六辑），湖北人民出版社，2009年。

⑤ 石伟杰：《"文革"时，故宫见证"文物外交"》，https://cul.qq.com/a/20150919/014307.htm，2015年9月19日。

⑥ 中国文物交流中心：《光荣使命——中国文物交流中心四十年（1971—2011）》，文物出版社，2011年，第5页。

意义"①。但由于国内局势原因，该展览最终没有成型。

"中华人民共和国出土文物展"在中国文化外交史上具有举足轻重的地位。首先，该展览巡展范围广，时间跨度长。从1973年到1978年，该展览先后赴法、日、英、美等15个国家和地区②。其次，该展览基本遵循中国通史陈列的模式，但在各个国家略有不同。如该展览在美国国家美术馆的陈列模式③基本遵循上文讨论的唯物史观的方式，根据社会形态划分展品；在英国伦敦皇家艺术学院虽然也是编年形式，但对社会形态的划分采取审慎的态度：在展览图录中直接向观众说明，"中国完全不具备欧洲称之为封建的法律基础"，展览中如若出现"封建"一词是中国史学界借用马克思主义对历史的具体划分④。即使在美国的唯物史观的陈列模式也沿用之前在故宫博物院的陈列逻辑，即偏重描述展品，历史观只在某些结论性语句内略显脱节地出现。在世界各地巡回的"中华人民共和国出土文物展"运用同一批文物，但根据不同国家，各有微调，这给予了中国通史陈列模式发展新的可能性。最后，借由该展览，将中国地方博物馆从"瘫痪状态"⑤中恢复起来。陕西省博物馆于1970年恢复了历史陈列；1975年开放了"陕西新出土文物汇报展览"⑥。

———————————

① 中华人民共和国文化部：《为在日本举办"中国历代美术展"向你省商调文物》，陕西省档案馆：232-3-652（1963-12-13）。

② 中国文物交流中心：《大事记》，http://www.aec1971.org.cn/col/col427/。

③ National Gallery of Art, William Rockhil Nelson Gallery of Art and Mary Atkins Museum of Fine Arts. The exhibition of archaeological finds of the People's Republic of China. Washington D.C.: National Gallery of Art, 1974.

④ Watson W, Mōruo Guo and Royal Academy of Arts (Great Britain). The genius of China: Catalogue of an exhibition of archaeological finds of the People's Republic of China. London: Times Newspapers, 1973: 13.

⑤ 苏东海：《"文化大革命"时期的中国博物馆（1966年—1976年）》，《中国博物馆》1996年第3期。

⑥ 张礼智：《陕西博物馆百年史》，三秦出版社，2014年，第69页。

南京博物院①、辽宁省博物馆②、浙江省博物馆③等纷纷开放了以出土文物为题的展览。

　　1979年，国家文物事业管理局发布了《省、市、自治区博物馆工作条例》，至今为止最后一次对地方博物馆展览模式进行规定④。该条例要求中国地方博物馆"遵循历史唯物主义和辩证唯物主义的原则"，"以阶级斗争、生产斗争和科学实验三大革命运动为内容，反映历史和自然发展的客观规律"，"使人民认识自己的历史和创造力量"⑤。

四、结　语

　　由中国地方博物馆陈列模式传递的历史观是基于文化、社会、政治环境的，具有选择性、目的性和导向性。展览的历史观具有选择性，在于陈列是根据某种核心观念去挑选材料；展览的历史观具有目的性，在于展览这种公开的形式是服务于目标的；展览的历史观具有导向性，在于政府部门确定发展方向，依靠博物馆的自主形式呈现，以期公众接受教育并形成认同。在历史观具有导向性的中国模式之下，博物馆的陈列模式必然走向同质化。当发展方向里不再强调并细化传播内容，实则给予地方博物馆更多自主尝试传播手段的空间，以期反过来促进传播内容的更新，扩大中国语境下的地方博物馆定义。

---

　　①　南京博物院：《"文化大革命"期间江苏省出土文物展览简介》，南京博物院，1972年。

　　②　辽宁省博物馆：《辽宁省出土文物展览简介》，辽宁省博物馆，1973年。

　　③　浙江省革委会政治工作组：《关于举办〈浙江出土文物展览〉请各地选送出土文物的通知》，浙江省档案馆：J161-001-354-026（1972-04-01）。

　　④　2005年《国家文物局关于认真贯彻落实党中央、国务院的部署，做好红色旅游中的文物保护工作的通知》是对展览传播手段增加现代技术的要求；2006年《国家文物局关于加强和改进博物馆工作的意见》关于展览部分主要在于规范策展流程和增强社会功能，不涉及对展览模式的规定；2015年《博物馆条例》对陈列展览只有思想上的要求，要求也比较宽泛，比如符合宪法所确定过的基本原则等，没有对具体陈列展览模式的规定。

　　⑤　国家文物事业管理局：《省、市、自治区博物馆工作条例》，《中国文化遗产事业法规文件汇编（1949—2009）》，文物出版社，2009年，第89—92页。

敏感记忆在新媒体时代博物馆中的表达

韩　一

摘要：历史纪念馆（如：侵华日军南京大屠杀遇难同胞纪念馆），对于参观者而言总是具有不一般的意义，中国的历史纪念馆也总是具有一定的独特性。这是一个信息表达方式多元化的时代，传统的展陈模式很难再去吸引参观者的注意力。新的展陈技术与理念的引入，可以帮助这一类的纪念馆更好地表达他们想要传递的内容。本文将尝试从新媒体设备的运用等方面，以侵华日军南京大屠杀遇难同胞纪念馆为例试述敏感记忆在新媒体时代中的表达。

关键词：侵华日军南京大屠杀遇难同胞纪念馆　展陈方式　新媒体运用

一、博物馆与历史背景

（一）侵华日军南京大屠杀遇难同胞纪念馆

侵华日军南京大屠杀遇难同胞纪念馆始建于1985年8月，亦是中国第一座抗战类纪念馆。在经历了1995年、2005年两次扩建后①，纪念馆三期新馆也于2015年12月正式开放。至此，前后经历三次改造，侵华日军南京大屠杀遇难同胞纪念馆终于形成如今的规模与模样。

目前，侵华日军南京大屠杀遇难同胞纪念馆总占地面积达10.3万平方米，5.7万平方米为建筑面积，展陈面积多达2万平方米。整个纪念馆的展示区域主要分成展览集会区、遗址悼念区、和平公园区、馆藏交流区4个部分。而在主展厅内共有三个基本陈列，包含照片5381张、文物9992件、影像

---

① 朱成山等：《侵华日军南京大屠杀遇难同胞纪念馆概览》，伦敦出版（香港）有限公司，2010年。

资料262部。自1985年开放以来至2016年，纪念馆共接待来自100多个国家和地区的近6000万人次的观众。从2014年起，侵华日军南京大屠杀遇难同胞纪念馆更是成为国家公祭日的举办地。由此可见，纪念馆在中国，甚至是世界范围内拥有举足轻重的地位。

（二）南京大屠杀

1937年7月7日的"七七事变"标志着日军全面侵华战争的开始。自1937年12月南京彻底沦陷起至1938年1月之间，短短六周的时间里共有30余万同胞遇害。根据目前资料记载的内容，南京大屠杀期间日军主要犯下以下6大罪行：抢劫、纵火、屠杀、强奸、贩毒以及建立"慰安妇"制度①。

根据幸存者陈德贵的证言：1937年12月17日南京沦陷初期，日军曾在下关按照10人一组的顺序枪毙普通民众，并将他们推入河中。就他亲眼所见，便有六七百人因此丧生。幸存者吴璇更是捡到了记录有日军暴行的相册，并在审判日本战犯时作为证据递交给了南京市参议会。时任南京安全区国际委员会委员的贝茨（M·S·Bates）更是在日记中写道："听负责掩埋尸体的中国慈善团体工作人员告诉他，在1月23日至3月19日期间，共掩埋遗体30104具。"②

而作为医务传教士曾在金陵大学医院工作的鲍恩典也以书信的形式，记录了她在那黑色的六周中的经历。"星期一，我们又在医院里经历了恐怖的一夜。一整天枪声不断，日军肆意地袭击他们选中的目标……病床又不够用了，很多人不得不睡在长椅上甚至是地上。"③

在外国媒体的报道中，同样也能看见南京大屠杀对南京及南京人民造成的巨大伤害。《纽约时报》记者杜尔金（Durdin）曾记录道："尸体被堆成了近6英尺（约1.9米）高的'山'。"④同样来自《纽约时报》的记者阿本德更是直言："中国境内的部分日军毫无纪律，他们的作为，比原来中国的土

---

① 张生：《美国文本记录的南京大屠杀》，《历史研究》2012年第5期。

② 朱成山：《侵华日军南京大屠杀幸存者证言》，社会科学文献出版社，2005年。

③ 杨夏鸣 编译：《鲍恩典书信选1937—1938（一）》，《日本侵华南京大屠杀研究》2018年第3期。

④ 侵华日军南京大屠杀遇难同胞纪念馆官网（http://www.19371213.com.cn）。

匪更甚。"①

与屠杀同时发生的便是纵火,按照《外人目睹中之日军暴行》一书的说法,接连一个月有余日军都在南京城内肆意纵火。"每天每夜都能见到城内的火焰"②。

南京大屠杀期间,日军除了肆意地屠杀平民以外,还发生了近两万起强奸事件③。随之建立起来的"慰安妇"制度在迫害了中国妇女的同时,日本女性也难逃于此。

南京在日军的侵略下,渐渐地变成了一座废弃之城。这座城市中,随处可见的是火光、尸体与满地的狼藉。

二、展陈现状与问题思考

相较于其他类型的博物馆,历史博物馆更应该关注当地历史,并且注重在发现、保存历史及宣传知识和记忆方面的研究工作④。侵华日军南京大屠杀遇难同胞纪念馆作为专门记录南京大屠杀的专题性博物馆在这点上颇有建树,他们对南京大屠杀这一历史事件从多方面出发进行考证,成立了专门的研究中心为纪念馆的陈列、活动提供学术及理论支持。

目前,侵华日军南京大屠杀遇难同胞纪念馆主展示区,主要包含以下两个展览:侵华日军南京大屠杀史实展和"三个必胜"主题展。展览内容包含:"万人坑"遗址、幸存者证词、史料遗物,被轰炸后的南京街道场景复原。下文将重点讨论现有展陈中的"万人坑"遗址展陈与口述史展播。

（一）"万人坑"遗址展陈

目前,在馆区内进行展示的"万人坑"遗址共有两处,分别发现于1998年与2006年。

---

① 张生:《美国文本记录的南京大屠杀》,《历史研究》2012年第5期。

② [英]田伯烈著,杨明译:《外人目睹中之日军暴行》,上海科学技术文献出版社,2015年。

③ 刘广建:《民国出版物中的日军"慰安妇"制度》,《日本侵华南京大屠杀研究》2018年第3期。

④ Burcaw, G. Ellis. Introduction to museum work (3rd). Lanham: AltaMira Press, 1997.

在中国历史上，诸如"暴尸""陈尸在外"这样的词语都带有一定的贬义。在古代，更是只有犯下沉重罪行的人，死后才会不得其所。这就让人不禁思考：这样的展陈方式是否违背了中国人传统的价值观与人伦道德呢？将遗体进行展出是否失去了对逝者的尊重呢？特别是在许多参观者开着闪光灯对着遗址内的遗骸拍照的时候。尽管侵华日军南京大屠杀遇难同胞纪念馆内展出遗骸的目的与大英博物馆中展出的林道人（Lindow man）不一样，但是他们都将引起一番对"人权"与"尊重"的思考。

与此同时针对"遗骸展出"这一问题，也有人认为：当战争遗骸在博物馆中进行展出的时候，它就不仅仅是遗骸，而被赋予了更多的内涵①。甚至有观点认为将这些遗骸在博物馆中进行展示比将他们掩埋显得有意义得多②。作为"南京大屠杀"这段历史最直接的证据，"万人坑"遗址在证史上的作用会比口述史、证物、文献强烈得多。

除了道德伦理方面的问题，"万人坑"遗址的展出也会涉及观众情感体验方面的问题。对普通观众而言，在参观时的情绪会影响他们的思考能力。也就是说，他们对展品的理解、对展厅的感受极易受到他们自身情绪的影响。侵华日军南京大屠杀遇难同胞纪念馆自1997年便被评为全国首批爱国主义教育基地，每年参观纪念馆的人群中学生团体占据了很大的比例。试想：低龄的孩子们在参观的时候，必须途经"万人坑"遗址，这会给他们留下什么样的感受？昏暗的环境、记录历史罪证的遗骸，大部分人对此感到恐慌、惊惧、害怕。有研究表明，在过于悲伤或愤怒的情况下，人的记忆力会受到影响③。因此，"万人坑"遗址带来的恐惧将会比"南京大屠杀"历史更容易被人记住，但"铭记国耻"才是展陈的重点。在带来负面情绪和影响观众接收信息重点两个问题的影响下，"万人坑"遗址展示应当被重新且慎重的考虑。

---

① Barbian L., Sledzik P. and Reznick J. Remains of war. Museum History Journal, 2012, 5(1): 7 – 28.

② Hedley, S. The value of human remains in museum collections. Public Archaeology, 2007, 6: 193 – 197 .

③ Stogner, M.B. The immersive cultural museum experience-creating context and story with new media technology. The International Journal of the Inclusive Museum, 2011, 3: 117 – 130.

"万人坑"遗址展出带来的最后一个问题"遗骸保护",在本文中就不进行过多的赘述了。在2010年发布过的一篇调查报告中说到,"万人坑"遗址对湿度、温度及一些特殊气体的控制都十分严格,应达到国内外相应的标准;但因南京空气中二氧化硫含量较高,遗骨会受其影响,逐渐风化[①]。由此可见,"万人坑"遗址的状态会随着时间的推移越来越糟糕。

综上所述,不论是从"伦理道德""遗骸保护",还是对历史的宣传,纪念馆都应积极考虑"万人坑"遗址展陈对纪念馆目标方针、展陈目的的影响。

（二）口述史展播

"口述史"展播在侵华日军南京大屠杀遇难同胞纪念馆内的功能是对事件经历者记忆的整理与播放。纪念馆主展厅内有两处"口述史"视频展播的小放映厅,面积不大、里面的座位也不是很多,但是纪录片的时间却有些长,在人流量较多时,放映厅里总是人头攒动。

"口述史"在很大程度上丰富了博物馆的馆藏,让证史资料不再局限于文本与物品。有人提出:博物馆作为公共机构,有保存记忆的责任与义务[②]。记忆作为口述史的重要来源,在口述史征集过程中将被更好地保存。由此可见,纪念馆内对"口述史"的征集与整理无疑是大势所趋。

可是,记忆会被文化、政治与社会所影响[③],并且记忆已经被证明会随着时间的流逝、环境的改变而产生变化[④]。纪念馆如何确认记忆的真实性?如何确保记忆没有受到周围人的影响?从战争结束到"口述史"研究的兴起经历了几十年的岁月,如何能证明记忆没有被改变?如今作为"展品"展出的部分记忆可以通过历史资料及物证的方式被证明,如:幸存者夏淑琴的经历在

---

① 吴剑峰、徐飞高、高士祥：《南京大屠杀遇难同胞纪念馆"万人坑遗址"环境调查及其对遗骸的影响》,《日本侵华史研究》2010年第2卷,南京出版社,2010年。

② Reading, A. Digital interactivity in public memory institutions: The uses of new technologies in Holocaust museums. Media, Culture & Society, 2003, 25(1): 67－85.

③ Kavanagh, G. Dream spaces: Memory and the museum. London & New York: Leicester University Press, 2000.

④ Crysler, C.G.2000 Violence and empathy: National museums and the spectacle of Society. Traditional Dwellings and Settlements Review, 2006, 17(2): 19－38.

一本他人的战时日记中被记录了下来，可与幸存者证词相互佐证。其他未能找到佐证资料的记忆又该如何处理？这里并不是否认苦难曾经发生在南京大屠杀期间，而是强调博物馆作为社会教育性机构应当确保展品的真实性。

有人曾提出：记忆是不值得被相信的，因为记忆来源于讲述者的心情与愿景①。记忆拥有者如何讲述他的记忆，一部分取决于采访者如何提问，另一部分则取决于他对整个事件的带有的心情基调。人们在回忆战争时，很少有人会提及"新生儿的降生"这种蕴含着希望与喜悦的记忆，尽管我们都知道"新生儿的降生"是战争阻止不了的必然现象②。幸存者在南京大屠杀期间感受到的恐惧会影响他们对历史的陈述，让他们在讲述的时候优先选择符合"恐惧感"这一心理主题的记忆。也就是说，口述史中描述的记忆是可被讲述者选择的。至此，记忆的公正性问题也应被考虑进来了。

尽管无法确保口述史的正确性，但是口述史对博物馆的意义也是极为重要的。首先，口述史给幸存者一个为自己发声的机会。他们在战争中遭受的伤痛，可以找到人倾诉。其次，南京大屠杀的幸存者越来越少，口述史的资料收集整理将在幸存者离世后成为新的"历史讲述者"。最后，对观众而言，相比于观看展厅内的文字，聆听口述史更能让他们在脑海中形成历史画面，将让历史更加生动。

三、更多表达方式建议

前文主要论述了侵华日军南京大屠杀遇难同胞纪念馆展陈的两个主要部分："万人坑"遗址、口述史展播。在这一个部分，将尝试结合目前的展陈、技术趋势，提出新媒体时代中纪念馆发展、改进的更多可能。

---

① Crane, S.A. Memory, distortion and history in the museum. History and Theory, 1997, 36(4): 44–63.

② Kavanagh, G. Dream spaces: Memory and the museum. London & New York: London: Leicester University Press, 2000.

（一）馆外观众体验

在传统的博物馆与观众的关系中，博物馆是信息的传递者，观众是接收者。现在看来，这种单项关系并不能够引起观众对博物馆展陈、主题的关注。除此以外，网络的存在使博物馆作为人类文化记忆传承者的地位权威性受到了影响[①]。所以，当今博物馆应主动打破"馆"的壁垒，将知识、教育延伸至馆外，形成观众"带得走的历史"[②]。

侵华日军南京大屠杀遇难同胞纪念馆展出的历史带有悲伤的色彩，但作为历史的旁观者，现在进馆参观的观众很难对幸存者的经历感同身受。这样的情感缺失，会让观众对于纪念馆展陈的理解仅仅停留在表面，甚至难以在参观中完成观众国家认同感的塑造。因此，以纪念馆希望呈现的历史为背景设计一款网络答题对于历史的传播是有帮助的。针对侵华日军南京大屠杀遇难同胞纪念馆，这款答题可以南京大屠杀为背景，通过对南京大屠杀这一事件中重要节点的追问，帮助参观者对历史进行思考。每次对答都是一次对历史的追问，用户能够在答题中加深对南京大屠杀的理解，甚至是感受到幸存者、遇难者的心情。

观众体验的研究对博物馆具有积极的意义。特别是在人们越来越渴望能够掌握自己生活的今天[③]。参与者能够通过自己的思考"选择"自认为重要的部分进行探索和反思，这样模式对部分用户而言本身就具有一定吸引力。另外，问答带有一定的参与者的主观色彩，可能会给参与者带来情感共鸣，从而引起一种强烈的体验感[④]，这也是博物馆展陈无法带给观众的。

与此同时，以历史为背景的观众体验也带给人们许多的质疑与思考。首先，体验设计的准确性。作为以特定历史为背景的问答，需要背景与历史必

---

① Black, G. Transforming museums in the twenty-first century. London: Routledge, 2012.

② ［英］简·基德（Jenny Kidd）著，胡芳译：《新媒体环境中的博物馆——跨媒体、参与及伦理》，上海科技教育出版社，2017年。

③ Carpenter, N. Media and participation: A site of ideological-democratic struggle. Bristol: Intellect Books, 2011.

④ Ross, F. The art of immersion: How the digital generation is remaking hollywood, madison avenue, and the way we tell stories. New York: W. W. Norton & Company, 2011.

须完全契合，甚至不能出现偏差。如何保证其严谨性？侵华日军南京大屠杀遇难同胞纪念馆内部与外部都有一批专门研究南京大屠杀的专家学者，他们的考证与研究足以支持问答的背景架构。其次，如何在问答中突出博物馆的教育意义？一般来说，在阐述战争史时整个环境都应该是严肃的。在突出教育作用的同时，亦引导观众对历史的思考，会成为历史博物馆线上历史体验设计架构的努力方向。

在线互动越来越有可能成为我们的文化未来[①]。如果，博物馆的在线教育功能成为未来博物馆业务拓展的趋势的话，下一步有待解决的重点问题便是网络世界如何以严肃、严谨的态度向观众讲述历史。

（二）视听结合

上文曾提到"口述史展播"是目前侵华日军南京大屠杀遇难同胞纪念馆主要展出的内容之一，毋庸置疑口述史是重要的，但在博物馆展陈中"口述史"只是丰富展览内容的辅助手段。侵华日军南京大屠杀遇难同胞纪念馆的口述史展播目前的问题是：视频时间不短，但放映厅内座椅数量有限，大部分的观众只能站着观看。观众在电子设备上花费的时间取决于很多因素，其中便有：是否有座位，以及舒适程度[②]。目前，纪念馆内的环境不足以支持10人以上同时观看。因此，纪念馆方面可以采取口述史与展陈物品相结合的展陈方式，将大段的纪录片拆分成小故事，与展品相配套，在加强馆内观众的流动性的同时，营造出更好的参观环境。

口述史与展陈物品相结合的展陈方式有些类似于"让文物说话"这一概念，即当观众走近展品时能够听见以"第一人称"展开的展品故事，这里的讲述者有可能是幸存者，也有可能是结合史料研究而来的"虚拟"遇难者。其实，这样的展陈方式在欧洲博物馆中十分常见，但在中国纪念馆中却十分少见，至少在目前的侵华日军南京大屠杀遇难同胞纪念馆中是没有的。多感知交互装置能够吸引观众在该装置前停留更长的时间，能够更加有效地给观

---

① Shaw, A. What is video game culture? Cultural studies and game studies'. Games Cult, 2010, 5(4): 403–424

② Gammon, B. 'Visitors' use of computer exhibits: Findings from 5 grueling years of watching visitors getting it wrong'. Informal Learning, 1999: 1, 10–13.

众灌输知识①。因此，我们有理由相信，视与听的结合将加强展厅内观众对历史的记忆。除此以外，适当的多媒体装置还可以减少展品标签上大段的文字给人带来的疲惫与乏味②。

但是，多媒体互动装置也会给博物馆带来一些问题：首先是投入问题。每个多媒体互动装置的引入成本和语音制作成本，将成为博物馆不得不考虑的问题。其次是维护问题。设备故障、卡顿将影响参观者在博物馆内的体验，纪念馆能否定期维护设备并及时维修更换损坏设备，也将成为引入多媒体互动装置不得不考虑的问题之一。

（三）展览终章互动装置设计

为了呼应南京大屠杀这段艰难的历史（difficult history），纪念馆利用展陈方式营造出一种孤独、严肃的环境氛围，从而影响观众的心情③。但是在结束参观后，如何引导观众进入积极的心理状态也是纪念馆目前面临的问题。

最常见的展览结尾是"观众留言簿"，侵华日军南京大屠杀遇难同胞纪念馆也有一排供参观者书写心情的留言簿。但是在这里不得不提出这样一个问题：留言簿对于观众的意义是什么？留言簿分享了参观经历，但却没有给观众带来更深层次的帮助。所以，纪念馆应该提供观众交流的场所，并且有工作人员或新媒体装置对观众进行引导。

罗斯·菲利普斯（Ross Phillips）的艺术装置大声朗读（Read Aloud）就值得纪念馆借鉴④。每人一句对着摄像机朗读最终形成一本书，在完成录制以前没有人知道这本书的完整内容。纪念馆也可以用这样的形式，形成围绕"铭记历史、呼唤和平"这一主题的文本，并由参观者共同演绎。而且，不

① Davidson B, Lee Heald C, Hein G. Increased exhibit accessibility through multisensory interaction. Curator, 1991, 34(4): 273-290

② ［英］简·基德（Jenny Kidd）著，胡芳译：《新媒体环境中的博物馆——跨媒体、参与及伦理》，上海科技教育出版社，2017年。

③ Watson, S. Death from the skies. Photographs in museums of the aerial bombing of civilians during World War Two, Museums and Photography: Displaying Death. London: Routledge, 2016.

④ Phillips, R. Read Aloud. http://www.readaloud.info.

完整的故事也会引起观众的好奇心，激发部分观众对纪念馆及这一活动的长期关注。而在文本录制完成后，这一录像也能成为博物馆的展品之一。

"和平"作为一个抽象概念，只有让观众充分参与到"和平活动"中，"呼唤和平"这一主题才能真正留在他们心里。因此，纪念馆以"和平"为主题的终章，应尽可能地为观众提供一些互动，在引导观众走出历史的沉重的同时，让他们能够切身体会和平的意义。

四、小 结

随着新媒体技术的发展，展陈技术也随之更新。纪念馆因涉及政治、历史、国家认知、民族认同等方面的内容，在展陈技术的选择上总是谨慎的。上文提到的纪念馆内现有展陈及在新媒体背景下可使用的展陈方式都存在着不足，并不是所谓的完美方案。中国纪念馆应积极探索构建符合中国特色的现代展陈体系。

我国博物馆古尸标本展览的伦理问题研究

张 玥*

摘要： 在中国人的传统观念中，"死者为大""入土为安"是大多数人对逝者与死亡的态度。但在当今的博物馆展览活动中，古尸也成了一项重要的展览内容。这样一来，人们从博物馆获取相关信息的需求就与我国的传统伦理观念产生了矛盾。本文从对中国传统的死亡观分析入手，旨在从博物馆从业人员的角度探讨如何面对和处理这一博物馆伦理问题。

关键词： 博物馆伦理　古尸展览　中国传统死亡观

一、我国博物馆古尸标本展览现状

古尸标本展览在我国已是屡见不鲜，但由于我国传统思想的影响，这种以古尸作为展出文物的行为在社会上也遭到了部分观众的抵触。博物馆将古尸作为展品有助于向观众传达古代医疗技术、古代丧葬文化和古代人类生活环境等信息。因此，博物馆将古尸标本面向观众展览有其必要性，但应当采取怎样的方式展出才能符合观众心中的伦理道德规范是当前要探索的问题。

目前，我国博物馆的古尸标本展览方式大致可分为三大门类。

（一）古尸专题展览

古尸专题展览即指以古尸本身作为展览的核心，博物馆一般会选择保存较为完好的古尸进行展览。例如湖南省博物馆的马王堆汉墓女尸辛追、荆州博物馆的西汉男尸遂、新疆维吾尔自治区博物馆的新疆古代干尸陈列等。

---

* 张玥，山东大学文化遗产研究院硕士研究生。

（二）遗址复原展示

这一类展览的主要目的是复原考古工作时发掘出土的遗址环境，此时的古尸也作为遗址环境中的一个组成元素被进行展出。这一类的常见于各个地方的遗址复原展厅，例如曾在中国国家博物馆和山东博物馆展出的"礼出东方——山东焦家遗址考古发现展"中复原了遗址中的墓葬等。

（三）综合博物馆的局部展示

相较于上述两种展览展示的是古尸全貌，此类展览展示的则是古尸的局部。其中有由于时间较长，发掘出土时尸体保存情况较差故而只能展示局部的情况，常见的譬如各大历史博物馆史前展厅中的史前人类化石；也有博物馆为了突出展示表现在尸体上的某一特定文化现象而做出的局部展示，例如中国国家博物馆展出的史前人类钻孔颅骨、山东博物馆展出的大汶口文化开颅术、山东大学博物馆展出的戴有绿松石饰品的两城镇遗址龙山文化人体左臂局部等。

虽然展示古尸标本在我国的博物馆展览中已不是个别现象，但在我国传统的伦理道德观念影响下，这种行为仍旧引发了一些社会争议，反对者认为死者为大，去世的人就应当长眠地下不应被打扰。另外，出于对死亡的敬畏，一些观众对未成年人观看此类展览心存疑虑。比如针对湖南省博物馆的相关展览调查表明，55.2%的观众认为应该为儿童专门设置一些"本展览或部分展品可能会引起少儿心理不适"的提醒[1]。上述现象存在的根本原因，与我国传统丧葬观念有着密切的关系。

二、古尸标本展出与我国传统丧葬观念的伦理矛盾

死亡定义是生命伦理学中一个重要的问题。中国传统文化中，儒释道并称"三教"，共同构成了中国思想的主流。其中儒家思想起源最早，自汉代

---

① 张笑：《我国博物馆陈列展览中的"少儿不宜"现象探析》，《博物院》2018年第3期。

以来就被封建统治者作为治国思想方略；佛教于东汉时期传入中国，在发展的过程中渐渐趋于本土化并为大批民众所接受，在南北朝时期甚至出现了扬释抑儒的风气；道教是中国本土宗教，与中国历史的发展紧密相连。

（一）儒家的死亡观

在我国，儒家思想长久以来都被奉为正统思想，正是因此，儒家对死亡的思考与态度也深深影响着几千年来中国人的理念。

在儒家思想中，"仁"是核心精神，而构成这种核心精神的基础就是"忠"和"孝"。《孝经》有云："身体发肤，受之父母，不敢毁伤，孝之始也。"这句话充分体现出了儒家思想，即身体与孝道之间的联系，重视自己的身体就是对父母的尊敬。

孔子的弟子曾子在临终前也有提及："战战兢兢，如临深渊，如履薄冰。从今而后，吾之免夫！小子！"意为自己平日对身体十分的爱惜，死之后方可避免损毁身体的不孝之名。

除了对自身躯体的爱惜以外，孔子还十分注重祭祀，要"葬之以礼，祭之以礼"，对鬼神的态度要尊敬，"敬鬼神而远之"。他认为祭祀是维持伦理的一种教化方法。对去世先人的尊敬，供奉祭祀，可以理解为对每个人的教化和抚慰[①]。也因此儒家一直主张厚葬死者，希望逝者在地下得到安息。譬如在厚葬之风盛行的汉代，事死如事生的行为一则表达了生者对死者的尊敬、怀念等诸多感情，二则也表达了希望死者死后早登极乐的美好祝愿。

（二）佛教与道教的死亡观

宗教对于人民百姓有着精神慰藉的功能，也因此，许多宗教都十分注重典礼与仪式。同时，一场盛大的宗教葬礼也恰好反映了人们依托信仰对逝者的重视。

佛教讲究缘法与轮回，认为人的死亡只是精神脱离了肉身，但是神识不灭，死是下一世生命的开始。

在祭祀方面，佛教信奉"七七斋"，即人死后四十九日间，每隔七日为

---

① 郑翔宇：《中西方丧葬习俗差异对比研究》，《中国民族博览》2018年第12期。

重要祭祀日，死者亲属应给其营斋作法；此外还有盂兰盆节等专门为缅怀亡者而设的节日。

道教有着一套成熟的丧葬习俗，先由道士主持对遗体进行埋葬后再开坛设法，进行祭祀仪式，其精神内核是对鬼神的信仰和灵魂不朽的愿望。道教丧葬习俗中种种仪式的演绎于不自觉中对家族、宗族内部成员之间血缘、亲情关系进行了仪式性确认和重申，具有增强家庭、家族整体的凝聚力和促进家族成员团结的重大意义，能够有效推动家庭、家族成员共同价值观和血缘认同感的形成①。

在我国，从新石器时代开始，就已经产生了灵魂不死的观念，在历史时期，无论是儒家思想还是佛道宗教，都认为对死亡要怀有敬畏之心，对于死者的遗体的处理也倾向于入土为安。

而到了现代，也仍旧有相当一部分国人秉持着这种观念。根深蒂固的古礼思想仍然驱使着人们重视死亡、敬畏鬼神，某种意义上讲，"死亡"是一项能引发人们崇拜的禁忌。

然而，在博物馆展示中，古尸标本究竟应当划归于"遗体"范畴还是"文物"范畴，在学术界尚无明确的规定。《文物学》中对于"文物"一词的定义是"人类在社会活动中遗留下来的具有历史、艺术、科学价值的遗物和遗迹"②，现行《中华人民共和国文物保护法》，关于历史时期的人骨遗骸也未做明确定位，只是提到"具有科学价值的古脊椎动物化石和古人类化石同文物一样受国家保护"③。因此，目前博物馆在展出人骨遗骸等类似标本时，更多地注重其文物属性，而对其伦理属性，则关注相对不足。

三、国际上关于古尸展览的伦理学规定与相关案例

伦理学的本质是关于道德问题的科学，是道德思想观点的系统化、理论

---

① 程群：《道教丧葬习俗之社会文化功能论》，《闽南师范大学学报》（哲学社会科学版）2017年第2期。

② 李晓东：《文物学》，学苑出版社，2005年。

③ 2017年11月4日，第十二届全国人民代表大会常务委员会第三十次会议决定，对《中华人民共和国文物保护法》进行了部分修改。

化。或者说，伦理学是以人类的道德问题作为自己的研究对象。伦理学要解决的问题既多又复杂，但伦理学的基本问题只有一个，就是道德和利益的关系问题，即"义"与"利"的关系问题①。

《博物馆学关键概念》一书中对"博物馆伦理"做了如下定义："在博物馆内，伦理可以定义为一个讨论的过程，其目的在于决定博物馆工作赖以推展的基本价值与原则。"也就是说，博物馆伦理是博物馆对自身本质的反思，也是提升博物馆道德层次的行为准则。

《国际博物馆协会伦理道德规范》中，将古人类遗骸称为"文化敏感的材料"。国内外专家对此也曾进行过热烈的讨论与交流，大家认为将古尸统称为 mummy 不太合适，建议将所有出土的古尸资源统称为古人类遗骸（acient human remains）。目前文物考古界普遍将古尸分为以下几类：干尸、鞣尸、尸蜡、冰尸、马王堆型湿尸等②。与此相关的条款有三则：

> 对人类遗骸，应只在其能得到安全和有尊严对待的前提下才能进行征集。这项工作必须符合职业标准，并符合其出处地的社区、族群或宗教群体的利益和信仰。
>
> 对人类遗骸的研究，必须符合专业标准，并考虑其已知出处地的社区、族群或宗教群体的利益和信仰，其展陈方式必须是得体的，且尊重所有人认同的人类尊严。
>
> 人体遗存和具有宗教重要性的材料，必须以一种与职业标准相一致的方式来展示，并且，当与知晓相关信息时，尊重物品来自的社区、种族或宗教群体成员的利益和信仰。在展示他们时，必须被非常谨慎地呈现，并且能够尊重所有人的尊严和情感③。

在"美洲印第安祖先遗骸的保护与归还"这一案例中，可体现国际博物

---

① 冯益谦：《公共伦理学》，华南理工大学出版社，2004年。

② 《生命内外——首届古尸保护和研究国际研讨会管窥》，《中国文物报》2011年10月14日第4版。

③ 张瀚予：《博物馆管理与伦理问题研究》，人民出版社，2017年，第368—371页。

馆协会伦理道德规范的要求。

500年前，欧洲人开始逐步定居在美洲大陆，与原住民印第安人产生了激烈的政治文化冲突，最终统治了美洲，掌控了当地的资源和话语权。在考古学方面，欧洲人发掘与收集美洲原住民的祖先遗骸、掠夺原住民的财产与珍宝等行为，也给当地原住民的文化传统造成了巨大的冲击与破坏。近些年，随着当代原住民自我意识的觉醒、人类文明程度的提高与对人权的反思，1970年，联合国发布了《关于禁止和防止非法进出口文化财产与非法转移其所有权的方法的公约》，世界范围内的部分文化财产得以遣返原居地。1990年，美国颁布了《美国原住民坟墓保护和遣返法》（NAGPRA, The Native American Graves Protection and Repatriation Act），对美国原住民的祖先遗骸的处理问题也进行了更为全面的思考。

该法案主要针对的是美国联邦政府所辖土地及受联邦政府资助的博物馆藏品，它"赋权给人类遗存保管者和保管随葬品、宗教物品及其包含文化传统物品。例如由整个社区集体拥有并且使用的物品，而不是某个个人拥有的联邦机构和博物馆。这些机构和博物馆必须找出可能存在的后裔或者隶属于该文化的群体，向他们请教咨询，以确定未来的管理方式和归属问题"①。

随着遗产管理能力的进步，美国开始探寻实用主义的合作策略以化解政府与原住民之间的矛盾：取得美国印第安保留地的政府的信任、让管理遗骸的人员在各项案例中的参与度不断提高、使部分年轻的美国原住民获得遗产管理相关专业的学位、加强与其中较为年长居民之间的沟通等。在双方的互相咨询与交流中，不同群体的利益都被兼顾与考虑，原住民的后裔也对祖先的遗骸与遗物享有所有权，因而这些项目逐步被原住民所接纳，形成了双赢的局面。

四、如何处理古尸展览与伦理道德引发的矛盾

就我国目前情况而言，经由考古发掘出来并在博物馆中展览的古代遗体

---

① 余珈琳：《先祖遗骸的遗产价值与管理——以中美两国为例》，《东方考古》第8集，科学出版社，2011年。

因其具有历史、科学等价值所以属于文物的范畴，可以采用恰当的方式向公众展示。在展览过程中，以下几个方面需要重点关注，以便妥善处理古尸展览与伦理道德引发的矛盾。

第一，突出展览的历史性与科学性。

遗体文物有着丰富的科研价值，它展示了古人的防腐技术、体现了古代社会的丧葬制度，更为考古学、体质人类学、解剖学、基因学等多学科的交叉研究提供了一个崭新的平台。

博物馆应当对于古代遗体给予充分尊重，具体体现为对死者人格尊严的尊重和对遗体价值的尊重，展览时尽量保证遗体的完整性，并且体现博物馆的教育职能，突出古尸展览的历史性和科学性，避免娱乐性。

第二，做好关于遗体的文物保护工作。

在反对古尸展览的声音中观众除受"入土为安"的思想影响外，还有一部分是质疑现有的科技手段是否能很好地保护死者遗体不受自然侵害。因此，要将古尸这类特殊的文化遗产与博物馆的自在陈列属性相结合、充分发挥其社会价值、满足观众的受教育需求，首先就是要做好遗体的文物保护工作，注意空气中光照、温度、湿度等因素的控制，防止其遭受破坏。

第三，避免以遗体展览为噱头牟利的商业化行为。

部分观众在参观古尸展览时会产生一种猎奇心理，博物馆应加以合理的引导和教育，主要从传达文化信息的角度入手，合理地设计参观的路线和展览方式，避免从满足观众的猎奇心理的角度出发而导致的娱乐化行为。

更要注意的是，将人的尸体拿出来展览并要求观众购买门票，其本质是一种商业活动[1]。一件合格的商品，不仅要拥有使用价值和交换价值这二重"硬件要素"，特别需要指出的是，它也必须经得起道德、文化、法律、民族习惯、宗教信仰等一系列"软件要素"的考验，必须同时具备合格的"软件要素"[2]。博物馆是非营利性机构，因而即使是在收费的展览中也不能将其

① 张辉：《中国"人尸体标本展览"的伦理问题》，《中国医学伦理学》2005年第2期。

② 任惟、张永义：《"尸体秀"与商品构成》，http://review.qianlong.com/，2004年4月11日。

中的古尸定义为"商品"，因此在宣传方面，博物馆应仔细斟酌，不提倡以此为噱头从中招徕观众。

第四，对可溯源的遗体做好咨询沟通工作。

虽然大部分博物馆所展览的遗体标本均年代久远、后人不可考，但若在发现其与当今社会的某个家族、宗教等团体有关时，也应当发扬人道主义精神与当事人进行咨询沟通，在得到相关授权后再以恰当的方式在博物馆中展出。

第五，在遗体展陈前予以适当提示。

博物馆观众的构成中有相当一部分是青少年群体，在我国的博物馆中，包括遗体展览在内的很多展陈是面向全体观众进行的，但并未对观众进行区分或提醒，人类在青少年时期尚处于发育成长阶段，心理承受能力较差，很有可能给青少年造成负面影响，违背教育初衷。

因此，为满足不同层次群众的需求，博物馆应当在观众参观遗体展陈之前予以相关提示，以防部分观众产生不适之感。

博物馆是一个公益性的、不以营利为目的的社会教育机构，"为社会及其发展服务"是博物馆的宗旨，赋予藏品以新生命、使其再度鲜活起来是博物馆人的使命。博物馆中的相关遗体陈列展览有着重大教育意义和价值，它肩负着历史文明的传承和启迪民智的重要任务。但在展览的同时，博物馆工作人员也应当充分考虑观众的文化背景与文化认同，对展览加以阐释并利用自身的权威性取得观众的认可，做到尊重展览、尊重展品、尊重观众。

展示与阐释

——遗址博物馆的研究基础与价值体现

胡小玉[*]

摘要：为更好地保护、研究、展示和利用中国大量的文化遗存，文博专家们正致力于将考古"实物"与"原境"展示相结合，向公众展现历史的真实。当前遗址博物馆的发展方向是：立足于考古学的研究基础，在利用最新数字化技术的同时，最大限度地对考古发掘时，遗址、遗存的历史、地理、环境、社会等多元信息内容，进行充分的记录、提取、整理和保存，为现在和未来的遗址博物馆的研究与展示，提供更加完整、科学、真实的来源依据和实物展示资料。

关键词：遗址博物馆　考古遗址　实物研究　原境展示　数字化

经历了近现代史上的重重劫难后，中国今天的文物事业已不再止步于固守历史的遗迹、遗存，而是转向在科学考古与文物保护的前提下，将服务于现代人类社会发展和发挥其文化价值作为未来事业的发展目标。自2005年起，国家文物局和财政部设立了大遗址保护专项经费，用于大遗址保护和开展相关管理工作，建成了一批硬件全、质量高、服务好的考古遗址博物馆。在开展大遗址本体保护示范工程的过程中，文博工作者们逐渐对考古遗址博物馆的建设理念有了新的认识，在实践摸索中对考古遗址的阐释和展示有了新方法。其中，建设考古遗址公园，使遗址博物馆成为考古遗址公园的重要组成部分即是大遗址保护的重要方法之一。2015年国际古迹遗址理事会中国

---

* 胡小玉，汉景帝阳陵博物院，主要研究方向为博物馆陈列展览。

国家委员会制定的《中国文物古迹保护准则》①，反映了中国从文物保护向文化遗产保护发展过程中，保护观念、保护方法的发展变化，提出了保护对象价值、保护原则、保护措施、合理利用等新的内容。

中国的遗址博物馆类型多样，特别是近年来又建成开放了一批新型的遗址博物馆，其厚重的历史底蕴和丰富的地域文化内涵，为文物事业的多元发展提供了无穷助力。展望未来，无论是考古遗址博物馆还是已经建立的考古遗址公园，其展示都需要将遗址空间、文化意象、虚拟空间、科学考古与保护过程、文化遗产的保护成就等综合予以展示②。

一、遗址博物馆的"实物"研究

"遗址博物馆"是在古文化遗址上建立的针对遗址文化进行发掘、保护、研究、陈列的专门性博物馆。从狭义上讲，"遗址博物馆"就是大多数专家学者所指出的"考古遗址博物馆"。

事实上，"遗址博物馆"是一种在现实条件下相对理想的文物保护手段。鉴于很多建筑遗迹、考古遗存，都是不可移动文物，于是在资金和环境条件都允许的情况下，在原地建造"遗址博物馆"便成了遗址保护与展示的最佳选择。在《保护世界文化和自然遗产公约》中规定③，人们应该停止对"古迹""建筑群""遗址"中所蕴含的各类文物进行随意移动，在此前提下，任何相关地点的艺术品和建筑装饰都必须原地保护。但实际情况和现有的技术条件往往不允许我们完全实现这个理想，我们能够做的是尽量朝着这个理想靠近。有越来越多的遗址博物馆可以让观众参观古代建筑、墓葬的原始环境和内部空间，也可以在临近的展馆中欣赏遗址所出的珍贵器物，同时还配备有对遗址结构的图解说明、视频演示，便于观众了解遗址的历史信息。一些大型博物馆中还设立结合原物、建筑模型和复原考古状态的综合陈

---

① 国际古迹遗址理事会中国国家委员会制定、中华人民共和国国家文物局推荐：《中国文物古迹保护准则（2015年修订）》，文物出版社，2015年。

② 单霁翔：《实现考古遗址保护与展示的遗址博物馆》，《博物馆研究》2011年第1期。

③ 中华人民共和国中央人民政府网。

列，使展品和"原始信息"同步展示，观众可以在近距离参观中体会到时空穿越的乐趣。

大多数遗址博物馆建在考古遗址现场或附近区域，展示的内容和资料也都来自遗址，包括相关的实物、文字、图表和影像等，这些关于器物名称、时代背景、功能使用和文化内涵的表述，都使得"实物研究"与历史"原境"之间保持着密不可分的关系。作为展览的"主角"和物质基础，实物展示的真实性取决于对遗址"实物"的研究深度。因此，遗址博物馆长期形成了以考古为先，尊重客观和历史价值的研究与展示模式。

今天的考古学家需要收集大量的、可统计的、代表性的资料，其中包括遗物、地理、环境等多种不同且相互关联的信息。如果没有大批量的资料收集，研究者将无法计算可靠的统计数据，也就很难将严格的社会科学分析方法应用于考古学研究，从而使博物馆展示成为没有依据的海市蜃楼[①]。与此同时，这些实物证据的收集、整理和分析，都需要使用科学的定量筛选方法，以建立起相对完善和普遍性的参考资料库。

中国的考古学研究资料大部分来自墓葬，而有关其他各种遗址（特别是聚落、居址等）的资料则相对匮乏。由于聚落、居址等容易受到后期的扰动、破坏，难以保存下来，使得我们在探讨古代城镇居民的生活方式和社会活动情况时困难重重。研究者不能满足于仅仅讨论如何把单个遗址归入某一考古学文化，也不能满足于把出土器物套进某个类型学的序列中。固然器物的分型、分式以及分期是考古学研究中非常重要的部分，但通过一定标准来分析器物的发展演变过程，其最终的诠释主要是关注两方面主题：重建物质文化遗存的时空框架、重建国史或民族史。苏秉琦先生提出"区系类型"的研究模式，强调不同区域文化传统之间的独立发展和相互影响。伴随着区系考古学理论的深入，部分学者试图在考古资料和历史记录相结合的基础上重建文化史，把考古学文化、年代、时期、遗址、器物与传说和历史文献中的某些古代人群、人物和地方对号入座。于是，考古遗址的发掘与实物研究

---

① 刘庆柱主编：《中国考古发现与研究（1949—2009）》，人民出版社，2010年，第21—22页。

（主要由陶器类型界定）更加受到重视，据此可以在找到实物资料的基础上重建可靠的文化史，从而更具有历史意义①。

二、考古遗址与"原境"展示

考古可以被看作是"不可重复的实验"。当考古学家在那些人类曾定居、如今却被遗忘与废弃的地方，剥去时间留下的层层痕迹，其捕捉和记录发掘过程的行为，便不可逆转地改变了他们的工作对象。发掘品所处环境无法再恢复原状，发掘工作显示出考古材料生命历程中的状态转变或迁移。这些实物材料曾长久地埋藏于地下，经历了覆土被移走，填土被清空，墙壁被拆除，物品被捡起带走的过程。对于考古学家而言，始终不变的是尽力去挽救时间流逝带来的变化，努力将一个个静止的时刻、当下发掘的状况永久地记录下来②。

一个新发现墓葬的壁画和雕塑被暴露在干燥的空气和开放的环境下，画面和器物上的颜色会因为氧化而迅速黯淡甚至消失；很多偏远地区往往由于人力物力的限制，违法盗掘活动屡禁不止，考古发掘和文物保护工作受到极大损害。在配合基本建设的紧迫压力下，考古发掘工作时常要面临着各种矛盾：还没有充分了解遗址区域内埋藏的器物和遗址整体情况，但由于地下水位的上升或恶劣天气的影响，或建设工期的紧逼，便要求所有文物必须尽快提取、保护并进行妥善处理，考古学家几乎没有充裕的时间带着学术问题来解决遗址现场面临的复杂状况。因此，考古发掘工作在现实情况下，就必须着眼于面向那些对未来研究和展示更有利的目标。

大多数时候，在急迫的抢救性发掘和配合基本建设的常态工作中，最考验考古发掘者的是，如何用观察、记录、拍摄、整理和最后发表的文献和绘图取代遗址或墓葬消失了的原境，从而成为未来对这个遗址和其中文

---

① 刘莉、陈星灿：《中国考古学：旧石器时代晚期到早期青铜时代》，生活·读书·新知三联书店，2017年，第18—20页。

② ［英］科林·伦福儒、保罗·巴恩著，陈淳译：《考古学：理论、方法与实践》，上海古籍出版社，2015年，第9—13页。

物进行研究的可靠的信息来源。如果没有这份科学详尽的记录，考古发掘不过是对历史的另一种形式的人为破坏。即便是"科学记录"，也必然受到此时此刻人们保护知识和保护理念、保护手段的限制——"我们看到的总是我们能够看到的，我们找到的往往是我们希望找到的"①。于是，遗址及其出土物的信息数据采集，考古调查、勘探和发掘过程的客观性和完整性就显得尤为重要。

虽然建筑和墓葬中的物品和陈设具有可以移动的物质形态，但是如果脱离了它们的特殊地点和原始环境，我们就无法去了解它们的创作意图和实际功能，从而也无法获知它们的形式选择和装饰原理。例如一座完整的墓葬，不仅包括它的建筑类型和艺术装饰，还包括其中所有的随葬物品、棺椁和尸身，甚至其内部构造布局的位置空间关系②。不仅如此，考古研究还需要分析人工制品与遗址中与之共出的有机物及环境遗存，各遗址本体也需要与周边景观结合起来，才能做最富有成效的研究③。如果这些具有考古性质的成分或构造物被抽离出来，对研究历史文化、思想和艺术有着关键性意义的东西也就随之丧失，一座建筑或墓葬的遗址也就变成了缺乏阐释依据的空场。

从学理上讲，这些"不可移动"之物一旦移动就再也不可能恢复原样。因此，考古发掘要求尽可能多地提取古代环境信息，保留其原貌，尽可能让物质保持在它们原来的环境里，以代表他原来的功能、意涵，这样才不会因为其他的处理而被赋予其他内涵，或引发不正确的想象。对于"原境"④的阐

---

① ［美］巫鸿：《考古美术的理想》，《华夏地理》2011年11月号，总第113期。

② ［美］巫鸿著，施杰译：《黄泉下的美术：宏观中国古代墓葬》，生活·读书·新知三联书店，2016年，第4—11页。

③ ［英］科林·伦福儒、保罗·巴恩著，陈淳译：《考古学：理论、方法与实践》，上海古籍出版社，2015年，第32页。

④ 巫鸿教授在中国古代墓葬艺术方面的很多观点，体现在《武梁祠：中国古代图像艺术的思想性》、《黄泉下的美术：宏观中国古代墓葬》和《中国古代艺术与建筑中的"纪念碑性"》等多部论著中，如对于"原境"的重视，由此引起的对于"物"的概念的辨析，以及改变过分重视形式分析的研究方式，进而强调将"物"置于原境下进行分析的方法。

释通常是因人而异的，考古学家和研究者的生活经历及其有意无意的偏见，都会影响他们提出的任何解释。如果能够完整地保存或还原"原境"，无疑会提供更多不同阐释的可能，而最符合古人思想的阐释定会在多种观点的碰撞中愈辩愈明。

很多学者注意到考古与遗址之间的"原境"问题，对此问题的研究旨在强调与文物遗存相关的文化、政治、社会和宗教的环境与氛围，以及与建筑、陈设的关联等。在我们科学地还原和重构古代社会的自然和人文环境、人类行为与生活状态时，不仅要处理遗物、遗迹之间的存在关系，还要考虑其内外空间因素影响下的特殊环境。任何从墓葬中移出，并转入博物馆的器物、壁画、石刻等，都不可避免地被赋予了新的属性和意义，表面上没有被改换面貌的艺术品，由于它们被置换了的环境、组合和观看方式，使它们成为人为再造的历史实体①。因此，考古学中的实物又并不等同于历史原物，在它被发掘出来之后，已经形成了一个原物变化的结果。因此，当我们有了这样一些展示对象时，去审视它在这之后所发生的各种各样的时间和空间的变化，不管是被修复还是被破坏，这些情境中的状态都赋予了遗址博物馆不同层次、不同阶段的变化之美。

三、遗址的"数字化"阐释

如今，使考古遗存的研究回归到深入环境的历史性考察中，已成为我们文化事业的一份责任和使命。尽管有《保护世界文化和自然遗产公约》等规定，西方很多美术馆、博物馆中，仍然长期陈列着具体来源不明的埃及、中东、玛雅、印度、中国等各世界各地的精美艺术品，那些被分解切割后的残件和局部展品，成为触目惊心的时代创伤。近年来，有西方国家的艺术机构已归还给中国少量艺术品，但绝大多数流失海外的文物仍旧面临无法回流的国际性难题。

对致力于全球历史和文化研究的一些学者而言，文物的归还问题并没有

---

① ［美］巫鸿：《实物的回归：美术的"历史物质性"》，《美术史十议》，生活·读书·新知三联书店，2008年，第52页。

造成真正的壁垒，也没有影响展示的后果。他们通过国际合作和共同研究，使用新的信息记录方法和数字成像技术，把历史中分离开的艺术品碎片和被破坏了的原址进行影像缀合，使它们在虚拟情境中进行了"复原"。自2003年响堂山石窟项目与数字卷轴画项目起，芝加哥大学东亚艺术中心（The University of Chicago Center for the Art of East Asia）便开始将数字成像技术运用于多个中国项目。2015年在天龙山石窟项目中，芝加哥大学的研究人员通过多种努力，又对残损的石窟和石刻也进行了数字化组合复原，以数字拼合的方式"恢复"了石窟原本的状态，从而使观众可以欣赏到他们"回归"后的完美形象[1]。这些数字化复原古代遗址的项目，对石窟寺遗址的研究和展示，有着非常重要的意义和价值。

当数字技术的不断发展提升了视觉艺术表现力的同时，我们能够进行细致的观察与交互式观看，从而得到更丰富的文化信息来源。得益于数字技术，我们可以看到那些散落在世界各地、不曾公开发表、或不常向公众展示的古代艺术作品。如今，数字技术服务于考古遗址的展览展示项目的实例越来越多，在已经建成的遗址博物馆，数字技术可以通过3D图像扫描、视觉合成、虚拟现实等高科技手段，将文化遗产保护成就予以综合展示。

通过考察近些年数字化展示在遗址博物馆的应用，我们可以发现，数字技术使遗址、遗存本身所包含的复杂而珍贵的历史文化信息，可以进一步被解读。无论从认识深度还是技术手段方面，数字化展示应用可以解决遗址面积大、出土文物分散、遗址现场观赏性差的展示难题。譬如场景复原展示与VR技术的结合，就可以在力求真实、全面地保存并延续考古遗址及其环境的历史信息与文化价值的同时，打破时空边界，实现观众对考古遗址的个性化读解[2]。而考古遗址展示的内容便不再局限于遗址本体和单独展品，而是从考古遗址整体内涵出发的主动性文化展示。在推动博物馆教育和公众宣传等方面，更形成了多维度和沉浸感的新型展示方式。只有与考古遗址的"原真性展示"相结合的文化展示，才能实现遗址博物馆展示的真正价值。

---

[1] 巫鸿、郭伟其主编：《遗址与图像》，中国民族摄影艺术出版社，2017年，第6—7页。

[2] 李绚丽：《数字展示技术在博物馆展览中的应用》，《中国博物馆》2015年第2期。

四、结　语

　　考古学的历史既是观念不断更新的历史和看待过去方式不断变化的历史，也是应用这些观念研究问题的历史。当代考古学研究中的一个重要学理，即真正具有历史和文化意义的并非是孤立的文物和宏大的建筑群遗迹，而是它们的历史状况和这种状况作为历史信息的价值与意义[①]。

　　一件艺术品的历史形态并不自动地显现于该艺术品的现存状态，而是需要通过深入的历史研究来予以复原和重构。这种复原与重构必须基于对现存实物的研究观察，但也必须检索大量历史文献和考古材料，并参照现代理论进行分析和解释[②]。中国古代丰富的传世文献，为我们理解这些文献自身的社会政治背景或者其他各种社会状况，提供了大量历史依据。但是这些材料很多时候是不完整且主观片面的，完全依靠这些内容来解读和阐释当前的考古发现，势必会被文献学和金石学所羁绊[③]。考古学研究的终极目标，是促进对历史的理解，为此考古学必须从文献学、历史学的束缚中解放出来。只有在不受已有文献、历史学干扰的前提下，考古资料才能够提供一种认识论上独立的思考，论证才能做到客观公正[④]。而考古出土的非文字资料（物质遗存）的信息往往涉及广泛，远远超出了已知文字材料和传世文献的范畴，例如生存环境、自然资源的开发、工艺、技术，以及贸易等，它们极大地拓宽了历史学研究的视野。如今的考古发掘与研究，已做出了诸多记录具体的社会状况的优秀案例。与任何学科一样，人们可以通过研究个案、发现规律并得出更为普遍的认识，从单个考古发现获取信息，来讨论更为宏观的历史问题。

　　当我们研究这些古代遗存时，我们实际上是在研究不断发展变化的人

---

　　① 陈淳：《考古学前沿研究：理论与问题》，北京师范大学出版社，2016年，第3—15页。

　　② ［美］巫鸿：《实物的回归：美术的"历史物质性"》，《美术史十议》，生活·读书·新知三联书店，2008年，第42页。

　　③ 罗泰著，吴长青、张莉、彭鹏，等译：《宗子维城：从考古材料的角度看公元前1000至前250年的中国社会》，上海古籍出版社，2017年，第11—12页。

　　④ 罗泰著，吴长青、张莉、彭鹏，等译：《宗子维城：从考古材料的角度看公元前1000至前250年的中国社会》，上海古籍出版社，2017年，第13页。

类思想及其历史意义。尽管真实的历史总是充满了缺口和断裂，而并非是通常所构想的一个线性的历史叙事方式和发展进程。但经历和研究这些断裂带来的结果，将会激励负有使命感的研究者更加系统地寻找新的材料和证据，让更多的人认识到在这个研究领域中所蕴藏的无限能量和巨大宝藏。千年回首，我们对自身的历史和文化去进行重新评价与定位的努力从未止息，过去的历史终将拥有未来……

博物馆与社会

南通博物苑：城市文化的标本、载体和名片

曹玉星[*]

摘要：博物馆是保护和传承人类文明的重要殿堂，是连接过去、现在、未来的桥梁。是科学典藏城市文化的标本，是艺术呈现城市多样文化的载体，是提升城市品位、传递城市先进文化的名片，"中国第一馆"南通博物苑是这样的重要范例。

关键词：城市文化　载体　南通博物苑

一、城市博物文化的标本

标本一词的英文翻译有"Specimens"，指样品、范例；有"Root and Branch of Meridian"或者"Muter"反向理解："标"原意是树梢，引申为上部，与人体头面胸背的位置相应；"本"是树根，引申为下部，与人体四肢下端相应。根与梢，路由与经络，不正就是历史脉络嘛。每一个城市都有属于自己的历史，每一个城市都有区别于其他城市的历史传统和独特记忆。而博物馆作为非营利的永久性机构，为社会的利益而保存、保护、研究、阐释、收集和陈列具有教育和欣赏作用的物品及具有教育和文化价值的标本，包括艺术品、科学标本（有机物和无机物）、历史遗物和工业技术制成品。所有这些物品或标本，而恰恰是人类物质和精神之产品，这些物质和精神产品之路由与经络，其物质或非物质表现形式就是一个城市的历史传统和独特记忆，是该城市的文化。

---

　* 曹玉星，南通博物苑研究员级高级工程师、南京林业大学兼职教授，主要研究方向为生态博物馆、科学传播。

（一）城市文化标本在博物馆中科学典藏

就我国而言，中国国家博物馆和故宫博物院自然成为国家级珍品文物较为富实、也较为齐全的博物馆。收藏一个城市的文物最为集中的，依然是具有地标性质的当地综合性博物馆，如江苏的南京博物院等。此外还有具有文化标本意义的博物馆，如四川广汉的三星堆博物馆[1]。

南通博物苑更是如此，1903年，张謇赴日考察深受触动，作为日本学校教育重要补充的博物馆也给他留下深刻的印象。回国后，他写了《上南皮相国请京师建设帝室博览馆议》和《上学部请设博览馆议》[2]，分别向当时的洋务派重臣张之洞和新成立的学部上书，建议在北京创设合图书、博物二馆为一体的博览馆，并逐步推广到全国各省、府、州、县。然而这些奏折石沉大海，未得到任何反馈，张謇并没有气馁，而是躬行实践，1904年张謇决意把家乡南通规建中的植物园改建为博物苑。1905年，张謇终于实现了自己的愿望。1905年建成的博物苑占地23300平方米，后扩大为71800平方米，建立了中馆、南馆、北楼和东楼。园内有4个陈列馆，陈列自然、历史、美术、教育四部分文物与标本。中馆为三间并列中式平房，上部加盖一间二层尖顶小楼。南馆平面呈凸字形，为一座西式二层楼房。北楼为五开间二层中式楼房，东楼为一座中式楼房。苑内有假山、池沼及亭台楼榭等园林构筑物与景观景点。馆外陈列种植树木花草，各种植物按类栽植，以药材居多，据1904年编《南通博物苑品目》记载植物共307号；饲养的动物有460号，鸟类有家鸡、金鸡、火鸡、鸵鸟、白鸽、水鸭、鹭鸶、鸳鸯、鸸鹋、孔雀、鹳鹤等；兽类有鹿、兔、猿猴、山羊、熊鼠等，俨然一个小型植物园和动物园。除活体引进引种引养外，展品也不断广收博征，到1930年，天产部即自然部分的展品即达近万件之多：矿物有岩石1000余种，金类矿1400余种，非金类矿700余种，土壤400余种，矿物标本10余座，矿床7座；植物计有显花、隐花4000余种；动物标本中，哺乳类百余种，鸟类300余种，爬虫和鱼类共500多

① 黄振平：《博物馆：城市记忆、标志及通向未来文化的桥梁——以江苏南通市为例》，《江南论坛》2005年第11期。

② 李明勋、尤世玮主编：《张謇全集8》，上海辞书出版社，2012年，第599页。

种；无脊椎动物1400余种。它是国内第一座实现 "现代博物馆与古典园林相结合，室内陈列与室外活体展示并举，既有民族特色又有科学内涵"①的博物馆。

2009年2月，台南艺术大学博物馆学与古物维护研究所所长陈国宁女士专程来到南通，她说自己在学博物馆史的时候，对南通博物苑十分向往，因为讲到博物馆史都要讲到中国的第一个博物馆是南通博物苑，心里一直有这个决心，无论如何一定要到这里来看一看。当陈国宁了解了南通的历史人文底蕴和环濠河博物馆群的建设后，对地方政府的做法大为称赞，认为：南通是一座博物馆城，全国也鲜有这样的案例。2013年，国家公共文化服务体系示范区（项目）创建工作会议召开，以南通博物苑为龙头的南通环濠河博物馆群作为全国唯一的文博项目，被文化部命名为 "第一批国家公共文化服务体系示范项目"，并在全国47个项目评选中获得优秀等级。作为中国博物馆的鼻祖，南通博物苑今天仍在南通环濠河博物馆群的建设中发挥着龙头作用。

（二）城市文化标本在博物馆中艺术呈现

城市史以及城市文化史、城市发展史， 具体的实证和历史的说明一定都在博物馆。我们可以从书籍中了解一个城市的历史。如果到博物馆，就可以通过实物标本获得更为具体、真实、贴切的感受。博物馆的通史陈列所具有的讲述城市史的功能，是其他任何社会机构都无法取而代之的。博物馆能艺术地体现城市个性特质，这不仅反映在综合性博物馆中，还反映在专题、行业博物馆中。如果一个城市建有比较完整的博物馆体系，那就必将能更多地、更深刻地凸显城市特色。南通纺织博物馆是中国纺织行业第一个博物馆， 也创造了20世纪80年代初改革开放早期创办行业博物馆的 "中国经验"。南通蓝印花布博物馆是一个物质与非物质遗产相结合的博物馆。南通滨江临海， 有黄海、有长江， 还有濠河，给水技术博物馆则艺术呈现南通灵气和秀气的一面。

南通博物苑新的基本陈列，由三大版块组成：讲述南通古代文明的 "江海古韵"，呈现博物苑精品文物的 "馆珍遗韵"，以及陈列南通江海鲸类及

---

① 宋伯胤：《博物馆人丛语》，陕西人民出版社，2002年，第154页。

生物资源的"巨鲸天韵"①。"江海古韵——南通古代文明陈列"，从自然、经济、政治、人文四个方面演绎了南通江海历史遗存。与以往陈列不同，新布置的展馆十分注意讲故事，以多方位的呈现方式，将观众们带回悠久年代的大背景里去。"盐棉兴邑"版块讲述了南通盐棉经济的发展，一进门映入眼帘的便是一块足有一人高的盘铁，据其文字资料显示："盘铁是古代煮盐工具，由数块拼合成直径一丈左右的大盘，称为'牢盆'，盆下砌灶燃薪。盘铁由国家铸造，以限制私盐生产。"为了还原近代南通人民制盐、纺纱的场景，博物苑工作人员在南通各地民间搜集到了不少老物件，包括国家一级文物5件、二级94件、三级365件，共1421件（套），这些藏品都是第一次展出。展陈融入了不少多媒体设备，将文物背后的故事通过画面生动地展现。"馆珍遗韵——南通博物苑精品文物陈列"主要介绍南通博物苑所藏的陶瓷器、玉器、金属珐琅等精品文物共132件（套），包括国家一级文物6件、二级46件、三级59件。如越窑青瓷皮囊壶（晚唐五代）、黑釉剔花牡丹纹罐（西夏）、红绿彩人物花卉大罐（元末明初）、刻花龙泉瓶（元代）、仿哥窑梅瓶（明宣德）、霁红釉太极洗（清康熙）等精品文物。"巨鲸天韵——江海鲸类生物资源专题陈列"则突出介绍了南通博物苑与收藏鲸类标本的历史情缘。在展览路线设计上，展馆一层、二层均是顺时针路线，沿线而行有远观近赏的便利，能对厅中的陈列做局部和整体相结合的观察和欣赏。在展馆一层看过了"海大鱼"，往前走迎接观众的是"浊海欢歌"单元。包括大黄鱼、小黄鱼、带鱼、鲳鱼、梅童鱼、海鳗、鳓鱼、黄鲫、马鲛鱼、乌贼等在内的20多种海洋类水产的标本，这些水产"不但是'大鱼'的食物，也是丰富人们餐桌的美味"。拾级而上，展馆二层打头阵的则是沿海滩涂上的"虾兵蟹将"，文蛤、青蛤、竹蛏等各种贝类穿插其中。"大江浪曲"单元，展示了鲥鱼、刀鱼、长吻鮠、暗纹东方鲀"四大名旦"为首的长江淡水鱼类。"湿地鸟语"单元则被布置成了各种珍稀、野生鸟类栖居的快乐家园，"所有展示鸟类的身影都曾在南通本地出现过"。另外还有多媒体放映区与观众互动。通过标本的科学性体现展陈的科学性。以"分享自然的奥

---

① 曹玉星：《标本意义与价值传播——兼谈南通博物苑"三韵"基本陈列》，《博物馆研究》2015年第1期。

秘，展现自然与人的和谐与矛盾，激发人类对自然的好奇心与责任感"为展览目的，以"回忆过去、定义现在、教育未来"为价值观导向，全方位、多视角地展现南通靠江靠海的自然环境与动植物资源，再现自然发展的历程及人类活动的足迹，营造一个能够让人们心灵震撼、用心思考的科学殿堂。

纵观"三韵"基本陈列，江海古韵：和谐幸福之韵；馆珍遗韵：标致美丽之韵；巨鲸天韵：自然情趣之韵。"三韵"基本陈列是南通博物苑"回忆过去、定义现在、教育未来"的价值体现[①]。

二、城市传统文化的载体

（一）博物馆是多样化城市文化有效的载体

在南通城市博物馆群的建设中，作为综合性博物馆的南通博物苑，是"中国近代第一城"[②]的见证者，是南通博物馆城的龙头馆，发挥着传承、保护传统文化的作用。南通博物苑与创办人张謇是密切不可分割的，张謇从19世纪90年代开始，为实现其 "建设一新新世界雏形"[③]的救国理想和区域现代化宏伟蓝图，对南通进行了全方位的建设：开辟了新工业区和港区，开展了近代教育、文化和市政设施建设，建立了功能分布比较科学合理的多层次城镇体系。南通一城三镇、城乡相间的城市规划理念，可以和英国著名规划思想家霍华德提出的"花园城市" 理论相媲美。此外，近代南通的城市建设还涵盖了生产、生活、工业、农业、文化、教育等诸方面内容，张謇按照 "父教育、母实业" 的思想，在发展生产、改进交通、发展农垦、兴修水利、创新文化、兴办教育的前提下，逐步进行近代化城市建设，从而为城市发展提供了有力的支撑。张謇同时还以一种诗人情怀经营南通，率先创办了符合当时政府学制标准的中国第一所师范学校、第一所纺织高校、第一所

---

① 曹玉星：《标本意义与价值传播——兼谈南通博物苑"三韵"基本陈列》，《博物馆研究》2015年第1期。

② 吴良镛：《张謇与南通"中国近代第一城"》，《南通师范学院学报》（哲学社会科学版）2003年第3期。

③ 江志伟：《南通博物苑：和张謇握握手》，《经济日报》2014年9月21日第5版。

戏剧学校。这些都使得南通在当时就已成为全国著名的 "模范县" "理想的文化城市"，外国人眼里的 "中国的人间天堂"。张謇治理下的南通环境宜人、自成体系，他给南通留下了绿色文化遗产。张謇于1895年筹建大生纱厂，将厂址定在南通城西北8千米处的唐闸镇。又在唐闸镇创建了广生油厂、复新面粉厂、资生铁厂等企业，并建置了若干工人居住区，使唐闸镇成为布局合理的工业镇。选定位于南通城西南长江边的天生港作为港口区，于1904年建造码头，成立大达轮步公司，其后又创办了通燧火柴厂等工厂企业，形成了天生港港口镇的雏形。张謇结合狼山镇自然风光，在狼山、军山、黄泥山等处建筑了林溪精舍、赵绘沈绣之楼、东奥山庄、西山村庐、望虞楼等别业和景观，与这里原有的古刹寺庙融为一体，使狼山镇成为宗教区和游览风景区。张謇在南通旧城的南部开辟了新市区，把学校、文化机构集中于东侧。南通师范学校、南通博物苑、图书馆、医院等位于此处；在南通旧城西侧以桃坞路为中心，开辟了商业街、戏剧场，建成了一些大型建筑物，如总商会、更俗剧场等。在旧城的南濠河，修建了东、南、西、北、中5个公园，大大美化了城市的环境，成为人们游览与休息的好去处。南通城和唐闸镇、天生港镇及狼山镇之间的地形酷似三鼎护香炉状，香炉 （南通城） 居中，三鼎均布在外，彼此之间自然分布着绿色的田园，城乡相间，各自可以合理发展，但又相距不远，中间有河道及公路连接，在城市功能上浑然一体，形成了一城三镇独特的城镇空间布局。在张謇的辛勤操持下，南通的近代教育从零开始，建立起层次齐全的新式大中小学教育体系，以及门类众多的职业教育体系。据 《二十年来之南通》记载：20世纪20年代初，南通的高等教育有南通农科大学、纺织专门学校及医学专门学校；中等教育有南通师范学校、女子师范学校、甲种商业学校、南通高级中学农科、江苏省立第七中学，初级中学7所 （市区5所）；还有高级小学60余所，初级小学350余所。学校设备之周，计划之详，办理之完善在全国范围内亦不多见。学前教育有幼稚园（全国最早）3所（市区2所）。特种教育有全国第一所盲哑学校。职业学校有女红传习所、蚕桑讲习所、镀镍传习所、伶工学社等。为地方自治之需还举办过法政讲习所、巡警教练所、监狱传习所、宣讲练习所；另外还有测量讲习所、国文讲习所、小学教员讲习所等。南通的近代教育体系，紧密配合了南通实业发展的需要，具有学科完备、层次齐全、由简单到高级、有计划发展的特点。南通成为当时全国教育最发达的地区之一。地方公益方面，"只认定凡自治先进国应有的事，南通地方应该有"，南通有第一座中国人自己创办的博物馆、气象台，拥有图书馆、公园、体育场、更俗剧场，兴办了新育婴堂、养老院、医院、贫民工厂、残疾院、公墓等。社会事业的发展为南通增添了文明气息，提高了南通人的文化素质，成为南通城市近代化的又一重要标志。南通在近代迅速崛起，从一个无名的小城变为全国的"模范县"之一。在1900年至1920年短短20年间，张謇结合南通本地实际，发展棉纺工业、垦牧业及相关产业，以此为基础，规划南通、建设南通，并以城促乡，以资本集团带动区域发展，在城市建设、经济发展、文化事业、教育事业、慈善事业等诸多方面取得巨大成就，影响和辐射了周边尤其是广大苏北地区的发展，成为近代经济的地区性中心，并直接影响了南通的现代及将来的城市建设和经济发展。今天南通拥有的"港口城市""世界冠军的摇篮""教育之乡""文博之乡""体育之乡"等城市美誉都得益于张謇为南通在近代打下的良好基础。正是因为张謇为南通在近代打下的良好基础和许多历史文化遗存，南通得以申报成为国家历史文化名城。而张謇的这些绿色历史文化遗产，唯独南通博物苑规划格局与发展历史最一致；文物标本史料之"容"最为丰富；历史建筑之"器"保护最为完整；办馆理念传承最悠久[1]。南通博物苑，是传递"中国近代第一城"传统文化正能量、承载城市绿色文化遗产的物质与精神载体。

（二）博物馆是当今文化的基石

文化是人类创造的物质财富、精神财富及其过程。文化是一个永久累积的过程，更是一个不断创新的过程。张謇用现代理念创办的南通博物苑，已成为南通历史的真实写照，其馆园结合、人文科学与自然科学结合的办苑思想，凝结在藏品、标本中，更体现在馆区规划与建筑中。南通近代文明的辉煌，正是南通博物苑所记录并镌刻的。

---

① 吴云一：《新博物馆学语境中的当代博物馆建筑设计》，上海人民出版社，2016年。

三、城市先进文化的名片

（一）唤醒现代文明的场所

1905年，张謇先生对于南通师范"因授博物课仅持动植矿之图画，不足以引起兴味"[1]，因而建了公共植物园，后创建了博物苑。《二十年来之南通》上记载："……南通各校，凡讲关于动、植、矿物，常由教师率往参观，因之人多称之为南通各校专设之标本室也。"[2]这些记载印证了张謇办馆宗旨。从高悬于南馆月台门旁那副"设为庠序学校以教，多识鸟兽草木之名"对联也可一目了然。张謇用这两句作对联就是强调博物馆辅助学校教育的功能，"以为学校之后盾"。为此他将博物苑归属于通州师范学校管理，后来又归农校管理。"一个博物馆的价值，不在于教化，而在于启蒙"，博物馆是普及文化、启迪民智的知识体系中重要的一环，也是一个城市、一个国家、一个民族的文化符号，具有增进人类进步价值重要的意义[3]。

（二）促进交往的工具

> 早与蕙兰标国秀，更与芍药灿天葩。
> 有风不害都围竹，无鸟常鸣莫摘花。
> 倚杖每愁云锦脆，当怀惯看日轮斜。
> 诸君要惜方春好，放过重寻一岁差。[4]

这首《邀客看国秀坛牡丹》是张謇当年博物苑建苑之初，国秀坛内所种植牡丹盛开之时，相邀文人雅士赏花时所写。显然博物苑也便是张謇与文人雅士理解增进之场所。1922年，中国科学社第七次年会在江苏南通博物苑举行。1979年10月6日至10日在南通博物苑召开了中国自然科学博物馆协会筹备工作会议，参加会议的正式代表68名。会议由中国科学技术协会主持，国家文物局派人到会指导。会议产生了由27人组成的筹备委员会，并通过了《中

---

① 李明勋、尤世玮主编：《张謇全集8》，上海辞书出版社，2012年，第621页。
② 江谦：《南通地方自治十九年之成绩》，南通翰墨林印书局，1914年。
③ 曹玉星：《南通博物苑之标本意义与价值传播》，《中国博物馆》2015年第4期。
④ 李明勋、尤世玮主编：《张謇全集7》，上海辞书出版社，2012年，第339页。

国自然科学博物馆协会章程（草案）》。2005年南通博物苑一百年暨中国博物馆事业发展百年纪念大会在南通举行。来自联合国教科文组织、国际博物馆协会和全国文化、博物馆界一千余人出席了这一盛大庆典。2009年，经过中日美三方近两年的共同协调、磋商、筹备，"中日美实业家与近代化"特别巡展及国际学术研讨会在南通博物苑成功举行。这是继2005年南通博物苑百年苑庆后又一次高规格、高层次、高水平的国际性学术活动。从日常开放到国际国内重要学术交流展览会议等活动，博物苑不仅是学生、民众民族主义、爱国主义教育之场所，也是上层社会精英、国际人士增进理解之地。

（三）人类命运共同体的培育力量

国际博协主席汉斯·马丁博士说："博物馆，作为教育者和文化中介，在界定和实施可持续发展与实践方面起着越来越重要的作用。博物馆必须能够保证其在保护文化遗产方面的作用，鉴于生态系统不断增加的不稳定性，政治不稳定局势和可能出现的有关自然和人为方面的挑战。博物馆工作，比如，通过教育和展览，应该努力创建一个可持续发展的社会。我们必须尽一切可能确保博物馆是一部分促进世界可持续发展的文化驱动力。"和谐社会建设强调充分认识和确定人的主体地位和人与环境的双向互动关系，把关心人、尊重人和满足人体现在精神文化建设的创造中，满足人们的休闲、游憩、观赏、博物活动的需要，使人、城市和自然形成一个相互依存相互影响的良好生态系统。现代人的休闲生活方式越来越丰富多彩，人的需求越来越多种多样。当传统的一些休闲活动（郊游、自驾游、农家游、游乐场等行、住、吃、看、听、玩、练）越来越提高人们的兴奋值的同时，而人们的科学文化生活却略显滞后。参观博物馆成为一种人们的休闲新方式，它提供常识与艰深现代科学之间的一种友好的"界面"或者适宜的"缓冲区"。它门槛很低，人人都可以介入。

110年前《张謇年谱》中记有："十一月，因公共植物园营博物苑。"①为生态型博物馆建设奠定了基础。博物苑成为人们贴近自然，感悟自然的最理想场所，当人们注意其中的草木、石头、动物，找到它们的名字，发现它

---

① 李明勋、尤世玮主编：《张謇全集8》，上海辞书出版社，2012年，第627页。

们的故事，会产生恬淡的心情、雅致的情趣①。生态型的南通博物苑为可持续发展社会、培育人类命运共同体贡献了力量，是南通乃至中国博物文化一张靓丽的名片。

博物馆在传播人类共同利益和共同价值的路径上，在提升公众对社会需要的意识方面，在培育人类命运共同体方面发挥不可替代的重要作用。博物馆作为人类文化的殿堂，对人类自身与自然环境的可持续发展担当着极为重要的责任，同时也是可持续发展型社会的重要组成部分。博物馆应该通过自己的专业活动，引导人类清醒意识到自身行为对环境所产生的后果，强烈意识到改变经济和社会发展模式的刻不容缓，从而在倡导和推动经济、社会的可持续发展方面扮演无以替代的角色。

---

① 曹玉星：《论新博物思想在生态文明建设中的和谐作用——南通博物苑生态文明教育基地建设体会》，《中国博物馆》2012年第2期。

宁波博物馆与城市文化的协同发展

张思桐*

摘要：城市博物馆是以城市特色为展示主题的博物馆，博物馆通过各类可移动及不可移动文物，结合城市的民俗风情、传统风貌，系统保存和展示了一个城市的发展轨迹和居民的文化信仰。城市博物馆与城市文化相辅相成，相互促进。城市博物馆是城市文化的记录传承者，是民众了解城市文化的窗口，也推动着城市文化传播交流。宁波博物馆作为地域历史文化的保存展示机构，通过遗产征集保护、陈列展览等方式传承与保护城市文化资源，利用对外展览交流、学术合作、社会教育等手段推动城市文化互动交融，借助文化旅游和文创产品带动文化产业发展，从而推动博物馆与城市文化的协同发展。

关键词：宁波博物馆 城市文化 协同发展

城市是一个以人为主体，以自然环境和社会资源为依托，以经济、政治、文化等活动连接的有机体。城市在建设、改造的过程中连接着过去与未来、历史与现实，城市发展的轨迹和遗留的痕迹都成为民众追溯历史、展望未来的途径。民众在长期的生产生活过程中，逐渐形成了具有城市特色的生活方式和习俗，而这些文化元素是城市博物馆得以产生的基础。城市博物馆是城市文化发展的重要见证者和参与者，在全球化的过程中，城市文化间互动、融合与流动的特点日渐突出。在这种形势下，城市博物馆如何更好地与城市文化协同发展成为当前城市博物馆建设发展的问题之一。

---

* 张思桐，宁波博物馆馆员。

一、城市博物馆的定义及作用

城市博物馆是以城市特色为展示主题的博物馆，博物馆通过各类可移动及不可移动文物，结合城市的民俗风情、传统风貌，系统保存和展示了一个城市的发展轨迹和居民的文化信仰，是一座城市的文化名片[①]。城市博物馆的展览和各项活动的开展却不仅限于历史类主题。当前城市博物馆一般具有以下特点：建筑风格现代，与城市文化基因密切相关，各类配套设施齐全，能满足观众的多种需求；基本陈列多为展示城市发展变迁的历史类展览，通过基本陈列系统展现城市的过去、现在和未来；在展览形式设计和各类活动开展过程中积极运用现代科技手段，提升观众参与热情；各项工作的开展以收藏展示城市文化特色为核心，同时注重与其他文化间的互动交流[②]。

城市博物馆与城市文化相辅相成、相互促进。一方面，城市博物馆因城市而产生，是城市文化的重要组成部分，有记录和传承城市文化的使命；另一方面，博物馆拥有的丰富文化资源使其成了展示城市文化的窗口，城市文化的发展繁荣需要城市博物馆的参与。

城市博物馆的作用主要体现在以下几个方面。

第一，城市博物馆是城市文化的记录传承者。城市文化通过历史的演进和时间的流逝逐渐形成，民俗风情、建筑遗迹、出土遗物等都能从不同侧面体现城市文化的特点。城市博物馆作为收集保存城市文化遗产的场所，保留着城市文化发展的印记，是社会文化的重要组成部分。这些文化遗产能够反映城市历史文化的发展变迁过程，帮助民众了解该城市的历史人文特色，同时也能够帮助民众认识过去，以史为鉴，更好地把握现在及未来城市的发展。

第二，城市博物馆是民众了解城市文化的窗口。城市博物馆作为城市历史文化的收藏展示机构，能够通过展览教育活动等多种手段展现城市的历

---

① 雷君：《城市博物馆：城市文化的名片——以西安博物院为例》，《城市记忆的变奏——中国博物馆协会城市博物馆专业委员会论文集（2013—2014）》，上海交通大学出版社，2014年，第394页。

② 虞海明：《"城市博物馆"的特点和发展方向》，《中国博物馆》2005年第4期。

史变迁和文明程度。参观城市博物馆能够唤起市民与城市共发展的记忆，从而提升市民荣誉感和责任感。对可能成为该城市的市民以及新移民而言，参观城市博物馆可以为其提供了解、融入城市的窗口，帮助其加深与城市的联系，从而能使其更快形成对该城市的认同感和归属感[1]。

第三，城市博物馆推动城市文化传播交流。城市博物馆作为一个非营利的公共文化机构，主要职能有教育、收藏、研究、陈列等。城市博物馆通过展示具有城市文化特色的展品，并以此开展各类教育活动，能够以独特的形式传播知识，加深公众对城市文化的理解和认知。这一途径是文化建设中除学校教育外的又一有益探索，对提升市民的文化素养、道德思想和审美素养都有十分重要的作用。通过各类展览的交流能够将城市的文化向外推广，同时也能将其他城市的文化引入，从而形成不同城市文化间的互动交流[2]。

二、宁波博物馆与城市文化的协同发展

城市博物馆承载着一个城市的历史变迁，表现了这一地区的地域特征，是城市文化的集中展示场所。宁波历史悠久，文化遗产丰富，这些文化遗产是该地区人民物质创造和思想智慧的物化表现，也是城市历史文化变迁的见证。宁波博物馆作为地域历史文化的保存展示机构，通过遗产征集保护、陈列展览、社会教育等多种途径展现着宁波的城市文化特色，也推动着城市文化的互动交融、繁荣发展。

（一）宁波博物馆传承与保护城市文化资源

每座城市由于在历史沿革、地理环境、人文因素等方面的差异，形成了区别于其他城市的历史传统和独特记忆。这些文化记忆存在于城市的各个角落，而博物馆则是这些记忆的集中收藏展示场所。博物馆的建筑、各类文

---

① 肖祖财：《城市化语境下的城市博物馆》，《城市记忆的变奏——中国博物馆协会城市博物馆专业委员会论文集（2013—2014）》，上海交通大学出版社，2014年。

② 宋国强：《城市博物馆与城市文化的发展——以上海市历史博物馆为例》，《城市记忆的变奏——中国博物馆协会城市博物馆专业委员会论文集（2013—2014）》，上海交通大学出版社，2014年，第99—100页。

化遗存的保护和陈列烙印着城市独特的文化印记，阐释着城市的发展变迁历程，通过参观博物馆，观众能够更为直观具体地理解和感知城市的文化，从而推动城市文化的传播交流。基于此项功能，城市博物馆需要保护和传承城市文化资源。

建筑是博物馆的门面，也是城市文化记忆和地域形象的载体。对宁波博物馆而言，其建筑是博物馆的一张名片。宁波博物馆的建筑在外观设计上借鉴了浙东地区传统的民居建筑风格，将宁波旧城改造过程中遗留下来的旧砖瓦陶片充分利用，形成了极具地域特色的"瓦爿墙"。同时，建筑还运用了毛竹模板浇筑而成的清水混凝土墙面，给外墙赋予了地域特点和纹理变化。建筑下方有人工河流穿过，主体采取二层以下集中布局、三层分散布局的模式，使建筑整体俯瞰如一艘船，仰视如起伏的山峦，充分展现了宁波的山水地理特色[1]。宁波博物馆的建筑设计传承发展了宁波传统建筑的特点，成了宁波的地标建筑之一，也吸引了大量本地及外地观众前来参观游览。

每一座城市都有自身独特的发展轨迹，在这个过程中会留下数量庞大的文化遗产。每一件文化遗产背后都承载着一段历史，见证着城市起源、发展乃至消亡的过程。博物馆作为城市文化的保护传承机构，需要根据城市的文化特色，征集收藏各类文化遗产[2]。宁波博物馆的馆藏文物在十年的发展过程中数量已上升至7万余件，时间跨度从史前河姆渡文化直至近现代，囊括了青铜器、瓷器、竹刻、玉器、书画、金银器以及民俗用品等多种类型。在这些馆藏文物中，十里红妆民俗系列用品、甬籍及海派书画家作品、越窑青瓷等都是极具地域特色的藏品。在馆藏文物的基础上，宁波博物馆结合自身定位和特点，定期开展藏品征集工作。当前宁波博物馆的文物征集范围主要包括以下11个系列：反映宁波地域文明、城市发展史、海外交通贸易、对外文化交流的物质文化遗产；反映新中国成立以来宁波经济社会发展、记录时代变迁的重要实物；越窑青瓷；浙东建筑装饰艺术、甬式家具；浙东民俗文物；宁波地方传统工艺；宁波非物质文化遗产；历代名家书画，特别是宁波籍书

---

[1] 宁波博物馆编：《十年（2008—2018）——宁波博物馆开馆十周年纪念》，浙江人民出版社，2018年，第20—21页。

[2] 罗向军：《博物馆传承城市文化的意义和途径》，《文物春秋》2016年第3期。

画家精品、海派书画家代表性作品；明、清、民国竹刻艺术；明、清、民国瓷器；中国历代货币以及反映丝绸之路主题的外国货币①。文物征集的持续开展一方面可以丰富博物馆藏品种类、完善藏品结构，另一方面能够保护城市文化资源，为城市文化的传承打下基础。

陈列展览是博物馆的基本功能之一，也是博物馆传播知识，传承发扬地方文化的重要途径。通过欣赏展览，观众能对地方文化特色产生直观认知，因而博物馆需要利用馆藏文物，设计出充分展现地方特色的展览。宁波博物馆的基本陈列"东方神舟——宁波历史陈列"以"海上丝绸之路"文化为亮点，以宁波城市发展史为主线，系统梳理、展现了宁波7000年来的历史变迁和辉煌的商帮文化、浙东思想。专题陈列"'阿拉'老宁波——宁波民俗风物展"则系统展现了独具地方特色的宁波民俗、艺术，深得观众喜爱。

（二）宁波博物馆推动城市文化互动交融

在全球化思潮不断演进和城市日益开放的今天，城市文化间互动、融合与流动的特点日渐突出。博物馆作为城市的文化名片和窗口，需要积极探索推动城市文化交流互动的新型途径和方式。

展览是博物馆的核心业务之一，也是推动文化传播的重要手段。宁波博物馆在展览规划过程中始终将引进不同地域、展现不同文化特色的展览作为工作的重要内容。宁波博物馆引进临特展的方向包括：展示中华文明瑰宝的国内大馆特色精品展；宁波籍著名艺术家、收藏家系列展览；反映东南沿海对外交流成果的"海上丝绸之路"系列展览；介绍国外特色文化的宁波国际友好城市博物馆精品展②。这些展览地域特色鲜明、文化差异性突出，能够让博物馆观众足不出户就欣赏到世界各地的特色文化，从而极大地丰富了观众的视角，推动了不同文化间的互动与交流。在引进展览的同时，宁波博物馆借助多种手段，把本馆的展览带到其他城市，为其他地区的民众也带去文化盛宴。2010年，宁波博物馆将馆藏的70幅邵克萍版画送往波兰，在波兰比得

---

① 宁波博物馆编：《十年（2008—2018）——宁波博物馆开馆十周年纪念》，浙江人民出版社，2018年，第35页。

② 宁波博物馆编：《十年（2008—2018）——宁波博物馆开馆十周年纪念》，浙江人民出版社，2018年，第174—175页。

哥什市举办了"时代印痕——当代著名版画家邵克萍作品展"，其反映现实主义革命题材的作品引发了波兰观众的浓厚兴趣和强烈共鸣。2012年，宁波博物馆联合蓬莱、扬州、福州、泉州、漳州、广州、北海的博物馆，共同举办了"跨越海洋——中国海上丝绸之路八城市文化遗产精品联展"，通过这个展览全面反映了中国海上丝绸之路在世界文明史上的重要作用，也展示出海丝城市的兴起发展过程。该展览在几个联展城市进行巡回展览后，又前往香港历史博物馆展示，为不同地区观众带来新鲜的文化体验。展览的引进和外推能够将不同城市、地区的文化快速传播，为民众了解认知不同地域的文化特色提供方便，也能够带动不同城市文化的互动和交融。

学术研究是博物馆各项工作开展的基础，也是带动城市文化交流互动的重要手段。宁波博物馆长期鼓励学术交流，尤其重视地域特征鲜明的"海上丝绸之路"研究和越窑青瓷研究。近几年馆内专家积极参与相关国际学术论坛和研讨会，参与这类专业学术活动能够提升城市博物馆对地域文化特色认知的深度和广度，也能第一时间了解学界研究的最新成果，为陈列、教育活动的开展和城市文化的传播打下学术基础。为了深化宁波"海上丝绸之路"研究，宁波博物馆于2015年前往日本京都、奈良等地区开展"海上丝绸之路寻珍"工作，搜集、整理、拍摄该地区与宁波文化交流的相关文物遗迹，并在2017年完成了南宋时期由宁波传入日本的部分"四明佛画"的高精度复制工作，为宁波博物馆进一步开展"海上丝绸之路"文化艺术研究提供了新的材料，而与奈良国立博物馆、京都国立博物馆的合作也加深了博物馆之间乃至地区之间的文化交流。

教育是博物馆的重要功能之一，博物馆凭借丰富的藏品和多样的陈列，将不同文化背景、民族年龄的观众聚集在一起，让观众通过游览博物馆获得美的享受，了解文物背后的历史故事。而各类教育活动的开展，一方面能加深观众对展览传递出的文化信息的理解和认知，另一方面也能推动城市文化的传播和互动。宁波博物馆自开馆至今始终重视教育活动的开展，在长期的实践过程中，目前已形成了多个品牌活动。面向未成年观众的品牌活动包括青少年探索体验活动、暑期夏令营、"竹洲思远"少儿课程、"博物鉴史"高中合作课程等，年龄层覆盖幼儿至高中学生。青少年探索体验活动分为"特展""节日""时令""非遗"四大主题，活动内容设置与主题紧密相关，强调培养参与者的动手能力，在体验中深入理解文化知识。"博物鉴史"是宁波博物馆立足于本土文化特色，充实未成年人博物馆教育的又一尝试。课程以越窑青瓷和海上丝绸之路为主题，借助讲座、参观等多种形式，激发学生的学习热情，实现了地域历史文化知识的普及和传播。面向成人观众的品牌活动主要有"东方讲坛""流动博物馆""公益服务日"等。东方讲坛以学术性、专业性较强的讲座活动服务于广大博物馆观众，其讲座内容多与展览紧密结合，是博物馆专业知识普及的重要途径。流动博物馆让博物馆走进社区、学校等场所，拉近了观众与博物馆的距离，同时也将博物馆的特色文化传递给广大市民[1]。多样的教育活动满足了公众的文化生活需求，也在潜移默化中推动城市文化的传播和互动交流。

（三）宁波博物馆带动文化产业发展

对城市文化产业而言，博物馆在其形成和发展中起着重要作用。文化产业的出现根植于深厚的文化积淀，而城市博物馆则是传承和发扬城市历史文化的绝佳载体，这是文化产业形成的重要基础。同时，文化产业可以充分利用博物馆的文化资源以及精神内涵，通过开发文创产品、开展文化旅游等多种途径推动文化产业的繁荣发展，创造出巨大的经济价值及社会效益，为城市文化的传播互动提供物质基础[2]。

文创产品兼具实用价值和文化内涵，是博物馆陈列展览和教育活动的延伸。近年来，博物馆的文创产品开发已成为城市文化产业发展的重要组成部分，宁波博物馆也紧跟时代潮流，在文创产品的开发过程中依托馆藏文物资源，通过发掘文物背后的文化内涵，将文物的文化元素和时下流行元素结合，开发出兼具实用性和知识性、地域特色鲜明的文创产品。宁波博物馆的文创产品开发元素主要有以下四大类：馆舍建筑元素、馆藏器物元素、地域文化（十里红妆）元素以及临特展元素。在确定开发元素的基础上，博物馆

---

[1] 宁波博物馆编：《十年（2008—2018）——宁波博物馆开馆十周年纪念》，浙江人民出版社，2018年，第106—107页。

[2] 宋国强：《城市博物馆与城市文化的发展——以上海市历史博物馆为例》，《城市记忆的变奏——中国博物馆协会城市博物馆专业委员会论文集（2013—2014）》，上海交通大学出版社，2014年，第101页。

开发的文创产品主要有文化用品、收藏品、生活用品、配饰等类型①。通过线上和线下联合销售的模式，文创产品为博物馆带来了经济效益，提升了博物馆的社会知名度，同时也为城市文化产业的发展注入了新的活力。

三、结　语

博物馆保留城市记忆、传承发扬城市文化的功能，使博物馆在城市的发展变迁中起着重要的作用。由于全球化思潮的不断演进，城市文化间互动、融合与流动的特点日渐突出。在这种形势下，宁波通过文化遗产征集、陈列展览等方式传承与保护城市文化资源，利用对外展览交流、学术合作、社会教育等手段推动城市文化互动交融，借助文化旅游和文创产品带动文化产业发展，从而通过多种途径推动了博物馆与城市文化的协同发展。

---

① 宁波博物馆编：《十年（2008—2018）——宁波博物馆开馆十周年纪念》，浙江人民出版社，2018年，第164—165页。

"缪斯"觉醒对于涵养城市性格的意义

——人格化博物馆的城市历史文化资源利用再思

石 磊[*]

摘要: 博物馆作为现代社会标志性文化、精神交往空间,应自觉遵循国际博协赋予的"人格化"定义,重视"物"在城市历史文化、人情风俗展示中的"情感感通"作用,重建市民的文化认同、身份认同。如此为之,城市走向世界进程中性格的独立性确立,能够在同其他文明对话中居于主动、平等地位,也为缓和城市"文化历史记忆"渐失等世界性问题,推动多元共赢世界文化格局的形成贡献智慧和力量。

关键词: 博物馆 人格化 历史文化资源 城市性格 文化认同

博物馆和城市一样属于现代社会标志性文化、精神交往空间。自觉遵循国际博协赋予的"人格化"定义,制定开放型公共文化策略并且重视"物"在城市历史文化、人情风俗展示中的"情感感通"作用,有利于博物馆服务公共文化生活,促进历史文化资源共享,活跃区域与国际文化互动等工作的思维、方法、手段,最大限度契合城市人群的心理状态和情感所需,融入个体生活及城市建筑、景观空间的细节,参与群体文化心理塑造,修复凝聚祖先智慧和生活气息的城市人格内蕴,以此重建市民的文化认同、身份认同。

---

* 石磊,南京艺术学院博士候选人。

一、人格化博物馆与城市性格关联

（一）博物馆的人格化比附观念探源

认识人，始于性格，理解城市，始于博物馆。博物馆保存的人类活动物证在早在其形成时已倾注生产者生命、情感内在需要，物理外观和审美价值都附会了个人思维、情感。文物生而具有情思，能够诱发观众"同情心"的本性，中外皆是如此。大卫·卡里尔在《博物馆怀疑论——公共美术馆中的艺术展览史》中，将博物馆等同于艺术品本体①，其保护文物、编辑图解历史逻辑的步骤，皆是史学家、策展人情感的注入。选取对后人有意义的物证，并在展览内容、空间创意中关注人的需要，意在"转化物件存在为人情保有"②，从馆舍空间、运营机制到藏品释放博物馆天然亲和力，认定其天生的人格化属性。以上是运用"拟人"修辞规范博物馆人格化定义的基石。

20世纪以后，博物馆工作重点逐渐从内向的收藏研究向外延性公共活动转移，"把参观者当作朋友"，追索文物过去的"物情"活化现实"人情"的实践③，推动观众与博物馆平等和谐交流。亲切可感的展示、活动氛围使观众直接面对自己生存环境和历史记忆的图景，激发起关联自我知识，跨越时空探寻先人生存态度的需求。博物馆在社会文化资源共享的过程中，不断创造更富生命力的文化，重塑历史遗产的意义认同。从精英气质到平民品格，加速了博物馆人格化形象的成熟。

1974年国际博物馆协会的定义④和2003年"博物馆与朋友"的博物馆日主题，对博物馆人格化定义做出权威划定，承接中华"比德"美学精髓，吻合

---

① ［美］大卫·卡里尔著，丁宁译：《博物馆怀疑论——公共美术馆中的艺术展览史》，江苏美术出版社，2014年。

② 黄光男：《博物馆新视觉》，文化艺术出版社，2011年，第6页。

③ 黄光男：《博物馆新视觉》，文化艺术出版社，2011年，第4页。

④ 1974年，丹麦哥本哈根第十一届国际博协会议定义博物馆为：一个不追求营利，为社会和社会发展服务的公开的永久性机构。它把收集、保存、研究有关人类及其环境见证物作为自己的基本职责，以便展出，公诸于众，提供学习、教育、欣赏的机会。

古希腊智者学派以人类为尺度理解万物的哲理，复苏了博物馆萌发于古希腊的"缪斯"原型。

（二）博物馆与城市性格

性格是人格形象中最鲜明的部分。人格化表述下，博物馆及其藏品的本质和功能受政治文化经济条件影响，拥有与众不同的性格。美术、历史、科学范畴的博物馆实践显现其对社会现实和周围世界的态度，供大众观察城市、国家和民族的种种面向。

城市与博物馆一样，是人造的空间，被法国地理学家菲利普·潘什梅尔形容为"一种气氛，一种特征，或者一个灵魂"。当个人行为、心理活动和行政、经济、名称、自然景观等众多现状因素在拟人化的城市系统内有机结合，带给大众的初步感知印象就是城市性格。北京的大气、上海的洋气、杭州的婉约……这些由精神基因和社会行为组成，外显的城市性格是城市最具有社会评价意义的部分。性格是客观世界众多信息刺激后形成的心理感悟，集中反映群体心理模式和文化心态，常伴着环境和人的集体行为而变化。就像南京，有六朝金粉的靡丽，也有钟山风雨的超迈。

据此可知，基于人格心理学解读博物馆的城市文化资源保护、开发工作，对内利于各项工作人性化，对外利于城市健康全面发展，扩大影响力。

（三）博物馆塑造城市性格的必要性

城市要有身份，须有其他城市不具备的特质①。得天独厚的自然、人文资源与市民的精神崇尚、行为方式、处世态度相结合，会生成城市性格，反映在人的大脑就形成了对城市人和事物的印象——城市形象。爱利克·埃里克森的自我意识发展观论证性格的发展变化性，为城市后天发展中立足地域、时代、社会生活资源主观能动地选择渲染性格的方式，塑造改观人文形象提供依据。博物馆储存城市历史基因、汇聚地域代表性文化资源，或多或少反作用于城市发展。随着博物馆的"以社会为核心，为社会和社会发展服务"的"外

---

① ［加］贝淡宁、［以］艾维纳主编，刘勇军译：《城市的精神2：包容与认同》，重庆出版社，2017年，第9页。

向"发展模式①进一步催发了博物馆调整与城市、公众关系的内驱力。现如今，博物馆对文化遗产的保护，对社会进步与协调发展的贡献，已跻身热门话题。

作为城市文化和情感物质表达，博物馆内历史遗存的生命"原真性"②沟通了展品、观众个体与空间、社会语境的联系，让观众现场感受到了城市世代的喜怒哀乐。例如中世纪伦敦的神秘禁欲、严肃粗犷，常被大英博物馆的骑士盔甲演绎。据此制定"个性化"可持续发展战略，活态利用城市各种文化资产，呈现人类生活与历史消长的经验，提供观众与祖先及其活的自然对话的机缘；博物馆连接城市发展的过去与未来，诱发了内在脉动的活力。冬宫博物馆囊括世界艺术精华，融入了彼得堡追赶发达文明的豪气和斯拉夫人的坚韧性格，用之于社会，滋养了摆脱暴烈、学习优雅的社群共识，丰富整个城市和国家的表情。不容忽视的是，城市公众体验观察文化现象、参与知识消费与更新的需求日盛。从人本理念切入关注城市弱势群体与不同族群，注重公共和个体多元的个性化物质精神需求，博物馆的城市人文、自然遗产保存、展示、保护、振兴迎合、深入公众经验，更容易以真善美的具体形式教育观众了解文物，获悉最具有美感吸引力的历史知识，充当社会知识创始和扩散策源地。

服务社会群体，辅助城市发展逐步变成博物馆工作的基本衡量标准，博物馆性格取决于贡献社会的程度。以热情开朗、亲和、友善的状态介入城市社区，担当活动中心、治疗和思考场所，推动生产生活方式博物馆化，引导公众在价值选择多元化的困惑里辨识生活方式和文化身份的独一无二，是博物馆的职责所在，也是城市发展的伦理方向。

---

① 安来顺：《博物馆专业化进程与当代博物馆新特征》，《博物苑》2007年第2期。

② 曹兵武：《记忆现场与文化殿堂：我们时代的博物馆》，学苑出版社，2005年，第32页。

二、中外博物馆的城市性格塑造方式

古德说，博物馆的意义在于用其拥有的资源做了什么①。当代博物馆被视为与城市环境、本土集体记忆休戚相关的文化设施和地标性建筑，肩负从各自性格出发揭示城市社群阅历感受特殊性，界定历史文化基因与现代文化抱负的使命。也需要放眼全球实施大众传媒、国际交流、社会教育功能，向外部族群讲述城市鲜为人知的微妙心理，展示古今性格的多面立体性。好比一个人的内驱力从潜意识转移到自我与社会的交往，又坚守自我独立性、自主性。

（一）利用文化资源，阐释城市性格魅力

个体自我感觉与所处社会环境的沟通产生了城市与人的互动，个人与群体利益取向差异，滋生城市的多样性；限制博物馆可持续利用文化遗产的角度。

1. 关怀集体精神信仰，重生记忆、深化性格

集体无意识反映了从远古遗传的共性心理、同类经验，积淀在物质与非物质文化遗产中。中国藏医药文化博物馆收藏、保护、研究发端于青藏高原的曼荼罗艺术、藏医药器械遗物、曼荼罗唐卡等精神图像、实物物证等。

建筑外观上，中国藏医药文化博物馆融合密宗本尊道场方圆几何图案和汉民族"天圆地方"宇宙观，营建形如"坛城"的平面，呼应馆内曼荼罗沙雕、曼荼罗唐卡、中央展厅巨幅药王坛城堆绣等。特别是藏医图像教科书"曼唐"，汲取古代典籍中"比象"观采取写实手法"树喻"②人体器脏、疾病、诊断、治疗，立于人体生命科学高度，科学解析藏密宗"身脉为坛城"概念。本意为"我"与世界合一的"曼荼罗（坛城）"母题多环节共用，完成密宗天象变化、生命进程等教理的视觉图谱解析，藏民秉天地精华而生存的原始经验与"天人合一"信仰无缝对接。藏民集体无意识反映在建

---

① 段勇：《当代美国博物馆》，科学出版社，2003年，第106页。

② 以树的生命规律解释人的生命规律。

筑、展品的隐喻内涵中，又巧妙适应了展示、展品、馆舍融为一体[1]的现代博物馆理念，公共共享空间和民族共生心理空间重合，与城市的文化内核和精神气质相匹配。

馆内七百多幅唐卡以藏医药、艺术为主题，藏族历史和藏传佛教教派为主线，遵照《造像度量经》的构图和表现手法生动描绘藏民对宇宙形成、人类产生、社会变化以及未来世界的认知。唐卡从藏区人、自然、社会、文化的相互作用中产生，与所处区域的社会、自然生态结构有着密切关系。进入新的建筑空间和陈列环境，唐卡表现的藏传佛教宗教仪式、代表的藏族生活方式在新语境[2]中衍生出现代人文含义。展览将全长618米的巨幅画卷静态迂回布陈在500平方米展厅内，蜿蜒环绕的参观路线与堆绣画幅镶边、藏式室内装潢的展示模式重构起民族氛围浓郁的藏传寺庙原境，平易近人的展陈尺度又填补了观众与文物和环境的疏离感。

集体记忆是人类的情感与理智完善的必要环节[3]。中国藏医药文化博物馆从功能到理念多层次丰富展示，集结藏族精神物化符号弘扬青藏高原上城市特色，是健全城市记忆的场所。功能层面，根据展品风格和学术观点移步换景地调整空间和文物展品的关系，打造艺术化展示语境，详细且节奏多变地展览藏医药发展史、名医事迹和典籍文献、艺术科学。理念层面，立足建筑的抽象结构和馆藏文化资源的寓意，开创性地融入以宇宙人生为对象、化天地共存实景为虚景的曼荼罗艺术精神。建筑、展陈恢复了真实宗教语境的神圣性，把濒危的藏医文化和藏族宗教哲理的物证纳入新的符号系统，在原生藏地雪域重述藏文化谱系；让藏医学历史流变、理论体系、临床实践、炮制技艺的确认、立档、研究、展示、传承暗合宗教仪轨秩序。经常来此参观，和平共处的汉藏文化与藏医药跨越文明、历史的全球性意义，会将集体无意

---

[1] 曹兵武：《记忆现场与文化殿堂：我们时代的博物馆》，学苑出版社，2005年，第24页。

[2] 艺术语境，艺术品存在的语言环境，还包括建筑本身的语言环境。其原始含义会随着艺术品所处的环境变化而发生改变。艺术品在展厅里，会因为空间及陈列方式变化而衍生出并非原始语境的新语境。

[3] 曹兵武：《记忆现场与文化殿堂：我们时代的博物馆》，学苑出版社，2005年，第129页。

识和社会心理内化于观众的认知中，感化市民心理与行为。

当个人对现实的洞察和祖辈的心灵融透，唤醒了内敛、隐忍、追求精神圣洁化的西宁城市性格，与干净，明澈的城市气质和淡然大方的市民性情一起见证多元文化和平共处、民族关系团结和睦的汉藏文化交汇区的魅力；博物馆作为展示民族文化的殿堂为扩大西宁城市文化全球影响力、缔结文化认同感积蓄资本。

2. 巧用历史建筑遗迹，巩固文化血脉认同

城市的历史决定它的规模和文化基因，留下附着内在性格的物态文化遗迹显示外在形象。博物馆可持续利用历史文化资源，营构本地历史，凝固城市精神，也彰显了历史遗产的当代价值。公众通过博物馆了解城市沿革，博物馆维系起公众对城市的认同。

英国国家铁路博物馆依傍铁路而建，历代机车实物、电话亭、车站站牌、火车票、铁路制服等配套设备展陈巨细无遗，原貌保留的维修车间工作依旧，维修完工的老式车头会被沿路开到其他博物馆成为展品。无所不包的收藏广度和难以计数的藏品，见证了铁路运输引发的交通革命，记录约克城从1839年成为铁路枢纽以来的风云变幻。站在二楼户外观景平台，铁轨和远处使用中的车站一览无余，恰如穿越时空对话历史。铁路博物馆对在地文化的关怀使文明物证没有因藏入博物馆而停止工作，超然于物理空间之外，说明了约克近代历史与铁路的关系。公众心中，博物馆是国家实力的缩影，以铁路运力评论国家和城市发展的现代，其巨大的收藏规模和时间跨度向世界昭示英国在世界铁路界、博物馆界的鼻祖地位。

以此为鉴，中国的一些小城有时比国际化的大都市容易利用历史遗迹保存本地记忆，彰显城市精神。近年来，曲阜利用博物馆化手段守护浓缩国家民族感情的孔子胜迹，考虑到"曲阜三孔"原迹的不可移动文物价值，文物部门就地维护原址、保护不可移动的建筑，在原有历史文化空间中呈现富含审美价值的艺术品。依照《威尼斯宪章》开展的祭孔仪式、孔子文化节等活动，活化历史遗址为可用资源，最大限度行使造福社会的价值。与之呼应的孔子博物馆依托硬件优势策划人文性、科学性兼备的展览，接续"三孔"原

址的专业化史料梳理；数字化、高科技手段弥补古迹观摩和古文献阅览的交互性不足。

孔府旧藏、孔庙、孔林旧址的博物馆化运营，遏制不可移动历史文物遭受破坏，开发出更多产品搞活象征华夏文明精神形态的文化遗产。市民守望世代维护的古建筑，其生命、生活将构成最动人的城市神韵，映射曲阜诚信儒雅、谦和尚礼的性格，在全球人口流动、互联网引发的文化冲突中，满怀对历史应有的敬畏之心，坚守家国情怀。

3. 整理民俗文化遗产，复活城市性格基因

民俗在形成中受社会群体一致认同，具备传承性和稳定性，是蕴含地区经济、文化、风土人情的无形遗产。2002年国际博物馆协会亚太地区第七次大会就博物馆保护无形文化遗产的职责取得共识，整理蛰伏于脑海、流传于心灵的民俗，不失为张扬城市性格的途径。"十里红妆"婚俗是宁绍地区社会文化的组成部分，是这一地区婚俗的体现。物用为基础，兼顾文化、审美享受的"红妆"器具种类丰富、技艺精巧，镌刻本地婚嫁习俗的美学理想和历史流变。发动专业保存、研究队伍将其形式、载体一同纳入永久保护收藏的范围[1]，修复、再生、复兴无形文化遗产，符合博物馆区别于其他文化机构的实物性。

浙江区域性博物馆利用红妆主题实物举办专题陈列或临时展览，以宁海最盛。十里红妆博物馆集中人力物力专攻女子婚嫁、生活的专题收藏，向深度收藏与研究服务并举的新标准靠拢[2]。博物馆秉持传承人意识，进行红妆文化、朱漆艺术信息资源征集、收藏、展示，尝试将实体文物档案、无形信仰传说的保护、研究、宣传工作结成复合型整体，寻找合乎科学性和规律性的利用方式。有序整理馆藏档案和当地历史便利了博物馆发扬实物收藏基础优势，策划多媒体场景和藏品集中陈列结合的展览。百床风情、女子闺房和红妆吹打队伍、琴棋书画室地道地还原明清宁绍婚俗的诞生和发展，重现明清闺阁文化、朱金漆木雕绝技。

---

① 苏东海：《中国博物馆与无形遗产》，《中国博物馆》2002年第4期。

② 杨敬、谢友宁：《博物馆、美术馆、图书馆与文化遗产》，江苏大学出版社，2016年，第68页。

  史蒂芬·威尔称最全面、有效地使用拥有的可利用资源成为博物馆管理成功的最显著标志和品质衡量标准。城市的性格不像人那样明显，尤其是人类整体文化环境的关注度与日俱增，全球商业文化却在淡化文化认同感的背景下，亟须博物馆在新的、最广泛联系的框架内反思民俗记忆文化遗产的管理与利用程度，系统梳理研究富有吸引力和感染力的藏品反映的各时期文化，指引公众冷静审视城市的历史脉络，找回属于城市的性格。为更有效抢救和推广构成宁海人心灵寄托的"十里红妆"，宁海十里红妆博物馆通过档案记录、文物征集并与杭州师范大学等高校积极合作，联系上海、南京等地相关专业学者开办学术交流活动，出版专著《十里红妆女儿梦》，运用文字、图表、实物图鉴等方式，图文并茂讲解习俗发展历程，为同名舞剧和电影的创作提供了科学参照。在政府协助下，博物馆与相关文化企业合作，复刻、生产花轿、杠箱等传统婚俗器物，鼓励年轻人行传统婚仪。多向度的工作利于挖掘古代遗珍，进行婚嫁习俗史的考订；沉浸式、体验性的传播、参与，让精神形态遗产附加在当代婚嫁行为上介入社区生活。

  无形文化遗产重焕生机，使别具一格的地区物质文化和生活美学特征化，城市性格挖掘推向深层。髹漆、贴金的器具是宁波习俗、性格的承载物。博采东西的雕工，包罗人物动植物万千图案的花纹，碾金、沥粉、描金、开金交融的装饰延承宁波史上发达的手工业，诠释出海洋文明孕育的宁波人放眼四海、勇闯天涯、博纳兼容世界先进理念的"开放主义"。如果说榫卯相接、构件拼合迂回盘旋的过硬家具手艺，尽显宁波帮男性的理智勇敢、精明勤奋性格，那么不同形式、丰富图案串联的婚服从另一个侧面道来女性文化史。大红花袄、石榴裙、夹袄肚兜的造型理念，大俗大雅的配色处理，无限寄寓的图腾纹饰和巧夺天工的技艺，诉说女性的心灵手巧；朱红家具、大红楹联的色彩象征生命与延续，体现闺房生活和母性文化。或许是千万家庭衣食住行多维系在女人身上的缘故，女人性格有时更容易让人感知一个城市的性格和魅力①。十里红妆博物馆流露浙东女性精致恬淡的审美，含

---

  ① 恽鹏举：《女人的特质与城市的性格》，《中国女性》（中文海外版）2010年第6期。

羞地担当起城市隽美和柔情的抒发媒介，提升了文化发源地历史地位，打造现代视野中的城市文化品牌，调动起公众捍卫因为时代和社会价值观变化受损的红妆文化的热情。

（二）转变原初身份定位，改良公共文化功能

比之于"独立自我"至上的西方，信奉集体主义的东亚地区明显看重"相互依存的自我"①。人格化博物馆的奋斗方向是"向社会公众展示已经或正在消失的社会历史和生态自然资源的价值，给人们以智慧的启迪和创新的动力"②争做他人首肯的社会文化服务机构。

1. 调整外向服务策略，明确形象构建优势

埃罗·沙里宁称："看看你的城市，我就能说出居民在文化上追求的是什么"。现代文化演进中，民主与共享跃升至人类共同诉求，博物馆作为城市文化学习、传承阵地，公众互动和社会教育等外延职能比重日趋增大。

调整服务策略，培养外向化的性格，要求博物馆改善高冷、刻板的程式，接纳公众参与文化中心建设，带动文化群体的个性追求；传播、积累、交流功能融入城市综合发展，实现社会化。在文化频繁融合的全球化浪潮中支持公众对所在城市的心理认同、社会认同。还有赖于从外感和具体文化产品入手，多方位、多领域复苏博物馆缪斯女神般文雅、充满活力的形象。事实上，博物馆日常工作中，温和而不严厉、润物无声的城市历史信息传输，自由而不强制、热情且耐心的宣传、教育态度，已是女性作为共情的主体的"同理心"的外显③。精神文化产品从理性知识向感性经验转化，陈列文本从叙事化逻辑改为视觉设计表达，则源于闪现创造力、灵感等女性力量的情绪性、感觉化信息传播方式"效用性"优于重逻辑、缺乏细节的男性思维。德

---

① ［美］戴维·迈尔斯著，侯玉波、廖江群译：《社会心理学纲要（第6版）》，人民邮电出版社，2014年，第23页。

② 张文彬：《博物馆与朋友：一个深刻的文化主题——写在2003年国际博物馆日》，《中国博物馆》2003年第2期。

③ 吴莹：《文化、群体与认同：社会心理学的视角》，社会科学文献出版社，2016年，第138页。

国柏林博物馆、美国自然历史博物馆、故宫博物院等知名博物馆利用人类实践的历史物证推介 "博物馆婚礼""博物馆里过大年"活动，也试图以更女性化的灵动方式照顾公众细节体验，扩张充满人情味的公众知识生产空间、生活共享空间，继而形成人、社区对博物馆空间属性、内外城市景观在情感层面的场所依赖。

突出适合知识民主化、公众生活艺术化的"性别特质"，一边以可视化物证及感性视觉符号演绎城市自然、文化、历史的发展，突出文化个性，扮演城市性格镜子；一边发挥公共聚集空间的作用，满足市民提高生活品位、增长知识的社会心理需求，予以更多文化分配和享受，强化社会、公众对博物馆场所与城市自然、历史情怀的心理依存。对巩固城市性格和地域集体无意识，调整城市精神追求与价值导向，帮助公众形成完整的自我认识，构建特色明确的博物馆形象，均有普遍意义。

2. 研发创意品牌，外化城市人格内蕴

文物是人类精神的物质表现，价值视人类投入的精神而定[①]。博物馆集结代表城市人文精神的文物，生而具有价值属性。创造力为核心的创意产业兴起，纳入社会文化单位的博物馆有义务研究文物深藏的人类情感，并根据人对外部环境的判断，拓展历史文化遗产的经济和社会效益。

金沙遗址博物馆用象征古蜀文化的"太阳神鸟"金箔为代表，与旅游产业、传媒产业协作，设计大众喜闻乐见的纪念品、电影动漫、海报等释放博物馆个性的衍生品，无疑抓住了本馆和城市的文化个性。《如果国宝会说话》的碎片化传播方式吸引年轻群体跟着文物的自述梳理古蜀文明。神鸟元素首饰配件、日用小物，金沙考古题材的舞剧《金沙》和动画《梦回金沙》，向最有活力人群靠拢，占领文化市场。东方化视觉符号穿越历史、地理界限，直观表达蜀地崇巫尚神的民俗世态和奇谲的艺术，激发文物文化资源的创意潜力，激起观众在城市文明的源头处解读城市性格内蕴的审美冲动。成都文物考古研究所表示，"3000年前的人崇拜太阳，今天成都人性格

---

① 杨敬、谢友宁：《博物馆、美术馆、图书馆与文化遗产》，江苏大学出版社，2016年，第39页。

阳光开朗；金沙文物展现出文化上开放的姿态，如今的成都，开放和交流仍是城市的特点。"[①]"太阳神鸟"直击成都积极进取、激情浪漫城市性格的根脉，承载于物，积淀于魂，与过去、现实、将来心路相关。最终将在全球文化互动交流中增值创意、产业价值，激发市民对本地文化的自豪感。

3. 完备资源共享机制，培育城市受众性格

博物馆是社会关系中相互依赖的"自我"，别人对"我和我的群体"的评价深刻影响其自尊。2007年，博物馆定义调整后，置"教育"于功能首位，意味与其他团体组织沟通、交流日渐活跃环境中，外部社会肯定和认同在博物馆工作"动力与出发点"的选择中被重点考虑，博物馆蜕变为以观众为中心、社区为导向的行为主体，更具灵活性与交互性。

为赢得观众认可，城市博物馆营建高品位都市生存环境时须主动、积极揣摩市民与客观世界互动中行为、经验、情绪，根据其共感经验、认知水平，在传播历史遗产，举行展览、社教活动时，有意识尊重人的七情六欲和创造力。心理学指向上，以传达文化信息为目的现代化展览实质是策展人向观众表达情感的媒介，突破固有空间中依靠实物、文书档案、图片影像留存记忆的习惯，着重考虑与"人的社会活动"相通的情感、记忆、态度和伦理，这是平民品格的博物馆必备品质。大阪历史博物馆发掘历史特集展厅内，观众有机会在按原比例再现的遗迹模拟考古、举办现场研讨会。文物与观众进行交互性、自由度更强的真挚互动，改进了博物馆的运营和文化传播方式。如朋友般亲密的情感交流，使展览成为表达充满色彩、感情、温度的个人感受的鲜活过程，公众实现了马斯洛所说的归属、交往、爱和自我实现需要，博物馆拉近了与城市文化的距离，市民的心理和集体性格悄然改变。通常，城市中行为主体（市民）在公共场所的言行、精神面貌、素质修养是城市的焦点，影响着城市形象。市民性格、行为规范和公共价值取向，也是博物馆动用征集、陈列、研究自然和人类文化遗产，提高城市文化修养、格调品味的关键和凭据。体贴的观众服务、艺术而科学的展览语言，有利于观

---

① 殷新宇：《成都：倾情传承金沙文化》，《人民日报》（海外版）2006年9月21日。

众沿着信息指引体会文物及其历史变化轨迹，融入历史文化氛围中，成为展览参与者。毕竟，表象化揭示人与环境的关系①，在信息生产、社会接触交往、介绍市民创造能力和创新成果环节对受众的刺激远比传统专业手段强烈，会极大促进市民对城市信息的加工能力。如此一来，担负社教功能的博物馆塑造的社会共识更容易同观众个人价值观达成一致并内化、拓宽，与社会其他成员共享观念、规范甚至生活方式渠道。

刘易斯·芒福德认为，城市是吸引、融合、储存和传播文化而不断丰富人、发展人、孕育新人类的巨大复杂文化磁体和容器②。重新定格博物馆和城市的关系，踊跃参与社会文化资源共享、信息摄入和形式输送，分析市民性格的客观性和城市形象的主观性，市民集聚在囊括社会、历史多种元素的博物馆感知不同阶层睿智，倡导高品位消费方式，城市性格和形象也会在传承交流古今文化、追求梦想与价值的大环境中改进。有性格、有文化、有情趣的群体性格能练就个体满怀责任心和义务感爱护城市、助力城市发展的社会心态；培养规划设计者、建设者和管理者了解城市历史的或天然的禀赋，从而精心布局规划的能力。博物馆经过社会成员观念分享和情绪相互渲染，强化城市群体身份感，增强凝聚力，规避了本土文化边缘化，提高城市辨识度，自己也找到社会交往所需的亲密感和尊敬感③，提高主观幸福体验。

三、全球化时代城市性格塑造的宏观意义

（一）回归精神原乡，修复自我认同缺失

城市是经络、脉搏、肌理齐备的有机"生命系统"，被称作文明的肉身，若不科学遵循机体运行规律营构，必会肉身受损伤及灵魂。信息、资

---

① 杨敬、谢友宁：《博物馆、美术馆、图书馆与文化遗产》，江苏大学出版社，2016年，第34页。

② 赵强：《芒福德的城市观及其启示》，《苏州大学学报》（哲学社会科学版）2011年第4期。

③ ［美］威廉·麦独孤著，俞国良、雷雳、张登印译：《社会心理学导论》，北京大学出版社，2010年，第25页。

源、劳动力急剧流动推动经济膨胀式发展，部分城市过分建基于物，钢筋水泥和物质消费充斥，消磨了人的主体性和城市文化内涵，导致科学技术偏离价值理性指导，压抑人性且剥夺精神自由[1]。

但是，城市性格塑造过程是实践性的，原始有机结构破损、市场化剥夺心灵自由等问题来自自我核心，和生物、心理、社会环境三方面相作用，好似人格心理学范畴的"自我完整与绝望期的冲突"，不可避免却可控。文化在经济建设、市政建设、生态环境保护诸方面影响力空前增强，历史文化孕育的城市特性给予市民的精神自豪感是解决精神异化的先决条件。博物馆随城市兴起而建，保存着物质、行为、制度系统及精神面貌构成的集合，表征着城市文化：纽约的移民公寓博物馆记载了一百多年前欧洲移民进入纽约的"血泪史"；巴黎的下水道博物馆是反映市政建设历史与规模的城市内脏。以上纳入博物馆体系的重要物质遗存铭刻城市文化根脉和历史记忆，留驻其特有的精神价值和思维方式，因不可替代、不可复制令市民、城市引以为傲。

一座高度全球化，与其他地方别无二致的城市，很难让人感觉到骄傲。城市意识到自觉维护自身独特性，才会意识到自我[2]。博物馆对传播城市文化、规范社会礼仪等社会期望做出反应，"使历史不断物化于博物馆中是一种历史智慧，也是一种历史责任"[3]。

超出物理建筑空间，外化公共功能；从实体馆舍扩展为一种以全方位、开放式的观点洞察世界的思维方式，博物馆馆藏才能作为城市资产，聚集城市变迁中的历史、艺术和科学信息，塑造城市精神空间结构和精神性格。市民身临博物馆，会意识到城市生活方式和文化独一性，树立良好自我感觉与对归属群体的社会认同，找回失落文化自主意识的本我。博物馆不但修复城市化阶段性危机中破坏的精神原乡，而且释放文化辐射力，增强市民自豪感。

---

① 王永利：《马尔库塞技术异化思想研究》，长安大学硕士学位论文，2009年。

② ［加］贝淡宁、［以］艾维纳主编，刘勇军译：《城市的精神2：包容与认同》，重庆出版社，2017年，第232页。

③ 苏东海：《博物馆物论》，《中国博物馆》2005年第1期。

（二）永葆文化身份，为多元文化格局做贡献

城市性格最动人的部分反映在文化层面。文化情境复杂的全球化时代，市民与城市需要从文化认同中获得内聚力和归属感，铭记自身存在的独立性和个性。博物馆就是储存民族文化基因，凝聚民族向心力的好场所[1]。

辛克尔强调：博物馆和其建筑、艺术作品、展览在精神领域的内在统一性，与教堂激发人们宗教敬畏感的功能类似。其建筑、公共实施、内属物件与城市及其公众的关系最为直接。内藏原真性的人类生存与环境物证存储城市不同时期、地域内个体、群体的行为情绪、依恋与规避、习得的认知与表达、神态与动作[2]，便于区分民族属性构建族群认同。以外在景观、图像符号或其他可见文化形式（包括物质载体，文化空间的研究和保护）提供的亲历者感知与记忆的氛围，同样关联市民共有的状态经历，传递群体社会共识；博物馆称得上书籍之外存储城市最有向心性的地点，参观博物馆是建立市民与外在环境感情的最直观、有说服力方式，它亦是孕育市民气质与品位的圆心，其策展、教育、服务等功能具有向外感通的功效，易于统筹城市的情感、能力、目标、价值观等人格特质，稳定自我与社会、国家各类群体联结的心理机制（即文化认同）[3]。公众从城市发展历程、历史定位中灵活修正价值观和信仰，寻求正确身份认知，构建"自我同一性"，博物馆维持了城市服务水平提升和保全文化性格的平衡，最终永葆城市最重要的"身份"认同。

博物馆说明了身份为根基的社群特性，营造出富有世界意义的个性城市。继承"和为贵"的民族性格和求同存异智慧的当代中国博物馆成为再造往昔情怀的现场，以特殊性、差异性为统一机制，协调了从中国到世界的多层次文化认同，即便是城市文化向外展示互异特征时，内部文化也会自觉向主流色彩靠拢。高度文化身份自主使博物馆于漫长历史中克服当代文化与传

---

① 苏东海：《博物馆的沉思：苏东海论文选》，文物出版社，1998年，第75页。

② 吴莹：《文化、群体与认同：社会心理学的视角》，社会科学文献出版社，2016年，第3页。

③ 吴莹：《文化、群体与认同：社会心理学的视角》，社会科学文献出版社，2016年，第17页。

统的疏离，维持本土身份认同；博物馆在广阔的地域中调和各民族关系，确保全人类文化精神脉络的完整性、连续性，永续中华文化多元一体文化格局，推进全人类社会转型中多元文化的共生。

走进博物馆，读懂一座城市

——以安徽省安庆市博物馆为例

何　凡[*]

摘要： 博物馆是城市的文化名片，既是外地游客旅游观光之所，也是当地居民认知本地文化的场所。作为一座城市历史的记录者、城市发展的见证者、城市文明发展的推动者，本文以安庆市博物馆为例，讲述博物馆通过举办展览、扩大馆藏和开展社教活动等，努力让文物说话，讲好城市故事，弘扬本地乃至中华民族优秀文化。

关键词： 博物馆　城市空间　安庆市博物馆

随着时代发展，博物馆越来越贴近普通民众的生活，而非早期大众印象中的阳春白雪。博物馆身为一座城市的文化客厅，欢迎八方来客，已经逐渐发展成为一座城市历史文化底蕴的记录者、城市发展的见证者、城市文明发展的推动者。在这里，观众可以了解城市的历史、当下发展以及未来愿景。作为文博从业人员，我们理当尽己所能，讲好城市故事。让观众走进一座博物馆，就能了解这座城市。

一、记录城市历史，构建城市形象

博物馆被称为城市的文化名片，这鲜明地表达了大众对博物馆的期望。作为一个向公众免费开放的文化机构，可以说是当之无愧的城市历史变迁的记录者。

---

　* 何凡，西北大学文化遗产学院硕士生在读。

安庆，位于安徽省西南部，市中心位于北纬29°47′—31°16′和东经115°45′—117°44′之间，长江下游北岸，皖河入江处，西接湖北，南邻江西，西北靠大别山主峰，东南倚黄山余脉。全市现辖怀宁、桐城、望江、太湖、岳西、宿松、潜山7县（市）及迎江、大观、宜秀3区。全市总面积13589.99平方千米，其中市区面积821平方千米。东周时，安庆是皖国所在地，安徽省简称"皖"即由此而来。南宋绍兴十七年（1147年）改舒州德庆军为舒州安庆军，"安庆"自此得名。安庆城始建于1217年，至今已有800年的历史。东晋诗人郭璞曾称"此地宜城"，故安庆又别名"宜城"①。

安庆市博物馆始建于1978年，与安庆市革命文物陈列馆暨黄镇生平事迹陈列馆、安徽中国黄梅戏博物馆为三块牌子一个机构，承担着安庆市文物收藏、展示、研究以及文物调查、抢救性考古发掘等综合职能。现为国家二级博物馆，它是一家以地方历史文物，尤其是近现代革命和戏剧文物为主体的综合性博物馆②。

展览是博物馆记录城市的方式。以安庆市博物馆2018年全年举办过的20个陈列展览来说，4个常设展各有侧重，16个临时展则各具特点（表1）。4个常设展各自定位清晰，侧重点明确。"辛亥革命在安庆"讲述的是安庆地区近代风云，"黄梅百年——黄梅戏发展历程展"则专注于地方特色戏曲黄梅戏的发展，"黄镇生平事迹展"是以本地名人、革命先烈黄镇为切入点的专题性革命纪念展览，"明月清风廉政教育主题展"则偏向于廉政主题的警示教育。16个临时展可大致分为三类：第一类是由本馆主导的安庆文化相关展览，为进馆观众提供本地人文的细致解读；第二类是合作举办的安徽文化尤其是皖江文明相关展览，有助于区域内不同人群的相互理解与认同；第三类则是从省外博物馆引进的当地文化相关展览，拓宽展览内容。

总体来说，常设展尤其是历史类常设展，是观众们认知该地区风土人情的一种快速明了的方式。丰富多彩的临时展则是提高博物馆观展回头率的方式。安庆文化相关的临时展既为外地游客提供了了解本地文化的切入点，让外地游客能够对安庆这座城市有更深的认知；也能吸引本地居民多次进入博

---

① 安庆市人民政府官网（www.anqing.gov.cn/zjaq/aqgk/index.html）。

② 安庆市博物馆官网（www.aqbwg.cn/v-1.1.5-zh_CN-/AqMuseum/mian.w#!content3）。

表1　安庆市博物馆2018年度展陈统计表

序号	名称	时间
1	辛亥革命在安庆	常设展
2	黄梅百年——黄梅戏发展历程展	常设展
3	黄镇生平事迹展	常设展
4	明月清风廉政教育主题展	常设展
5	皖江瓷韵——宜城瓷器展	1月13日—1月23日
6	乡间画记——山东民间木版年画展	1月25日—3月20日
7	普洱岁月、古道春秋——普洱茶马文化风情展	3月20日—4月26日
8	安庆五友书画作品展	5月4日—5月15日
9	纳西族东巴文化展	5月16日—6月13日
10	改革开放四十年	5月18日
11	丹青永茂——古今书画名家精品收藏展	6月16日—6月26日
12	文房雅赏——安徽省文物总店典藏文具展	7月1日—7月15日
13	外婆送我花背带——广西少数民族妇女儿童服饰文化展	7月27日—8月27日
14	继往开来——新徽派版画艺术研究展安庆巡展	8月23日—9月16日
15	中国的声音——聂耳与国歌图片展	9月20日—10月12日
16	水墨丹青庆丰收——安庆市大爱书画作品展	10月16日—10月30日
17	安庆市首届书法临帖作品展	11月1日—11月16日
18	中日当代书画艺术作品（安庆）交流展	11月18日—12月8日
19	安庆市第五届民间收藏精品展	12月9日—12月30日
20	中国梦——食墨斋少儿书画展	12月31日—1月15日

物馆参观，尤其是对某一特定主题（如书法、绘画等）感兴趣的观众；有助于加深本地居民对本地文化的理解以及对家乡的归属感。安徽文化相关的临时展可以使外地游客对区域文化有更多认知，也可扩大本地观众的视野。与省外博物馆交流的临时展，在丰富了本馆的展览类型的同时，也使本地居民无须远行，在家门口就能欣赏到不同地域各具特色的展览，感受中华大地丰富的文化内涵与勃勃生机。

安庆市博物馆竭力打造出一个对所有民众开放和共享的文化空间，通过各种不同主题的展览陈列讲述了一个又一个城市故事，加强观众对不同文化的理解和包容。"纸上得来终觉浅，绝知此事要躬行"。为了加强知识的传播，在举办各种展览的同时，还结合展览主题开展馆内体验活动。例如，为配合春节期间的"乡间画记——山东民间木版年画展"，博物馆在特展厅旁提供了制作木版年画的模具、纸墨等材料，欢迎观众自己动手印制年画，在喜气洋洋的春节气氛中，观众们在博物馆里，既可以收获知识，也能获得乐趣。

通过内容丰富的常设展和临时展，以及形式多样的馆内社会教育活动，提高观众的参观体验，满足观众的心理预期，创造愉悦的文化教育和传播体验，逐步打造具有地方特色的城市文化品牌。

同时也努力走出馆舍天地，扩大博物馆的覆盖面。如为贯彻落实市政府"一唱两走"发展战略，安庆市博物馆参加了形式多样的"安庆文化周"活动，先后在武汉琴台大剧院、武汉大禹文化博物馆、玉溪市博物馆、普洱市博物馆、丽江市博物院，广西民族博物馆举办了"黄梅百年——黄梅戏发展历程展"巡展，传播和弘扬安庆本土戏曲黄梅戏，展示安庆风采，扩大城市影响。

二、见证城市发展，彰显地方特色

一座博物馆还是城市发展的见证者。在博物馆里，可以看到很多在城市进程之中的记录：一张门票、一张工厂设计图，都是城市发展的痕迹。博物馆在起到收藏、保护和向公众展示文明成果等作用的同时，也与城市一同见证和保存城市记忆，提升城市品质。

1978年，安庆市博物馆建馆。1993年，黄镇生平事迹陈列馆暨安庆市革命文物陈列馆建成开馆。2009年，安徽中国黄梅戏博物馆建成开馆。自此，安庆市博物馆形成了一家机构、三块牌子的模式。目前新馆已在城市东部动土开工，开馆前的多项准备工作正在紧锣密鼓地进行。

博物馆各项工作的展开，都离不开馆藏的文物与资料。深入研究馆藏和解读地方历史文化，是打开城市记忆和弘扬地域文化的一扇门。藏品中所蕴含着丰富的文化故事和人文精神，是地区历史和文化传承的重要载体，也是联结过去、现在和未来的桥梁。安庆市博物馆现有珍贵文物1069件，其中一级23件，二级46件，三级1000件，建馆以来有确切入藏年份的文物如表2所示。

表2　安庆市博物馆文物入藏情况表

序号	入藏时间段	入藏数量（件/套）
1	1972—1979年（含旧藏）	189
2	1980—1989年	894
3	1990—1999年	393
4	2000—2009年	1046
5	2010—2015年	2400

如表2所示，在有确切入藏年份的4922件文物中，有接近一半是2010年之后入藏，可见近年来博物馆事业的发展势头。馆藏品多以与安庆地区历史相关的实物和资料为主，如一级文物越王丌北古剑、二级文物明安庆卫指挥司夜巡牌、三级文物民国胡开文陈墨等。

除此之外，1993年黄镇生平事迹陈列馆暨安庆市革命文物陈列馆开馆后，黄镇家属捐赠和社会征集、捐献藏品1142件/套，构成了讲述纪念黄镇、展现廉政及中共安庆地方党史主题的实物基础。2009年，安徽中国黄梅戏博物馆开馆，开始收集黄梅戏相关的资料，目前已有4576件/套，包括黄梅戏戏服、照片、剧本、唱片和宣传单等。

这些馆藏文物和实物资料作为城市发展的见证，展示本地区的文化底蕴，为我们构建城市文化提供实物支持，唤醒了观众们对过往生活故事的记忆，推动优秀地方文化的传承，激发新一代人才的文化创新。

三、推动城市建设，共建美丽宜城

博物馆不仅是城市过往的记录者，随着近年来文化事业发展的加速，也将成为城市文化建设的推动者。安庆素有"千年古城、百年省会、文化之邦、戏曲之乡"美誉，近年来城市发展历程加快，主打"文化牌"和"生态牌"，安庆先后被评为第二批中国优秀旅游城市，国家历史文化名城（2005年）、国家园林城市（2005年）、国家森林城市（2014年）、全国绿化模范城市（2016年）、全国文明城市（2017年）等。安庆市博物馆传承历史文脉，凸显城市传统文化、历史街区、生态环境的价值，打造独树一帜的特色城市品牌，塑造区域性中心城市，努力塑造安庆在长三角中的新形象。

2015年12月，宁安高铁正式开通运营，安庆驶入高铁时代。2016年6月，《长江三角洲城市群发展规划》颁布，安庆是长三角城市群26个城市之一①。2018年4月，安庆成为长江三角洲城市经济协调会成员。在《安徽省新型城镇化发展规划（2016—2025年）》中，安庆被赋予了大别山革命老区振兴发展中心之一的责任，努力建设成为带动皖西南、辐射皖赣鄂的区域性中心城市②。

完善城市基础设施要靠硬件，但增强城市宜居性和可持续性，文化软实力责无旁贷。文化是一座城市的灵魂，是推动城市发展的动力③。正如2019年国际博物馆日的主题所言，博物馆是文化中枢。随着城市建设的推进，博物馆不仅仅是一个传播已知知识的空间，也是一个激发知识生成的场所，输出美、知识乃至文明。它在维持运营谋求自我发展的同时，还推动城市文化事业繁荣，弘扬优秀地区文化，培育城市精神，可谓是城市会客厅。安庆市博物馆更好地为社会公众服务，提升城市竞争力，为美丽大宜城的建设做出贡献。

公共文化服务从最基本的日常免费开放工作开始，着力为观众提供高质服务。例如定期集中整治场馆内外环境，自检各种设备运行情况，配备药箱、轮椅、拐杖、老花镜、雨伞等便民用品，确保场馆空间卫生干净整洁，馆内公共服务设施、无障碍设施等配套齐全，为观众打造一个文明且温馨的参观环境。

提升讲解水平，也是推进博物馆公共文化服务的重要手段。每年一届的志愿者招新至今已经进行到第五届，本届有26名优秀的大学生入选。讲解员队伍已发展成为由讲解员和志愿者组成联合舰队，为多元化的参观群体提供适合受众的讲解服务。2018年度，接待观众达30余万人次，其中未成年人11万余人次，讲解达1300余场，圆满完成重大接待任务近百场。

另外，发挥博物馆独特的文化资源优势，打造社会教育品牌。配合国际博物馆日、中国文化遗产日等主题文化日，开展相应的社教活动。如：发挥爱国主义教育基地作用，为各个团体来馆开展相关主题活动提供优质服务；加强未成年人思想道德建设，举办大型活动"安庆市博物馆道德讲坛"；为

① 国家发展改革委、住房城乡建设部：《关于印发长江三角洲城市群发展规划的通知》，发改规划〔2016〕1176号。
② 安庆市政府信息公开专栏（aqxxgk.anqing.gov.cn//show.php?id=534599）。
③ 宿振华：《博物馆在城市文化中的作用和发展》，《旅游纵览》2019年第3期。

各大高校的莘莘学子搭建平台，推动各项社会实践；深入学校开展"第二课堂"活动，联袂安庆四中等12所中小学校学生开展参观、表演、现场教唱等各项活动，呈现"黄梅戏进校园"教学成果；联合市黄梅戏研究所、大观区文化馆联合举办"2018年黄梅戏进校园宣讲（展览）活动"，带领志愿者走进石化一中等学校开展宣讲，弘扬普及中华优秀传统文化，传承地方戏曲艺术，切实发挥博物馆社会教育职能。

博物馆的功用效果很难通过经济效益来估量，社会效益也很难量化。近年来，为了统计的便利，多采用统计进入博物馆的人数这样的方式。然而博物馆的社会效益需要一个时间段来发酵。作为城市的会客厅、市民的大课堂，博物馆传播科学知识与文明观念，是城市构建公共文化生活重要一环，使民众参与到文化生活中来，增进本地居民对居住地的历史和传统文化的了解、感知和热爱，启发观众深入思考，从文化生活中受益，文明素养有所提升。

因此，安庆市博物馆应当继续挖掘本土历史文化资源，让文物说话，重点打造宜城文化核心版块，讲好安庆故事，塑造特色鲜明的文化形象，彰显安庆精气神，推动区域文化产业发展，激活城市活力，对内增强本地居民凝聚力，对外扩大地区辐射，培育和谐的公众文化，改善城市文化环境，让越来越多的人获益于此，推动城市转型发展。

（本文特别感谢尹夏清老师和安庆市博物馆同仁的支持和帮助。）

基于生态文化视角的博物馆新诠释

卜　琳[*]

摘要：人类已经进入新的生态文明时代，人与自然和谐共生、尊重生物与文化的多样性是生态文化的核心价值观，这一生态思想已经成为我国文化发展改革的战略指导思想。博物馆是文化多样性的中心，博物馆的生态化对于和谐博物馆的构建，以及人们新的生活方式的形成和人类的可持续发展具有积极重要的意义。因此，要以全新的生态视角、生态观念给予博物馆文化、博物馆形象、博物馆定位和角色及博物馆战略发展以新的诠释。

关键词：生态文化　博物馆生态化　城市生态　可持续发展

1992年，联合国环境与发展大会通过的《21世纪议程》（Agenda 21）[①]，高度凝聚了当代人对可持续发展理论的认识，人类的发展应该是人与社会、人与环境、当代人与后代人的协调发展。生态文明的产生是人们反思工业文明的结果，它是人类文化发展的新阶段。

党的十七大报告把生态文明建设作为实现全面建设小康社会奋斗目标的新要求之一，为学术界提出了一个新的重大课题[②]。党的十八大对生态文明建设做出了顶层设计[③]，2015年5月中共中央、国务院印发的《关于加快推进生

---

* 卜琳，陕西师范大学历史文化学院副教授，主要研究方向为文化遗产学和博物馆教育。

① https://sustainabledevelopment.un.org/outcomedocuments/agenda21.

② 胡锦涛：《高举中国特色社会主义伟大旗帜，为夺取全面建设小康社会新胜利而奋斗》，《胡锦涛文选·第二卷》，人民出版社，2016年。

③ 胡锦涛：《坚定不移沿着中国特色社会主义道路前进，为全面建成小康社会而奋斗》，《胡锦涛文选·第三卷》，人民出版社，2016年。

态文明建设的意见》是中央对生态文明建设的一次全面部署①。2017年5月中共中央、国务院印发《国家"十三五"文化发展改革规划纲要》已经将"生态思想"注入我国文化发展改革的核心思想②；同年10月，党的十九大报告肯定了生态思想是解决一切问题的发展理念，"绿色"是未来的发展方式与生活方式，人与自然和谐共生，建设生态文明是中华民族永续发展的千年大计③。

生态文明建设内容广泛，需要全社会共同参与。既要改变思维方式，也要改变行为方式；既要改变生产方式，也要改变生活方式；既要改变道德和观念，也要改变法律和体制。生态文明不仅是生态恢复和环境治理，更涉及物质文明、精神文明和政治文明，是整个社会文明形态的变革④。

处在社会文明形态变革中的博物馆，是人类物质文明和精神文明的宝库，是保藏人类物质和非物质遗产的核心之所，更是人类文明的保护、传承和发展之所。它不仅体现和影响着整个社会的道德观念及发展取向，而且影响和引领着社会公众生活方式的改变，它对一个城市乃至一个国家的生态文化及生态文明建设有着不可估量的现实意义。

目前国内将博物馆与生态及其相关方面结合的研究很少，实践也非常有限，只有个别自然博物馆从自然生态序列的角度，探讨自然博物馆的藏品管理、研究及陈列展示等，或者单纯局限于生态博物馆的概念和意义，探讨其在自然环境和人文环境的保护和发展方面的作用；几乎没有学者从文化生态、社会生态的角度去探讨博物馆，将博物馆尤其是历史文化艺术类的博物馆与"生态"概念的全面认识联系起来讨论博物馆的工作、对社会的作用及其发展趋势，也没有从生态文明、生态文化的视角去思考博物馆的未来发

---

① 中共中央、国务院：《关于加快推进生态文明建设的意见》，http://www.gov.cn/gongbao/content/2015/content_2864050.htm，国务院公报2015年第14号。

② 中共中央办公厅、国务院办公厅印发《国家"十三五"时期文化发展改革规划纲要》，http://www.gov.cn/gongbao/content/2017/content_5194886.htm，国务院公报2017年第14号。

③ 习近平：《决胜全面建成小康社会 夺取新时代中国特色社会主义伟大胜利——在中国共产党第十九次全国代表大会上的报告（2017年10月18日）》，人民出版社，2017年。

④ 宣裕方、王旭烽主编：《生态文化概论》，江西人民出版社，2012年，第4页。

展。因此，将博物馆的使命即为社会和社会发展服务与生态文化、生态文明建设、文化生态相联系展开思考，是用生态思维对博物馆进行的新的诠释，是对博物馆及博物馆学的未来发展进行的新思考。

生态（Eco-）一词源于古希腊词根oikos，原意指"住所""生存地""栖息地""家园"等。德国生物学家恩施特·海克尔在1866年首先提出了现代意义上的"生态学（Ecology）"。海克尔认为，"生态"是自然有机生命体与周围世界的关系，因此，"生态学"被定义为"研究植物与动物之间以及它们与生存环境之间的相互依赖关系的科学"①。简单地说，生态是指一切生物的生存状态，以及它们之间和它与环境之间的关系。生态学最早是从研究生物个体开始的，而如今，生态学已经渗透到各个领域，不同文化背景的人对"生态"的理解和定义不同，从生态角度讲主要分自然生态、文化生态、社会生态，从生态与其他领域的交叉来看有经济生态、法律生态等。正如自然生态追求生物多样性以维持生态系统的平衡发展一样，多元的世界也需要多元的文化，以显现出人类的多样文化和多彩环境。所以，生态不仅只局限在自然范畴，它与社会文化、精神和价值取向连在一起，从本质上说是人的生活方式、思想观念和伦理道德等方面的问题。乔纳森·勒文指出："我们的社会文化的所有方面，共同决定了我们在这个世界上独一无二的生活方式。……我们必须花更多的精力分析所有决定着人类对待自然的态度和生存于自然环境里的行为的社会文化因素，历史地解释文化是如何影响地球生态的。"②

保护文化遗产，守卫精神家园。博物馆是人类物质及非物质文化遗产的家园，也是人类文明和精神的家园，人类遗产包含多样的自然与文化因素，而且自然与文化因素二者是有机结合、不可分割的。所以，从生态本源的意义和生物及文化多样性上来讲，历史、文化、艺术、科技等博物馆都属于"生态"的范畴。

---

① 宣裕方、王旭烽主编：《生态文化概论》，江西人民出版社，2012年，第14页。
② 宣裕方、王旭烽主编：《生态文化概论》，江西人民出版社，2012年，第80—81页。

一、 生态文化及其相关概念

文明是文化的内在价值，文化是文明的外在形式。文明是一元的，是以人类基本需求和全面发展的满足程度为共同尺度的；文化是多元的，是以不同民族、不同地域、不同时代的不同条件为依据的[①]。

生态文明是人类遵循人、自然、社会和谐发展这一客观规律而取得的物质与精神成果的总和；是以人与自然、人与人、人与社会和谐共生、良性循环、全面发展、持续繁荣为基本宗旨的社会形态[②]。经过党的十八大之后，"生态文明"有了更为具体的含义，它是人类为保护和建设美好生态环境而取得的物质成果、精神成果和制度成果的总和，是贯穿于经济建设、政治建设、文化建设、社会建设全过程和各方面的系统工程，反映了一个社会的文明进步状态[③]。

（一）什么是生态文化

生态文化是一种以科学发展观为指导的先进文化形态，它涉及人的意识、观念、信仰、行为、组织、体制、法规以及其他各种形式的文化形态，是物质文明与精神文明在自然与社会生态关系上的具体表现，是人与自然和谐共处、持续生存、稳定发展的文化。生态文化是从人统治自然的文化，过渡到人与自然和谐并进的文化。它包括人类文化的制度层次、物质层次和精神层次的一系列变化。生态文化建设，就是要全面实施可持续发展战略，积极协调经济、政治、文化、社会与人口、资源、环境的关系，在更高水平上寻求经济社会的和谐发展[④]。

广义的生态文化是指人类新的生活方式，即人与自然和谐发展的生活

[①] 陈炎：《文明与文化》，山东大学出版社，2006年，第1页。

[②] 《生态文明：人们对可持续发展问题认识深化的必然结果》，http://www.cusdn.org.cn/news_detail.php?id=200752，中国城市低碳经济网，2012年7月9日。

[③] 胡锦涛：《坚定不移沿着中国特色社会主义道路前进　为全面建成小康社会而奋斗》，《胡锦涛文选·第三卷》，人民出版社，2016年。

[④] 宣裕方、王旭烽主编：《生态文化概论》，江西人民出版社，2012年，第168页。

方式。它是人类创造和选择的新文化，代表着一种新的文明观、新的价值观——"生态文明"。狭义的生态文化是以生态价值观为指导的社会意识形态、人类精神和社会制度，主要是指一种基于生态理念的社会文化现象。它是19世纪以来，人类在重视自身生存的生态环境保护过程中，逐渐产生出来的一系列有关生态环境的人文社会科学成果，如生态文学、生态艺术、生态伦理、生态经济理论、生态政治理论、生态神学等。这些生态文化成果既表明了生态思维对人文社会科学的全面渗透，是自然科学与人文科学在当代相互融合的文化发展趋势；同时也表明生态文化作为一股思想文化潮流，由于它所关注的是全球、全人类的福祉，因此越来越具有全球意义。生态本身是一种客观存在，对所有人都同样起作用。人类的生存发展需要适宜的生态状态，而生态文化既是这种状态的产物，又是维护这种状态的本质的精神力量[①]。

（二）生态文化的内涵和外延

1. 内涵

（1）生态文化是一种价值观，是人类社会与自然界和谐协调的精神力量。生态文化以文化的形式固化、传承人类认识自然、改造自然的优秀成果，它是人类思想认识和实践经验的总结。

（2）生态文化是一种人文文化。生态文化把和谐、协调、秩序、稳定、多样性以及适应等观念纳入自己的伦理体系，着眼于可持续发展，既关心人的价值和精神，也关心人类的长期生存和自然资源增值，体现了人类对人与自然关系的深度认识。

（3）生态文化是一种先进文化。生态文化倡导人与自然和谐相处的价值观，是人类根据人与自然生态关系的需要和可能，最优化地解决人与自然关系问题所反映出来的思想、观念、意识的总和。它包括人类为解决所面临的种种生态问题、环境问题、经济问题和社会问题，为更好地适应环境、改造环境、保持生态平衡、维持人类社会的可持续发展，实现人类社会与自然界的和谐相处，求得人类更好地生存与发展所必须采取的手段，以及保证这些

---

① 宣裕方、王旭烽主编：《生态文化概论》，江西人民出版社，2012年，第20页。

手段顺利实施的战略、策略和制度。可以说，生态文化是人类文明发展的成果集成，是先进文化的重要组成部分[①]。

2. 外延

（1）生态文化将文化从人文社会科学范畴延伸至自然生态领域，要求人类运用生态思维来探索人与自然的关系，促进社会的可持续发展。

（2）生态文化以系统观为理论基础，把自然、人、社会看作是一个辩证发展的整体，提倡人们树立可持续发展的观念。

（3）生态文化从生态系统的整体性和全局性出发，要求人类改变以住人与自然对立的观念，树立人与自然和谐共生的环保意识，倡导绿色消费。

（4）生态文化作为处理人与自然生态关系的手段、工具、准则，在社会伦理价值上是中立的，可以为不同地区、种族、国家、阶级共同拥有，为不同层次的价值主体同接受。它是人类共同的文化财富，没有民族性、国民性、阶级性[②]。

（三）生态文化价值观和生态思维的核心内容

人与自然是朋友、是伙伴，人与自然、人与社会是和谐共生、是可持续发展，不是谁征服谁。尊重文化的多样性，文化多元和谐，异质共生，求同存异，和而不同。

二、博物馆之于城市生态文化建设的重要意义和作用

生态并不是一个单纯的自然生态概念，还包含着文化生态的内涵。所谓文化生态，广义指人类在社会历史实践中所创造的物质财富和精神财富所显露的美好的姿态或生动的意态。狭义指社会的意识形态以及与之相适应的制度和组织机构。作为意识形态的文化，是一定社会的政治和经济的反映，又作用于一定社会的政治和经济。每一种社会形态都有与其相适应的文化，每

---

① 高志强、郭丽君：《学校生态学引论》，经济管理出版社，2015年，第60—61页。
② 高志强、郭丽君：《学校生态学引论》，经济管理出版社，2015年，第61页。

一种文化都随着社会物质生产的发展而发展。社会物质生产发展的连续性，决定文化的发展也具有连续性和历史继承性。

因而，作为收藏、研究、保护、展示、传承与共享人类物质与非物质、自然与文化遗产的博物馆，毫无疑问地蕴藏着生态的内涵，并鲜明地表现出生态的特点。

人与自然不是支配与控制的关系，而是共生共存的关系，人与自然是伙伴，二者和谐共处、共生共荣才能共同健康的、可持续的发展。博物馆之于物，是人类自然与文化遗产的栖息之所；之于人，是社会文化服务机构；之于社会（人与环境形成的关系的总和），是人类文明传承发展的见证。博物馆既是人、自然、社会三者合一，也是物质、精神、生态三者合一。因而，广义的生态可以概括博物馆的一切物质环境、精神环境等。

博物馆及博物馆学本身就具有自然科学与人文科学的相互融合的性质，博物馆的使命和任务所关注的也是全球、全人类的福祉，以生态思维来重新思考和诠释博物馆及博物馆现象，具有非常重要的现实意义，以生态文化来重新思考博物馆的发展趋势以及"人的博物馆生活方式"的形成，越来越具有全球意义。

（一）博物馆的生态化——和谐博物馆的构建

博物馆的生态化首先是博物馆文化的生态化。

博物馆文化是由价值观、思维模式、道德情感等构成的精神文化，它是博物馆的灵魂，反映博物馆独特的文化心态，是博物馆生命力的体现。由博物馆组织架构与运行规则构成的制度文化，是博物馆与观众自觉遵从和维护的，无须强制就能发生教育影响；由博物馆的物理空间、物质设施、各学科主题展览及各类活动构成的物质文化，内化于博物馆的每一物质存在，使物化的对象都体现出一种精神的品位；由自然美、人文美组成的环境文化，是培养观众修养、情操和品德不可或缺的因素，以达到追求真善美的目的。

因此，博物馆文化的生态化是一种出于生态思维的博物馆顶层设计，用以指导博物馆所有工作的生态化运转，通过升华博物馆的精神文化，完善制度文化，优化物质文化，美化环境文化，实现和谐博物馆的建设和发展。这不仅包含博物馆内部和谐的构建，即文化和谐、管理和谐、权力和谐、人的和谐，还包含博物馆外部和谐的营造，即博物馆与观众的关系、博物馆与政府的关系、与社会的关系、与其他国家的博物馆的关系[1]。

（二）人的生态化——"生态人"的塑造

博物馆是非正式教育机构，从人的培养上来讲，与学校的正规教育有着本质的不同，但有着优于学校教育的独特之处。

博物馆教育是终身教育、个性化教育，这样的教育特点和方式，对于多样的个人以及人的一生的各个阶段而言，都是非常适合并与之无缝连接的。博物馆的教育客观平等地尊重每一个人、每一种文化，它多元和谐且无比包容。而人，生物本源的多样性以及人的社会性决定了他的个性和文化的多样性，这是"生态人"的基本特点。"生态人"既是一个集体概念，又是一个个体概念[2]。尊重并培育人的多样性以及和谐素质的养成是"生态人"培养过程的实质。

基于此，博物馆教育，要以"生态人（指具有良好生态素养、自由而全面发展的人）"[3]的培养为目标，既要为全部公众提供"教育公平"意义的优质教育资源，使所有公众的素质都得到提高和发展；同时，要在尊重个体差异性基础上多样化发展，即群体意义上的全面发展。

（三）博物馆的生态化+城市的生态化——新的生活方式+可持续发展

凯文·林奇说："空间与时间环境所形成的对未来的态度本身就是改变世界的关键所在。" 所以，任何一个由时间和空间围合起来的人与自然的社会综合体都对城市的发展有着重要意义。城市规划学者邓肯·格鲁考克认为新型博物馆对理解城市的过去、现在和将来具有明显的潜在作用，而且与以往博物馆运动不同的是，观众既是博物馆的参观者，也是参与者，博物馆的目的就在于让人们与地点、机构和环境形成一种新型的、更为紧密和富有成

---

① 参见宣裕方、王旭烽主编：《生态文化概论》，江西人民出版社，2012年，第175—179页。

② 宣裕方、王旭烽主编：《生态文化概论》，江西人民出版社，2012年，第183—184页。

③ 宣裕方、王旭烽主编：《生态文化概论》，江西人民出版社，2012年，第182页。

效的关系①。这实际上就是生态文化价值观下的生态化的关系。

城市是三维时空、人、多元物质与文化和谐统一的综合体，城市生态环境是城市健康和谐发展的关键要素，城市文化则是城市可持续发展的内在动力。博物馆是集中体现城市文明的场所，显现着城市生态环境和城市文化的和谐统一，它反映城市社会变迁的过程及其特有的文化积淀，多层次、多角度地反映城市发展所承载的文化内涵，维护城市特色，并且为新的文化创造提供智力支持②。博物馆是一座城市的眼睛。文化多样性的存在和发展是人类社会的基本特征。博物馆是生物多样性与文化多样性的中心，博物馆收藏、保护、研究、展示这些多样性，就是以生态文化的价值观，以生态思维的方式，保护和传承可持续发展的人类遗产，以及可持续地发展博物馆和人类社会。如此，博物馆不再局限于一个固定的建筑空间内，而变成一种"思维方式"，一种以全方位、整体性与开放式的观点洞察世界的思维方式③。这种思维方式，能够在很大程度上指导城市建设，避免对物种及文化多样性的破坏，保护人类和城市可持续发展。

文化是人类的生存方式，也是人类生存的手段或工具。生态文化是全人类的文化。生态文明作为独立的文明形态，是以生态文化为基础的人类处理整个生态系统的积极成果。生态文明程度的提升，必然要依靠生态文化建设的支撑，生态文化建设要着力树立全民生态文明意识，为生态文明的发展提供内在动力④。博物馆作为社会文化服务机构，担负着教育社会公众、守卫精神家园、引领文化发展的重大责任，因此，在向生态文明前进的人类发展进程中，在博物馆已经成为欧美发达国家人们的生活方式、正在成为我国人们的生活方式的现阶段，应该为博物馆注入生态文化的理念和思想，当具有生态文化价值观的博物馆成为人们的一种生活方式、一种文化习俗和一种休闲习惯时，它将成为培养公民文化素养和生态价值观的沃土。这将不仅仅对在

---

① ［英］邓肯·格鲁考克：《城市博物馆与城市未来：城市规划的新思路与城市博物馆的机遇》，《国际博物馆》2006年第2期。

② 单霁翔：《博物馆的文化责任》，天津大学出版社，2017年，第18页。

③ 单霁翔：《博物馆的文化责任》，天津大学出版社，2017年，第18页。

④ 宣裕方、王旭烽主编：《生态文化概论》，江西人民出版社，2012年，第64、80—81页。

真正意义上实现博物馆为社会及社会发展服务的使命具有积极的理论和现实意义，更对人类的可持续发展具有重大意义。

三、生态文化理念下对博物馆的新诠释

"生态"是对自然有机生命体与周围世界的关系的描述。生态文化的核心内容，是人与生态环境一体的认识、生态观内化成主体的思维习惯并在行为中得到体现，以及形成一定生态文化的社会氛围[①]。

人类作为生命物种之一，人类的历史即是人类与自然发生关系、相互作用的历史，是两者相互依赖、共生共存的历史，人类文明史即人类探寻、了解、改造自然的历史。留存于今天的自然和文化遗产均鲜明地体现了人类对自然的尊重、保护、选择、加工、改造及寄情。这些物质的、非物质的、自然的、人文的遗产记录了我们今天见到的人类历史和文明，体现了人与自然、环境和未来的关系，因此，人类文明史就是人类的生态文化史。博物馆是收藏、研究、展示、保护、传承以及共享人类生态文化史价值和内涵的场所，它包含人类可持续发展的过去、现在和将来，以及这一进程中的方方面面。

在博物馆这个微观社会文化生态系统中，其生态文化可以理解为人与物、人与人、人与环境和谐相处，即博物馆的建筑设施布局、结构、功能合理，博物馆环境良好，博物馆物的资源高效利用等，强调人、物、自然和社会的和谐共生、协同进步与全面可持续发展，从而营造一种天人合一的生态文化氛围。

所以，博物馆的生态性体现在以下三个方面。第一，博物馆场所之使命和内涵，即收藏、研究、展示、保护、传承以及共享人类生态文化史及其价值和内涵。第二，博物馆研究之内容：博物学研究，这是博物馆的最根本任务。博物馆是物的聚集，是人类生态文化发展过程中物质和非物质的自然与文化遗产的聚集。对于这些人类遗产的研究，以及对其所蕴含的内涵和价值的挖掘和诠释即是博物学研究，也是生态文化史研究；博物馆研究，即对具有收藏、研究、展示、保护、传承以及共享人类生态文化史及其内涵和价值

[①] 宣裕方、王旭烽主编：《生态文化概论》，江西人民出版社，2012年，第5、14页。

功能这一场所的研究，包括类别和内容、功能和作用、使命和任务、内外关系等（不同类型的博物馆即不同类型的生态文化体，其内涵和外延都是不同的），同时，博物馆本身作为一个自然和人文环境的结合体，其本身及其与所在地域也是一个生态文化体，因此，对于博物馆的研究即是对博物馆以及博物馆与城市关系不同层面生态文化体的研究。第三，人的研究，人类从来就是自然的共同体，也从来不曾脱离生态文化这个系统。人类产生之初一直与自然共生存，依赖自然、顺应自然，工业时代、科学时代的到来让人类偏离了生态文明的轨道，如今才认识到生态危机的严峻性，在侵略、征服、破坏自然道路上迷途知返，自我拯救。所以，生态系统中的人类要对自己有清醒的认知，那么，博物馆则是让人类认识自己的过去、现在和未来最好的场所；同时，博物馆要用生态文化的视角和价值观去了解物中所包含的人，去了解观众，以及人与物、人与馆、人与社会、馆与社会的关系。通过以上诸多方面，博物馆才能实现其生态性，发挥其作为人类生态文化场所的核心作用，帮助和促进人类生态文明时代的到来。

那么，我们今天研究博物馆及博物馆行为，要以生态的视角、以生态的观念给予博物馆以新的诠释。

（一）博物馆生态文化

博物馆是生物多样性和文化多样性的中心。它在保藏中华文明物证、弘扬中华传统文化、启迪各族民众智慧、培养地域文化认同、构建世代爱国情怀等方面，发挥了巨大作用[①]。从这个意义上讲，博物馆已经不单单是一个具体的建筑空间概念，而是上升成了一种先进的物质存在和发展形态，一种与时俱进的生态价值观和生态思维方式，一种将生态文化的核心理念与博物馆文化紧密融合在一起的博物馆生态文化。这种先进的博物馆文化使博物馆与观众相和谐，使博物馆文化与民众文化及其要求相协调，使博物馆事业与社会进步相统一，使博物馆的综合效益最大化。博物馆生态文化是全新的博物馆文化，是博物馆可持续发展的重要基础，是博物馆的精神面貌的体现，它包括博物馆的观念生态化、管理生态化、行为生态化、展览生态化、教育生态化

---

① 单霁翔：《博物馆的文化责任》，天津大学出版社，2017年，第23页。

等，强调人、自然及社会的和谐共生、协同进步与全面可持续发展，从而营造天人合一的生态文化圈。

因此，在目前由科学文化向生态文化进步的人类新时代，博物馆文化应该向博物馆生态文化转变，博物馆的核心理念和价值观念应该向生态文化的价值观转变，博物馆应该运用生态思维，以生态化的管理和运营模式，将生态化的博物馆文化融入社会经济文化发展的浪潮中，更好地为社会和社会发展服务，为城市生态文化建设和人类文明向生态文明进步助力。

同时，生态文化最重要的特征是文化内涵中的生态精神。生态精神是培养环境生态化的灵魂。生态精神是一种主人翁精神和责任感，是一种正确的竞争观，一种和谐和宽容的精神，是讲究效益和默默奉献的精神[①]。博物馆中的"物"体现了博物馆的个性和精神，展现出现代博物馆的科学、文明和进步。在博物馆内培育、弘扬生态精神，能使之成为博物馆文化的精华，使博物馆育人"润物细无声"。

（二）博物馆的生态化形象

博物馆的形象是博物馆文化的外部映射，是城市文化的集中呈现。博物馆多元的物质表现塑造了博物馆多样的生态化形象。

1. 博物馆建筑及环境

如今，突破了传统概念的博物馆，早已打破了有形建筑的界限，是自然生态与文化生态的和谐统一。不论它是人类遗产、历史地标，还是先锋设计、文化坐标，它都是城市生态文化和博物馆生态文化最集中的外部表现，最容易进行生态化操作和表现博物馆生态思想的部分。

2. 展览主题与展示方式

多样文化和多彩环境为博物馆展览主题和展示方式的萌发提供了舒适温床，如此，生态化的展览将直接影响和塑造人们对城市文化的认知和审美。

藏品不同的排列组合、多视角的诠释和多维度的叙事，都能激发出各类展

---

① 宣裕方、王旭烽主编：《生态文化概论》，江西人民出版社，2012年，第186页。

览主题的多彩光芒。不仅能多方面多角度阐释和展现城市文化，而且能多方位多效能地促进文化互动、融合和流传，充分显现生态化的城市文化进程。

对历史、文化、艺术全新的生态视角的审视，更使得博物馆的展示方式向生态化深入。例如山西博物院全新改版后的基本陈列，以历史阶段+文化主题+地域特征的全新视角诠释和书写了高度浓缩、文化内涵鲜明、令人难忘的地方历史；美国罗古福德艺术博物馆（Rockford Art Museum）连续多年并辐射全美多个博物馆且形成惯例的"Art in Bloom"展览，成为将鲜花艺术、自然生态、文化生态与古典和现代物质文明完美结合的典范；中国艺术家徐冰以垃圾、香烟、钢铁等塑造的中国山水画、虎皮地毯、凤凰等艺术作品，以及以21个不同语言里字义为"猴"的文字形象化后悬挂讲述中国传统故事"猴子捞月"，来暗喻不同种族、信仰、价值观的人们可以分享和共建这个世界，深刻体现了保护自然生态与文化生态的思想，体现了人类文化的生态多样性的本质存在和发展。

3. 参与互动方式

以博物馆为主导的观众参与，能够传播人类遗产的文化内涵和价值，使人类探寻已知的自己和世界。这是所有博物馆在做观众参与活动时的主流思维和方式，它有着基于博物馆环境与藏品的多样物质基础和文化内涵的先天优越性，能够生产出生态化的博物馆参与项目主流产品。

除此之外，以观众为主导的社会参与，不仅能让人们更近距离地接触人类文明，全新理解今天的博物馆，还能让人们在互动中相互了解，探求未知的自己和世界，好比美国丹佛艺术博物馆的名为"无题（Denver Art Museum Program: Untitled）"的艺术展览互动项目，它让观众参与艺术创作与展示，使观众与艺术品融合创作出更富创意的作品，并与其他观众进行互动。这一项目不仅以一种崭新的视角去进行艺术创作，而且以一种崭新的思维——生态思维，引导博物馆和观众的关系，促进博物馆文化与社会文化、城市文化的交融、互动与和谐共生。

如此一来，博物馆以生态文化建立起的公众形象，势必吸引更多的观众及更广泛也更有力的社会支持，这对博物馆的生存发展和博物馆文化魅力的塑造具有积极的现实意义，对公众、社会、城市向先进文明的发展都具有极大的促进作用和非凡意义。多样的公众参与形式，能够使博物馆更科学地建构面向未来的公共文化服务机制，形成符合时代发展趋势的新型博物馆文化生态和城市文化生态。

4. 博物馆类型

博物馆类型是博物馆文化的集中反映，也是城市文化的风向标。

文化多样性是人类社会发展的本质特征。人类文化事业的发展促使越来越多的场馆和存在形式符合博物馆特征，跻身博物馆行列，扩大了博物馆的外延，表现了博物馆对人、自然和社会发展的关注。

传统博物馆包括自然、科技、历史、艺术、考古、纪念等类别，信息庞大、文化深厚，是城市文化的根基，透过这里的记忆和探索，人们认识自己的过去、现在和未来，文化得到传承和发展、流动和迁徙。

当代美术馆，是城市文化的新律动、新色彩，它年轻有活力、创造促发展，它是人类、自然、文化与艺术的融合与碰撞，是古典与现代、传统与时尚的冲突与默契，更是先锋艺术与现代城市、自然生态与文化生态的和谐共生。突出体现这些生态思想的不仅有馆内展览，还有美术馆的选址：西安美术馆坐落在大雁塔南路的历史文化街区，西安OCAT当代美术馆融入了曲江住宅区，全美第一个致力于当代艺术的机构波士顿艺术博物馆（Museum of Fine Art, Boston）优雅地停靠在太平洋的港湾。

生态博物馆、社区博物馆，是区域生态文化的集中体现，是自然生态与文化生态、文化遗产与周边环境的交融、互动和共生。

（三）博物馆的生态化定位和角色

在生态文化成为人们的一种新的生产方式和生活方式的今天，博物馆的生态化将成为博物馆新的生存和发展方式，生态化的博物馆也将成为人们的一种新的文化生活方式，并且，在生态价值观与生态思维的作用下，博物馆与人及人与自然、物、社会的关系将更加和谐，博物馆和观众将更加紧密地相互维系、共同发展。

真实、完整、多样地诠释和展示人类文明是博物馆的根本任务，以生态思维营造好尊重与平等的自然和人文环境、让物讲好自己的故事、组织好观众与博物馆的对话、做好为观众的服务，实现文化的融合、互动与共生，保护和传承人类遗产，开创和发展博物馆及城市的文化内涵，启发文化内核动力，物与人共同构建共生、共荣的城市文化生态，这才是以生态文化的价值观去完成博物馆为社会与社会发展服务的使命。

所以，博物馆所展现的历史，不仅是王侯将相的历史，还是市井百姓的历史；时间由过去、现在和未来共同构成，博物馆所呈现的时间不仅有过去，还有现在、未来。博物馆所展现的艺术，不仅有殿堂大师艺术，还有街巷小趣艺术。博物馆所展现的文化，不仅有文人富贾文化，还有三教九流文化。博物馆所诠释的内涵，不仅有物所承载的客观信息，还有深藏内心的人的情感，例如对爱国主义的展现，美国911纪念馆的国旗、韩战越战纪念碑上的名字、费城独立广场伊拉克战争墓碑群等，简单但震撼的表达，深刻体现了国家情怀、文化核心动力及人文关怀。博物馆所组织的活动，不仅是对文明精髓的传承与发扬，还有对文明背后黑暗与苍凉的认识和反思。博物馆所引领的认知，不仅要认识世界和人类文明发展的恢弘，还要认识奠定文明进步的鲜血和身躯。博物馆不是金碧辉煌的物的繁冗堆砌，而是人间百态的真实沉淀，这才是博物馆所应有的朴素、真诚的生态态度。

（四）博物馆的生态化战略发展

博物馆清楚地标示着一个国家、一个城市的文化独特性和优越感。它是公共文化的积极参与者和推动者，其作用不仅表现在对物的收藏、研究和陈列方面，还表现在引领公共文化建设、弘扬文化精神、搭建多元文化交流平台等方面，它以其独有的文化资源和文化方式为社会发展服务。它不但要继承传统，也要适应时代的发展和社区的需要不断创造与更新①。

著名经济学家凯恩斯说"观念可以改变历史发展的轨迹"。自党的十八大报告提出"生态文明建设是关系人民福祉、关乎民族未来的长远大计，树立生态文明理念，把生态文明融入经济、政治、文化、社会建设各方面和全

① 单霁翔：《博物馆的文化责任》，天津大学出版社，2017年，第56页。

过程，实现中华民族永续发展"①以来，生态文明建设的战略规划就成了我国生态文化战略发展的首要任务。2015年5月，中共中央、国务院印发的《关于加快推进生态文明建设的意见》中提出，要通过提高全民生态文明意识、培育绿色生活方式、鼓励公众积极参与加快形成推进生态文明建设的良好社会风尚②。2017年5月《国家"十三五"时期文化发展改革规划纲要》的总体思想，坚持把"创新、协调、绿色、开放、共享"的新发展理念贯穿于文化发展改革的全过程③。2017年10月18日，党的十九大报告更是指出，生态文明是新时代坚持和发展中国特色社会主义的重大课题之一；科学、创新、协调、绿色、开放、共享的生态思想是解决一切问题的发展理念；"绿色"是未来的发展方式和生活方式；坚持人与自然和谐共生，建设生态文明是中华民族永续发展的千年大计。要开启统筹推进文化建设、社会建设、生态文明建设，坚定实施科协调发展战略、可持续发展战略。人与自然是生命共同体，我们要建设的是人与自然和谐共生的现代化，既要创造更多物质财富和精神财富以满足人民日益增长的美好生活需要，也要提供更多优质生态产品以满足人民日益增长的优美生态环境需要④。这些都充分说明"生态思想"已经成为中国特色社会主义发展的战略指导思想，生态文化的价值观与生态思维也已经融入了中国发展建设各方面和全过程的顶层设计理念。

博物馆作为一个国家重要的对外文化窗口、对内文化映射，其高度自觉地运用文化的效能和力量，不断地给经济以推动、精神以鼓励、生活以愉

① 胡锦涛：《坚定不移沿着中国特色社会主义道路前进　为全面建成小康社会而奋斗》，《胡锦涛文选·第三卷》，人民出版社，2016年。

② 中共中央、国务院：《关于加快推进生态文明建设的意见》，http://www.gov.cn/gongbao/content/2015/content_2864050.htm，国务院公报2015年第14号。

③ 中共中央办公厅、国务院办公厅印发《国家"十三五"时期文化发展改革规划纲要》，http://www.gov.cn/gongbao/content/2017/content_5194886.htm，国务院公报2017年第14号。

④ 习近平：《决胜全面建成小康社会 夺取新时代中国特色社会主义伟大胜利——在中国共产党第十九次全国代表大会上的报告（2017年10月18日）》，人民出版社，2017年。

悦、社会以和谐，积极营造浓厚的文化氛围和良好的人文环境①。作为自然生态与文化生态、社会生态高度融合的博物馆，作为今天人们所崇尚的一种文化消费方式和生活方式的博物馆，它的发展更是符合国家文化改革的新的生态发展理念，符合新的生态文明发展趋势。因此，博物馆的生态化建设应该被纳入国家生态文化发展战略规划，以全新的生态价值观和生态思维建设和发展生态的博物馆及博物馆事业，使其更好地服务城市和国家文化建设，服务社会和谐稳定，促进行业发展，推进人类文明。

---

① 武斌：《论博物馆的社会责任——以沈阳故宫为例》，《沈阳故宫博物院院刊》2008年第6辑，中华书局，2008年。

浅谈公共领域转型与博物馆的发展

孔　卯[*]

摘要： 传播学理论中的重要概念"公共领域"，自其引入之日起，便受到中国学界的广泛关注和研究，不独传播学领域，社会学、哲学、历史学、经济学、法学等社会学科领域都竞相使用这一理论展开研究。博物馆作为重要的文化载体和城市生活公共空间，是公共领域不可分割的一部分。博物馆的发展历程与公共领域的转型与发展密切相关。当前，公共领域正在经历着新的转型，博物馆的发展也相应地展现出新的特点与趋势，特别是在媒介技术不断发展及数字化博物馆方兴未艾之时，关注和研究公共领域的相关问题并将其引入博物馆的相关问题的研究中，对博物馆的研究将大有裨益。

关键词： 哈贝马斯　公共领域　博物馆　数字化

一、公共领域概念的引入

我们应该对公共领域理论作一个简要的解释。应该指出的是，公共领域理论虽然是由哈贝马斯提出的，但围绕着与公共领域相关的问题，许多西方学者都曾对其展开过讨论。但只有哈贝马斯在其《公共领域的结构转型》一书中最先将公共领域[①]概念迅速转化为一个全球性的理论模型，我国学界在运用此概念时也多将其与哈贝马斯联系起来。故此，本文所提到的公共领域也是基于哈贝马斯提出的概念。

---

* 孔卯，西北大学马克思主义学院博士候选人，主要研究方向为城市空间传播、马克思主义传播。

① ［德］哈贝马斯著，曹卫东、王晓珏、刘北城，等译：《公共领域的结构转型》，学林出版社，1999年。

20世纪60年代初，哈贝马斯提出了公共领域理论，当时这一概念专指"资产阶级公共领域"，他本人对此亦做出了历史分析和实证主义的批判；20世纪80年代，哈贝马斯又以"交往理性"对有关社会的发展的普遍性做出了拓展；进入20世纪90年代他又将关注点全面转移到政治哲学和法律哲学领域，并建立起一种程序主义的话语政治模式。由此观之，哈贝马斯所谓的公共领域更多的是一个围绕着政治和社会领域的概念。然而，从物质的公共领域层面看，公共领域有时也指真实的物质空间，比如城市公共空间和公共生活，在城市生活中发挥着中心作用，它们既是地方文化的重要载体，又是国家和社会生活的重要领域。

从某种意义上说，公共领域是现代人的一种生活方式。正如美国学者汉娜·阿伦特所说："一个人如果仅仅去过一种私人生活，如果像奴隶一样不被允许进入公共领域……那么他就不能算是一个完完全全的人。"公共领域，是人们享受公共生活、进行公共讨论、采取公共行动的场域。"场域"这个术语，指的是一种看不见的力量，它所展现的是公共性的维度和界面。"由于公共领域的出现，世界被转变成了一个将人们聚集在一起、并将他们相互联系在一起的事物共同体"[1]。

博物馆是一个大到国家或民族、小到某个地方的公共文化符号，它"最能反映一个国家或地区的文化成就和文化气质，能代表一个国家的文明程度"[2]。正如我们所知，博物馆公共空间的形成需要几个维度，即物理空间、社会空间、精神空间和资本空间，正是这几个空间的相互作用与协调，共同构成了公共领域的伦理意义。现代社会结构的复杂性，使人们愈发难以理解和预测自身行为的原因及其可能出现的结果，而博物馆作为主要系统[3]组成，正好具有调节人类行为相互影响的功能。

---

① ［美］汉娜·阿伦特著，刘锋译：《公共领域和私人领域》，《文化与公共性》，生活·读书·新知三联书店，2005年，第80页。

② 金维诺：《大英博物馆·前言》，外文出版社，1999年，第3页。

③ 哈贝马斯认为公共领域概念中的"系统"一词具有两层含义，其中之一是："系统作为社会制度或组织影响人类生活。"本文所提及的"系统"一词，便取此种含义。

综上，博物馆作为"公共领域"的有机组成部分，那么，将"公共领域"的有关概念引入博物馆的相关研究中，具有一定的理论和现实意义。

二、博物馆的发展历程与公共领域转型间关系

哈贝马斯认为公共领域经历了两次转变：第一次是从封建君主制转向资产阶级自由公共空间；第二次是从资产阶级公共空间转向现代大众社会下的福利国家，这推动了公共领域的"再封建化"，即国家和社会继续入侵公共领域，导致大众传媒民主功能的衰落。博物馆的发展历程正好印证了"公共领域"历经的两次转型。

回顾博物馆发展的历史，目前已知最早的博物馆学著作可以追溯到公元前六世纪巴比伦王宫的藏品目录。最初的"博物馆"都是私人的场所。这些早期的"博物馆"大多建立在临近卧室之处，甚至有些入口就直接开向卧室，以便使"收藏者能够像退入卧室那样隐休于他的研究之中"。这种性质的"博物馆"在少数特权阶层和外部世界之间人为地建立起了区隔彼此的藩篱。毫无疑问，这些最初的"博物馆"，其访客仅限于王公贵族等少数统治阶级，它的主要功能是展示王权和贵族的战利品。在其后数千年漫长的君主专制统治下，博物馆只能是从属于极少特权人物的私人场所，广大人民群众与它毫无关联。

从文艺复兴到18世纪初，有越来越多被称为博物馆、工作室和艺术馆的场所出现，特别是18世纪，随着欧洲各国绝对君主制达到鼎盛状态，越来越多的展品被安置在各种陈列馆中，它们被用作官方的接待室，成为国家的仪式性场所。在那里，统治阶层的富丽堂皇会给外邦的来访者和本国的权贵们留下深刻印象。可见，这一阶段的"类公共博物馆"只具有有限的公共性，即使它们开放对象的范围有所扩大，也只是与哈贝马斯所论述的"代表型公共领域"有着相似的特征而已。

直到法国大革命爆发，收藏于皇室、贵族和教堂的藏品面向社会公众展出，现代意义的博物馆才由此诞生。博物馆逐渐从专制权力的象征转变为教育公民、服务国家集体利益的场所。可以说，私人收藏无论被怎样细致地分

类、组织、保存，其教育性都无法凸显，而当藏品被置于公共博物馆中时，它们才被整合进了一个"宏大的教育工程"。

以上，我们简要地回顾了博物馆的发展历史。接下来，我们再从公共领域的转型来探讨其与博物馆发展之间的关系。第一，从公共系统与公众的关系来看，通过博物馆的发展历史，不难看出在欧洲资产阶级革命之前，博物馆只是少数精英阶层展示其权力、身份和财富的私人场所。而资产阶级革命后诞生的现代博物馆则对公民开放，无论精英还是一般公众。第二，从博物馆的功能来看，在前现代"博物馆"中，各类展品进行分类的目的是方便藏品主人欣赏、游玩和炫耀；而在公共博物馆中，展品根据分类学的原则，按不同的"系列"和"序列"排列，目的是为了引导、教育和塑造公民。

博物馆从私人性到公共性的发展历程，这是哈贝马斯的公共领域第一次转型的证明。

哈贝马斯所说的公共领域的第二次转型，即国家和社会继续入侵公共领域，导致大众传媒民主功能的衰落。也随着布尔迪厄研究小组的发现得到证实。

布尔迪厄认为，科学观察和经验研究的证据表明，"文化需求是教养和教育的产物"，"所有的文化实践活动（如参观博物馆、听音乐会、欣赏影视作品等），以及在文艺领域内的偏好都与教育水平紧密相关，同时也和社会出身相关联"。更深入地说，对各类展品的意义和趣味的感知要以某种"文化能力"为前提，而这种"文化能力"指的是熟知一套"用来为展品编码的代码"，因而对展品的解读也就可以看作是某种"破译、编码"的行为。而对于缺少这一能力的普通民众来说，他们往往会"迷失在声音与节奏、色彩与线条的混战之中"，"感受不到的韵律或是情理的存在"。因此，布尔迪厄认为，观看绝不仅仅是纯粹感官层面上的观看，"观看的能力就是知识的功能"。具备不同"文化能力"和"观看能力"的大众对于各类展品有着不同的认识，从这个意义上来说，客观的区隔效应便由此生成了。在此基础上，他进一步认为，博物馆作为一种公共遗产只是一种假象，没有足够文化资本的人无法真正享有这些文化商品，博物馆真正的功能是"区隔功能"①。正如本尼特所说："文化精英拥有的是一套'视觉能力'或曰'理论'，正是依靠它们的媒介作用，博物馆中的'可见'与'不可见'之间才被建立起关联。"而具备这种能力的只是少数的精英阶层。博物馆似乎再次成了少数人的私有领地。"艺术品是需要阐释的，展示艺术品的博物馆也是如此"②，如果不对博物馆展品通过标签、讲解等方式进行恰当阐释，参观者便无法真正理解并接受它的文化意义。博物馆如何真正体现民主平等的人文意识，仍是很值得深入探究的问题。

三、第三次公共领域转型的特点及发展趋势

随着媒体技术的不断发展，公共领域正面临着第三次转型。这次公共领域转型最突出的特点是各种电子媒介的开发及应用。电子媒介的广泛应用使学习和体验日益与受众的年龄、教育和社会地位等因素无关。由于电子媒体的编码比书籍简单，人们即使看不懂文字描述，也能理解语音介绍和图片图像。这在一定程度上消解了原本由文化精英"垄断"的对某些特定信息进行解读的局面，进而逐步打破了文化阶层固有的划分。

电子媒介的发展及应用，使媒介营造的虚拟空间日益重要，渐渐与现实空间平分秋色，因此，对虚拟空间的再认识和再思考，成为学术界较为关注的热点话题之一。其中，美国著名传播学家梅罗维茨提出了著名的"场景"理论③。他认为："物质场所和媒介'场所'是同一系列的部分，而不是互不相容的两类，地点和媒介同为人们构筑了交往模式和社会信息传播模式。"这一论断首次将媒介技术营造出的虚拟场景与现实空间置于同等地位进行研究。

---

① Pierre Bourdieu，Alain Darbel，Dominique Schnapper，Caroline Beattie，Nick Merriman. The Love of Art: European Art Museums and their Public. Cambridge: polity Press, 1991: 113.

② ［美］大卫·卡里尔著，丁宁译：《博物馆怀疑论——公共美术馆中的艺术展览史》，江苏美术出版社，2014年，第71页。

③ ［美］约书亚·梅罗维茨著，肖志军译：《消失的地域：电子媒介对社会行为的影响》，清华大学出版社，2002年。

梅罗维茨的"场景"理论，跨越了地域上的场景，同时还着眼于信息流动的场景，并由此察觉到了其中潜藏的某种规则。他指出，现场的人流或信息流并不完全平等，但有"规则"。因此，他提出："每一个特定的场景都有特定的规则和角色"，"人们，特别是有权势的人，可以定义新的场景"。但是在这个场域的掌权者，在另一个场域里则未必，所以信息掌权是流动的，并由此带来了更多的自由性和开放性。梅罗维茨还指出，高地位的角色往往依赖于对主要信息渠道的控制，但现在信息的流动已经削弱了这种权力，而普通人也逐渐掌握了一些渠道，因此权威受到质疑和削弱。

与福柯相比，梅罗维茨的观点更具变革性意味，福柯认为普罗大众是不可能分享这种权力的，他们永远不会成为规则的制定者，福柯看到的是一个固化的量，一切既定，无从变革；而在梅罗维茨看来，媒介技术正在赋予大众一种理解和表达的新方式，"权力无处不在"正在向"权力不再"演进。他看到的是更多的变量和不确定性，一切待定，充满变革。

通过上述分析，我们可以得知，正在进行中的第三次公共领域转型，其特征是在电子媒体的广泛使用的背景下，通过虚拟空间和更为便捷、简易的传播方式，将原本由少数人掌握的文化权力下移到更为广泛的大众群体中。而公共领域精彩的部分恰恰正是开放和民主运行的方式，即权力的下移和文化消费的赋权。毫无疑问，媒介技术的进步正在悄然影响着三个问题的走向，不难看出，其发展趋势正是权力下移和文化赋权。

四、公共领域新转型对博物馆的冲击及博物馆的应对之策

公共领域发生新的转型的客观事实，使传统博物馆系统面临着挑战与冲击。特别是数字视觉图像时代的到来，新媒体的介入，对传统博物馆产生了严重的冲击。传统博物馆单一的视觉或听觉的传播手段被速食时代或消费时代的大众文化逐渐弱化。

博物馆空间的文化表现形态便是大众传媒营造的各种符号。博物馆作为重要的文化空间，随着网络时代的到来，博物馆的展品完全可以通过网络传送到公共空间，供人玩赏。数字技术的发展，三网融合的实现，使新的媒体技术和博物馆受传机制得到了很好的激活。另外，广告、游戏、动漫以及电

影电视逐渐形成了博物馆IP产业链机制。可视化数据信息正以史无前例的速度，充溢在我们的生活空间里，成为我们生活里的主要信息内容。

网络博物馆空间与现实博物馆公共空间进行多级交换的结果便是形成了一种空间转换下的消费文化场域。博物馆已经从一个观看欣赏的公共空间，变成一个生产方式的空间，变成一个生产文化符码的空间。

博物馆在公共空间发生转化的背景下，也表现出新的特点及趋势。数字化与虚拟现实的发展，宣告了博物馆系统已成为消费时代下的一个空间生产实体。与此同时，博物馆也正在通过这种空间设置规训着、引导着人们主要的价值取向与审美取向，面向世界与集体的共同感，在新的博物馆空间转型下日趋明显。于是，新媒体、数字视听馆的优势继续对传统的博物馆形成了巨大的冲击。传统博物馆存在着产业链的重建、机制和功能的转变等问题。在博物馆空间模式转型下，如何确保、把握全社会舆论导向等问题迫在眉睫。商业消费的整合和渗透，以及媒体等行业的整合和渗透，也给博物馆管理者的政策制定带来了挑战。

数字化与虚拟现实在博物馆的运用导致博物馆的空间特性在时间上是一致的，文化以视觉空间感更强烈的方式出现，信息和文化展览的广度也更广泛。博物馆观众的参与度也明显提高，在参与过程中，形成了信息交流或舆论维权的领域。博物馆在传媒技术的运用和大众受众的接收与反馈下，其空间的身份不断地发生颠覆式的转换，大众空前自由地参与到博物馆的文化空间中。数字博物馆的出现最具代表性，数字博物馆是现实博物馆和虚拟博物馆的结合体。在数字博物馆中，虚拟博物馆将成为联结公众的桥梁。通过虚拟博物馆，公众可以探索历史发展的轨迹，并对历史结论进行质疑、补充、研究和发展。公众可以将自己的认知和情感储存在博物馆里，博物馆还可以展示公众的各种研究和情感。在传播方面，博物馆IP转化为文创产品，这是后现代主义公共领域转向下，博物馆空间的扩大或膨胀的必然衍生品。同时在公民新闻的时代，个人的信息空间与公共空间在消费着时间与空间，消费空间成了一种无家可归的现代性的最好方式。

在公共领域转型下，博物馆的主流话语权正在逐渐地转移让渡到大众，人们在参观博物馆的过程中通过媒介技术手段使博物馆实体展陈虚拟化，并在数字化的博物馆空间终端里发表自己的见解、与他人共享情感。博物馆变成了一个新型公共文化交流平台，一个双向甚至多向的互动式的文化精神消费空间。例如，在博物馆中随处可见的二维码可以使展品与观众之间形成互动。只要你打开微信扫描二维码，你就可以在展厅的大屏幕上记录你当时的想法。如果你触摸屏幕，你可以纵览古今中外的文化轨迹。这样，人们对文化生活的信息反馈与接受，在媒介技术主导的博物馆空间里实现，公共空间也实现了空前的提速解放。

随着公共领域在媒介技术推动下出现新的转型，博物馆在大量使用媒介技术，不再是单向的平台，而是汇集各种社会关系权利的新型公共空间。于是，在此基础上，博物馆的展示空间也更加多元化、生活化、深度化。在这样一个公共的舆论空间里，专家的出席便成为必不可少的学术支持。他们或许正是作为一种政治与社会权利的代表而消弭了博物馆所代表的精英社会与市民社会的界限，博物馆的话语权威性消解了博物馆数字虚拟空间的民主与自由。博物馆的观展者此时已经完全改变了阅听者的身份，而更多的是一种博物馆公共领域的主体参与者、制作者。媒介技术打破了单向传播的界限，公共领域已经充斥在我们不可避免的媒介生活里。

通过上述博物馆对公共领域新转型的应对之策，不难发现其依然与前两次公共领域转型与博物馆发展的内在关系一致，即博物馆的发展体现了公共领域转型的发展趋势。最近的公共领域转型的发展趋势是权力的下移和文化赋权。上述这些博物馆的应对之策无不体现着这两个发展趋势，博物馆与公共领域转型的内在关联性，再次被事实所印证。

五、数字博物馆兴起所带来的几点反思

媒介技术的进步带来的公共领域全新转型，一方面冲击了传统博物馆，使一大批新型博物馆出现在大众视野中，但它也带来一些隐忧。我们在关注博物院新的发展趋势和特点时，也应对这些潜在的问题进行关注和反思。

博物馆的展出形式，随着新媒体传播的开放性、灵活性、自主性、多元性而变得复杂和混沌。信息传播的来源不限于单一主体。博物馆的开放性与藏品所有权之间的问题，成为一个需要考量的问题。

博物馆纷纷转为网红，虽然推动了公共进程，但却背离了博物馆的文

化传承职能，公众不仅要看到博物馆传播的广度，也应体会到博物馆传播的深度。

传统博物馆的实际定位处在精英性和公众性、"少数人"和公众权利之间。而随着近年来博物馆向"文化综合体"转向，随着其文化消费、文化娱乐功能的凸显，在很大程度上，博物馆深受大众文化的影响。加上资金方面的压力，博物馆甚至表现出迎合"游客"的倾向，一些研究者认为"游览者已经取代了展品，成为博物馆在意的焦点"。此点尤其应引起我们的注意。相对于西方的博物馆追求自由与个性，我国的博物馆则更注重其对公众的教育和文化传承作用。因此，为了吸引游客，博物馆迎合了他们的需求，这是否会使博物馆的教育及传承作用弱化？这还是博物馆应有的"公共性"吗？这种"公共性"是否正在向"大众性"滑落？面对这些新的变化，国家需要及时制定相关的指导细则，规范引导博物馆的发展方向，确保博物馆健康有效地发挥其教育和传承功能。

在第三次公共领域转型的大背景下，博物馆还会出现更多此前未有的新变化，上述问题值得我们进一步关注和更加深入地思考。

六、结　语

博物馆作为最能体现大到一个国家或民族，小到地方文化的公共空间，其本身就是"公共领域"的重要组成部分。博物馆的发展历史也印证了哈贝马斯提出的"公共领域"经历过两次转型的论断。两者之间息息相关，因此，若想深入研究博物馆在今后的发展中可能出现的趋势和问题，就必须关注"公共领域"领域的研究成果，并将其引入有关博物馆问题的研究中，以期更好的指导和预测博物馆的发展趋势。

当前，伴随着新媒体技术日新月异的发展和普及，"公共领域"正面临着第三次转型，毫无疑问，博物馆也出现了新的变化和发展。各类基于新媒体技术的数字博物馆、网红博物馆方兴未艾。这一方面使广大受众得以更便捷、更全面的欣赏博物馆的各类展品，从这个意义上说，博物馆正在为更多的人提供信息和公共空间，更多的人得以享受博物馆带来的乐趣和获得相关知识；但是另一方面，我们也不能忽视，数字技术的广泛应用也正在侵蚀博物馆所赋有的保护和传承人类文明的传统职责，博物馆有其自身的文化使命，不能仅为大众展示博物馆的藏品，更应让大众感受到博物馆的精神。

论留守儿童和随迁子女的博物馆服务

郭艳利　赵维娜*

摘要： 在我国，留守儿童和随迁子女数量多，分布广，他们身上具有家庭教育不完整、社会支持少等特点，同时又有强烈的安全、情感、学习和人格塑造等方面的需求。博物馆通过开展研究、举办展览和社会教育项目等业务活动吸引这些孩子，同时也可以采取社区博物馆与其他机构合作等形式为他们服务。

关键词： 留守儿童　随迁子女　博物馆服务

自20世纪80年代以来，随着中国经济的发展，农村剩余劳动力急剧增多，户籍制度逐渐松动，发展重心向城市全面转移，工业化进程加速，城乡差距持续扩大，农民像潮水一样进城务工，在这种背景下产生了两种特殊的儿童群体：那些每年和父母在一起相处时间很短，被留在家里依靠祖辈或者亲朋抚养的孩子，被称为"留守儿童"；还有一些孩子幸运的没有被迫留在家里，而是跟随务工的父母一起进城，变成流动人口，这些孩子被称为"随迁子女"。留守儿童和随迁子女受到了社会的广泛关注。相形之下，博物馆对此问题关注力度不够。

一、中国留守儿童和随迁子女的现状

（一）数量和分布

中国留守儿童与随迁子女总的特征是数量庞大、分布范围广。留守儿

---

* 郭艳利，陕西师范大学历史文化学院教授，主要研究方向为考古学；赵维娜，陕西师范大学历史文化学院硕士研究生。

童最多的是广东、河南、四川、安徽等省，随迁子女主要集中在经济发达城市。按照联合国儿童基金会发布的《2015年中国儿童人口状况——事实与数据》报告，在2015年，中国18岁以下青少年中，有1亿多处于留守或流动状态。其中流动儿童有3426万，留守儿童有6877万，农村留守儿童有4051万[①]。

根据教育部于2018年8月发布的数据，2017年义务教育阶段随迁子女和农村留守儿童数量分别为1897.45万人和1550.56万人，合计3448万人[②]。

（二）留守儿童的特点

这些儿童由于特殊的成长环境，在教育、心理以及社会支持方面形成一些鲜明特点。

1. 家庭教育的不完整

家庭教育在子女健康成长过程中具有无可替代的独特作用。父母外出务工，造成留守儿童家庭结构和家庭环境的变化，对他们的家庭教育和学校教育都产生了不利影响。部分地区留守儿童辍学现象严重[③]，有的甚至难以完成义务教育[④]。而带着子女进城务工的农民工多处于社会底层，他们整日忙于应对各种生存压力，经常面临着欠薪、失业、贫穷等问题，对子女疏于照顾和管理，因此随迁子女同样也面临着家庭教育缺失的问题。

2. 心理健康程度低

多数研究认为，留守儿童的心理健康水平比非留守儿童要低，主要表现是在情绪、人际交往和自卑心理等方面存在问题[⑤]；这些问题随留守时长的增

---

① 《2015年中国儿童人口状况——事实与数据》，http://www.unicef.cn/cn/index.php?
a=show&c=index&catid=226&id=4242&m=content。

② 李楠：《中国有多少流动儿童和留守儿童？——2017年教育统计数据发布》，城市化观察网，2018年8月15日。

③ 许传新：《"留守儿童"教育的社会支持因素分析》，《新疆社会科学》2007年第2期。

④ 周福林、段成荣：《留守儿童研究综述》，《人口学刊》2006年第3期。

⑤ 钱欣欣：《留守儿童安全保护的社会工作组织介入研究》，西南大学硕士学位论文，2017年。

加，表现得愈加严重。同样，随迁子女来到城市，由于缺少父母相应的管理和引导，导致其无法较好地适应城市生活，内心感到忐忑不安与困惑。

留守儿童的自尊水平较低，对自身的评价也明显偏低，普遍缺乏安全感和信任感，不愿意主动与他人交流；同时情绪较为波动，容易产生孤独感，焦虑和抑郁明显。对随迁子女而言，自卑心理、敏感脆弱、自我评价偏低、缺少学习动力等问题也普遍存在，部分随迁子女对人生价值的认知容易出现偏差，同时，随迁子女的耐挫折能力与抗干扰能力较差，易与他人对立，产生敌视情绪。

3.社会支持少

留守儿童获得的社会支持不多，主要表现在人际关系和自信心树立方面：更易产生与老师或同学关系的隔阂或破裂，甚至发展为校园暴力行为，易受校园欺凌，这在留守儿童的小学阶段表现得更为突出。随迁子女在政治、经济、文化等方面获得的社会支持少，这种氛围使随迁子女很难由被动身份认同转化为主动身份认同[1]。

二、中国留守儿童和随迁子女的需求

美国心理学家亚伯拉罕·马斯洛（Abraham H. Maslow）提出了著名的需求层次论，将人的复杂需求从低层次到高层次划分为生理需要、安全需要、归属与爱的需要、自尊需要、认知需要、审美需要、自我实现的需要[2]。需要的层次越低，就越基础，缺失后对人的影响也越大。留守儿童和随迁子女的需求各有特点，但主要集中在以下几点。

第一，安全需求：近几年来，由于家庭看管不力，农村留守儿童的安全问题频频出现且始终难以杜绝。随迁子女相比于其所居城市的其他儿童，生活环境较差，更容易生病或受到各种人身伤害。

---

① 姜月、李蕊：《学会学习：进城务工人员随迁子女的迫切需要》，《民族教育研究》2018年第3期。

② 黄希庭：《心理学导论（第二版）》，人民教育出版社，2007年，第174页。

第二，情感需求：情感需求主要包括归属与爱的需要、自尊需要、认知需要。留守儿童长期与父母分别，有的甚至一年只能见一两面，孤独感和他们对父母亲情的期待同样强烈，由于长期与父母分离，没有建立安全依恋，加之教养人的教养能力弱，农村留守幼儿在成长发展方面面临诸多困难，亟须心理关爱。

随迁子女在家庭和学校以及社会上面临着多重的压力，既有对家庭中亲情的依恋，又有对同学伙伴友谊的期待，但是由于父母亲忙于工作疏忽孩子的情感教育，这使他们常常处于焦虑状态，更渴望得到家庭、学校和社会的关心和认可。

第三，学习需求：知识的学习不应该只是在学校进行，大量的社会实践学习需要家庭成员的引导和支持，留守儿童因为家庭支持的缺失，导致他们缺少了很重要的社会学习，他们的知识获取只能依赖于学校；城市里的随迁子女，因各种文化机构设施相对全面，课后的自我学习开展相对较好。

第四，人格塑造的需求：儿童时期是人格发展的关键时期。所谓人格发展，是以培养合格公民为目标，以个性心理发展为核心的个体社会化和个性化相统一的过程。对留守儿童或随迁子女的成长来说，正确的人生观、乐观向上的态度、坚韧不拔的毅力是亟须培养的。

三、博物馆的相应服务

近年来，留守儿童问题越来越受到各界重视，2016年2月，国务院印发了《关于加强农村留守儿童关爱保护工作的意见》，对建立完善农村留守儿童关爱服务体系、建立留守儿童救助保护机制等问题做出了更多细则规定。2017年7月，民政部联合五部门印发了《关于在农村留守儿童关爱保护中发挥社会工作专业人才作用的指导意见》，为支持社会工作专业人才参与农村留守儿童关爱保护工作提供了政策支持。在国家各项政策的引导下，越来越多的公共机构开始探讨怎样为留守儿童提供良好教育和服务。拥有大量文化资源、专业研究人员、以及众多热心社会公益的志愿者的博物馆，如何有效利用资源为留守儿童和随迁子女及其家庭服务，从而促进他们更好地融入社会呢？

（一）服务原则

博物馆为留守儿童和随迁子女提供教育和服务需要遵循以下几点原则。

1. 群体针对性

博物馆服务应坚持分众化原则，尤其应当对留守儿童和随迁子女这两类观众做更加细致的分类，进行具有针对性的教育和服务。儿童的年龄跨度范围比较大，可分为学前期（3—6岁）、学龄初期（7—12岁）、青春期（13—17岁），应当注意每个年龄段留守儿童、随迁子女的认知、心理及情感特点。此外，因父母务工情况的变化，他们的身份还可能会经历留守儿童与随迁子女之间的变化，只有尊重他们的成长发育以及身份特征变化的特点，有针对性地开展活动，才能确保博物馆活动收到预期效果。

2. 以这两类儿童为本

儿童时期的经历和习惯会影响一个人成年后的思维、态度、行为习惯等等，所以博物馆在面向这两类儿童的活动中，必须坚持以儿童为本的原则。

3. 儿童利益至上

这两类儿童在维护自身权益方面能力较弱。博物馆应该在自己的教育和服务中，坚持全体儿童利益至上的原则，尤其是在他们的利益受损而无助的情况下，博物馆应尽量给予帮助。

4. 保守秘密原则

这些孩子对自己留守儿童或随迁子女的身份特别敏感，博物馆一定要秉持尊重孩子并替他们保守秘密的原则，与孩子建立相互信任的友好伙伴关系，让孩子们把博物馆当成值得信赖的朋友。

5. 互动性原则

实践证明，具有良好互动性的展览和活动更能吸引青少年的关注。对这两类儿童，互动参与的过程可以实现他们的想象，他们可以大胆尝试心中所想，不用担心是否会被同学们嘲笑，更不用担心老师和家长的态度。互动性不仅是人与物的互动，更重要的是人与人之间的互动，互动可以培养这些儿童的行为积极性，也能促进伙伴关系和友谊的建立，从而改善留守儿童和随迁子女的心理状态和人际关系。

6. 个性原则

随迁子女来自全国各地，他们每个人身上都保留着一定的地域文化传统，因此博物馆的展览和活动要坚持个性原则，让这些儿童能把博物馆和家乡的记忆相联系，从而产生熟悉感和归属感；同时作为融合多元文化的公共机构，博物馆在促进每个孩子个性化发展的同时，也将会丰富孩子们对各地文化的理解和学习。

（二）服务措施

博物馆的教育和服务主要通过展览和社会教育活动的形式得以体现。

1. 展览

鉴于这两类孩子的特殊性，在选定博物馆展览主题时，要关注这两类孩子及他们父母所在的社会群体的需求，寻找他们的兴趣点，尤其是他们对亲情、知识的渴望，将他们的需求融入其中，创造平等、尊重、融合的社会文化氛围。条件许可的情况下，甚至可以主动邀请留守儿童、随迁子女及其家庭参与展览的策划。

展览的内容要有吸引力，这需要大量深入研究并收集丰富的相关藏品，展览的形式也要丰富多彩，并且有较强的代入感。青少年观众普遍喜欢互动性强、参与性强的展览，博物馆可以鼓励他们积极参与，同时做好展览的评估和回访，有针对性地提升展览体验。

2. 社会教育活动

很多博物馆围绕展览都会举办系列讲座、设计各种社会教育活动，向大家赠送或发售相应的出版物、宣传册页，设计相应的文创产品等。博物馆可以针对这两类儿童设计专门的活动或产品，并免费赠送给他们，这样不仅能够加深孩子们对博物馆展览中包含的知识文化的了解，同时也发展了他们与博物馆的关系。

配合学校教学的社教活动最具有针对性，让难懂的课本知识变得直观生动，真正使博物馆成为孩子们的第二课堂，这也为许多没有家庭辅导的留守儿童和随迁子女提供了专业的课后辅导机会，减缓了家长对孩子功课的焦虑。

拓宽视野的活动。免费开放的博物馆给所有儿童尤其是低收入家庭的儿童提供了平等接受高质量的教育活动的机会。博物馆的学习不受时间和方式的限制，孩子们也能够采用多样的学习方式，不仅能开阔视野、陶冶心灵，还能感悟传统文化并增强自信。

培养能力和技能的活动。博物馆也可以吸收这些儿童作为志愿者，在为他们创设社会融入的环境的同时，鼓励他们参与博物馆的一些志愿工作，通过志愿者培训的环节，提高他们的各项技能、提升他们的情感体验，增强他们的自信心、帮助他们克服各种心理问题，使他们更好地实现社会融合。

四、余　　论

社区博物馆是离基层民众生活最近的博物馆，具有保存与传承文化、和谐邻里关系的重要作用，积极利用社区博物馆，可以增强周围人群对留守儿童关注度，加强留守儿童安全、卫生、健康教育。但是在文化落后地区，人们对博物馆到底是怎样的机构还没有清醒的认识，因此社区博物馆应该积极走进这些特殊人群中，而不是被动等待他们上门。城市里的打工家庭，由于高昂的房租等生活成本的影响，一般居住在偏僻、环境较差的区域。而城市中心聚集了数量较多的博物馆，这些博物馆应主动邀请随迁子女及其家人走进博物馆，或者主动把展览送进社区，促进社区内部认同感的快速形成，有效提升博物馆服务社会的能力。

劳动力大量向城市流动这样的局面短期内是不会改变的，意味着留守儿童和随迁子女问题还将继续长期存在。面对留守儿童和随迁子女，如何解决他们成长中遇到的烦恼，帮他们顺利度过儿童时期，需要教育、文化、体育、医疗、卫生服务及住建等部门多方联动，共同努力，从生理和心理上对他们加以悉心呵护，这些仅凭博物馆一己之力很难从根本上改变现状。

　　流动人口问题在世界上是普遍存在的，我们应该借鉴国际上其他国家的成功经验，缓解我们现阶段的留守儿童和随迁子女面临的各种问题。

　　我国目前留守儿童和随迁子女问题比较严重，已经引起了社会的广泛关注，博物馆作为促进社会融合发展的积极力量，通过其自身的业务活动必将从文化方面促进留守儿童和随迁子女的社会融合。同时，博物馆正在努力探索，力图与其他机构合作，多渠道、多角度解决该问题的。我们知道这是一条崎岖之路，没有现成的经验可以照搬，没有固定的模式可以套用，但这些孩子期待的眼神和他们绽放在博物馆里的笑容，又坚定了我们继续求索的意志。

社区博物馆在传承乡土文化中的探索

——以陕西地区为例

张　茜*

摘要：本文主要通过对贵州、广西、浙江等地的社区博物馆的发展状况的研究，聚焦陕西地区具有代表性的社区博物馆，探讨社区博物馆在中国发展的现状以及面临的挑战：社区博物馆概念界定不清、文化传承和旅游发展相矛盾、民众主体意识薄弱等，并对社区博物馆理念与中国具体实际相调适的问题给出一定建议。希望通过社区博物馆实现从生长的地方寻求文化的根源，思索如何面对未来，向缺乏人情味的生活环境挑战的愿景。

关键词：生态博物馆　社区博物馆　遗产保护　公共文化体系　居民自治

一

根据中国国家文物局对于社区博物馆的定义："生态（社区）博物馆是一种通过村落、街区建筑格局、整体风貌、生产生活等传统文化和生态环境的综合保护和展示，整体再现人类文明的发展轨迹，并由当地居民亲自参与保护和管理的新型博物馆。"①从地域上说，生态博物馆着重关注乡村文化遗产保护，社区博物馆致力于城市街区文化遗产保护。但是这种界定还是模糊的，它们的本质区别是什么，划分的依据又是什么，还是没有得到解决。这种模糊的界定在学者所写的关于生态博物馆和社区博物馆的文章中可见一

---

*　张茜，西北大学文化遗产学院。

①　国家文物局：《关于命名首批生态（社区）博物馆示范点的通知》，文物博函〔2011〕1459号。

斑，很多学者认为，社区博物馆和生态博物馆并没有本质上的区别。然而，就概念而言，我认为生态博物馆和社区博物馆的划分应该从生态博物馆或者社区博物馆所处的经济环境来判断。费孝通先生在《经济全球化和中国"三级两跳"中的文化思考》中指出，中国社会经历了从农业社会到工业社会，再从工业社会到信息社会的跳跃。改革开放前，中国社会大大落后于西方社会，还处于农业社会向工业社会缓慢转型的阶段①。改革开放以后，西方社会工业、信息的发展对中国造成了冲击。所以中国在奋起直追的过程中是工业化、信息化同步进行的，然而过于激进谋求经济发展，造成了文化上的断层。工业化、信息化冲击农业文明的同时也塑造现代文明。在这种意义上，生态博物馆在我国实践的主要地区依旧是主要从自然环境中获得生活来源的地区，自然环境塑造了经济形态和文化习俗，所以生态博物馆强调人依赖自然环境；而社区博物馆则是在受现代文明影响较大的城市地区，在社区博物馆中，人们已经不主要通过自给自足的方式获得生活来源，维系社区居民的纽带是共同的兴趣和利益。

1972年的《魁北克宣言》将生态博物馆纳入新博物馆学运动之中，成为新博物馆学的重要标志。来自不同背景的博物馆学专家从社会、文化和国家的各个方面探索生态博物馆发展的路径，并提供生态博物馆管理、运营的一般方法和观点，一些学者对生态博物馆的自然环境、人文环境及其与居民的关系进行了研究；一些学者探讨了政府和专家在生态博物馆建设过程中扮演的角色。此外，还有学者研究生态博物馆发展过程中经济发展和文化传承之间的关系。但在生态博物馆的发展方面，还很难找到全面的综合地研究生态博物馆建设中，各个主体之间关系的文章，以及如何实现生态博物馆可持续发展的策略。因此，研究生态博物馆建设中各个主体之间的关系，怎样通过生态博物馆使居民关注自身所处的人文环境和自然环境，以实现生态博物馆的可持续发展和唤起居民的文化自觉就是我们面临的课题。

参阅之前学者的研究，生态博物馆通常位于距离市中心很远，经济欠发达但自然环境保存较好的区域，大多是少数民族聚居地。保护、阐释和利用

---

① 费孝通：《经济全球化和中国"三级两跳"中的文化思考》，《理论参考》2002年第3期。

成为生态博物馆面临的严重问题①。在保护方面，主要问题是如何平衡文化保护和旅游开发。一方面，生态博物馆内部面临巨大的挑战，如文化传承和可持续发展；另一方面，旅游开发是文化保护的另一个威胁，但是旅游业也是讲述当地文化的有效方法，对当地居民和游客产生了重要影响②。同时，在生态博物馆的阐释方面，社区希望鼓励更多人了解他们独有的文化习俗和生活方式，并且通过将社区中的物质文化遗产和非物质文化遗产博物馆化，使居民共同拥有博物馆及其收藏③。生态博物馆强调以人为本，立足于激发社区居民的文化自觉性，从而使公众自觉、自主地保护文化遗产和主导博物馆的建设、发展④。在利用方面，生态博物馆应该更多关注自身文化的传承和保护以及居民对自身所处环境的管理；生态博物馆在传承文化的同时应该担负发展经济的任务⑤。

二

过去，学者与博物馆界对生态博物馆进行了一系列的调查、研究和实验项目。但是对其管理和可持续利用的研究较少。目前，如何实现生态博物馆的可持续发展仍旧面临诸多挑战：专家和政府在生态博物馆的建设中扮演主导角色，并非居民自己阐释自身的文化⑥；仍旧有很多人错误地认为生态博物

---

① 尹凯：《社区（共同体）：博物馆研究中的关键议题》，《中国博物馆》2018年第3期。

② Huifang Wang, Ping Yin. Eco-museum application in ethnic tourism development. LISS 2013: Proceedings of 3rd international conference on logistic informatic and service science: 897 - 902.

③ Jiayi Liu, Ruiguang Tan. The Display of Intangible Cultural Landscape Based on the Concept of Eco-Museum. In: Rau PL. (eds) Cross-Cultural Design. Culture and Society. HCII 2019.

④ 付丽：《北京史家胡同博物馆的社会参与研究》，《中国港口》2018年第S1期。

⑤ Donatella Murtas, Peter Davis. The role of the ecomuseo dei terrazzamenti e della vite (Cortemilia, Italy) in community development. Museum and Society 2009, 7 (3): 150 - 186.z.

⑥ 曹兵武：《重构大变动时代的物人关系与社群认同——谈社区博物馆与新型城镇化及城市社区文化建设》，《中国博物馆》2014年第2期。

馆是在经济落后的地区建立的，仅仅是对于传统和落后的保存；生态博物馆是一个包含区域、遗产、居民、传统的时空概念，而非在生态环境保存较好的社区中建立的博物馆就是生态博物馆^①；旅游业在保护和可持续利用之间提出了许多挑战；由于生态博物馆大多建立在非城市中心区，经济上的落后导致文化上的自卑，这些地方在经济化的浪潮下，传统文化面临冲击；生态博物馆内部的居民有自己的文化传统，很多少数民族有自己的文字和艺术，因此沟通至关重要^②；由于缺乏专家，如何建设、解释和发展生态博物馆为社区提出了具体问题。

中国的生态博物馆经历了贵州、广西、浙江三代的实践，体现了生态博物馆的建设从经济落后的地区向经济富裕的地区扩展的趋势，但是在经济落后的地区如贵州、广西等地，在面临市场经济的考验下，如何使当地的文化稳定地、可持续地发展是关键的问题。

贵州六枝梭嘎苗族生态博物馆建于1995年，是中国和挪威合作的生态博物馆项目，位于贵州省六盘水市六枝特区梭嘎乡。这个生态博物馆围绕梭嘎生态博物馆资料信息中心，辐射周围十二个村寨，资料信息中心内展示了长角苗的建筑、语言、舞蹈、服饰、习俗等。它代表了中国生态博物馆发展的第一代。

广西柳州侗族生态博物馆建于2004年，位于中国广西柳州市三江县，以该博物馆作为资料中心，向外辐射有十个村寨，采用的是"1+10"发展模式^③。资料中心展出了侗族的建筑、服饰、舞蹈、习俗等。目前部分村寨已经进行了旅游开发。广西柳州侗族生态博物馆代表了中国生态博物馆发展的第二代。

浙江安吉生态博物馆是国家文物局确定的东部地区生态博物馆的示范点，也是全国首批五个生态博物馆示范点之一。安吉生态博物馆采取了"一个中心馆、十二个专题生态博物馆、多个村落文化展示馆"的馆群模式，将

---

① 蒋茜：《非物质文化遗产保护视域下的城市社区博物馆研究》，《文物鉴定与鉴赏》2018年第7期。

② Howard P. Heritage: Management, interpretation, identity. London: Continuum International Publishing, 2003.

③ 潘守永：《对生态博物馆在中国的观察与评述》，弘博网，2015年7月14日。

县域范围内最具特色的人文、生态资源纳入展示范围，将自然生态、文化生态、社会生态、产业生态等各个方面较好地融合，系统地展示安吉的过去、现在和未来。

从以上的发展趋势可以看出，社区（生态）博物馆的发展是从民族地区向其他地区，从经济落后向经济状况良好的地区转移。但是目前社区（生态）博物馆在中国还是主要建设在西南和东部自然生态环境保存良好的地区，中部、西部地区的社区（生态）博物馆数量相对较少。例如，陕西、山西、河南这样的文物大省，拥有丰富的文化遗产以及地域特色，但是社区博物馆却相对缺乏。在城市化的过程中，传统文化和习俗面临冲击，同时旅游业的发展又使得文化发展面临同质化，在这种情况下，社区（生态）博物馆的建设显得尤为重要。

三

2017年，陕西省文物局在为了更好地保存文化遗产，传承乡土文化，通过了陕西首批27家社区博物馆。笔者通过走访调查，发现目前陕西省澄城县良周社区博物馆的运营状况相对较好，所以以此为案例，对该社区博物馆做了深入剖析，希望能对陕西地区的其他社区博物馆的发展提出有益的建议。

陕西省澄城县良周社区博物馆，建于2018年，中心馆位于陕西省渭南市澄城县良周村，是在原来学校的基础上建成的。中心馆分为三大部分：革命历史、民俗文化以及考古发现。良周地区包括良周明清古村落、秦汉宫遗址以及正在发掘的2018年十大考古发现之一的东周芮国贵族墓地。此外，良周村是一个重要的水果产地，自然环境保存良好。该社区博物馆以良周村史馆为中心辐射周围澄城县以北的数十个村庄，如富源、王庄、中梁、良甫合、刘家洼、路井、翟卓等。该区域内的居民在衣食住行方面具有相似性。衣：历史上曾为桑麻之地，20世纪70年代以后，渐渐流行化纤衣料，如今服饰多样穿着趋时。食：此地为谷子、糜子的主要产地，亦适宜种植小麦、玉米和大豆，早先以谷糜为主，如今喜好面食。白蒸馍、黄米汤、豆芽菜、干捞面是当地的主要饮食，"麦子泡""水盆羊肉"已经列入非物质文化遗产。住：最普遍的民居为窑洞。"有钱没钱，院子朝南"富户人家，院子两侧的厢房为厦子（单坡流水），一般人家为小窑，大户人家建有纳门窑。砖挂窑面、砖雕门楼为富裕人家的象征。行：过去穷家靠双腿，较为富裕的，骑骡子、马。公共交通就是马车。而今，电动摩托车、汽车已经很普及。娱乐：传统上，当地的群众主要的娱乐是"看大戏"。过年或庙会则更"热闹"，有打社火、跑马马、踩高跷、打铁花、放天灯等。宗教：当地人的主要信仰是道教诸神。过去村里都有土地庙、娘娘庙、关公庙等。良甫合周围各村庄轮流出戴祭祀汉武帝，此习俗延续数千年。方言：包括该社区在内的县西北地区，为典型的澄县方言区，发音铿锵，咬字沉重，汉语中多古代词汇。良周、富源以东的方言口音与毗邻合阳的东梁基本一致，属于澄城次方言区。因为这些共有的文化属性，周围的数十个村庄能够凝结在一起，建立一个共有的社区博物馆。村民的生产生活方式、习俗、建筑包括生活环境都是这个社区博物馆的重要组成部分。

笔者通过对良周村和周围村庄的调查，以及对良周社区博物馆负责人和附近村民的调查访问，发现生活在附近的人对该博物馆都颇为认同，并有自豪感。大多数受访者认为该博物馆的建立在经济和文化上有利于该社区的发展。但是仍然存在诸多问题。据对负责人的访谈，该社区博物馆建设总共花费120万元，省文物局拨款80万元，其余40万元是澄城县和良周村村委会共同筹集，良周村村委会目前仍处于欠债的状态，该社区博物馆资料中心属于澄城县文管所管理。在良周村内，社区博物馆资料中心、明清古城、刘家洼考古队资料中心以及秦汉宫遗址是该社区的主要文化景观。在该社区博物馆的带动下，建立了秦汉宫遗址公园、当地小吃一条街、研学基地，为当地民众创收。但是目前该博物馆的运营缺乏人力、财力，并不能保持全天向观众开放，只是有观众的时候联系负责人参观。笔者以一星期为周期，对参观的游客进行了访谈记录：在只在有人参观时开门的状态下，一周的参观量是56人次，6批游客主要是当地相关负责人的接待游客；而在一周保持全天9：00—19：00开放的状态下，一周的参观量达到242人，63批游客，这些游客主要是附近的村民，或者是带亲戚来参观，偶尔有专门来参观学习的。以时间来说，非本地村民的参观时间主要在12：00左右，当地村民的参观时间主要在17：00—19：00。通过对记录数据的分析，参观者90%以上是该社区博物馆辐射区以内的人，且大多是村民；60%左右的观众认为该社区博物馆的建立对当地的经济有带动作用，这部分人往往是没有参与经济活动的；40%左右的人认为没有或者并不明显，这部分人有些是参与经济活动或者受教育程度较高的人；95%以上的游客表示在博物馆关门的情况下不会主动要求参观，并且表示周围的基础设施有待提高，标识牌应该做得更为醒目；50岁以上的老人对该资料中心中的近现代历史以及农具陈设部分表现出极大的兴趣；30岁左右的访客表示他们对农具更为熟悉和感兴趣；青少年和小孩则对古代遗存、风俗文化以及农具关注较多；几乎100%的访客都表示该博物馆的建立有利于当地文化的保存，有利于增强当地人的文化认同，当地人对此尤为自豪。

陕西地区的社区博物馆建设仍然处于初期阶段，很多的理论和实践并不成熟，未来还需要政府、专家、学者、村民自身等作出更多的努力。但是社区博物馆的建设的确有助于非城市中心地区的群众保存自身独有的文化习俗、促进了民众对自身文化的理解和认同，也有望带动当地经济的发展提高当地群众的生活水平。同时，社区博物馆也加强了社区和政府之间的沟通，促进民主社会建设。

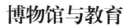

博物馆与教育

卡塔尔国家博物馆的创建之路：如何在全球目光的审视下为当地观众打造一座国家博物馆

瑞秋·特斯基 著　刘　鑫 译[*]

摘要： 2019年3月，全新的卡塔尔国家博物馆正式开放。在地区局势紧张、全球关注度激增，以及卡塔尔民族认同重获关注的背景下，该博物馆是如何创建，世界又是如何回应的？在过去七年释展工作成果的基础上，本文将探讨海湾国家的博物馆与西方博物馆传统的相通之处，展示那些为同时满足本地和国际观众期待和需求而设计的作品。同时，本文还将探讨在全球化视角对博物馆应有之样有所界定的背景下，营造基于当地文化的博物馆体验会面临哪些压力和机遇。

关键词： 释展　卡塔尔　国家博物馆　海湾（波斯湾）地区

2019年3月，全新的卡塔尔国家博物馆（NMoQ）正式向公众开放。开馆仅三个月，这座博物馆就接待了250,000名观众，这几乎相当于这个海湾国家人口的十分之一。卡塔尔国家博物馆通过11个展厅向人们讲述了卡塔尔历史[①]，其内容涵盖地质、自然史、考古、民族志、现代政治历史和当代社会（图1）。该博物馆由让·努维尔（Jean Nouvel）设计，采用了巨大的沙漠玫瑰（一种发现于卡塔尔沙漠中的晶体结构）作为建筑外形（图2）。这座占地40,000平方米的建筑环绕着谢赫·阿卜杜拉·本·贾西姆宫（Jia'at Sheikh Abdullah bin Jassim）——一座拥有百年历史的宫禁，这里曾是卡塔尔执政家

---

* 瑞秋·特斯基（Rachel Teskey），莱斯特大学博士候选人；刘鑫，北京师范大学教育学部，研究方向为儿童博物馆。

① 原文写作于2019年，译者注。

图1　卡塔尔国家博物馆展厅规划
卡塔尔国家博物馆网站

图2　从巴拉哈（庭院）拍摄的卡塔尔国家博物馆外观
巴克朗廷公司提供

族的王座所在，后来成为卡塔尔首座国家博物馆（开放于1975年）。卡塔尔国家博物馆在宏大的室内空间里陈列了大型艺术影像、当代艺术品、口述历史纪录片、摆放整齐的物件、数字互动装置、多感官体验装置和为家庭准备的可触摸展项①。该博物馆开放之时恰逢卡塔尔历史上的生死关头。自2017年6月以来，由于与邻国沙特阿拉伯、阿拉伯联合酋长国、巴林断绝所有外交关系而导致的封锁尚未解除。在这样一种复杂的地缘政治背景下，卡塔尔的民族认同感被再次唤醒，国家博物馆在其中扮演着关键角色。从博物馆学的角度看，卡塔尔国家博物馆的诞生在卡塔尔乃至更广泛的海湾地区范围内，都是一个很有意思的时间节点。在21世纪头二十年国际顶级建筑师纷纷在此兴建西式艺术博物馆之前，海湾地区常常被误认为没有博物馆文化——甚至什么文化都没有。事实上，不论是历史上还是现在，整个海湾地区，特别是卡塔尔，都有着丰富的博物馆传统，卡塔尔国家博物馆正是这其中的重要佐证。

本文将基于作者过去七年里（与国际文化咨询公司巴克朗廷公司一道）为该博物馆进行释展咨询工作的经验，探讨博物馆体验如何同时满足本地和国际观众的期待和需求。本文首先介绍卡塔尔及海湾地区独特的博物馆学背景和博物馆参观习惯，进而展示这些内容与全球化语境里博物馆角色和功能的相通之处，然后开始研究这种独特的背景是如何影响卡塔尔国家博物馆的释展工作的。

一、关于卡塔尔的背景信息

（一）地缘政治背景

卡塔尔地处阿拉伯半岛东北岸一个伸向海湾的半岛上，其唯一的陆地邻国是南部的沙特阿拉伯。卡塔尔自1913年以来一直是英国的保护国，直到1971年宣布独立。它是海湾阿拉伯国家合作委员会的成员国——该组织是由巴林、科威特、阿曼、卡塔尔、沙特阿拉伯和阿联酋（由包括迪拜、阿布扎比在内的七个酋长国组成）构成的地区政治经济联盟。2010年12月，卡塔尔成功获得2022年足球世界杯的主办权，这不仅进一步加速了卡塔尔国际化的

---

① 卡塔尔博物馆管理局，2018年。

步伐，也使得国际社会开始关注这个国家。然而接踵而至的是很多负面关注，特别是来自西方媒体的批评。在全球目光的审视之下，卡塔尔被曝腐败横生、外籍劳工待遇低下①。国际社会在过去两年对卡塔尔的关注与日俱增，因为自2017年6月以来，卡塔尔受到了来自沙特阿拉伯、阿联酋、巴林和埃及等四国的外交和经济封锁。由沙特主导的四国联盟指责卡塔尔支持恐怖主义，但这一说法随即遭到卡塔尔的否认。同时，卡塔尔还拒绝接受这些国家提出的减少与伊朗②的外交联系、关闭卡塔尔半岛电视台、终止与土耳其的军事合作等一系列要求。四国对卡塔尔的封锁令包括禁止卡塔尔的飞机和船只途经这些国家的领空或领海——鉴于这几个国家大多是卡塔尔的近邻，封锁会引发严重的后果——这导致卡塔尔被迫关闭了唯一的陆地边境。在沙特阿拉伯、巴林和阿联酋，对卡塔尔的同情是一种非法行为。居住在这些国家的卡塔尔公民被勒令在14天内离开，同时这些国家也不允许其公民在卡塔尔居住或旅行，这导致许多家庭被迫分离。由封锁引发的物流危机在起初一段时间内造成了一些后果，但卡塔尔随后就转向投资国内生产和建立新的贸易联系，目前，卡塔尔的总体情况还算稳定。封锁令再次引发了人们对卡塔尔人身份的关注③：由卡塔尔艺术家艾哈迈德·本·马吉德·阿勒·马德希德（Ahmed bin Majed Al Maadheed）创作的卡塔尔领导者谢赫·塔米姆·本·哈马德·阿勒萨尼（Sheikh Tamim bin Hamad Al Thani）的肖像画被做成车贴、T恤衫，在社交媒体、私人楼宇和公共建筑的墙壁上到处张贴④，卡塔尔国庆日的庆祝活动成为卡塔尔国内外各方人士的关注焦点⑤。卡塔尔国家博物馆在增强民族认同方面发挥了重要作用：谢赫·塔米姆在封锁发生后的第一次公

---

① 比如，ITV新闻，2015。

② 由逊尼派穆斯林领导的沙特阿拉伯在该地区的主要竞争对手是什叶派穆斯林占多数的伊朗。

③ Al-Hammadi, M. Presentation of Qatari identity at National Museum of Qatar: Between imagination and reality. Journal of Conservation and Museum Studies, 2018, 16(1). 1 – 10.

④ Prabhakaran, P. Meet the artist behind the viral image of the Emir. 11 June 2017. https://www.thepeninsulaqatar.com/article/11/06/2017/Meet-the-artist-behind-the-viral-image-of-Emir (Accessed 15 August 2019).

⑤ 多哈新闻，2017年。

开亮相就在卡塔尔国家博物馆，该馆于2019年3月开放，国际媒体对此纷纷进行了报道，并认为这体现了卡塔尔在国际舞台上的软实力。

（二）卡塔尔的博物馆文化

海湾地区最早的一批博物馆诞生于20世纪中叶，当时还都是政府机构，藏品也主要集中在当地的民族志和考古学领域。在卡塔尔，第一座国家博物馆开放于1975年。那段时间，海湾地区国家因为巨大而空前的石油收入，正在经历快速的转型和现代化，这些博物馆的建立就是为了保护当地遗产，促进当地文化发展。此外，建立在私人收藏基础上的和以私人府邸为馆址的博物馆，诸如位于多哈郊区的谢赫·费萨尔博物馆（Sheikh Faisal Museum），在过去和现在一直都相当受欢迎。这些类型的博物馆极具个性，并且深深地融入了当地的社会、历史和文化环境里。近年来，新的模式不断发展，特别是一些建筑和城堡经过重新修葺，被改造为遗产类博物馆，比如多哈的姆什莱布博物馆群（Msheireb Museums）——由四座博物馆建筑组成，主题涵盖奴隶制、石油产业、传统生活和多哈城的发展。然而，这些博物馆在本地的飞速发展不仅没有得到博物馆学研究者的重视和记录，也没有在媒体对21世纪头十年"博物馆发展热潮"连篇累牍的报道中被提及。这一波"博物馆发展热潮"不仅包括欧洲、北美博物馆传统的转型，也包括卢浮宫、古根海姆等博物馆品牌被大量引进到阿布扎比的萨迪亚特岛（Saadiyat Island）上。许多欧洲媒体基于对《劳动法》和人权的充分关注——当然还存在更多有待商榷的观点——批评了上述热潮中的后一个发展态势。在2017年对外开放之前，阿布扎比卢浮宫经常被指"矫揉造作""一扇精美的橱窗，但背后却是一个并不存在的社会""一个彻头彻尾的面子工程""狐假虎威，打着西方著名博物馆的幌子为自己造势"，甚至常常有人讥讽"阿布扎比这座城市也不过和卢浮宫的历史差不多长"。对海湾地区文化遗产项目的不实指责非常普遍。这种态度与广泛流传的"卡塔尔不存在遗产"的断言一脉相承。这种误解的主要原因是西方人对文化和遗产应有之样的先入之见。卡塔尔以及海湾地区的文化遗产根植于其口头传统，缺乏西方文化所看重的有形的或丰碑式的元素。关于卡塔尔国家历史的一个普遍说法是"扁平化的过去"，即卡塔尔的历史悠远而毫无波澜，直到1939年，大量石油的发现为这个国家带来了飞速的发展和空前的财富。诚然，不可否认的是，石油的发现为这个国家的历史注入了变革性力量，但这种对一个国家过往历史扁平化的观点却忽视了一系列更为悠久而深刻的古代社会史、民族斗争史、国际贸易史、他国利益纷争史等。

在这个日益全球化的世界中，海湾地区与西方文化之间存在许多相似之处，但也有着非常大的差异，这不仅会影响到人们对博物馆角色的定位，也往往会左右海湾地区博物馆观众的期待。这些背景信息包括：文化遗产常常深嵌于日常生活中，有必要在传统价值观和日益全球化之间取得平衡，口头交流占据着主导地位以及参观博物馆的社交动机。所有这些内容将在接下来的部分中得到分析。

二、海湾地区的博物馆传统、认知和期待

（一）日常生活中的文化遗产

在海湾地区，文化和遗产是推动当今社会蓬勃发展的重要力量，它们一边引来资金兴建文化项目——通常是国际文化交往政策的组成部分——一边吸引了普罗大众的关注。电视节目《百万奖金诗人大赛》（Million's Poet）即是一例。在节目中，参赛者需要谱曲并吟诵纳巴蒂诗歌（Nabati poetry）①，观众则投票选出他们最喜欢的节目。这个节目定期播出，深受喜爱，有七千多万的观众群，这一数字甚至超过了足球等热门运动的观众人数。在海湾地区，当地文化传统对增强民族认同感至关重要：穿着传统服饰是很平常的事，猎鹰、赛驼等古老的消遣方式仍活跃于人们的日常生活。在多哈，瓦奇夫市集（Souq Waqif）——一个修复后的古老市场——是当地居民和外地游客社交、娱乐和就餐的重要场所。在这种大背景之下，文化遗产一直都是人们日常生活经验的一部分，博物馆也就不会成为人们学习或体验文化遗产的主要手段了，这非常不同于西方国家的情况。比如，在阿联酋，展示活生生的传统，演示和讲授传统手工艺、农业种植、烹饪等内容的文化遗产节受到很多人的青睐。阿布扎比的利瓦椰枣节（Liwa Date Festival）可以在八天的时

---

① 一种自14世纪以来就在海湾地区广为人知的白话诗歌形式。

间里吸引到日均70,000人的参与者。相比之下，阿布扎比的阿莱茵国家博物馆（The Al Ain National Museum）年均访客量却只有55,000人次[①]。在海湾地区，广为普及的活生生的文化遗产体验对人们如何看待博物馆有着非同寻常的意义。一项2012年对卡塔尔家庭的调查显示，许多人把博物馆当成是陈列新奇之物的地方，或者干脆认为博物馆和纪念堂差不多：

我想到的是古老的遗产、古老的年代，还有一些珍贵的物品……因为博物馆这个概念说的就是……它是用来保存古代遗产的。

（去博物馆就是）为了看东西，因为我去博物馆时也只是看了看，（逛博物馆）跟看电视没什么两样。

这两句引述分别来自一位卡塔尔妇女和一名十一岁的男孩，它们基本上代表了一般公众对海湾地区博物馆的期待和看法。该地区的许多博物馆在20世纪七八十年代第一次对外开放，它们都遵循着一种非常传统的、刻意说教式的展陈和释展手段。甚至一些新近开放的博物馆，比如2008年开放的位于多哈的伊斯兰艺术博物馆，也喜欢突出强调传统的美学的观点，展品基本信息标签图文板说教性很强，从而把参观者置于一个很被动的地位；然而不论是在线上还是在现实生活中，互动式、参与性的学习体验越来越普遍，在此背景下去创建一个可以挑战成见、提供新机会和新体验的博物馆就显得至关重要了。

（二）在传统和全球化之间取得平衡

得益于其所处位置恰好在世界主要商贸通道的交汇路口，以及从19世纪开始到20世纪初繁盛于此的珍珠产业，卡塔尔及整个海湾地区一直以来都和区域之外的世界有着广泛联系。自20世纪中叶开始，海湾地区发现了大量石油，加之随后又兴起了天然气产业，因此这里的国民财富迅速累积，全球影响力日益提升，大量外籍劳工蜂拥而至。这种转变的速度之快、规模之大，引发了人们，特别是老一辈人，对前石油时代的缅怀（这种情愫通常过于理想化）。人们强烈地感觉到，卡塔尔日益迅速的现代化和全球化正在撼动着传统的价值观；加之推崇辛勤努力的时代精神，年轻人正和他们的传统遗产

① 阿布扎比统计中心，2011年。

313

渐行渐远。为解决这个问题，卡塔尔政府大力推动文化发展。文化和遗产对塑造民族认同感至关重要，在海湾地区，保护文化已成为国家战略的重要组成部分。例如，卡塔尔在《2030国家愿景》中就提出，该国将在年轻国民中培育出"卡塔尔道德和伦理价值观、传统和文化遗产的坚实基础"[①]。海湾地区的博物馆在保护和宣扬文化遗产方面一直发挥着积极作用，他们一边守护、发扬着传统和历史，一边在世界舞台上努力将自身提升为一个现代化机构。

（三）口头文化

宗教、文化和阿拉伯语独特的语言形态，共同促成了海湾地区国家长久以来根深蒂固的口头文化传统。阿拉伯人认为，阿拉伯语不仅是交流的工具，而且是他们身份的象征。诗歌、史诗故事等口头叙事文学，在过去经常是人们接收、分享知识的有效手段，而且至今仍是传播知识、守护阿拉伯文化的重要方法。这种对口头传播的依赖，一部分原因要追溯到阿拉伯书面语的特点上。在历史上，短元音（harakat）通常是不会被记录到纸面上的，比如第一份《古兰经》文本就能证明这个问题。因此，纸面上记录的内容总是需要由朗读者大声诵读出来，通过正确的发言来确认每个单词的含义，进而保证其真正要表达的内容不会被曲解。这种对口语表达的侧重虽然意味着无声阅读、被动观察等传统博物馆模式并不适用于海湾地区的情况，但也同时为很多最新的释展手段留出了巨大的发展空间，比如一系列交互式、多感官的体验装置，或者像口述历史纪录片这样的情景化的信息呈现和交流手段。

（四）社交动机

与欧洲相比，海湾地区的人们更喜欢为了社交而造访博物馆。一项2012年对卡塔尔家庭的调查显示，有72%的家庭参观博物馆的主要动机是社交因素，而在英国组织的类似调查中，这个比例最高时也只有50%。在所有类型的休闲活动中都可以看到这种趋势，比如受访家庭中的97%曾因社交原因而专门去过购物中心。卡塔尔的家庭通常会整个家族举家前往博物馆，观察结果表明，这些庞大的家庭参观团会在博物馆里分散开，年龄稍大一点的孩子

---

① 卡塔尔发展规划总秘书处，2008年，第16页。

会和年轻的亲戚一起在馆里参观，而年龄更长的人则三三两两扎堆行动。此外，家庭观众更喜欢通过互相交谈或与场馆工作人员交流来看展，而不是阅读展览的说明文字。尽管对其他类型观众的研究还不算多，但也无妨，因为就卡塔尔及整个海湾地区而言，家庭观众不只数量可观，其思想观念也会对博物馆的工作产生重要影响。总管卡塔尔全国各类博物馆、美术馆、公共艺术和考古遗址的政府机构——卡塔尔博物馆管理局（Qatar Museums Authority）宣称将致力于"培育支持新一代的文化受众；滋养投身自我的国民精神；激励未来的文化创造者和享用者"[①]。观众对博物馆社交功能的看重以及博物馆对家庭观众的重视，深深地影响了海湾地区博物馆的规划和运营工作。

以上这样简短的概述并不是从其他大型博物馆那里照搬过来的俗套，而是管中窥豹地呈现了卡塔尔及海湾地区复杂的博物馆情况。这四方面的内容代表了海湾地区和卡塔尔语境中的某些决定性因素，而这些因素不仅塑造了观众对博物馆的期待以及对博物馆职能的认知，而且反过来也影响了这里博物馆的释展工作。遗产在日常生活中的重要地位使我们意识到，有必要通过更多主动积极的释展手段和体验式的展览，让博物馆更加吸引观众，使观众更加愿意参与其中；传统与现代之间的脆弱平衡使我们意识到，这里的人们，特别是老一辈人，对传统价值观和民族认同的沦丧感到忧心忡忡，对过往的日子产生了强烈的怀旧之情；口头表达所占据的支配地位使我们意识到，必须要有互动性更强、多媒体、多感官体验的展览；而博物馆参观行为的社交属性使我们意识到，那些可以吸引到庞大的家庭参观团，鼓励代际交流学习的释展手段大有可为。这几方面的因素，与卡塔尔的地缘政治环境和博物馆文化一起，组成了一个独特的生态系统。全新的卡塔尔国家博物馆就是在这样的背景下诞生的。下一节内容将探讨在卡塔尔国家博物馆中决定访客体验，体现本地和国际观众需求和偏好的几个核心释展工作要点。

---

① 卡塔尔博物馆管理局，2019年。

三、卡塔尔国家博物馆的释展工作

2011年，国际文化咨询公司巴克朗廷（Barker Langham）受邀为卡塔尔国家博物馆的释展工作提供服务[①]。从项目一开始就确立的五大指导原则——创新性、动态性、故事性、参与性、便利性——作为参考坐标，始终贯穿于释展工作的全过程。本文也将以此为鉴，探讨那些决定卡塔尔国家博物馆访客体验的释展元素。截至本文撰写之时，该博物馆开馆尚不足五个月，所以本文所呈现的内容主要基于对展厅内访客行为的观察，是非常临时草率的。更为详细和定量的观众评估还在进行中，它们将说明该博物馆公众接待工作的情况。

（一）创新性

参观卡塔尔国家博物馆时，最引人入胜的创新元素之一是其众多的艺术影像和公共艺术装置。横亘在展厅里的八部艺术影像为整个展览烘托出其味无穷、绵延不绝的背景氛围。这些影像有的由国际知名导演执导，有的则出自阿拉伯本地导演之手。其形式既有微妙变化的动态壁纸——比如"卡塔尔的考古学"展厅（The Archaeology of Qatar Gallery）里那部由爱尔兰-伊拉克裔艺术家杰妮·亚·拉尼执导的艺术影像（图3），就从卡塔尔考古文物的特写镜头悄然无痕地过渡到了卡塔尔地貌景观的鸟瞰图景；也有像《历史的阴影》（图4）那样讲述卡塔尔各部落统一历程的叙事史诗。此外，博物馆里还有一些影像表现了阿拉伯半岛的地质历史、陆地景观、海上风光、沙漠生活、祖巴拉古镇（Al Zubarah）、采珠业、石油工业等内容。这些影像在所在展厅里发挥着传递信息、讲述故事的作用。它们或是与亚·拉尼影像中所呈现出的卡塔尔多样的景观遥相呼应，高度概括地呈现卡塔尔丰富悠久的地质历史；或是为影片《历史的阴影》呈现更为详尽的历史细节。进一步而言，这些艺术影像在两个层面发挥着价值。对那些并不熟悉卡塔尔历史的国际观众来说，这些影像精彩地讲述了某一话题或内容的基本情况，而对卡塔尔本

[①] 与博物馆团队一起开展的各式各样的工作包括撰写展览、互动装置、视频展示的简报；研究；管理展览内容；撰写脚本等。

地或海湾地区其他国家的观众而言，它们呈现了很多可以和具体事件、某项传统联系在一起的丰富细节。比如，《历史的阴影》以简要而准确的笔触，为国际观众展现了在与外部势力斗争的过程中逐渐走向统一的卡塔尔各民族，而对那些已经熟知这一历史事件细节的本地观众来说，影像则聚焦到具体的人物、事件和地点，引起了当地人的深刻共鸣。在设计之初，以为观众可能只会在参观展厅时浅尝辄止地扫一眼这些影像，因此把它们设置为循环

图3　"卡塔尔的考古学"展厅中的动态壁纸影像
导演：杰妮·亚·拉尼 巴克朗廷公司提供

图4　观看《历史的阴影》的观众
导演：彼得·韦伯 巴克朗廷公司提供

播放的模式，然而，通过观察却发现，自开馆以来，许多观众会坐下来或站二十多分钟，来完整地观看整部影片，甚至还会有人用手机拍摄其中的片段乃至全片。其中《历史的阴影》格外受欢迎，许多人甚至会在影片结束时情不自禁地鼓起掌来。

除了艺术影像之外，卡塔尔国家博物馆所展示的公共艺术项目也同样受到了人们的喜爱。在博物馆的户外空间和馆内主要流线区域里摆放了许多艺术品，它们大部分是由卡塔尔或其他阿拉伯艺术家设计的，这里面就有年轻的卡塔尔艺术家布塞贾娜·阿勒·姆夫塔（Bouthayna Al Muftah）从珠宝中获得灵感继而创作的艺术装置——《很久以前》（Kan Ya Ma Kaan），它被放在了馆里的一处咖啡馆里；由114个喷泉形成的潟湖里摆放着一个由法国艺术家让·米歇尔·奥托尼尔（Jean-Michel Othoniel）创作的艺术装置——《阿尔法》（ALFA），这个作品彰显了阿拉伯书法的魅力；以及位于常设展厅入口处的哈桑·本·穆罕默德·阿勒塔尼（Hassan bin Mohammed Al Thani）的雕塑作品——《祖国》（Motherland）①。人们热衷于在图片分享网站——照片墙（Instagram）上分享各种跟卡塔尔国家博物馆有关的照片，其中，这些装置艺术往往是点击率最高的。事实上，《祖国》似乎已经顺理成章地成了团体合影，特别是全家一起合影的背景画面，这一点从卡塔尔国家博物馆的图片墙主页中就能看出来。公众对博物馆里的各种艺术影像和艺术装置的反馈出乎意料的好。观众身在其中，会萌生一种自信感，觉得自己是这里的主人，可以自然而然地、无须指导地、随心所欲地参观。

（二）动态性

为了营造动态的访客体验，卡塔尔国家博物馆使用了大量的互动数字展项。这些展项的交互程度不同，有的只是简单地用来展示一些跟展陈物品相关的各种信息和内容，有的则用到了较为复杂的多点触控桌——比如一些针对不同年龄段群体的游戏（配对游戏、迷宫、知识竞赛等）——用以呈现丰富的附加内容。此外，许多探讨卡塔尔当代生活中某个特定问题的互动展项都很注重话题的时效性。比如一个展项在讲述动物作为交通工具的传统价值

---

① 卡塔尔国家博物馆官方网站栏目"定制创作的影像和艺术"，2019年。

时，也会提到赛驼、阿拉伯赛马等卡塔尔当代生活中的竞技活动；另一个展项在关注卡塔尔环境和野生动植物的多样性时，也会呈现大自然所面临的威胁、卡塔尔所采取的保护行动以及个人可以为保护工作所做的贡献。这些话题每隔半年到一年会更新一次，以保证及时展示卡塔尔社会的最新动态。卡塔尔国家博物馆希望借由这些时常更新、内容深远的互动展项使场馆与时俱进，吸引人们多次造访。博物馆里还定制了许多大型的数字展览，比如"卡塔尔人民"展厅（The People of Qatar Gallery）里的"迁徙"——一个带有投影地图的卡塔尔模型，展示了卡塔尔人如何随着四季的变化迁徙于卡塔尔半岛的内陆和海岸之间，再比如"转型时代"展厅（Transformation Gallery）中"多哈的变迁"，用一面互动墙展示了20世纪70年代和90年代卡塔尔日常生活中的各种元素（图5）。这些数字展览不仅使博物馆的访客体验增色不少，同时也与那些艺术影像一起，带动了展陈的节奏，营造出丰富的体验。

（三）故事性

卡塔尔国家博物馆是一个讲述卡塔尔及卡塔尔人故事的博物馆。整个场馆被分为了三个篇章，其中第一篇章聚焦于卡塔尔半岛的丰厚历史，包括半岛的形成、景观、野生动植物和考古等；第二篇章侧重于卡塔尔人及他们的生活方式，通过祖巴拉18世纪末到19世纪初的全盛（祖巴拉历史上曾是一

图5　展项"多哈的变迁"，"转型时代"展厅
巴克朗廷公司提供

个繁华的沿海城镇，如今是卡塔尔第一个被联合国教科文组织列为世界文化遗产的地方）和卡塔尔1959年的生活（丹麦考古学和民族学考察队曾在进行考察时记录下的那个时期的丰富生活图像和素材）以小见大地讲述更加宏观的卡塔尔文化、经济和社会历史；第三篇章则主要讲述从16世纪迄今的卡塔尔现代政治历史；展厅按照时间顺序依次排布在博物馆里。虽然博物馆并没有向到访观众刻意突出这三个篇章，但在篇章和展厅之间还是有许多明显的划分。每个空间都通过采用艺术影像、定制装置（例如上文提到的"卡塔尔人民"展厅里的"迁徙"，"转型时代"展厅里的"多哈的变迁"）等大型互动元素，来营造与所陈述故事相关的特定氛围。这些影像和展项的运用一方面使博物馆免于设置参观路线，而达到引导观众的目的，另一方面也标注出了故事的发展，使观众不必近距离地阅读文字。此外，卡塔尔国家博物馆的另一个特色是在释展中大量使用了根植于本地区口头文化传统的讲故事元素，这些元素体现在每个展厅里热情洋溢的介绍中。比如这些介绍性文字和展厅之间的过渡空间里既书写着阿拉伯诗歌，同时播放着这些诗歌的音频；再比如广泛使用的口述历史纪录片。之所以如此强调博物馆体验要具有浓厚的故事性，是因为这与卡塔尔文化背景以及讲故事在阿拉伯文化传统中的重要地位息息相关。

（四）参与性

为了吸引所有观众，特别是家庭观众，从一开始，规划社交空间、策划参与式的展项就被视为重中之重。这种策略的主要表现是散布在场馆里的四个家庭展项。这些展项都是一些宽敞的、界线清晰的空间，具有一系列实体的或数字的互动功能，可以让孩子轻松地了解到展厅所涉及的主题。比如，在"海岸生活"展厅（Life on the Coast Gallery）里，就用这种方式讲述了采珠业在卡塔尔历史上的重要地位以及那时沿海经济活动中的各种不同角色。该展厅的家庭展项（图6）所承载的关键信息可以通过一系列动手活动加以理解。孩子们可以尝试扮演采珠三角帆船[①]上的各种角色，比如"厨师（小一点的孩子可以在这里假装烹饪各种不同的食物）"、"桨手（这里有三对真

---

① 一种应用于海湾乃至更广泛的印度洋地区的传统船只。

的船桨，参与游戏的人可以同心协力，一起划船，旁边的屏幕会根据桨手的动作反映出船的进度和方向）"和"采珠人（两两一组，其中一个孩子站在"豆荚"里，在空气耗尽之前尽可能多地挖掘/收集水蚌，另一个孩子来负责控制绳索，既要把采珠的同伴放下去，还得把他/她从"海床"上拉起来）"。与之相似，"卡塔尔的考古学"展厅的主要目标之一也是告诉观众，卡塔尔考古的发展是一个动态的、复杂的过程，许多研究正在进行，新的发现不断涌现。在相关的家庭展项中，孩子们可以变身"考古学家"，通过亲自尝试各种各样的考古工作，比如"挖掘（通过触摸屏互动）"、"修复手工品（3D拼图）"和"测定类型（多用户实体交互）"，

图6　"海岸生活"展厅里的
家庭展项
巴克朗廷公司提供

来了解考古学中最基础和最高科技方面的内容。到目前为止，最受欢迎的互动展项反倒是其中一个最简单的展项——在一个关于如何在沙漠中追踪动物和人的展项中，有一堵巨大的钉子墙，观众可以直接用各种动物脚印的图章玩，也可以直接用自己的手、脚（经常是整个身体）来做出一个烙印来（图7）。事实证明，这些家庭展项受到了各个年龄段观众的喜爱，已成为博物馆里最热闹的区域。除了室内的家庭展项，博物馆还计划在未来几个月内开放一系列户外游戏场地，每个场地都会围绕博物馆里的一个特定主题。这些游戏场地不仅将提供独一无二的玩耍体验，还会把简短的文字、地图、音频等嵌入式释展元素囊括在内①。

　　临时、灵活的座位区散布在博物馆的展厅里（虽然在主展览空间里，却不会占据观众游览的主通道），使观众得以相聚、休憩和讨论。同时，博

————————————

①　更多细节有待披露。

图7　"钉子墙"展项，"沙漠生活"展厅
　　　巴克朗廷公司提供

物馆还有一些户外的场所，比如观众可以在寒冷的冬季待在中央庭院、公园区或潟湖旁的滨水长廊。此外，卡塔尔国家博物馆还积极开展活动，利用所藏、所展之物举行各式各样的动手活动，比如制绳、珠宝设计、棕榈叶编织技艺（当地人叫al khous）、织网、石膏雕刻等传统手工艺工作坊[①]。相较于节日、市集等海湾地区现有的略显简陋的文化遗产体验项目，这些参与性释展元素的运用，特别是针对家庭团体的活动，不仅营造了高度参与式的体验，而且也为社交互动和代际学习创造了机会。

（五）便利性

　　为了给视障和听障观众提供便利，卡塔尔国家博物馆设置了各式各样的多感官展项，比如可触摸的模型、盲文说明牌、音频、气味等。同时，博物馆里使用了大量的其他元素来保证所有观众，特别是本地观众，能更方便地参观。比如，在展厅中，阿拉伯语相较于英语地位优先。博物馆里的阿拉伯语说明文字通常被放在更高的位置，而且大小是英文说明的两到三倍（图8）。气势、腔调和节奏很难用英语再现的阿拉伯诗歌被大量用在博物馆里，包括每个展厅介绍性文字和数字互动展项中选取的诗朗诵片段都只有阿拉伯语版本。通常阿拉伯语在公共领域和公共话语中是从属于英语的，如前文所述，语言是身份认同的重要组成部分，在这样的大背景下，优先考虑阿拉伯语这件事看似无关紧要，实际上非常关键。前面已经讲到，口语交流的传统以及对这种交流方式的偏爱，是卡塔尔文化中的关键一环。从这个项目一开始，人们就一致认为要把口述历史突出地贯穿于整个博物馆中。卡塔尔博物

[①]　卡塔尔国家博物馆官方网站栏目"夏季活动：传统卡塔尔手工技艺"，2019年。

馆管理局为此开展了一项浩大的口述历史征集活动，迄今为止已收集到数百个小时的素材。博物馆从中摘取了部分内容，制作成口述历史纪录片，在巨幅屏幕上播放。这些巨幅屏幕前往往配有可灵活调节的座椅，循环播放着某个特定主题的口述历史片段，每次时长20分钟左右，其内容包括卡塔尔的身份认同、采珠业、谢赫·哈马德·本·哈利法·阿勒萨尼（1995年至2013年任卡塔尔埃米尔）的丰功伟绩（图9）。这些口述历史纪录片在博物馆的数字互动展项中同样抢眼。这些释展元素的使用营造了多元并包的参观体验，满足了本地观众的需求。

图8　阿拉伯语和英语的指示文字，"沙漠生活"展厅
巴克朗廷公司提供

图9　巨幅口述历史纪录片，"卡塔尔人民"展厅
巴克朗廷公司提供

四、结　　论

卡塔尔国家博物馆还是一座非常年轻的博物馆，在接下来的几个月乃至几年中，还会看到许多观众对博物馆体验的反馈。不论是非正式的现场反馈

还是在网站上的评论留言①，开馆伊始，公众对博物馆的评价都相当高。在卡塔尔，该博物馆广受赞誉，甚至已成为邻国持续封锁背景下卡塔尔民族认同和主权独立的象征。国际舆论对该博物馆的评价总体上很正面，尽管他们把报道重点主要放在了博物馆的建筑，或者博物馆在举国受到封锁的背景下所发挥的一点点作用，而非展陈内容上。然而，有的媒体，特别是英国媒体，总是带着政治倾向来报道该博物馆的开馆，比如《卫报》（The Guardian）就批评该博物馆没有涉及人权主题。在卡塔尔这样一个拥有复杂地缘政治格局的国家中，建立一座像卡塔尔国家博物馆这样的宏伟机构，势必会遭到媒体的指摘。至于博物馆学界会如何看待这个博物馆，目前尚有待观察。

　　本文对卡塔尔国家博物馆背景信息和释展工作的简要介绍，旨在证明对博物馆所处文化环境和博物馆学背景保持敏感是多么重要。卡塔尔国家博物馆的释展工作根植于对卡塔尔文化背景的理解：例如要采取积极的方法阐释文化遗产，要在传统价值观与现代化之间取得平衡，要注意口头交流文化所占据的主导地位，以及要理解参观博物馆的社交动机。该博物馆的重要释展策略包括艺术影像、公共艺术品、家庭展项、口述历史纪录片、使用阿拉伯语作为各展项的主要语种、数字媒体以及讲故事的语言和节奏。这些策略既源自对卡塔尔背景的理解，也塑造了观众的博物馆体验。与此同时，该博物馆既是一个国家机构，又在紧张的政治气氛下充当着卡塔尔在国际舞台上的形象代表，这种双重角色深深地影响了它的发展。海湾地区的博物馆前景光明，大有可为，它们既可以成为根据当地社区需求而量身打造的友好的、可参与的空间，也可以作为不同文化间开展对话、增进理解的场所。

---

　　① 截至2019年8月20日，卡塔尔国家博物馆在旅游平台"猫途鹰"上获得了98%的正面评价（3星及以上）。

对内蒙古博物院儿童教育的调查与研究

柏秀颖*

摘要： 由于内蒙古博物院的公众教育起步较早，经过长时间摸索已经开创众多优秀的教育案例，具有受众面广、参与度高、知名度高等特点，自2013年以来已经连续三次成为国家文物局"完善博物馆青少年教育功能"的试点单位，在全国博物馆的儿童教育领域发挥优秀示范作用。因此，本文基于在内蒙古博物院的实地调查结果，对其儿童教育的开发过程、教育主题、教育模式等方面进行概括分析，归纳总结其成功经验，同时对在调查过程中发现的部分问题进行总结并尝试提出解决方案，进而推动儿童教育工作进一步发展完善，也为其他博物馆提供借鉴，引发思考。

关键词： 内蒙古博物院　儿童教育

一、相关概念探究

（一）儿童

"儿童"作为一个文化概念和社会概念，在不同历史时期具有不同含义。在中国古代，"儿童"主要指年龄大于婴童且尚未成年的人群的总称。但到近现代，"儿童"的概念则更为明确。《现代汉语词典》第五版中将"儿童"定义为：较幼小的未成年人（年纪比"少年"小），而"少年"指"10岁左右到16岁的阶段"。由此可知，"儿童"为小于10岁的幼童。《中华人民共和国未成年人保护法》第二条则规定"未成年人是指未满18岁的公民"。联合国1989年11月20日通过的《儿童权利公约》（Convention on the

---

* 柏秀颖，内蒙古大学本科生。

Rights of the Child）第一条中也规定"儿童指18岁以下的任何人"①。因此，联合国《儿童权利公约》中的"儿童"概念等同于我国的"未成年人"概念。本文参考以上界定，将"儿童"定义为"正处于学龄前和小学阶段（即0—12岁）的未成年人"。

（二）儿童教育

儿童教育是基于对儿童的发现而产生的当代教育体系中的特殊类别。"儿童教育"一词最早萌生于文艺复兴时期。因为文艺复兴运动歌颂人的天性、尊严和权利，这一时代精神也反映在教育学领域，捷克教育家扬·阿姆斯·夸美纽斯（Jan Amos Komenský）作为文艺复兴时期教育学思想的集大成者，曾在《大教学论》（Magna Didactica）一书中提出"儿童与生俱来拥有知识、道德和虔敬的种子"，并在这一学说基础上构建"园丁说"的教育学体系，这对于"发现"儿童具有重要历史意义。此后直到1762年，法国启蒙思想家让·雅克·卢梭（Jean-Jacques Rousseau）出版教育学著作《爱弥儿》（Émile ou De l'éducation），其在书中认为"儿童不是小大人，他具有独立的不同于成人的生活"②，这是教育学首次确认儿童为独立个体并进行专题研究，是儿童教育发展史上的里程碑，是当代儿童教育的滥觞。

此后几个世纪，儿童教育学逐渐流行并不断发展，各类相关学说也层出不穷。直到20世纪初期，美国学者约翰·杜威（John Dewey）在继承先辈思想的基础上提出了新观点，即反对儿童教育采取像学校教育一样的"灌输"和"机械训练"方法，而应从"实践中学习"，认为"教育就是儿童生活的过程，而不是将来生活的预备"，明确提出儿童中心论的教育体系。至此，当代儿童教育的观念和立场已经基本成熟完备。

由此可见，当代儿童教育从其萌生到成熟，均基于对儿童心灵、生活、世界的发现而演进，其教学体系也是围绕儿童展开的，即现代儿童教育是一种以儿童为出发点，又以推进儿童健康成长为归宿的教育，是"儿童本位"教育。

① 周颖：《近代少年司法制度研究》，华东政法大学博士学位论文，2015年。
② 刘晓东，等：《〈儿童观：文化传统的省思与现代化改造〉成果公报》，全国教育科学规划领导小组办公室，2015年。

二、内蒙古博物院儿童教育的调查

（一）儿童教育活动的开发原则

1. 内容原则

（1）多元化整合教育资源；

（2）在实践中探索中国博物馆特色教育理论。

2. 方法原则

（1）以物教学、情景带入；

（2）自由探索、启发创新。

3. 人员原则

（1）分龄教学、因人施教；

（2）关注生活、寓教于乐[①]。

（二）儿童教育项目的开发主体与开发思路

内蒙古博物院儿童教育项目的开发主体为该馆社会教育部，其开发思路可总结为以下三点：

1. 充分结合内蒙古地区的特色设计教学内容

针对青少年群体，"讲授"是博物院开展活动的主要形式之一。不管是讲座还是课程，均以内蒙古地区的历史地理及民族文化作为主要教育内容。这样不仅展现了祖国边疆丰富多彩的少数民族文化，还可以给青少年带来积极向上的引导，让他们增加对草原文化的了解，继而培养热爱家乡与祖国的情怀。

---

① 萨如拉：《内蒙古地区博物馆实施馆校结合的现状——以内蒙古博物馆为例》，内蒙古师范大学硕士学位论文，2017年。

2. 采取"理论+实践"模式，充分尊重儿童当前生活经验

内蒙古博物院一改传统公众教育的"只准看，不准动"的模式，鼓励儿童亲手尝试，设计儿童感兴趣的学习与实践形式。开发了模拟发掘恐龙化石、修复出土陶器这样只在课本和电视上见过的"神秘"活动，引起了儿童的兴趣，大大提高博物院教育活动的参与度，博物院"走下缪斯神殿"向亲民方向的转化，在这个过程中，儿童得到了提升实践、沟通、创新能力的机会，是最大的受益者。

3. 打破传统角色固化，使儿童成为知识的传播者和使用者

内蒙古博物院开设"小小讲解员"这一特色活动，每位经过培训的儿童便不再局限于"参观者""知识接受者"的身份，还可以成为知识的"传播者"。儿童在博物院的各种课程、讲座、活动中所学习到的知识在他们成为"小小讲解员"之后得到了进一步巩固："能学—会做—会讲"的过程不仅培养了儿童的学习能力，还让他们在与不同观众的交流中逐渐提高自信心，也可以让更多的观众受益。

博物院是地区文化的圣殿，却又不免有些严肃，而忙碌穿梭于各个展厅"小小讲解员"也成了内蒙古博物院一道亮丽的"蒙古蓝"，为博物院增加了几分活力。事实上，在内蒙古博物院的儿童教育活动中，儿童作为知识的"传播者"向"会讲"的阶段迈进，也在一定程度上说明内蒙古博物院的公众教育非常成功地达到了目的，甚至超出了预期效果。

（三）儿童教育活动的方式

1. 儿童走进来——场馆教育

在内蒙古博物院的儿童教育活动中，"欢乐大课堂"是融合众多类型的综合性社教活动典型模式。它以亲子家庭和小学生为主要对象，以馆内设施及馆藏文物为依托，结合内蒙古地区的民族特色与不同展厅的内容，开展民俗文化类、历史文化类、爱国主义教育类、自然科技类等门类的生动活泼的知识竞赛，让儿童学习到更多内蒙古少数民族传统文化知识，加深对家乡的

了解；也于实践中培养学生的创新、沟通能力。以历史文化知识竞赛为例，该竞赛一共分为三个环节：必答题、共答题、抢答题。参赛选手以现场答题的方式进行选拔，每队由两位队员组成。比赛的题目类型多样，既有需选手独立完成的"视频答题"，也有注重团队合作的"化石鉴定"、英文版的"你来描述我来猜"。其中，需要学生亲自动手体验的题目也不少。在"摇动纺车纺线线"中，辅导老师会亲临现场传授纺线技艺，大家可以自主选择材料并用自己纺出的线提拉木桩以检验效果。最后的抢答题多以民族特色文化为题材，民族服饰竞猜、听草原歌曲答歌名的题目在增强同学们兴趣的同时也提高了活动参与度。

此外，除充分利用儿童的在校时间，也关注其课余时间，推出"相约周末"系列特色教育活动。该活动以6—15岁的儿童为对象，让儿童动手参与、亲自体验不同主题的特色活动，突出博物馆教育互动体验式学习特点：如亲自制作嫁衣为主题的"公主嫁到"活动，了解红山文化同时可以动手修复破碎器物的"红"门宴，体验地方民族特色文化的走进达斡尔族、鄂伦春族、蒙古族"衣食住行娱礼"系列活动，体验蒙古包的搭建及家居陈设、勒勒车文化和骑马之术、蒙古族长调和呼麦艺术、蒙古族传统绳艺、皮囊壶艺术、礼仪礼俗等民俗文化活动。

2. 博物院走出去——流动博物院、馆校合作、社区服务

2015年3月，内蒙古博物院首次将院外教育活动"行走中的博物馆"带进呼和浩特市部分中小学，与多所学校开展馆校合作新形式。此次馆校合作以特色课程为主，其类型分为自然科技类、历史文化类、民俗文化类、艺术鉴赏类四种，由博物院讲解员负责教授。授课过程中，讲解员多以鹰形金冠饰、鄂尔多斯妇女头饰、契丹鸡腿瓶、蒙古族勒勒车等经典馆藏文物复制品为教具，对其历史沿革、造型特点、文化内涵等进行解释，还在最后加入小组合作，动手制作教具模型这一环节，寓教于乐，在更高的程度上将博物院的文化成果惠及更多学生，使正规教育机构与社会教育机构形成合力，共同助力儿童审美鉴赏能力的培养。

另外，内蒙古博物院还坚持理念创新和科技创新的原则，利用最新高精度可视化三维数字还原技术、触摸互动技术、AR增强现实技术以及大数据的

远程传输与控制，做出"流动数字博物馆车"，深入各个民族学校、残疾儿童学校、偏远地区中小学及幼儿园等，让儿童不仅可以轻点手指从任意角度观看文物，同时也能在讲解员的带领下参观不同主题的数字文物展览，突破博物院地理条件限制，获得良好的社会反响。

（四）儿童教育活动的效果评价

内蒙古博物院儿童教育的项目评估主要分为内部评估和外部评估两种。

外部评估主要为观众评估，即在每次活动结束后随机抽取活动总参与人数的三分之一进行问卷调查，问卷主要内容为活动参与者从教育项目中习得多少，感受如何。最终将所有问卷回收并统计结果，由内蒙古博物院上级主管部门进行综合评估并将结果复印两份，一份反馈至社会教育部活动策划组方便其及时整改，一份送至档案处存档备案。同时，因未成年人教育项目重在过程执行，因此需要关注过程评估，故选用访谈法进行。其访谈问卷流程为：从历史资料研读和现状分析着手，从"项目目标、准备、内容、过程、情感态度、效果、教师志愿者素质"七大范畴去设计访谈提纲。同时在描述问题时尽量指向明确，如"请你谈谈×××活动过程的安排好吗？（问活动安排情况）"。

内部评估主要由内蒙古博物院馆内专家以参与者身份介入，进行过程访谈，并根据评估指标，对儿童教育项目的前期、中期和后期这一动态过程进行访谈，形成一个动态评价体系。

三、内蒙古博物院儿童教育目前存在的问题及相关建议

（一）馆校合作体系有待完善

在全国素质教育改革的大背景下，当下中小学校教育逐渐从封闭的课堂体系转向开放的、科学的课程体系，学校在讲授学科性强、体系严密的理论性知识的基础上增加了环保、计算机、国家安全、军事理论等实践性内容，这为校外教育与课堂教育在体系上相互包容、在内容上相互印证提供了条件。这种课堂学科教学与实践活动相结合的多元化大课程，也为校外教育与学校教育更紧密地结合提供可能。

目前，内蒙古博物院在馆校教育方面仍有较大发展空间。虽然迄今为止，内蒙古博物院已经做出"流动数字博物馆车"进校园、"小小讲解员"、博物院人员定期进入学校授课等方面的努力，但其效果同预期目的仍有差距。究其根本，其症结在于：第一，内蒙古博物院对学校教学内容不够熟悉，很难掌握主动权，因此只能由学校单方面组织或联系，二者很难形成良性互动，博物馆儿童教育只能停留在课堂教育的实物拓展水平；第二，馆校合作开展的主题讲座、节日参观、亲子活动等，多针对特定日期或主题，不成系统，儿童只能从零散的活动中获取碎片化知识，而无法自主构建深层次的知识体系；第三，目前馆校合作缺乏制度保障，因此往往浮于表面而没有在课程设置、学生考核、素质培养等方面进行真正的深入合作，最终使内蒙古博物院的儿童教育的案例形式化，针对性不强、教育评估体系不完善，教育效率低下。

"他山之石，可以攻玉"，面临类似的问题，湖南省博物馆率先在2006年做出积极尝试。其与长沙市教育局、长沙市教育科学研究院、长沙市教师联合会等机构联合推出"历史教师沙龙"项目[1]，旨在通过举办专题讲座、共同开发教育项目、召开研讨漫谈会、联合构建网络教育平台、联合编写课程资料、开展教育教学竞赛等形式，与在校教师开展深入合作，提高教师对博物馆教育资源和学习方式的了解。还在2007年至2009年间与国防科技大学附中共同开设了"七年级综合实践活动课程"项目。该课程选择在七年级学生每周星期五下午的社会实践课开展，立足于湖南本土文化设计"体验汉代生活"、"地图上的湖南商周青铜文化"和"我眼中的长沙窑"三大版块，每个模块下分设五六节不等的课程，每个课程占有一二节课时不等。学生可以在自愿原则下根据自身兴趣爱好选择一到两个模块，参与展厅参观、完成工作纸、观看讲座、观摩文物、动手制作、撰写调查报告等一系列实践活动，进而有效培养和发展解决问题的能力、培养探究精神和综合实践能力[2]。

因此，内蒙古博物院需要加强馆校合作的建设力度。第一，向政府有关

---

① 胡伟矗：《开展馆校合作，打造历史教学新平台——湖南省博物馆历史教师沙龙成立十周年简记》，《中学历史教学》2017年第3期。

② 吴镝：《馆校携手合作，构建实践课程》，《中国校外教育》2011年第4期。

部门积极反映意见和建议，努力推进相关制度的确立和实施，进而为儿童走进博物馆接受教育提供制度和物质保障。第二，在坚持以往馆校合作的成功经验的基础上，开发馆校教育方式新的融合点。博物馆由于其不受正规教育体制束缚，可以作为儿童创新学习的实验基地，重点培养儿童的发散性思维和探究性学习能力。比如"认识化石"是内蒙古博物院常规教育的重要内容，教育人员可以运用发散思维的方法，从化石的概念出发，逐步延伸到它的起源、制作方法、发展、与之相关的展品及它与现代人的联系等多个知识层面，同时可以增加儿童探索环节，比如让儿童组队寻找展厅中的特定文物，并在对比实物和照片后自主思考、操作，最终在已有经验的基础上形成自己对化石更加全面深入的认识。

（二）缺少儿童展览

博物馆儿童展览拓展了博物馆的传统功能，突出强调它是一个由探索和体验来获得知识与经验的非正规学习空间。

虽然儿童展览的知识范围和陈列内容与面向成人的展览基本相同，但是其区别在于陈列手段和展览表现方式的差异。这一差异取决于二者学习方式的不同。在成人向展览中，"观察"是主要学习方式，而在儿童向展览中，"参与"是主要学习方式，因此参与体验设计和探索设计是两个十分重要的内容。

目前，内蒙古博物院共开设展览12个，其中常设展览4个，临时展览8个均为综合性展陈。除"高原壮阔"展厅和"远古世界"展厅引入部分电子体验屏、可触式LED游戏板外，其余展厅均以说明牌、单元文字、文物作为主要展陈形式，缺乏趣味性和互动性。虽然内蒙古博物院设置较多基于各展陈资源和内容的专题讲座、体验参观、亲子游戏等活动，但活动场所与展陈室分离（集中于二楼"互动空间"），活动与展陈空间割裂，这样就使参观的时间成本高，知识容量低，展览资源的利用率低，未能充分达到教育目的。

因此，本文认为内蒙古博物院应从组织架构调整出发，成立"儿童工作小组"。该小组主要由陈列展览部、社会教育部和社会团体三部分人员构成。社会教育部在社会团体的协调下，在进行充分的社会调查的基础上，深入儿童教育系列的顶层设计与策划；陈列展览部则在深入研究影响儿童认知特征的表达方式、解读背后教育动机的前提下，从"0—3岁儿童重感官教育，3—6、7岁儿童重感性教育，6、7—11、12岁儿童重具象逻辑教育，11、12 岁儿童重抽象逻辑教育"[①]这一基点出发，推演出不同年龄段教育动机指导下适用的表达方式，进而提升展览的专业性与有效性。同时，还要将该系列展陈与儿童网站建设和内蒙古博物院已有的特色教育活动（"小小讲解员""欢乐大课堂"）相联系，构建"儿童版网站—儿童主题展览—配套教育活动"这样一套"参观前、参观中、参观后"的完整教育体系，进一步提升内蒙古博物院儿童教育的质量和水平，从而让儿童从博物院的"参观者"转变成博物院资源的"使用者"，掌握学习的主动性，进而培养其终身学习、自主探究的好习惯。

（三）儿童相关配套设施建设有待完善

1. 儿童教育场地建设不足

当代博物馆不仅是收藏中心，也是教育、文化、学术中心，还是休闲和娱乐中心，这就意味着博物馆不仅是为儿童提供学习资料的场所，也是儿童校外学习的主要空间。20世纪是全球儿童博物馆建设的高潮，博物馆儿童参观数量猛增，各方均重视博物馆儿童教育的发展；我国国家文物局也在2008年1月23日下发《关于全国博物馆、纪念馆免费开放的通知》，因此全国各大博物馆纷纷"试水"，尝试在馆内开辟儿童活动和教育专区。如深圳博物馆的"儿童馆"、首都博物馆的"七彩坊"、中国航海博物馆"儿童活动中心"、广州西汉南越王博物馆"南越玩国"等，均取得了良好的社会效益。

内蒙古博物院展厅面积15000平方米，但是建设初期并未专门预留儿童活动场地。因此场内无法开辟专门的儿童教育场所，只能将馆内二楼开辟为专供儿童活动的"互动空间"，在场地面积、场景布置、场地利用等方面不可避免地存在较多问题。首先，该空间面积较小（仅能容纳约80人），并且无任何面向儿童的展览区域和观览设计；其次，"互动空间"内多数为桌椅陈设，并未根据功能需要划分活动室、阅览室、陈列室等专门区域，功能性不强；最后，因为"互动空间"远离主要展厅，场地外缺乏必要的指示标志，

---

① 周婧景：《儿童展览阐释的表达方式及其教育动机探析》，《自然科学博物馆研究》2017年第2期。

因此发现并进入此空间的儿童人数较少，未能充分发挥其功能。

因此，本文认为，内蒙古博物院需要创新儿童教育形式，除面向儿童开展常规教育项目外，还应该在深入开发现有的儿童活动空间的基础上，深入挖掘馆内其他空间。比如，仿照台北故宫博物院"儿童学艺中心"，在博物馆一层及二层走廊、二楼咖啡厅等区域设计为专为儿童使用的观览空间，这样不仅可以及时将主馆展览信息转换后传递给儿童，保证展览内容覆盖广度，还能保证展览材料的循环利用，更加经济环保，降低儿童空间的场地建设及展陈成本。另外，利用电子信息技术在博物院的观众休息区、一楼大厅等地设立"儿童文化活动角"，开发相关知识类游戏项目，让儿童在参观后休息之余，以轻松愉快的方式学习。

2.博物馆儿童网站建设缺失

随着互联网技术的发展和普及，网站已经成为当代人获取信息的重要途径之一，对所有文化单位都具有重要作用，博物馆也不例外。通过博物馆网站，可以全面展示博物馆的发展轨迹、收藏动态、藏品情况、展览方式、科研成果及文创产品等信息，其传播广度和传播速度远远超过实体博物馆，因此，博物馆网站建设的重要性不容小觑。博物馆儿童网站的建设具有以下优势：第一，为儿童享用博物馆资源提供基本的入口和平台。博物馆儿童网站的出现，不受时空限制，建设成本低，内容功能可以不断更新，继而突破了地域桎梏，使各地儿童都可以平等地享受内蒙古博物院的教育资源；第二，博物馆儿童网站通过新颖的构思、鲜艳的配色和创意卡通版块调动儿童的好奇心，无形中培养博物馆的未来观众，对内蒙古博物院展示自身形象发挥重要作用；第三，网络数据调查显示，目前中国网民的年龄分布正逐渐向低龄化发展。面对儿童迷恋网络游戏的社会现实，博物馆儿童网站可以利用自身栏目设计和内容安排吸引儿童点击和学习，进而引导儿童网民健康有效地利用网络资源。

目前，国内拥有儿童网站的博物馆共有14家。该数据虽然说明博物馆儿童网站仍为新兴现象，但是在当前社会背景下，该网络平台的建设仍然应该得到内蒙古博物院有关部门的重视，及时根据展览内容更新网络内容，并创建专门的互联网团队进行定期维护管理及信息上传工作。如果馆内经费不足，可充分发挥志愿者团队内技术人才的作用或针对该领域招揽专项志愿者。这样不仅可为博物馆节约管理成本，更能促进内蒙古博物院志愿者队伍结构及功能进一步优化升级，进而发挥其最大价值。

博物馆以人为本的公共教育职能新探索

——以文物修复展为例

白　璐[*]

摘要：在新经济时代全面信息化的状态下，人们对博物馆职能的认识也在不断更新，如何把握"以人为本"的理念，如何将博物馆的公共教育职能展现出来，是值得研究的问题，本文以文物保护修复展为例对此作出了回答，并结合我国历史博物馆发展现状提出几点建议。

关键词：博物馆　以人为本　公共教育　文物保护修复展

当今社会飞速发展，世界经济高速增长，经济全球化是世界经济发展过程中的必然趋势，也促使世界各国间的文化交流愈发频繁。在这种全球一体化浪潮中，不同国家民族文化之间的碰撞、交融，呈现一种"百花齐放"的空前盛况，在这样多元文化的相互影响下，不在外来文化的渗透中迷失自我，坚定文化自信、传承优秀历史文明显得尤为重要，是历史赋予现代社会的责任。

现如今人们的物质生活水平普遍提高，对精神生活的需求越来越大。社会对历史、文化的关注度越来越高，博物馆越来越多地成为人们校园之外学习历史、感受文化氛围的重要选择。近些年《如果国宝会说话》《我在故宫修文物》《国家宝藏》等媒体节目的火爆，故宫文创大受好评，"博物馆抖音创意视频大赛"魔性起舞……这些优秀的成功案例都让更多的人对文物、对博物馆燃起了热情，在闲暇旅游之际选择走进博物馆感受文化的熏陶。

---

* 白璐，陕西历史博物馆助理馆员，主要研究方向为藏品保护修复。

一、博物馆职能的发展演变

博物馆是人类历史长期演变的产物，是人类文明重要的组成部分，是自然和人类遗产的主要保存和传播者[①]，是传播知识、传承文化、启发民智的重要场所[②]。博物馆作为一种社会存在，在实践中不断探索，在发展中不断被改造以适应不同的社会需求，博物馆的角色、地位和功能应时而变。

博物馆一开始萌发于人们的收藏意识，相传埃及和美索不达米亚的统治者就曾注意寻找保藏珍品奇物，最早的博物馆也只是一个神学机构，成为当时一些著名学者的研究场所[③]。现代意义上的博物馆在17世纪后期出现，只包含了收藏和保存的职能，认为博物馆是"储存和收藏各种自然、科学与文学珍品或趣物或艺术品的场所"，到后来被认为是重要的研究机构，如今强调博物馆应为社会及其发展服务[④]。

国际博物馆协会（ICOM）从1946年11月成立以来一直对博物馆的定义进行更改修正，但在20世纪70年代以前，博物馆的定义仍是更加侧重于"文物"，即强调收藏和研究职能。直到1974年《国际博物馆协会章程》中将其定义的："博物馆是一个非营利的、永久性的、为社会及其发展服务的机构，它向公众开放，并以研究、教育和娱乐为目的征集、保护、研究、传播和展览人类物质及其环境资料。"博物馆才开始认真地研究社会需要，把博物馆的行为放在社会需要的基础上，从而自觉地产生社会服务意识。这个定义后来被发展成为一个规范性的标准，博物馆也以此作为其行为的法定依据，它为博物馆的功能又注入了新的时代内涵，全世界的博物馆开始从传统

---

① 徐晶：《我国历史博物馆体验式展示方式研究》，南京艺术学院硕士学位论文，2006年。

② 宋新潮：《公共文化服务体系与博物馆免费开放》，《东南文化》2012年第4期。

③ 李喜娥：《博物馆社会化进程中的博物馆定义与演变》，《牡丹江大学学报》2013年第11期。

④ 孟庆金：《现代博物馆功能演变研究》，大连理工大学博士学位论文，2011年。

的对"物"的关注中解放出来，转向以"人"为中心①。2007年在奥地利维也纳召开的国际博物馆协会第21届代表大会中对博物馆定义进行了修订，认为博物馆是"为教育、研究、欣赏的目的征集、保护、研究、传播并展出人类及人类环境的物质及非物质文化遗产"②。自此，"教育"职能取代了多年来将"研究"置于首位的认识，是对"以人为本"的更深层的阐释，表明了国际博物馆协会近年来对博物馆社会责任的强调，博物馆不再只是高高在上的，只有少数学者可以参观的以藏品为中心的"文物仓库"，而是面向社会、面向公众的，大众可以受到终身教育的教学基地。公共教育逐渐变为博物馆的一项基本职能和核心功能，这是社会进步与时代发展的要求，是提升国民素质的迫切需要。

我国的博物馆起步时间较晚，1905 年张謇办南通博物苑揭开了中国博物馆史的新篇章，其初衷是"设为庠序学校以教，多识鸟兽草木之名"，其理念就已经具有"以人为本"和"教育"职能的初级内容。我国的博物馆发展理念虽然是建立在吸收当时国外的先进思想的基础上，但是在很长一段时间里所举办的陈列展览仍处于"单向灌输"的模式中，"以人为本"和"教育"职能没有得到很好的发挥。这一阶段的博物馆有极强的时代性，目的在于启迪民智、救亡图存，实际上的工作重点仍是重物而轻人。直到20世纪80年代以来，中国博物馆才吸收并接纳了国际博协"为社会和社会发展服务"的理念，从以物为核心逐渐向以人为核心转变③。根据文化和旅游部数据，2005年中国已经有超过2200座博物馆，到2017年，博物馆数量达到4721座，而且随着国力的增强，人们对精神文化需求的增长，中国的博物馆建设在数量上、质量上都有了巨大飞跃，而且博物馆的类型、藏品、内涵与功能得到空前的拓展和完善，许多博物馆的陈列形式也正打破僵化，力求新颖活泼，强调以人为本，注重公共教育职能。

---

① 刘羽香：《论博物馆在公共文化服务中的地位及作用——以长春地区博物馆为例》，吉林大学硕士学位论文，2011年。

② 郑奕：《博物馆教育活动研究——观众参观博物馆前、中、后三阶段教育活动的规划与实施》，复旦大学博士学位论文，2012年。

③ 王晓蒙：《中美博物馆服务功能之比较研究》，吉林大学硕士学位论文，2014年。

二、博物馆公共教育职能的探索

博物馆是范围广泛而且资源丰富的教育机构，在终身学习中扮演着极为重要的角色。《中国博物馆学基础》中对博物馆的公共教育有着这样的阐释："博物馆大量地运用文物标本、模型等实物资料作用于观众的感官，这种教育方式生动形象，与其他教育设施相比有其特有的长处。"[①]不同于"正规的"学校教育，博物馆的学习者具有广泛性，无论从年龄、背景还是学习需求上都有很大的差异；而且博物馆公共教育具有非强制性，观众的思维不会受到任何的限制，也不会面临任何考评要求，学习者的学习驱动来自自发的兴趣，学习效果主要取决于观众自己的观察能力和独立思考能力[②]。这也就意味着博物馆的教育要具有一定的娱乐性与引导性。

美国博物馆专家乔治·E.海因（George E.Hein）认为博物馆教育有4种模式，分别为教导解说型、刺激反应型、发现型以及建构型。教导解说型教育与传统的学校教育模式类似，是通过对已经成型的系统理论知识成果进行由浅入深的知识传递，也是现今博物馆最普遍的讲解、讲座等教育方式。刺激反应型教育是指通过反复刺激来加强反应的形成，其传递的知识内容与前者相同，但与教导解说型教育相比，它通过反复刺激增加学习者接受知识的程度与速度，这种方式在某些博物馆的答题型游戏中得以应用，学习者通过对某一知识点认知的"正确""错误"的反馈来加深印象，在一些针对幼儿的问答环节中也得到了应用。这两者在我国博物馆的教育模式中较为普遍。发现型教育是指学习者主动探索外界信息并通过与之发生交互（如探索实物、亲自参与、选择并解决问题等方式）来完成学习的方式，这与博物馆一直以来存在的"被动式"教育在方式上有很大的不同，目前来说在设有探索馆的科技类博物馆中较为常见，观众可以通过触摸材料、模型等方式多感官、多渠道地接收信息传播，从而增加参与感、互动感、体验感，提升观众兴趣，

---

① 王宏钧主编：《中国博物馆学基础》（修订本），上海古籍出版社，2001年，第48页。

② 崔宪会：《交互展览在博物馆公共教育中的意义及未来可能性研究》，中央美术学院硕士学位论文，2014年。

增加学习动力。而建构型教育与发现型教育又有些类似，也属于"主动式"学习，但是它认为学习不是简单地对外界知识的"吸收"，而是学习者主动构建属于自己的知识经验的过程，这一过程不看重学习者所得到的结论正确与否，而看重他们的构建过程本身所得到的收获，如观众在调查、争辩、讨论到最终解决问题中所提升的思考、学习的能力，该种模式常见于辩论赛、课堂讨论、社会实践等教育方式，目前在我国尚处于被用于提升课堂教学多元化的教学模式中，较为明显的与博物馆的结合实例还有待丰富。总体来说，国内的大多数博物馆尤其是历史博物馆在"主动式"学习方面的教育模式上都还有很长的路要走。当然，在实际的博物馆的实践中，这四种教学模式并不是完全相互独立的，它们往往可以相互结合，交叠或交替使用。

近些年来全国各地一些博物馆陆续推出文物修复展览，北京故宫博物院的文物保护修复技艺特展，陕西历史博物馆的"巧手良医"展和文物修复季特展，新疆维吾尔自治区博物馆的新疆文物保护修复成果展，山东省临沂市博物馆的文物保护修复技艺展，河北省石家庄市博物馆的书画文物揭裱修复展，上海朵云轩美术馆的中国文物（字画古籍）修复还原成果展等展览是博物馆在传统展览的基础上进行的新探索。

第一，文物修复类展览是博物馆在展览内容上的新探索。一直以来，文物保护修复在博物馆中扮演的都是"文物"幕后的角色，在很长一段时间都蒙上了一层神秘的色彩，观众们只知文物保护修复可以令文物"枯木回春"，但往往对其存在大量错误认知，认为博物馆展出的文物就是其出土时的原貌，或者认为"修复了就是假的"。《我在故宫修文物》《妙手回春》等纪录片的大热，让许多观众将目光挪向文物背后的保护修复工作，这些纪录片用年轻的视角系统梳理了中国文物修复的历史源流，通过文物修复的历史源流、"庙堂"与"江湖"的互动，近距离揭秘文物的"复活"技术[1]。文物保护从"神秘的老古董"摇身一变，变为一项社会"潮流"，一条网络"热搜"，在社会公众尤其是青年人中引发了大量关注。文物保护学发展至今，已从一门传统技艺发展成为一门独立学科，但是这一门学科内容庞杂且

---

[1] 武俊宏：《纪录片〈我在故宫修文物〉的叙事研究》，湖南师范大学硕士学位论文，2018年。

艰深，科普性书籍较少，除了在少数开设相关专业的大学校园里能有效学习这一学科，在社会的大环境下很少有人专门研读相关论文专著，而博物馆作为一个以文物保护修复为重要基础工作的机构，自然而然地成了学习这一知识的最佳场所。

第二，文物修复类展览是展览模式和教育模式的新探索。当前国内历史博物馆最常用的展览模式仍是文物展品配以相应的解说（解说通过展牌、导览器、讲解员等方式获得），部分博物馆配以多媒体渲染、埋藏环境复原、历史场景景观模拟、器物对比、器物组合集中、突出主题的中心展示等陈列方法来提升展陈效果，使观众在情感上和展览所传达信息之间产生共鸣，从而增强体验感，以达到加深知识记忆的效果。而文物保护修复展览内容则较为丰富，除了常见的修复前后的照片、实物对比，修复流程图解/视频介绍外，还有文物修复材料实物触摸的例子，这就属于发现型教育模式，以通过视觉、触觉、听觉等多渠道进行信息传递。还有部分博物馆将修复室一角搬入展厅，现场展示文物修复工作过程，这样的展示方式跳出了传统的静物为中心的展示方式，将活生生的工作人员作为展示的一部分，真正地引入"体验"概念，采用"场景置入"的方式将陈列对象（修复工作者、文物、修复用材料工具等）进行一种整体统一性的空间组合。这有点类似设计美学中"设计场"的概念，这里的"设计场"是指陈列对象所涉及的各个因素之间的集合，这种集合是在各个具有求真性的场景中间实现一种整一性的空间组合[①]。这里的场景不是单一的、个别的，也不是辅助性的、烘托性的，而是完全构成陈列展览空间的第一主体，打破传统按实物、图片进行排列组合的展示方式，让观众在真实的文物保护修复场景中进行实地观察，自行探索发现学习。文物与修复材料的对应关系，修复工具的使用方法，文物的修复流程，修复工作者的工作状态等都可以成为观众自行探索发现的知识点。陕西历史博物馆还为自己的文物修复季特展配备了专业的文物修复师来替代传统的讲解员，这一做法的优点在于摆脱了死板的讲解词，文物修复师可以与观众进行零距离互动，由于知识体系的完整与工作经验的丰富，文物修复师可

---

① 吴武林：《室内空间室外化——"香港故事"展示的现代博物馆陈列概念》，《广东建筑装饰》2003年第2期。

以对观众的问题做到有针对性地即时解答，而观众在主动观察思考、发现问题的过程中增加了参与感，从而提升观众即学习者在学习过程中的参与感、体验感、互动感，增强学习热情，提升学习效果。这种模式与其说是教育过程，不如说是引导观众自主学习的过程。同时，考虑到博物馆参观观众的组成结构的差异，部分文物保护修复展览配有趣味性的简易修复体验区，满足以休闲娱乐为主要目的的观众及大量对文物保护修复了解不多或兴趣不足的儿童的需要，既可以通过体验活动吸引大众，也可以增加展览的趣味性，让观众在这种互动模式中汲取知识，获得更好的学习效果，而对受教育程度较高和具有一定理论基础的观众，则定期举办较专业的文物保护修复实践教学活动；使该项展览能做到有深有浅，因材施教，满足不同群体不同程度的学习需求。

三、关于博物馆公共教育职能新探索的几点建议

（一）发展博物馆公共教育与学校教育相结合

博物馆巨大的教育资源和特殊的教育方式是其他教育机构所不能代替的，其研究价值也与日俱增。在很多西方国家，博物馆以其大量的实物教育资源为依托，发展成为学校教育之外的第二教育系统。而在我国，博物馆教育与学校教育仍普遍割裂，纵使有少量博物馆参与到假期作业和研学活动，博物馆教育仍被认为是"课外学习"，与传统的教学体系难以结合，使得更多以应试为目的的学校教育"无暇"开展博物馆教育活动。2019年独孤信印出现在高考全国卷数学卷中，一下子引来全网热议，给无数"埋头苦读"的学子敲响了警钟。其实文物走进大考并不罕见，早在2007年6月，长沙市的中考题中就出现了文物：四羊方尊进入长沙市中考历史卷，这是有媒体报道的博物馆文物进入大考最早的一例。2017年北京卷语文阅读题，就提到海昏侯、妇好墓热门展览，谈到馆藏文物的活化利用，再到博物馆APP和线上展览，让考生"简述让文物'活'起来的含义与作用"。2017年北京卷文综地理题关注故宫博物院的旅游价值以及故宫保护措施。2018年北京卷便考察了云梦秦简。英语也来凑热闹，2017年全国Ⅱ卷、2019年全国Ⅰ卷的英语均聚焦博物馆的展览，一个是邀请外教参观中国剪纸艺术展，另一个是申请暑假

到伦敦当地的美术馆举办中国画展当志愿者。可见高考题目体现了青少年走进博物馆的重要性。显而易见地，将博物馆教育资源与学校的正规教学相融合是最直接且快速的方法。

（二）提升观众自身学习能力

博物馆的教育目的不是单项传输的"教"，而是在帮助观众怎样"学"[①]，强调双向共赢的交流学习，才能使博物馆教育观念与教育效果显著飞跃[②]。

国内现有的历史博物馆在建构型教育模式上的探索仍然处于近乎空白的状态，建构型教育的优点在于学习者能够在更加广阔的空间中积极主动地去认识和探究学习内容，学习方式更加灵活生动。博物馆公共教育的最终意义在于提升公民素养、陶冶公民人文情操，同时强调终身教育的理念，并且作用于观众个人的精神领域，让学习具有主动性、连续性和需要性，将终身教育化为终身学习的理想精神[③]。锻炼、提升个人的思考能力、学习经验就显得尤为重要。通过博物馆的学习，帮助学习者建构属于自己的学习思维逻辑体系，学会独立思考，真正摆脱课本，拒绝"填鸭"，真正地学会"学习"。以文物修复展为例，观众通过对修复室工作场景的观察探索进而提出疑问就属于独立思考的一个环节，而现有的通过工作人员答疑解惑的过程虽然避免了错误知识的传递以及提高了学习的效率，但是也减弱了探索发掘的快感与价值，若能增加观众动手实践、验证猜想的环节，将是教学模式上的又一大进步，从别人告知正确答案到自己寻找正确答案的进步，这中间所能带来的欢畅淋漓的学习体验是前者难以比拟的。当然现阶段由于时间、场地、资源经费、客流量等多方面因素难以做到尽善尽美，但可以退而求其次地通过留言墙、设立博物馆论坛等方式，以物质或精神上的奖励等形式吸引、鼓励观众参与，引导观众自发性发起或参与讨论，引导观众相互间进行不断

---

① 周婧景：《博物馆儿童教育研究——儿童展览与教育项目的视角》，复旦大学博士学位论文，2013年。

② 管晓锐：《交流、平等、互信：博物馆国际合作办展模式的探索——以重庆中国三峡博物馆为例》，《长江文明》2016年第1期。

③ ［美］Robert J.Sternberg著，杨炳钧、陈燕、邹枝玲译：《认知心理学》，中国轻工业出版社，2006年。

地辩论推理论证，从而感受学习过程本身的快乐以及提升观众自身的学习能力。博物馆有客观条件的限制，但是将终身教育化为终身学习的理想却是不变的追求。

（三）鼓励增加互动性文创产品、教育活动等相关创意的设计与推广

近几年来，故宫文创的成功带领各大博物馆脱下"严肃"的外衣，走起了"萌化""创意化"路线，国内博物馆掀起了一阵"文创热"。在国内外，文创产品的开发已形成了相对成熟的产业链条，一些知名的博物馆已能完全依靠衍生品独立存活①，诸如大英博物馆与美国纽约大都会艺术博物馆等，其年收入过半源于文创衍生品，就连考古类儿童玩具、零食也是一搜一大把，然而大部分的创意产品都停留在文化元素艺术性再设计的阶段，真正可以寓教于乐的学习教育型文创产品少之又少。然而脱离博物馆的限制来看，现今社会上的多年龄向桌游、亲子互动玩具、启蒙性儿童玩具、电子游戏等产品不胜枚举，如果博物馆学习以上案例，拓宽思路，将创意与教育相结合，做出一款文物保护主题的巧克力，博物馆主题的乐高积木，抑或文物主题的卡牌桌游……又能有多少难度。

四、结　语

时代的发展和博物馆学理论的适时改变，博物馆以教育为中心的理念不断被强化，整个博物馆都应以此为中心活动起来。在面临巨大时代挑战的今天，博物馆也要寻求新的突破，现如今的文物保护修复展虽然仍有待改进，但是也展示出了一条在博物馆发展中开辟出的崭新道路；而更多的探索仍在继续，在时代洪流的冲刷下不进则退，只有坚持与时俱进，才能在新的道路上抓住时机，迎来崭新面貌。

---

① 王秀伟：《文化创意产业视域下的博物馆文化授权研究》，中国科学技术大学博士学位论文，2016年。

"探异玩奇"：以香港儿童探索博物馆为中心的博物馆儿童教育考察

吴妮娜　蔡息园*

　　摘要：儿童作为社会未来的建设者，其成长是国家与民族的重要课题，因此作为社会文化机构的博物馆，在探索儿童教育方面负有重大的使命。欧美博物馆儿童教育与儿童博物馆已有系统的理论研究，但是国内在此领域尚显薄弱。本文从香港儿童探索博物馆展开，讨论香港博物馆儿童教育与儿童博物馆的现状，就现存问题提供改良建议。

　　关键词：博物馆　儿童教育　儿童博物馆

　　儿童探索博物馆（Children's Discovery Museum）有100多年的历史，最早起源于美国。根据美国儿童博物馆协会（Association of Children's Museums）于2007年统计，全球22个国家和地区已拥有超过341家儿童博物馆①，但是香港唯一的儿童探索博物馆直至2018年才建立，可见香港博物馆儿童教育与儿童博物馆的发展略显滞后。本文拟对香港儿童探索博物馆进行考察，发现当地博物馆儿童教育与儿童博物馆潜在的问题，并为其持续发展提供改良建议。

---

　　*　吴妮娜、蔡息园，中山大学历史学系，主要研究方向为博物馆教育。

　　①　Edward P. Alexander, Mary Alexander, Juilee Decker. Museums in motion: An indroduction to the history and functions of museums. New York: Rowman & Littlefield Publishers, 2007: 177.

一、目前香港博物馆儿童教育的发展状况

儿童是欧美等国家博物馆的主要观众和服务对象，尤其是"美国博物馆的教育真正从娃娃抓起"[①]，博物馆在儿童成长中占据了重要的位置。早在19世纪末欧美博物馆便率先在馆中开辟儿童专区、儿童展区、儿童互动区域等，并借鉴心理学科的理论知识，根据儿童心理、审美、认知发展水平的特点，向儿童提供强调参与和互动的教育活动和服务，让其在快乐的游戏中探索知识、增长本领。20世纪下半叶，体验经济时代的到来催生了人们对体验价值的追求，也为博物馆儿童教育和服务打开了新的思路，儿童博物馆的"体验探索式"的教育模式与学校、家庭教育存在明显不同，显现出自有的优势，一种新的教育理念在儿童博物馆发展起来，儿童博物馆成为未来博物馆发展趋势之一。

笔者认为目前香港博物馆儿童教育功能认识存在偏差。香港康乐及文化事务署辖下有23家博物馆和文博单位，大致可分为历史、艺术和科学三大类，普遍具备了儿童活动区，但是只有香港文化博物馆设置的"儿童探知馆"贯彻了教育和娱乐相结合的核心理念。整个展馆面积虽然不大，但仔细划分出8个学习游戏区域，包括农村生活、玩乐无穷、考古园地、阅读室、海底花园、泥土的奇妙、米埔游踪和香江童乐，而其中大部分展品特别为4至10岁的儿童设计，例如儿童可以模仿香港本地海鲜招潮蟹、弹涂鱼和基围虾的形态来跳舞，寓学习于娱乐。

遗憾的是，香港其他博物馆的儿童专区展示缺乏趣味性和互动性，不符合儿童认知和审美特点，例如香港茶具博物馆、香港文物探知馆、饶宗颐文化博物馆等活动单一，程序化严重，干扰了儿童自主性和天性的发挥，没有很好起到教育和传达博物馆文化的作用，活动区经常是门可罗雀。目前来看，现阶段各博物馆利用馆内资源开展教育项目、刻意设计专区空间环境、启动网站儿童教育版块、重视体验互动式教育项目、与社会和学校合作等方面做得较好，但是仍存在儿童专区利用率低、场馆规划不清、亲子教育项目

[①] 周婧景：《博物馆儿童教育心理学初探》，《博物馆研究》2014年第3期。

稀少、宣传渠道单一、网站设计粗放、志愿者制度不足、交互设备稀缺、展览主题缺乏创新性、教育活动轻启发性、行销意识弱等问题。

二、香港儿童探索博物馆的实践与启示

香港第一家儿童探索馆于2018年9月正式对外开放，与布鲁克林艺术科学学会于1899年12月16日在美国纽约市创办的世界第一所儿童博物馆——布鲁克林儿童博物馆相差了119年。

布鲁克林儿童博物馆的服务理念是"儿童需要始终知道儿童博物馆是为他们而开的，并随时为他们的兴趣和需求考虑，纯粹的娱乐是儿童博物馆的学习方式"①。香港儿童探索博物馆亦遵从此理念，期望通过有趣、互动的学习体验激发儿童的学习兴趣和丰富其生活经验、鼓励他们探索世界万物的合作模式及世界运转的问题，并引导他们深层地理解世界各种现象的本质。

普利兹提名作者和著名游玩研究员O.Fred Donaldson曾说："儿童从游玩中学习，但更重要的是，儿童从游玩中学习如何学习。"②世界各地教育工作者和研究员已经证明了非结构化游戏对儿童发展的积极影响。Jane E. Barker、Andrei D. Semenov、Laura Michaelson、Lindsay S. Provan、Hannah R. Snydera 和 Yuko Munakata合著的《心理学前沿》（*Frontiers in Psychology*）指出，儿童时期的执行能力（Executive Functions）有助于其未来的生活。根据他们的实验显示，通过参与成年人领导的干预措施如实验室中的结构化培训活动及在学校实施结构较少的活动，这些计划在儿童的外向驱动执行能力方面取得了进展，儿童在这些计划中知道了目标导向的行动以及何时开展。然而，儿童的经历如何与其自我驱动执行能力之发展的关联尚不清楚，他们必须自己决定目标导向的行动以及何时执行。因此，我们假设花在结构较少的活动上的时间会让儿童有机会练习自我导向。

① 周婧景：《博物馆儿童教育与儿童博物馆的发展》，《学前教育研究》2015年第1期。

② Jane E. Barker, Andrei D. Semenov, Laura Michaelson, et al. Less-structured time in children's daily lives predicts self-directed executive functioning. https://www.frontiersin.org/articles/10.3389/fpsyg.2014.00593/Aug 26.

香港儿童探索博物馆注重通过游戏让儿童获得知识。每一个展项均让儿童通过玩耍了解香港独特的城市特色和文化，例如在"爱好大自然"展区设置了一个小型绳网阵，儿童可以在这里探索大自然的奥妙，了解香港的填海造地、城市水循环、垃圾处理系统等，培养环保意识。电影是香港文化的重要组成部分之一，儿童探索博物馆里有一个"故事小舞台"展区，儿童通过舞台制作（手偶剧场）、编剧和角色扮演，理解人物、情节、发挥想象力编出自己的故事，还有专业的播音室、灯光和声效控制台等，让儿童尽情表达自己。"小工匠工作室"让儿童在一个玻璃室内，按自己喜好，发挥创意，运用不同的工具和材料去建构、测试、创造自己喜欢的东西，例如在一块大玻璃窗上可以绘画。还有"玩沙区""玩水区"等场地让儿童通过玩耍理解自然的奥妙如山脉地理和水动力学。

三、香港儿童探索博物馆的优点和不足

在考察香港儿童探索博物馆的过程中，笔者发现以下优点：香港儿童探索博物馆虽然没有文物，但是重在以儿童的视角去探索世界。以"儿童"为中心的设计，区别于一般博物馆的儿童区，这是一个真正属于儿童的博物馆。展品的放置以及展品说明均从儿童的角度出发，考虑儿童的身高及理解能力。所有展品均设置互动系统，让孩子们在各类动手游戏中吸收知识。馆内每一个区都设一个主题，以挖掘儿童不同的潜能，为一家大小创造出不同的体验式学习环境。孩子们可以自由地观看任何一个展品，或随他们的喜好去探索别的展品或项目，不会受到已设计好的参观路线的影响。香港儿童探索博物馆的末端有一间STEM（即Science、Technology、Engineering和Maths这四个英文单词的首字母组合，STEM教育也是科学、技术、工程和数学四种学科的融合教育）教学的展示馆。在美国，STEM教育非常流行，从高等教育到基础教育，甚至学前教育都在顺应这股热潮。对于学前阶段的儿童来说，STEM教育更关注将艰深的科技理工知识转化为好玩有趣的游戏，在游戏中激发孩子的好奇心和创造力。在香港儿童探索博物馆内的所有任务均鼓励小朋友思考、自行实践及测试。

然而，香港儿童探索博物馆也有以下潜在问题：第一，资金来源和支持

力量单一。香港儿童探索博物馆的所有收入均来自门票收益及慷慨的个人捐助。并非隶属于香港特别行政区政府，亦无接受其捐款资助。资金来源和支持力量的单一化对儿童博物馆的发展存在一定限制[①]。第二，宣传力度不足。"博物馆"三个字在汉语语境中总是会带来"刻板印象"，认为儿童博物馆与传统博物馆没有差别，空旷的场馆、高大而通透的展柜、幽静的氛围，给人以庄重肃穆之感。儿童博物馆的理念并没有被大众知晓，难以获得众多人的青睐，需要寻找更有说服力的宣传途径来加强群众对儿童博物馆的认识，提高其社会影响力[②]。第三，员工素质也需要提高。在儿童博物馆中有着许多活动项目和互动展览，这些都要求工作人员能够从儿童身心发展规律和学习特点出发对儿童的活动进行有效的帮助，对家长进行科学的指导。这就需要工作人员具备与儿童教育相关的知识背景、工作经历和陪伴儿童学习的耐心[③]。

四、对香港博物馆儿童教育与儿童博物馆的建议

儿童教育与儿童博物馆的目标人群是儿童，所有环节的设置都应遵循儿童本身爱动手、爱探索的特点。对儿童博物馆来说，应该更注重于通过设置互动和体验环节，在动手过程中让儿童获得知识以及探索的乐趣。美国芝加哥科学与工业博物馆在这方面做得较为出色。作为一所综合性的科普场馆，它按照知识点和可操作性直接展示庞大的实物。博物馆里的展品，有的逼真直观地普及科学知识，使观众感悟其中的寓意；有的通过原景再现的方式，将科学成果产生的过程展现在观众眼前[④]。而且展品大多可以亲手操作，增强

---

① 牟丹妮：《美国儿童博物馆教育功能的发展研究》，哈尔滨师范大学硕士学位论文，2018年，第55—56页。

② 牟丹妮：《美国儿童博物馆教育功能的发展研究》，哈尔滨师范大学硕士学位论文，2018年，第55—56页。

③ 牟丹妮：《美国儿童博物馆教育功能的发展研究》，哈尔滨师范大学硕士学位论文，2018年，第55—56页。

④ 张睿：《中国现代科技馆展示新理念初探》，武汉理工大学硕士学位论文，2009年，第22页。

了观众与展品之间的互动，更吸引儿童来此参观、学习。根据郑奕在《博物馆教育活动研究——观众参观博物馆前、中、后三阶段教育活动的规划与实施》中提到的4种博物馆教育模式，芝加哥科学与工业博物馆采用的是刺激—反应型这种特别强调教学方法与训练的方式①。这种方式能够激发儿童探索未知的好奇心，锻炼他们的动手能力。

对一般博物馆，其观众群体较为庞杂，那么应该进行教育项目的分众化，针对不同的教育群体，采取不同的教育方法，但这也对博物馆专业教育人员提出了更高的要求。在儿童教育方面，我们应该重视家长在其中的重要地位。美国芝加哥艺术博物馆2006年被评为"最具儿童亲和力"的艺术博物馆之首，其教育部门根据服务对象和工作性质，实行项目管理，分为成人教育项目、教师项目、学生项目、家庭教育项目、阐释性媒体项目5个项目组。其中，"家庭教育项目"组负责3岁到12岁由家长或教师带领下的活动。工作人员制定家庭参观手册，举办讲座，指导家长怎样给孩子讲解艺术品和带孩子玩耍。所有的儿童活动项目都将参观与动手结合起来，如组织孩子玩积木、进行互动游戏和各种手工劳动②。这种方式在加强教育项目针对性的同时，也让家长参与了进来。作为儿童最亲近的人，家长的陪伴能够让他们更愿意加入活动中，对博物馆来说也部分解决了专业教育人员缺乏的问题。

还有台北故宫博物院的儿童学艺中心也值得我们借鉴与学习。儿童学艺中心于2008年5月正式开馆，位于台北故宫博物院地下一楼西侧，占地120平方米，空间包括一座环形剧场、四个互动展示区和一个教育特展区，面向5—12岁儿童，其教育目标和场馆主题明确，场馆分为文人生活、故宫探宝、国宝文物等若干展示单元，串联成一幅古代文化艺术的魅力画卷，并且定期更换展示主题，激发儿童反复探索的兴趣③。丁津津总结道："儿童学艺中心

---

① 郑奕：《博物馆教育活动研究——观众参观博物馆前、中、后三阶段教育活动的规划与实施》，复旦大学博士学位论文，2012年，第66页。

② 牟丹妮：《美国儿童博物馆教育功能的发展研究》，哈尔滨师范大学硕士学位论文，2018年，第55—56页。

③ 丁津：《综合博物馆儿童教育专属空间——儿童体验馆研究》，南京艺术学院硕士学位论文，2016年，第18—19页。

展示内容立足母馆资源，以台北故宫博物院的器物、书画、图书文献典藏为基础，凝练成贴近儿童生活，让儿童兴趣盎然的内容。语言的设计上常运用'探''寻宝''秘密'等字眼，巧妙运用儿童熟悉的故事题材，以及拟人化、儿童化的修辞手法，创设故事情境，激发儿童的想象力，充分调动儿童的探究热情。展示形式以互动展示为主，同时结合多媒体影片，让儿童得以通过观察、思考、动手、游戏、体验等方式，把展览信息更加有成效地传达给儿童，并培养儿童多元智能。整个场馆展示的目的在于让观众看完儿童学艺中心这个'小故宫'后，产生浓厚的兴趣和好奇心，能走进'大故宫'，寻访文物的真面目。"①

以上博物馆儿童展区的设计为我们带来反思及启发，而反观香港康乐及文化事务署的博物馆常常"各司其职"，博物馆的节目、活动和常设展览涵盖的范畴很广，要有效推广，必先选定重点推广项目或主题，各馆紧密合作，才能令大众更易接收和消化宣传讯息。以英国博物馆政策为例，当地的博物馆、图书馆和档案馆委员会（Museums, Libraries and Archives Council），提出了"区域文艺复兴计划（Renaissance in the Regions）"，在英格兰的九个行政区内分别设立一个"地区中心（Regional Hub）"，每个地区中心最多可选出5个旗舰博物馆，被选中的42个馆就能得到政府补助，并成为重点推广的项目。计划可引起良性竞争，博物馆也有了改善服务的动力。

五、结　语

综合上述，香港儿童探索博物馆发挥了良好的启迪作用，引起香港本土博物馆人员、教育工作者及大众群体对博物馆儿童教育与儿童博物馆的关注。儿童博物馆，从字面理解，是"以儿童为本，充分尊重儿童的自主性和天性的发挥，一切从儿童中来，到儿童中去"。如果让儿童自发去学习，他们都会毫无例外地选择通过玩耍来学习，因此设计出有效的、"寓教于乐"的游戏活动十分重要。创建代入感强的情境体验可充分调动儿童的感官，让

---

① 丁津津：《综合博物馆儿童教育专属空间——儿童体验馆研究》，南京艺术学院硕士学位论文，2016年，第18—19页。

儿童亲自参与到游戏之中，体验时不知不觉地接受博物馆文化的熏陶，获得启发和鼓励，有益于培养儿童兴趣和多元智能。最后，"博物馆"三字是个大前提，儿童博物馆或博物馆的儿童体验馆拥有博物馆的价值和意义，无论是主题、展示、环境、活动项目还是儿童教育衍生品，皆是从一定的教育意义入手。为了有效实现博物馆儿童教育的目的，我们必须懂得利用儿童语言、儿童色彩、儿童喜爱的表达方式，贴合儿童的心理特点和发展需求，才能发展儿童潜能和健康人格。

博物馆与技术

数字博物馆在博物馆发展中所起的作用

石晓霆*

摘要： 博物馆展览受时空和场域等因素影响，在与观众分享藏品信息方面有诸多限制。博物馆利用线上展览、数字博物馆等新型技术形式，为藏品打造线上线下分享平台，让观众尽可能多地与博物馆互动，参与博物馆的藏品与展陈拓展活动。

关键词： 藏品　数字博物馆　线上展览

实体博物馆在展示藏品时受空间、地域、时间等方面的制约，这些制约使博物馆无法将藏品蕴含的信息传导给更多的公众。数字博物馆可以突破在空间、地域、时间等方面的制约，使更多的观众接受博物馆藏品中的信息。

一、将藏品信息传递给尽可能多的公众是博物馆的责任

国际博协成立以来对"博物馆"定义做了七次修改。

1946年11月，博物馆是指向公众开放的美术、工艺、科学、历史以及考古学藏品的机构，也包括动物园和植物园，但图书馆如无常设陈列室者则除外。

1951年，博物馆是指运用各种方法保管和研究艺术、历史、科学和技术方面的藏品，以及动物园、植物园、水族馆的具有文化价值的资料和标本，供观众欣赏、教育而公开开放为目的的，为公众利益而进行管理的一切常设机构。

1960年，博物馆是指为公众兴趣而设置的永久性机构，旨在通过各种方

---

* 石晓霆，河南博物院研究员，主要研究方向为博物馆藏品管理。

法，特别是向公众展示具有娱乐性、知识性而且具有文化价值的器物和标本诸如艺术、历史、科学和技术方面的收藏以及植物园、动物园和水族馆等，以达到保存、研究和提高之目的。

1962年，以研究、教育和欣赏为目的的，收藏、保管具有文化或科学价值的藏品并进行展出的一切常设机构，均应视为博物馆。

1974年，博物馆是一个不追求营利、为社会和社会发展服务的公开的常设性机构。它把收集、保存、研究有关人类及其环境见证物当作自己的基本职责，以便展出，公之于众，提供学习、教育、欣赏的机会。

1989年，博物馆是为社会及其发展服务的非营利的常设性机构，并向大众开放。它为研究、教育、欣赏之目的，征集、保护、研究、传播并展示人类及人类环境的见证物。

2007年，博物馆是一个为社会及其发展服务的、非营利的常设机构，向公众开放，为研究、教育、欣赏之目的征集、保护、研究、传播、展示人类及人类环境的有形遗产和无形遗产。

可以看出，从1946年强调博物馆是一个机构，到倾向于对公众的教育，再到如今的非营利、传播、科研、收藏等，每次定义的侧重点各有不同，但每一次定义都有共同的三个元素：藏品、传播、公众。这三个元素也确定了博物馆存在的意义、性质、服务的对象、服务的手段等。藏品联结了博物馆与公众，简单来说，博物馆就是将藏品的各项信息传播给公众的非营利机构。受其传播的公众数量越大、传播地域越广、博物馆存在的价值也越大。

二、现在博物馆存在空间不足、辐射面不广和展示时间有限三个方面的局限

博物馆所要传播的信息主要是藏品所蕴含的各类信息，这些信息可分为科技、历史、美学三大类，这些信息的传播一是靠直观的展示藏品，二是靠解读藏品。在传统博物馆中，陈列展览是最基本的信息传达手段，随着博物馆的不断发展，博物馆的其他各项功能日渐完善，但在信息传播方面的拘于展示空间等因素的限制无突破性进展。主要表现在三个方面。

（一）相对于仍在不断增加的藏品数量，博物馆展示空间不足

据笔者了解，2009年河南博物院改陈后基本陈列加上专题陈列所展示的展品约五千件，展出藏品约占全院藏品总量的0.03%，按五年一调陈，且每次将所有展品更换的情况看，大概需要一百七十年方能将藏品展示一遍。现代博物馆的建设耗资巨大，像河南博物院这类的博物馆根本无法靠增大展厅面积来解决这个问题。

展示面积的不足在影响展示藏品数量的同时也对展览内容造成了影响，河南博物院在策展时规划的展品数量往往多于最后实际展出的数量，由于展出面积限制，一些展品被去掉，整个展览以粗线条的模式呈现在观众面前。此外，藏品在展厅摆放好之后一般情况下极少移动，这就使观众的观赏角度较为固定，藏品的有些部分是看不到的，解决这个问题的办法是利用图片、视频等，但在实体展厅内，由于展厅面积有限，无法用这种模式展示每一件展品。河南博物院2009年的基本陈列拘于面积所限，要求每一展厅多媒体显示器不超过两个。基于此，观众想了解更多的信息就不得不借助于听讲解、看说明资料等手段，而在有限时间里通过这些方式得到的信息对于展品的所蕴藏的信息而言无异于沧海一粟。

展示面积不足不仅无法展示充足的展品，影响展览的完整性，使展览的主题仅能以粗线条的方式展示，也无法容纳足够数量的观众。2008年博物馆对公众免费开放，河南博物院在最初的几天观众量暴增，最多的一天接纳了一万两千多名观众，展厅里拥挤不堪，不仅影响了观众的观展效果，也使一些观众身体不适，当时笔者专门对此做了小规模调查，询问了三十名观众，有七名观众反映有胸闷等感觉。

（二）实体博物馆数量不足，辐射地域有限

河南目前全省的人口已突破一亿，根据最新的统计数字，全省博物馆共有339家，这三百多家博物馆的观众容纳量仅是面对省内人群已力有不逮，更遑论面对全国和国际上庞大的观众群。

（三）展出时间有限

这表现在两个方面，其一是博物馆有固定的开放时间，目前尚未发现24

小时全部开放的博物馆。大多数博物馆每周有一天休息时间。除此之外，每天的开放时间也有限，以河南博物院为例，每周二至周日的9：00—17：30（冬季开放时间为9：00—17：00），闭馆前1小时停止发放门票，每天的开放时间为八个半小时和八小时。国内其他博物馆与此相差不远。自2008年博物馆免费开放以来，笔者不止一次遇到在闭馆期间赶来的观众。有限的开放时间将许多公众挡在博物馆门外。其二，展览的展出时间有限，仍以河南博物院为例，河南博物院新馆基本陈列1998年面向公众至2009年调陈，存在了十一年，2009年调整过的基本陈列至2015年关闭，存在了六年，这是寿命比较长的展览，临时展览较长的有一年，如河南博物院正在深圳市南山区博物馆展出的"河南古代文明之光"展期一年，其余的大型临时展览多为一至三个月，再小一些的展览，如小型画展的展期仅有一到三天。展览时间的有限也使大量观众无法参观。

三、互联网的优点能弥补博物馆的三大局限，应发展独立的数字博物馆

目前国内的博物馆发展比较繁荣，新的场馆较之以前的场馆无论在展出面积、展出方式、藏品的保管条件以及科研力量等方面都得到了长足发展，但实体博物馆展示空间不足、辐射地域有限和展出时间有限的困境并未得到根本解决，而且由于现代化博物馆建设、运营耗资巨大，大规模新建场馆的局面不可能长久持续下去。博物馆展示空间不足、展出时间和地域影响有限的基本困境也无法靠大力建设场馆的方式去解决。

在对实体博物馆进行现代化改造的同时，应另辟蹊径来改善博物馆的三大困境。考察三大困境的主因在于藏品信息无法全时段跨地域的传播，而互联网的出现为这个困境的解决提供了一条新路。

互联网是在数字化基础上用一组通用协议将不同网络链接在一起的系统，是20世纪兴起的一个新兴信息传播系统，可实现数字信息全天候、跨地域的传播。它全天候、跨地域传播的特点对文化的保存、传承、创新发展与交流起到极大的作用。

相对于传统方式来说，互联网对文化的保存有自己的特点，它是以数字信息的形式将文化信息以文字、图片和影像方式保存在虚拟空间里进行传

播。信息的数字化就是将各类不同的信息转换成数字信号或编码加以存储、传输。数字化无疑可以应用到博物馆建设中来。数字化前的博物馆，藏品信息以文字、图片、视频等方式存在，体量庞大，占用空间多，相互之间以隔离状态存在。这些信息经过数字化处理后有三个特点：体量大大缩小、可无差错拷贝和通过网络相互链接。数字化技术依托互联网技术，便可以将博物馆藏品中蕴含的大量信息，全天候、跨地域地传播给公众。

海量的信息在传播给公众之前应经过合理的编排，梳理出清晰的条理以完整的形态在互联网上展示。这便需要建立独立的数字博物馆，制作独立的网展。相较于实体博物馆的展览，互联网上的展览有自己的特点。

第一，网展不受场馆空间的制约。由于现代数字存储技术的发展，一块硬盘存储的信息可以以T来计算。从数字信息存储的角度来讲，互联网展览不存在空间上的限制，因此不像实体展览一样需要限期撤换。在实体展览中，一件器物只能出现在一个展览中。基于数字信息的无损拷贝，互联网展览中同一件藏品的信息可以应用在无数个展览中，通俗地讲，藏品具备了"分身术"。

第二，网展可实现对不同学术观点的同时展示。实体展览中为保持展览内容的完整和逻辑的自洽性，一般是在众多学术观点中选取一种作为展览的主线。其他的观点多是通过讲解等方式介绍给公众，但受众较少，大多数公众了解到的只是展览中单一的观点。其实对每一段历史、每一个文化领域都有不同的观点，许多学者对博物馆许多藏品的性质也存在不同的观点，实体博物馆的展览无法全面展示这些不同的观点，不利于提高公众的科学认知。以河南博物院基本陈列中的商代来说，关于商的第一个都城亳都地望国内学者争论激烈，甚至形成了郑亳说和西亳说两大学派，加上后起的主辅都说至少有三种主要观点，但自笔者入职后的历次基本陈列都由于空间的局限和器物的分身无术而不得不采用一种观点来作为展览的脉络，而且多年来采用的一直是郑亳说，西亳说与主辅都说一直局限在专业人员领域而少为公众了解。而互联网展览完全可以三线并举，按郑亳说、西亳说和主辅都的学术体系分别设计展览，这样可以使公众通过展览提高历史素养的同时了解到考古研究的基本方法，从而提高公众的科学素养。

第三，观众与博物馆之间的互动也将进一步加强。河南博物院于2012

年在本院网站上开辟《每周一品》栏目，每周推出一篇图文并茂，深入浅出的藏品介绍文章，并于2013年以《每周一品》栏目的文章为依托举办了"中原文物网上有奖竞答"，这是河南博物院第一个完全依托互联网举办的大型活动，至今已举办六届，先后吸引了来自全国三十多个省、自治区、直辖市及港、澳、台地区，英、美、意、韩等近十个国家的文博爱好者参与竞答活动，参与总人数达八万余人次，网络关注人数达八百余万人次，167名获奖人员中最年长的78岁，年龄最小的5岁。这一活动显示了互联网与公众之间强大的互动能力。

鉴于网络空间的无限性和藏品数字信息的可复制性，数字博物馆完全可以提供专门的空间放置公众自己制作的网络展览。数字博物馆应以博物馆网站为依托，然而因为没有认识到数字博物馆的作用，只是将网站作为宣传工具使用，网站目前在博物馆的发展中的作用与宣传册页没有本质上的不同，致使博物馆网站不具备独立性，依附于实体博物馆。目前大多数博物馆负责网站工作人员的专业是计算机或相关专业，而研究藏品、设计展览内容的人员并没有参与到网站的建设中，这也使各博物馆的网站无法制作独立的互联网展览。

鉴于互联网在数字信息传播方面的巨大优势，建立独立于实体展览之外的互联网展览应成为博物馆网站日后的一项重要工作，以数字博物馆弥补实体博物馆的局限，从而更好地达到将藏品所蕴含的信息传播给更多公众的目的。

附记：本文中的河南省可移动文物数据及河南省博物馆的相关数据由河南省文物局张慧明先生提供，"中原文物网上有奖竞答"的相关数据由河南博物院古花开女士提供，在此表示感谢！

1998年，笔者开始从事博物馆的网站建设，直到2010年被调离岗位，计12年。本文是在12年工作中与古花开、宋华、张延红、王苏佳、沈弘、郭亮、安超凡等同事讨论工作时各种思路的汇集，具体哪一个思路是由哪一个同事提出的已经完全记不得了，很庆幸能与诸位同事一同度过了我入职以来的理想年代。

"科学、认同与归属"：借由协同设计干预的知识发展

托希尔德·斯卡顿 著　杨　瑾 译*

摘要："科学、认同和归属（SIB）"是一群年轻人和一个跨学科博物馆团队之间的一项参与性合作项目。本项目考察挪威科学、技术和医药博物馆（简称NTM）"从种族类型到DNA序列（简称FOLK）"展览辅助的电子声音装置"FOLK之声"的协同设计活动，并进一步探讨与青少年儿童的协同设计活动，我们年轻的团队合作人在其中起着主导作用，共同研发出与SIB相关的教育项目。

关键词： FOLK之声　SIB教育项目　NTM

本文考察知识如何通过我们的协同设计干预项目而获得发展。联合创造型知识生产把博物馆员工和合作设计伙伴联结在一起，共同来反思社会问题，因而开创了一种把观众融入展览、交流项目和学习活动的新型设计方法，并使之发挥作用。笔者特别关注针对年轻的协同设计参与者和合作伙伴而提出的问题——"它意味着什么"。

一、科学博物馆的协同设计

笔者与一个年轻的、跨学科的团队合作已有两年多了。凭借NTM科学教育者和莱斯特大学在读博士研究生的双重角色，笔者在"科学、认同和归属"研究项目中已经研发出多个协同设计干预内容。本文基于与挪威奥斯陆

---

　*　托希尔德·斯卡顿（Torhild Skåtun），莱斯特大学博士候选人；杨瑾，陕西师范大学历史文化学院教授，主要从事文物学、博物馆学研究。

一个多种族地区青年委员会的两个年轻人的合作项目，进行进一步阐发。他们与项目其他成员一起参与了协同设计的电子声音装置"FOLK之声"，该装置属于"从种族类型到DNA序列"展览的一部分。展览开展一年后，当时两个18岁的青年人在为青少年儿童联合设计的学习项目中逐渐起到了引领作用。这两位年轻人现在是在一项我们规划、实施、诠释和评估的联合设计的儿童工作坊中非常得力的研究伙伴。本文将详查年轻人与博物馆专业人员之间如何持续合作而保持知识生产的潜能。

当今的科学博物馆和科学中心在传播科学知识方面面临着诸多挑战。科学的世界快速演进，而广义上对科学的怀疑主义也在增长[1]。传统意义上的博物馆是通过藏品、展览和项目来生产知识的机构。在此语境下，一直以来科学博物馆的重心是观众参与科学并将其作为一种增强理解的方式[2]。

相关研究证明，单向传播是不可能的，也非放之四海而皆准的东西。我们还知道，人们在进入博物馆时都带着一套先入为主的态度、观念和价值观[3]。正如巴西批判教育学哲学家Pablo Freire所强调的，自反性实践与对话是提高学习意识及带来变革的关键[4]。在科学教育领域，Derek Hodson将科学学习分为我们拥有的、与个人理解框架相结合的正式的（教育）和非正式的（日常）知识[5]。学习者积极地构建知识和学习体系，因为我们的日常事务就

---

① Davies, S.R., Horst, M. Science Communication: Culture, Identity and Citizenship. Berlin: Springer, 2016. Dillon, J. Wicked Problems and the Need for Civic Science. Ecsite. Yaneva, A., Rabesandratana, T.M., Greiner, B. Staging scientific controversies: a gallery test on science museums' interactivity. Public Underst. Sci., 2009, 18: 79 – 90.

② DeWitt, J., Nomikou, E., Godec, S. Recognising and valuing student engagement in science museums. Mus. Manag. Curatorship 34, 2019: 183 – 200.

③ Hooper-Greenhill, E., Museums and the Shaping of Knowledge. New York: Routledge, 1992.

④ Pablo Freire. Pedagogy of the Oppressed. New York: Bloomsbury Publishing USA, 2018. Freire, P. Pedagogy of Freedom: Ethics, Democracy, and Civic Courage. Washington: Rowman & Littlefield, 2000.

⑤ Derek Hodson. Learning science, learning about science, doing science: Different goals demand different learning methods. Int. J. Sci. Educ, 2014, 36: 2534 – 2553.

是为世界制造意义①。在人、器物、文本和技术的关系中，知识通过调整在变化中获得发展②。笔者在本文中关注辩证的、发展的知识，并将其看作个人及其所处环境之中策略的（个人的）和明确的（系统的）知识间的互动③。

（一）SIB，NTM的一个研究项目

SIB研究项目是在科学博物馆语境下对参与性过程的定性探索。共有22人参与其中：Grorud地区委员会的11名年轻人、1名博物馆外部研究人员、包括笔者在内的3名博物馆专业人员、1名博物馆学硕士研究生、2名博物馆解说员和4名儿童。研究始于2016年秋天，一直持续到2019年夏天。整个研究项目围绕2018年3月开展、2019年12月结束的临展FOLK展开。该展览旨在探讨早期物种学对我们今天理解人类生物多样性的影响，让观众近距离了解科学、社会和文化之间的交融。以此为起始点，我们接触到了生活在奥斯陆多种族区域的城市青年群体。

首轮由11个年轻人参与的8个工作坊持续了差不多一年时间，设计了电子声音装置"FOLK之声"，作为辅助展具连接到FOLK展览中。之后是一项与斯蒂芬（Steve）和萨米尔（Samir）两名参与者合作的新协同设计项目。我们一起规划、组建和评估了一个以儿童参与为主题的联合工作坊，在FOLK展览中创建了一个学习活动项目。

（二）研究设计与伦理

我们对所有工作坊进行了录像和录音，与其他合作人员的会议也有音频记录。在参与者中，有6名是我们在首轮协同设计之后对其进行采访的。首个

---

① Biesta, G. J. Beyond Learning: Democratic Education for a Human Future. Routledge. 2015. Hooper-Greenhill, E. The Educational Role of the Museum. London: Psychology Press, 1999. Hein, G.E., Learning in the Museum. New York: Routledge, 2002. Black, G. The Engaging Museum: Developing Museums for Visitor Involvement. New York: Routledge, 2012.

② Ruud, L.C. Doing Museum Objects in Late Eighteenth-century Madrid. Faculty of Humanities. Oslo: University of Oslo, 2012.

③ Nonaka, I., Toyama, R., Konno, N. SECI, Ba and leadership: a unified model of dynamic knowledge creation. Long Range Planning, 2000, 33: 5 – 34.

协同设计是笔者与同事Tobias Messenbrink合作的一项研究项目，后者在奥斯陆大学信息学的硕士毕业论文中使用了这些材料①。后来挪威研究数据中心（NSD）通过奥斯陆大学批准了研究设计，但对该计划可能在16—17岁青少年中间引发的种族、民族和政治冲突等问题表示关注。因为这是FOLK展览的核心主题，我们特别注意不要强迫别人接受任何意见的分享。NSD也批准了我们的知情同意表和数据储存计划。

当笔者后来向莱斯特大学申请进行一项儿童研究项目时，事情却变得愈发复杂。我们认为，要求儿童或成人在特殊情况下出具知情同意表时特别注意保护每一个个体是非常重要的，因此，笔者专为儿童及其监护人各写了一封信，与邀请函一起通过邮件提前发出，并打印出来以供见面时让所有儿童及其监护人签署。

笔者让斯蒂芬和萨米尔担任我们工作坊主持人的主要动机是基于自己曾经做过主持人的经验。笔者也惊奇地看到了自己在这个过程中的重要作用。显然而见的是，为保护所有参与者的热情，笔者亲力亲为，并设计了一个让自己和其他合作研究者共同参与的项目。作为领导者，笔者部分地放下了自己权威，转换角色，接受挑战②。

二、科学博物馆与知识的理解

技术被植入展览，并被作为文化来理解，最终在博物馆景观中变成展示其他东西的手段。NTM早期的工作重心是强调艺术家在教育中的作用和工程师在实践操作中的作用，而大学则将工程知识理论化③。像其他科学博物馆一

---

① Messenbrink, T. The sound of folk: Participatory design of a sound-driven museum installation. Department of informatics, University of OSLO (Master's thesis), 2018.

② Sandholdt, C.T., Achiam, M. Engaging or transmitting? Health at the science centre. Nordisk Museologi, 2018, (2-3): 136. Stuedahl, D., Skåtun, T., Lefkaditou, A. and Messenbrink, T. Participation and dialogue: Curatorial reflexivity in participatory processes. European Heritage, Dialogue and Digital Practices. London & New York: Routledge, 2019: 62.

③ Andersen, K.G., Hamran, O. Teknikk på museum: Norsk Teknisk Museum, 1914 - 2014. Olso: Pax Forlag, 2014.

样，NTM在过去几十年中也将其范围扩展至医药健康主题，展览FOLK所依赖的研究项目及展览本身就在这一范畴内。

此前NTM在策划展览、活动与学习项目过程中并无采用协同设计的传统，但在推进创意项目和展览过程中有以不同方式与教师、学生和机构进行合作的先例。尽管有一个合作发展的目标，但我们并未将其固定为参与性实践。在笔者自身的博物馆实践中，与康复人员一起为罹患痴呆症的人们研发项目，以及与学校服务机构合作为奥斯陆监狱犯人提供学习项目的案例与此类似。尽管在笔者的经验中，合作型项目往往集中于观点和观念的探讨，而没有有意识地涉及参与者的权利、相关性、语言、水平等问题[1]。

博物馆专业人员了解来自所有不同社会语境下的观众，并将他们作为寻求知识和理解的活跃的个体[2]。当人们进入科学博物馆时，通常会带着学习期待而来，研究表明，他们经常为复杂的问题寻找简单的答案。如前所述，在正式的、非正式的与个人的诠释框架内，知识获得发展[3]。博物馆参观体现了上述框架的所有节点。它在学校系统教育意义上是非正式的，尽管从一次经过规划的活动的性质而言它又是正式的。博物馆将自己看作是非正式的学习场所，但它提供了日常意义上的知识认知。参观博物馆被认为是以自我为主导的社交体验，与我们如何诠释世界有相似之处。建构主义教育学表现的重点是：知识生产关乎个体意义的制造，而我们在学习机构中的体验又提升了知识生产的能力。知识具有流动性，但仍依赖于时间和空间。因此，我们看不到独立于学习者之外的、又可以反馈给学习者的知识。

正如在其他学习机构中一样，博物馆中呈现的知识和各馆对观众的理解各不相同。观众在博物馆遇到的器物和艺术品相联结的个人故事在其博物馆参观过程中通常会被进一步拓展。在一篇关于人们如何学习科学的论文中，

---

① Mygind, L., Hällman, A.K., Bentsen, P. Bridging gaps between intentions and realities: a review of participatory exhibition development in museums. Mus. Manag. Curatorship, 2015, 30: 117 - 137.

② Falk, J.H., Dierking, L.D. Learning from museums: Visitor experiences and the making of meaning. Lanham: Altamira Press, 2000.

③ Hodson, D. Learning science, learning about science, doing science: Different goals demand different learning methods. Int. J. Sci. Educ, 2014, 36: 2534 - 2553.

Hodson区分了科学的诸多门类①。一个科学博物馆能够对科学的所有门类进行干预，与FOLK展览相关联的科学活动属于科学与社会关系的问题。展览讨论科学对社会的影响，要求观众基于当今世界来理解人类差别，反思种族类型的科学性等问题。博物馆的目标是发展批评技能，在历史和当代研究基础上提高当下人们对多样性的认识。

三、参与性实践和知识发展

在参与性设计领域内，学习过程、设计者与参与者之间相互学习至关重要。我们要注意的是，对话、意义分享在创造未来和未知结果过程中起到的重要推动作用。在Stuart Hall倡导的"文化关注意义生产与交换"观念激发下，科学传播也可以作为文化活动来考查②。这种学习视角强调我们是社交群体的一部分，学习也是一个社会文化过程③。

参与性实践将学习者或博物馆使用者放在发展的中心位置。要让这个过程有益于所有参与者，实践过程也将成为参与者赋权的过程。在传统上，博物馆在一个自上而下的模式中以一种权威性声音与观众交流。使用协同设计方法旨在采用横向手段实施项目和展览，激发观众好奇心，关心观众的兴趣是什么，为观众带来了哪种知识。参与性实践挑战着博物馆的权威声音，促进博物馆与观众平等交流。然而，也总会存在与教育形式、权利和语言有关的挑战。如果意识到这一点的话，参与性实践的目标便是实现民主化并培养人们在周围世界行使权力的意识。博物馆环境中协同设计过程框架内的知识如何演进与发展首先基于对话。由于进入主题的立场各不相同，所以创造成果是通过行动和意见交换来协调的。知识因此可以被理解为与人类密切相关之物，并与我们在所处的特定时空语境中的行为相关联。

---

① Hodson, D. Learning science, learning about science, doing science: Different goals demand different learning methods. Int. J. Sci. Educ, 2014, 36: 2534 – 2553.

② Davies, S.R., Horst, M. Science Communication: Culture, Identity and Citizenship. 2016: 208.

③ Vygotsky, L.S. The collected works of LS Vygotsky: The fundamentals of defectology. Berlin: Springer Science & Business Media, 1987.

四、如何理解动态知识的发展

理解与知识是"我们是谁""如何解释自身与周围环境的关系"不可分割的一部分。知识发生于技艺和理解相互关联时，让在我们完成任务时能够不再依靠纯粹的运气①。知识与语境有关。在我们的讨论中，博物馆是框架，FOLK展览是探索和发展的平台。协调、体验、教育和职业均与知识发展密切相关。我们都是带着不同技能和见解进入联合设计项目，我们关于发现或发展的谈话是整个过程的中心。

在理解知识如何发展方面，野中郁次郎（Ikujiro Nonaka）提出了SECI理论方法：社会化、外部化、组合化与内部化，Ba（意为"在场"，即整合资讯为知识场所，包括特定的实践和地点）也可能有用②。Ba源自对日本工地的研究，对隐性知识非常依赖。尽管这种方法被批评为线性的、严苛的③，但有助于分析协调设计过程与知识发展之间的辩证关系。野中郁次郎将知识定义为一个在策略与技能冲突中快速变化的过程，将知识理解为策略性和个体性之物。策略性知识帮助我们感知互惠、价值和行动的普遍联系。身体与心智紧密联系，通常不容易表达。技能性知识向策略性转变和内化过程中，凝练新知识也有助于更进一步地建设性探索。

取自日本哲学的Ba概念可以被理解为新兴关系的共享空间。Ba能捕捉到我们理解新知识的时间与地点，为我们不断前进提供能量。交融、讨论、协商和对话非常重要，因为人类的深层知识产生于彼此之间的交流。Ba可被理解为一个边界，它是一个交流的语境，动态知识生产发生于此。

在领导力语境下，Ba也可被理解为承担共同任务的特定组团。它使所

---

① Pritchard, D. What's this thing called knowledge, forth. ed, What's this Thing Called. New York: Routledge, 2018.

② Nonaka, I., Toyama, R., Konno, N. SECI, Ba and leadership: A unified model of dynamic knowledge creation. Long Rangeing, Planning. 2000, 33: 5–34.

③ Haag, M., Duan, Y., Mathews, B. The impact of culture on the application of the SECI model, in: Cultural Implications of Knowledge Sharing, Management and Transfer: Identifying Competitive Advantage. Hershey: IGI Global, 2010: 26–47.

有参与者在任何时候都能够领导项目。这就需要所有人具有同样的洞察力和知识，能够不断完成既定目标。笔者在本文讨论中，将此转变为联合设计项目的语境。观察角色的转换将有助于支持在工作坊中承担领导角色的年轻员工。

五、2016年1月至2018年3月成立的"FOLK之声"协同设计工作坊

萨米尔和斯蒂芬曾参与过纵向型合作项目，这是我们考虑选择他们作为协同设计者的主要原因。在项目实施的第一个阶段，我们在NTM的一年时间中接待了一群来自8个工作坊的年轻人，大家一起制作电子声音装置，并运用到展览中，使之成为展览的辅助部分。组织和实施工作坊的人员除了笔者和博物馆同事外，还有展览技术人员、奥斯陆大学信息学硕士研究生、"FOLK之声"项目成员、两名策展人员和一名博物馆外部研究人员。大家齐心协力，从博物馆立场来讨论实施联合设计项目的效果，并写成文章《参与和对话：参与性过程中的策展自反性》。我们在文中讨论了博物馆中参与性实践所面临的挑战，即缺乏与用户联合设计的经验。我们重点突出多元化、机构重建、机构信誉、机构责任等方面，特别是机构与社会之间的信任危机问题。另外，《博物馆活动设计中鼓励年轻人（非参观性）参与的联合设计》一文中讨论了工作坊的运行情况，笔者探讨的是如何理解参与的方法，如何在这个创造性过程中为年轻人参与博物馆工作创造机会等问题。

六、2018年12月至2019年4月的"科学、认同与归属"项目

我们一起制定了一项计划，对象是一群来自当地一家青年休闲俱乐部的儿童。俱乐部在学校放假期间为儿童安排活动，我们的计划是在寒假期间举办工作坊。我们从实践角度考虑，这样所有活动都安排在博物馆开放时间内，以便我们有时间在工作坊成立前见面并一起制定规划。结果没有一个人报名参加活动。于是我们改变方式，在斯蒂芬和萨米尔方便的时间内组织活动。他们在夏季就已经被博物馆聘为解说员和奥斯陆多种族地区图书馆附属的科学中心周六系列活动的助理。当他们带着设备回到博物馆时，我们便与

他们会面，并于周六下午在博物馆召开关于工作坊评估计划的会议。

在这项合作项目的第二阶段，我们的想法是探讨参与者在第一阶段的学习成果。在我们首次与萨米尔和斯蒂芬见面之前，外部研究人员和笔者也做了一些选择。我们选择与少年儿童合作的原因有两点：一是方便为我们两位联合主持人提供所需年龄段群体的数据；二是满足我们自身对青少年儿童参与性合作方式的好奇心。我们旨在确保斯蒂芬和萨米尔作为负责人，并能够推动项目实施。最初的想法就是联合设计声音活动，作为教育项目的一部分内容并纳入FOLK展览为青少年儿童推出的活动中，我们将展览作为研发学习项目的灵感，整个研究项目名为"科学、认同与归属"，这些概念是我们在所有参与性干预中所努力采用的。成立工作坊之前我们召开了两次会议，之后又开了一次会，对工作坊进行评估，所有活动都是围绕FOLK展览展开的。

19岁的斯蒂芬认为："第一个问题是你提到的年龄组中儿童很难理解认同这个概念。"斯蒂芬和萨米尔对儿童能否理解题目中的认同都表示有些怀疑。他们回顾了自己的经历，在展览开展前，小组讨论了如何为"认同""民族"寻找替代词时，产生了新想法。他们希望馆方以另一种方法来展示展览，而不是带着儿童参观。他们讲述了自己作为儿童时的体验，以及基于他们先前在当地青年俱乐部做助手时的体验。

"展品应吸引观众，我认为，我们现在在FOLK并没有任何这样的东西。"正如19岁的萨米尔所说，声音装置除了辅助展览之外并不能留住观众。有趣的是，他在第一个参与性项目过程中使用了"我们"一词，强调我们应该以留住观众为目标，进行联合项目的设计。在听了第一次会议的录音后，我们对博物馆中的这项学习活动便有了多种不同的理解。我们的体验和所获取的知识与从事专门教育项目的专业研发者和学校方面提供的内容并不相同。我们的体验与那些与知识发展有关的理论相一致，我们可以借此讨论不同儿童学习方法的必要性。亦如萨米尔所言，听讲座和跟随解说员参观博物馆非常乏味，而该项目则为个性化诠释、丰富知识提供空间。博物馆是介于正式和非正式学习之间的空间，融合了非正式的、自我导向的学习体验和规划性活动。在有限的设计语境中，比如一个联合设计的工作坊，可以为正式的和非正式的学习提供不同的方法和动力。

与萨米尔和斯蒂芬召开筹备会议时，我们非常关注角色的明晰，确保他们作为工作坊负责人的地位。如前所述，我们选择他们两个人的原因是他们之前参与了"FOLK之声"工作坊第一阶段设计的所有工作，这种合作经验成为工作坊第二阶段工作的基础。我们评估了第一阶段的优点和缺点，因此为SIB联合设计项目的第二阶段活动增添了新视角。所有这些都为萨米尔和斯蒂芬能承担领导角色作好了准备。这也是受到Ba观念的鼓励，即一个项目组中所有参与者分享的知识都是为所有人都能时刻准备好承担项目负责人的重任而做准备。我们讨论的一个细节是由谁来欢迎儿童的问题。笔者的建议是我自己来欢迎他们，说一些关于博物馆和展览的时间线索等问题，然后再让年轻的联合负责人来致辞。这个建议被否决了，最后由斯蒂芬和萨米尔来致欢迎辞，再让笔者说一下为什么我们都要出席。

总体而言，工作坊按照计划进行，中间略有调整。我们带着4个10—13岁的儿童从FOLK展览开始。斯蒂芬和萨米尔决定从一个"互相了解"游戏接手。接着又是一个游戏，在游戏中找到话题，写下与主题"科学、认同与归属"有关的关键词。萨米尔和斯蒂芬继续带领小朋友参观展览，重点是1920—1921年的士兵照片墙。此后，我们进入博物馆实验室（LAB）区域，在那里一起吃完午饭后，拟定了三种教育活动方案。项目组选择一个，并加入其他两个方案的一些元素。在工作坊期间我们停顿了好几次，让所有参与者写下微博，微博帮助小朋友不必大声讲话就可以表达思想，最后是孩子们给家长的汇报会。

在工作坊举办前后，与萨米尔和斯蒂芬的会面效果大不相同。根据工作坊之前会议的录音和记录来看，主要说话的人是外部研究人员和笔者。中间有很多停顿和沉默，原本是想让所有人都有说话的机会，但事实上是我们一直在主导会议的进行。这种情况在工作坊之后的会议上有所改变，当我们讨论如何才能保证工作坊有效运行时，年轻人对工作季进行了回顾与总结，提出采用每日计划的方法来进行评估，并把小朋友大声朗读自己写的微博纳入项目议程中。在这种情况下，萨米尔和斯蒂芬在工作坊中成了我们预期的研究伙伴。

斯蒂芬在微博中写道："不，那个是我写的，我认为，如果参与活动的人互相了解可能会更好些……那就是我所说的，是针对这一点，即怎么能仅仅因为兴趣、肤色或服饰就将某人孤立呢。"此处的微博内容表明了两个观点。第一，如果大家相互了解的话，在进行参与性活动时就很容易不知不觉地入戏。我们会让两个孩子在校外活动时或在各自家中一起玩耍。当他们用塑料玩偶制作场景时，就好像要开始一个新游戏一样。同时，也会从儿童视角诠释展览主题。第二，工作坊始终面临着一个常见的挑战，即让参与者开口说话和分享，这也是我们使用微博的原因之一，让那些沉默不语的人通过书写来"说"。我们4个组织者也分享着各自以前参加工作坊的经验，因此知道让每个人说话并非易事。这种情况我们在工作坊第一阶段活动时就看到了。

斯蒂芬在工作坊评估中认为："我不敢说太多，我等其他人先开始。"这所言甚是，因为他对社交如何在第一阶段工作中发挥作用的观点相当专业，他和其他年轻人把这些专业的知识和经验带到联合项目的设计过程中。我们都有自己擅长的领域，不管年龄长幼，当我们密切关注联合设计过程中知识的发展时，培训工作和专业技能就显得非常重要。学习和知识紧密相连，我们所有人都是在生活实践中获得知识，通过不断总结经验来加深我们的理解，发展我们的技能。在这种回顾与反思中，斯蒂芬和萨米尔是我们的合作者，在规划、领导工作坊，诠释和评估展览过程中他们两人积极与我们互动。

在他们看来，对博物馆参观过程的情境再现很顺利，但如果是两人一组的话可能效果更好。在评估过程时，没有人围绕关键词"科学、认同与归属"展开讨论。上文提到斯蒂芬和萨米尔曾怀疑那么小的孩子能否理解这些复杂词汇的全部意义，结果证明他们的怀疑是对的，但仍有一些有用的反馈，这些反馈让我们明白了，作为一种有意识的活动，应该有提前组织好的词语搭配，儿童就可以围绕它们组织活动、展开讨论。

七、结　语

对博物馆和我们年轻的联合设计者而言，这个参与性过程是一次宝贵的体验。对博物馆而言，与年轻人长期工作增添了对年轻群体的了解，而角色耦合为博物馆教育人员带来另一种专业性。这种对自身机构有些内向性的观察能够产生一些有关自身实践的盲点、机构局限和可能性的思考，特别是当我们将一次个人参与与社会对博物馆的需求相互关联的时候。

　　与萨米尔和斯蒂芬的合作已经连续两年了，我们由此获得了对博物馆在社会中所扮演角色的另一种理解，也为FOLK展览主题带来了新的见解，还为如何负责一个创意性工作带来了明显的新知。特别珍贵的是最后一次与萨米尔和斯蒂芬关于儿童工作坊的讨论、分析和评估。我们一起成为具有反思性的实践者和研究伙伴。同时，这个协同设计过程在帮助我们理解知识生产方面略有不足。只有几个人参加的、围绕一个工作坊经验的完善措施并没有被后来组织的新工作坊所借鉴。同时，我们的主要目标是了解他们作为博物馆协同设计工作坊参与者所获得的知识。对加入体验的儿童而言，仅是基于一次单向的四小时工作坊，与第一阶段8个青年组工作坊相比，他们真的没有时间去相互了解或了解展览主题。但是它有助于了解年轻人和儿童对一次博物馆学习活动的期待是什么。例如，他们建议模仿学校活动来设计测验问题，反映了进入一个科学博物馆时就会产生的学习期望。

　　关于如何传播和学习科学知识的问题，似无简单答案，因为它是一个复杂的过程。理解科学知识有赖于学习环境。协同设计作为完善知识发展的框架，以多种方式回应了知识在一个跨越年龄和体验的既定关系中的发展过程。我们尝试以邀请埃米尔和斯蒂芬作为主要负责人为新契机，减少笔者作为组织者、研究者和协调者的作用，让笔者有可能更好地去观察，让年轻人成为积极的合作研究者。我们的联合设计者作为共同协调人严肃履职，在工作中发挥了创造性。如斯蒂芬所言，会议和工作坊的半结构性框架为新观念的出现创造了可能性。

　　协同设计和学习之间有着密切联系。协同设计作为一种教育性手段强化了博物馆跨界合作，这与科学博物馆内协调学习的其他方法有所不同。

抗战类纪念馆文创发展浅析

黄春锋[*]

摘要： 抗战类纪念馆文创工作属于纪念馆工作的新事物，代表着抗战类纪念馆工作的新方向。抗战类纪念馆发展文创工作必须立足本馆实际，量力而行，必须坚持社会效益优先原则，以弘扬抗战精神，推动抗战史研究与传播为目的。

关键词： 抗战　纪念馆　展览　文创产品

文创工作是文博单位一项重要工作，是其加强社会功能，参与文化建设的重要途径，也是弘扬优秀传统文化，加强社会主义文化建设的重要内容。

当前，我国博物馆事业正处于历史上最好的时期之一。党中央高度重视博物馆建设，将博物馆事业与国家战略、国运发展密切相连，作为覆盖城乡、便捷高效、保基本、促公平的现代公共文化服务体系的重要组成部分。

文创工作逐渐成为文博行业新的工作亮点。文博单位深入发掘馆藏文化资源，发展文化创意产业，开发文化创意产品，是弘扬中华优秀文化，传承中华文明，推进经济社会协调发展，提升国家软实力的重要措施与途径，各文博单位对开展文创工作，开发文创产品都积极主动进行了有益的探索。

文创产品，即文化创意产品，是文博单位以其收藏的历史文化资源为载体，开发具有一定观赏性、实用性的产品，来拓展其传播功能，提升其社会效益。文创产品的开发就是文博单位充分发挥自身文物优势，对文物资源深层次地发掘利用的有效途径与方法。

在中共中央办公厅、国务院办公厅印发的《关于加强文物保护利用改革

---

[*] 黄春锋，中国人民抗日战争纪念馆副研究员，主要研究方向为战争类纪念馆。

的若干意见》中，将"激发博物馆创新活力"作为一项重要改革任务。文博单位开发文创产品，就是"激发博物馆创新活力"的重要体现。2016年5月，《国务院办公厅转发文化部等部门关于推动文化文物单位文化创意产品开发若干意见的通知》（国办发〔2016〕36号）（以下称《通知》）指出"依托文化文物单位馆藏文化资源，开发各类文化创意产品，是推动中华文化创造性转化和创新性发展、使中国梦和社会主义核心价值观更加深入人心的重要途径，是推动中华文化走向世界、提升国家文化软实力的重要渠道，是丰富人民群众精神文化生活、满足多样化消费需求的重要手段，是增强文化文物单位服务能力、提升服务水平、丰富服务内容的必然要求，对推动优秀传统文化与当代文化相适应、与现代社会相协调，推陈出新、以文化人，具有重要意义"。中国人民抗日战争纪念馆、东北烈士纪念馆等抗战类纪念馆位列国家文物局确定的文化文物单位文化创意产品开发试点单位92家名单之中。

一、抗战类纪念馆文创定位

抗战类纪念馆是重要的文博单位，是抗战文物收藏研究、抗战历史传播、抗战精神弘扬的重要机构。抗战类纪念馆文创产品的开发旨在满足观众更高层次的参观需要，最大范围内提升抗战精神的传播效果，最大程度实现观众将博物馆带回家的发展理念。

党的十八大以来，博物馆免费开放深入推进，公共服务效能显著提升，社会关注度不断提高。博物馆在经济社会发展中的作用持续显现，给人民群众带来的获得感、幸福感不断增强，已经成为人民向往的美好生活的一部分。博物馆本职是文化单位，是公益性单位，与以营利为目的的企业不同，抗战类纪念馆开展文创工作是为配合好博物馆本职工作，以弘扬抗战精神为最终目的。

总体而言，抗战类纪念馆文创工作与故宫博物院等单位文创工作还存在一定差距。抗战类纪念馆要将自身进一步融入经济社会发展大局之中，找准定位，跨界融合，使博物馆真正成为文化创新创造的新源泉和促进经济社会发展的新动能。

二、抗战类纪念馆文创发展的思考

抗战类纪念馆文创工作一是要充分利用抗战文物优势；二是与本馆基本陈列、专题展览等展览工作相结合。抗战文物资源是抗战类纪念馆文创产品的研发基础，基本陈列、专题展览是其依托平台。

抗战类纪念馆发挥自身优势，对抗战历史进行详细、深入的了解与研究，探讨抗战精神深层含义后，将其与现代产品结合，融入文化产品相关设计，将有助于发扬、传承、推广以及普及抗战历史，弘扬抗战精神。"随着纪念馆文化产业的发展，人们对产业的要求越来越高，过去陈旧的发展文化产品思路和做法已经无法满足广大人民群众日益增长的物质和精神文化需求。"①文博事业的发展及观众参观需求的不断提升，开发文创产品，已经成为文博单位的重要工作内容，也是衡量一个文博单位活力的重要指标，是提升文博单位综合实力，满足观众高层次参观需要，拓宽博物馆（纪念馆）传播功能的重要手段与方式。要推进文物资源开放共享，实施博物馆知识产权授权，提高文化创意产品开发水平。

抗战类纪念馆应当全面认识自己的角色，统筹发挥复合功能和综合优势，大胆探索，积极作为，主动融入经济社会发展大局，努力为社会和社会发展提高更多更好的服务，成为培育社会主义核心价值观、滋养提升国民素质的新家园，保存、生产、传播知识的新宝库，民众休闲、交往的新空间，促进文化旅游消费和相关产业发展的新引擎。抗战类纪念馆以伟大的抗日战争为历史背景，在当前，抗战史研究不断深入，社会对抗战史关注度不断提升，正是大力发展抗战类纪念馆文创工作的大好时机。

参加过侵华战争的日本军医山口诚太郎怀着对战争罪行的忏悔，从南京紫金山采集了二月兰花种并带回日本播种，取名"紫金草"。战后几十年，山口一直在日本推广此花。紫金草成为和平的象征。侵华日军南京大屠杀遇难同胞纪念馆围绕"和平"和"公祭"主题，设计制作了以"和平之花"紫金草、国家公祭等作为设计元素的文创产品，形成了自己的品牌体系。

---

① 张伟：《博物馆文化产业发展的现状和建议》，《大东方》2016年第7期。

为大力发展文创产业，中国人民抗日战争纪念馆于2009年成立了文化宣传推广中心，由专人负责，并给予一定政策扶持，专门负责文创产品的研发、制作、销售及宣传推广工作，以馆藏文物为基础，围绕展览，以弘扬抗战精神为目的，紧密结合观众需求，开发了一批特色鲜明、观众喜闻乐见的优秀文创产品，获得良好的社会效果。

（一）文创发展以推动传播抗战史、弘扬抗战精神为宗旨

"通过文创产品传达纪念馆的纪念性以及实施教育功能是文创产品的重要意义之一。"① "……纪念馆开发的文化产品不但能满足消费者个人的物质需求和精神需求，还能通过其精神价值的影响力对文化消费者的思想观点、价值立场、人生态度、情感取向、世界观等产生影响和浸透，一个文化产品能发挥一定的意识形态功能是很有道理的，这就是文化产品所谓的'魂'。"②

抗战类纪念馆是研究、传播弘扬红色文化的重要机构，抗战类纪念馆文创工作也必须以传承红色基因为目标，不能偏移纪念馆的功能地位与社会职责。

抗战类纪念馆不但要做好抗战文物及历史的储存及研究，而且要充分利用资源，创作丰富的精神产品，不断提升功能效果。将文创产品作为无形展厅，将展厅中不能展示的文物，通过文创产品的形式进行复原展示。将文创产品定位为纪念馆的一种品牌形象，打造成为本馆最后一个不关门的展厅，是现实展厅的无限延伸，是纪念馆传播功能与教育功能的拓展。

将抗战类纪念馆文创产品深烙抗战文化、抗战精神符号，成为抗战文化、抗战精神的物质代言、有形载体。"纪念馆拥有丰富的文化资源，通过文创产品的设计，让历史与记忆生活化，从而进一步体现纪念馆的纪念意义。"③

---

① 程雪琪、张荣强：《纪念馆文创产品开发设计研究——以南京大屠杀遇难同胞纪念馆为例》，《家具》2017年第6期。

② 农逢新：《纪念馆文化产业发展探析——以百色起义纪念馆为例》，《歌海》2018年第4期。

③ 莫逆：《博物馆文创开发的核心思路与设计要点》，《2015中国博物馆文化产业研究》，湖北人民出版社，2015年。

抗战类纪念馆文创产品要以传承抗战历史、弘扬抗战精神为发展方向。经典的文创产品，必须是社会效益与经济效益的最佳结合品。抗战类纪念馆必须以"工匠精神"，以打造精品陈列的劲头去开展文创工作，推出抗战类纪念馆的文创产品精品，观众通过购买文创产品，实现将纪念馆展览带回家，并永久保存的目的。

（二）文创发展必须与本馆实际相结合，体现本馆特色

文创产品必须立足于本馆特色，要避免千篇一律、产品雷同的问题，应从本馆文物藏品中寻找设计创作的灵感，并将本馆所承载的历史背景融入文创产品的设计元素中，同时能够体现时代特色。

对文创产品的开发制作并不是必需的，而应量力而行，根据本馆实际情况而定。

抗战类纪念馆不只是抗战文物的储存与展示场所，更应是积极考虑，如何发挥本馆文物资源优势，将抗战文物所承载的历史价值与精神内涵充分发挥出来。"纪念馆丰富的馆藏和深厚的文化底蕴成为发展文化产业有益的土壤和宝贵的资源。"①

抗战类纪念馆文创工作应努力打造"文化+旅游+教育"产业链。不能盲从盲进，文创产品的开发不仅需要投入大量的人力物力，更需要对本馆文物、本馆所承载历史背景进行深入研究。

（三）文创发展必须与展览工作相统一

展览与文创不分家，密不可分，相依相存。展览工作是纪念馆传统的工作内容，文创工作是新生的工作内容。

"展览纪念品伴随着展览的策划而产生，其产生于展览，却优于展览。展览结束后，纪念品却作为有形的物品被带出展厅，使展览得到延伸、传播，从而继续推动博物馆教育功能的实现。"②要丰富博物馆文化产品供给，加

---

① 农逢新：《纪念馆文化产业发展探析——以百色起义纪念馆为例》，《歌海》2018年第4期。

② 武冰：《浅谈革命类纪念馆主题展览纪念品设计——以中国人民抗日战争纪念馆为例》，《中国纪念馆研究2014·第1辑》，北京出版社，2014年。

强馆藏资源的文化价值挖掘，要树立"策展能力是核心竞争力"的理念，进一步提升博物馆展陈水平，将藏品和展览变成群众听得懂、愿意听的故事，扎实推进文化文物单位文化创意产品开发工作，提高文化产品和服务供给质量，让深藏于馆舍中的藏品变得鲜活，满足人民群众多样化文化需要，让人们感受和共享社会发展、文明进步的成果。

收藏、研究、传播教育是博物馆（纪念馆）的基本功能。展览工作是抗战类纪念馆最为基础性的工作之一，也是能够将收藏、研究、传播教育等功能相统一的重要工作内容。抗战类纪念馆文创工作的持续发展，必须同本馆展览工作紧密结合、不离不弃。展览为根，文创为花。好的文创必须立足展览，围绕展览而进行，并为展览工作锦上添花。

2010年9月18日，为牢记"九一八"，在事变爆发79周年，中国人民抗日战争纪念馆推出了"日本百名漫画家笔下的8·15——系列漫画展"，展览通过战后日本漫画家的作品，从孩子的视角看待日本侵华战争，揭露日本军国主义的本质、表达反对战争、呼唤和平的主题。围绕展览主题，开发了四种文创产品：纸质折叠扇子、马口铁徽章、对折磁性书签、儿童贴画。文创内容均与展览内容紧密结合，选取展览中典型漫画，并与载体巧妙结合，既富有寓意，又有一定实用性和观赏性，受到观众的热捧。

（四）文创发展必须以观众需求为导向

随着文创工作的不断开展，文创产品也逐渐成为抗战类纪念馆的一种社会符号，成为与观众交流沟通的重要渠道。

文创产品具有商品属性，要能被观众带走，并被长久地保存，必须兼具欣赏与实用两种功能，需要雅俗共赏。如钥匙链、书签、瓷器、贺卡、日历、文化衫、文化帽、手提包、冰箱贴、纸胶带、杯垫、扇子、布袋等各种生活用品作为文创产品的基本载体，兼顾不同层次观众需要，形成高中低合理搭配。

文创产业的发展必须以社会效益为第一目标，即实现观众将博物馆（纪念馆）带回家的理念。因此，文创发展必须以观众需要为导向，必须准确把握观众需要的变化，不能闭门造车，盲目跟风。"推动文化创意产品开发，要始终把社会效益放在首位，实现社会效益和经济效益相统一；要在履行好公益服务职能、确保文化资源保护传承的前提下，调动文化文物单位积极性，加强文化资源系统梳理和合理开发利用。"①

抗战类纪念馆文创产品，不等同于一般性文创产品，不只是要"好玩"，还要"好用"，更要"实用"，要赋予一定寓意及教育功能，具有一定的纪念意义。观众到抗战类纪念馆参观学习，是为了重温抗战历史，通过对抗战历史的学习认识，以汲取历史的经验教训，感受伟大的抗战精神，激发爱国激情，更加精神饱满地投入到工作生活中去。因此，产品设计者应深入调研，分析观众需求，围绕观众需求进行文创产品的设计制作。正确区分不同层次观众不同需要，精准对接观众需求，精准设计制作不同的文创产品。中国人民抗日战争纪念馆结合"光辉典范——抗战时期中国共产党党风廉政建设"专题展览，针对本展览观众以党员干部为主的特点，经深入分析，推出了特色邮折和活性炭挂件两种文创产品。特色邮折为三折套封，配以展览名称的个性化邮票，邮折设计风格与展览一致，内容选取抗战时期经典廉政故事；活性炭挂件载体选取具有良好净化功能的黑色果壳活性炭材料，外观设计为内圆外方，并配有圆形中国红传统纹样，意为"不以规矩，不成方圆"，正面选取了延安宝塔山图案，背面为雕塑"卢沟醒狮"。整体寓意为"铁规律人，公廉醒世"。该套文创产品充分考虑了观众来馆参观需求，并配合展览开幕而推出，一推出即受到参观者好评，成为抗战馆畅销文创产品。

抗战类纪念馆文创产品的突破口在本馆馆藏抗战文物。抗战文物是革命文物，是抗战精神最直接、最生动的物质载体，也是抗战文创产品最好的设计元素。将抗战历史、抗战精神元素深植于抗战文创产品中，将抽象的历史生动化、形象化，以文创产品来阐释抗战精神，传播抗战历史。

抗战馆文创产品要注重加强知识产权保护，第一时间将本馆文创产品在中国版权保护中心登记注册。故宫博物院副院长王亚民提出"文创发展的三个阶段"，即自发文创研发、自觉文创研发和立体文创研发阶段。如果说第一阶段以"复制"式的小卖部发展模式为主，第二阶段是在国家鼓励文创

---

① 国务院办公厅：《国务院办公厅转发文化部等部门关于推动文化文物单位文化创意产品开发若干意见的通知》，国办发〔2016〕36号，2016年5月11日。

发展背景下的大规模研发，那么第三阶段就是"深耕细作"时期，也是博物馆文创破解同质化的时期，"文化创意必须上升到第三阶段，就是文创产品的立体研发阶段或者是文创的智慧开发阶段。我们搞文化创意的，做博物馆的，一定要研究自己博物馆本身的文化历史和文物产品，同时也要研究中国数千年以来中国人的生活习惯、生活方式，这样研发出来的产品才能真正满足人民大众的需求，也才能满足人们对美好生活的向往"。

三、结　　语

抗战类纪念馆面对人民对美好生活的新期待，面对公众日益多样化、个性化的文化需求，抗战类纪念馆必须积极拓展视野，延伸功能，转变定位，担当责任，努力做好当代中国人民为实现中华民族伟大复兴的中国梦而奋斗的见证者、参与者和贡献者。

博物馆工作者生逢伟大时代，有幸参与传承中华优秀传统文化、继承革命文化、发展社会主义先进文化的伟大事业，理应按照新时代的要求，坚定地迈出改革发展的新步伐。抗战类纪念馆文创工作必须立足抗战类纪念馆本职工作，以抗战精神为文创产品的精神内涵，以抗战历史为物质载体，以创新设计为关键，以打造抗战文创品牌为保障，实现传播抗战历史，弘扬抗战精神的目的。

博物馆数字互动媒体与观众感官情感体验评估

彭景玉[*]

摘要： 受到在人文与社会科学领域内"感官转向"的启发，本文概述了博物馆学围绕感官和情感体验所展开的探讨，并强调了其对观众研究的意义。在博物馆研究领域重塑对感官和情感认知的同时，新型博物馆互动科技也为观众带来了焕然一新的体验。本文概括了新型互动设施的三大特征：多感官、沉浸式和多用户。结合"感官转向"所带来的新视角和新型数字互动媒体所带来的新体验，本文指出了新视角下观众体验评估框架的需求，介绍了在英国国家航空中心实地调查中所使用的评估设计方法，着重分析了运用三维情感模型测量观众体验的结果。

关键词： 数字互动媒体　评估方法　感官体验　情感体验　观众研究

在过去的三十年里，人文与社会科学领域内展开了一场重新认识和理解人体感官和感官体验的变革[①]。跟随着博物馆学及其相关领域专家学者的脚步，这一"感官转向"为观众研究带来了全新视角，并将补充完善乃至改变对博物馆内数字互动媒体的理解和评估方法。该全新视角与传统的可用性（Usability）和教育价值（Educational Value）视角不同，能够带领我们进入感官和情感体验的新兴世界。

在"感官转向"的研究趋势之下，新型数字科技也正在逐步融入博物馆的实践之中。虚拟现实、增强现实、3D打印与扫描、多点触控等新科技与传

---

[*]　彭景玉，莱斯特大学博士候选人，研究方向为博物馆信息化。

[①]　Uchida, M. and Peng, J. Feeling the exhibition: Design for an immersive and sensory exhibition experience. The Routledge Handbook of Museums, Media and Communication. London; New York: Routledge, Taylor & Francis Group, 2019: 306–314.

统互动科技存在着显著差异。它们更倾向于创造多重感官和沉浸式体验，并能同时被多用户所使用。多感官、多用户和沉浸式的特点对我们现有的经典评估工具和测评系统发起了前所未有的挑战：经典的观众调查方法是否仍能有效地全面测量新型数字技术所带来的用户体验？

在"感官转向"和"新科技浪潮"的双重启发下，本文将探讨如何测量新型互动科技赋予博物馆观众的感官和情感体验。本文内容基于博士研究课题的部分成果以及在英国国家航天中心（National Space Centre）的实地调查结果。该研究在测试了包括问卷，观察和访谈等传统评估工具的实用性之后，转向了心理学、市场营销和传媒等相关领域，以探索关于情感和感官评估框架的新灵感。在简要介绍该课题所使用的评估设计（Evaluative Design）研究方法以及三阶段实地调查过程之后，本文侧重分析使用PAD三维情感模型[1]的结果。

一、感 官 转 向

感官体验是我们对事物感受和感知的重要组成部分。参观者体验博物馆的方式集合了感官、审美、学习等。因此，了解博物馆的感官体验对更好地了解整体参观体验而言至关重要。

在博物馆学范畴内，感官转向最重要的意义是对触觉认知的再认识[2]。Chatterjee的著作Touch in Museums建立在由英国艺术与人文理事会赞助的"触摸和持拿文物的意义"四次工作坊的成果之上，书中围绕博物馆（尤其是历史博物馆和美术馆）内触觉体验的一系列问题展开了详尽的分析[3]。通过讨论博物馆触觉体验的历史、神经科学视角下的触觉、触觉和情感体验、新型数字科技对触觉体验的提升、触觉的社会意义和治疗学价值等问题，本书从多

---

[1] Mehrabian, A. and Russell, J. A. An approach to environmental psychology. Cambridge: The MIT Press, 1974.

[2] Howes, D. Introduction to sensory museology. The Senses and Society. 2014, 9 (3): 259 - 267.

[3] Chatterjee, H. J. Touch in museums: Policy and practice in object handling. New York: Taylor & Francis, 2008.

角度出发全面地阐述了触觉对博物馆的重要性。另外，基于伦敦大学学院考古研究所主办的学术会议"魔力触觉"的讨论成果，Pye同样从历史、科学、技术和观众体验等多角度出发对触觉的作用进行了深入分析[①]。该话题引发了博物馆研究学者的热烈讨论，例如Black重新展开了关于藏品持拿活动对观众体验提升的探讨[②]；Candlin对在艺术史和历史博物馆实践的触觉和触觉体验进行了博物馆学视角下的诠释[③]。

相较于对于触觉体验的重视，在博物馆学中围绕其他非视觉感官展开的研究相对较少。在为数不多的关于听觉、嗅觉和味觉的文献中，Levent和Pascual所编著的书籍是理解博物馆感官体验的重要资源。此书中，Cluett阐述了听觉在体验艺术作品中的作用并分析了声音作为策展主题的历史和发展[④]；Voegelin提出了通过音频导览参观博物馆和美术馆的实例和实用指南[⑤]；对于嗅觉这一"被遗忘的感觉"[⑥]，Drobnick分析了以气味为基础的艺术品（例如香水）的策展实例，并指出了该类艺术品对策展方式的挑战[⑦]；关于味觉这一在博物馆环境中极少涉及的感官，Mihalache强调了它与文化和教育的联系，

① Pye, E. The power of touch: Handling objects in museum and heritage context. Milton: Routledge, 2008.

② Black, G. The engaging museum: Developing museums for visitor involvement. London: Routledge, 2005.

③ Candlin, F. Art, museums and touch. Manchester: Manchester University Press, 2012.

④ Cluett, S. Ephemeral, immersive, invasive: Sound as curatorial theme, 1966 – 2013. The multisensory museum: Cross-disciplinary perspectives on touch, sound, smell, memory, and space. Lanham: Rowman & Littlefield, 2014: 109 – 118.

⑤ Voegelin, S. Soundwalking the museum: A sonic journey through the visual display. The multisensory museum: Cross-disciplinary perspectives on touch, sound, smell, memory, and space. Lanham: Rowman & Littlefield, 2014: 119 – 130.

⑥ Stevenson, R J. The forgotten sense: Using olfaction in a museum context: A neuroscience perspective. The multisensory museum: Cross-disciplinary perspectives on touch, sound, smell, memory, and space. Lanham: Rowman & Littlefield, 2014: 151 – 166.

⑦ Drobnick, J. The museum as smellscape. The multisensory museum: Cross-disciplinary perspectives on touch, sound, smell, memory, and space. Lanham: Rowman & Littlefield Publishers, 2014: 177 – 196.

以及在创造参与性和多感官互动性博物馆体验中的潜力①。

在传统的五感范畴之外，近年来关于具身体验（Embodiment）的研究也显著增加。例如，Rees Leahy从历史学的视角出发，通过分析18世纪至今的游客具身体验的理论、政策和实践，诠释了游客与博物馆的具身化相遇②。Dudley的著作同样涉及感官和情感领域，其论述的重点为人与物的互动。并强调了利用游客与物件的具身化互动体验，突破了长期以来博物馆和美术馆以视觉体验为主导的局限性③。

体验由来自不同渠道的感官刺激所组成④。因此，博物馆应当考虑塑造融合视觉、听觉、嗅觉、触觉等多重感官的互动性参观体验。对于观众在博物馆中感官体验的学术讨论不仅鼓励博物馆为观众营造视觉体验范畴外的多感官互动参观体验，也为从事博物馆研究的学者提供了理解和评估观众体验的全新视角。

二、新型数字互动设备的特征

通过结合博物馆实际案例、学术论文和行业协会报告中所呈现的近年来运用数字互动设施的趋势，可以归纳出新型数字互动媒体的三大特点：多感官、沉浸式和多用户。

前文提及博物馆营造多感官体验的重要性，多感官互动也是博物馆新科技的关键特征之一。新一代互动设备不再仅局限于按按钮、点鼠标、敲键盘或观看视频等传统的、单调的感官互动体验方式，它们更具多感官互动性和参与性。

---

① Mihalache, I. D. Taste-full museums: Educating the senses one plate at a time. The multisensory museum: Cross-disciplinary perspectives on touch, sound, smell, memory, and space. Lanham: Rowman & Littlefield, 2014: 197 – 213.

② Rees Leahy, H. Museum bodies: The politics and practices of visiting and viewing. Farnham: Ashgate, 2012.

③ Dudley, S. Museum materialities: Objects, engagements, interpretations. London: Routledge, 2009.

④ Pascual-Leone, A. and Hamilton, R. The metamodal organization of the brain. Progress in brain research. 2001, 134: 427 – 445.

如今，我们能在世界各地的博物馆内见到多感官互动设备的身影，其中"雨屋（Rain Room）"和森大厦数字艺术博物馆（Mori Building Digital Art Museum）是通过数字设备营造多感官体验的代表性案例。雨屋是由Random International设计的声光装置。该大型互动艺术装置借助3D运动追踪摄像技术，为观众带来了漫步雨中却不被雨水打湿的全新体验，是艺术、科技和自然之美的结合。在成为阿联酋沙迦艺术基金会的长期展览之前，其曾赴伦敦巴比肯中心（Barbican Center）、纽约现代艺术博物馆（The Museum of Modern Art）、上海余德耀美术馆和洛杉矶郡艺术博物馆（Los Angeles County Museum of Art）展出，其所经之处无不引发热潮。与"雨屋"打造的多感官雨中漫步体验给游客留下深刻印象一样，森大厦数字艺术博物馆也使游客沉浸在奇幻而美妙的自然风光之中。在超过10000平方米的展览空间内，参观者可以在光与声所创造的无边世界中自由移动，探索"花的森林"、漫步"水晶世界"、与"蝴蝶"共舞等。更加独特的是，在"En Tea House"中融合了视觉、听觉和味觉的三重体验，观众可以在各自的茶杯中欣赏"鲜花"的盛开。投影在杯中的鲜花会根据实时杯中水量的变化而改变形态。当将水倒入杯中之时体验开始，而当茶水饮尽之后，花朵也将从空杯中消失。

新型博物馆多媒体互动技术的第二个特点是沉浸式。大型多点触摸屏、虚拟现实和3D投影等新技术的发展使博物馆营造更具沉浸感的互动体验成了可能。湖南省博物馆的"永生之梦"辛追墓坑投影秀（图1）是博物馆营造沉浸式体验的典型案例。湖南省博物馆于2017年重新开放时，按照马王堆汉墓辛追墓坑的实际面积，原比例打造了国内罕见的超大投影灯光秀。伴随传统音乐，真实还原的墓葬环境，展示最具代表性的汉代纹饰，该灯光秀是建筑空间与展厅氛围的巧妙融合，使观众沉浸在汉代贵族的永生之梦中。"虚拟交响乐团（the Virtual Orchestra）"同样对沉浸式体验做出了诠释。"虚拟交响乐团"由10个展示空间所组成，在展示空间内设有多个大屏幕，多角度、全方位地展示交响乐团演奏全貌（图2）。同时配合立体环绕音效，为观众营造出了媲美现场观看交响乐演出的沉浸式体验。此外，在展览的最后部分，参观者更有机会戴上VR设备"进入"演奏厅，零距离接触交响乐团。

新数字互动技术的第三个关键特征是它们能同时被多用户使用。如

图1　辛追墓坑投影秀（作者摄）

图2　虚拟交响乐团（作者摄）

Chan[①]所言，博物馆正在从以往的针对单个用户体验的设计向可适用于多用户的多媒体互动设施转型。例如出现在许多博物馆中的多点触控屏。这其中最著名的或许要数库珀·休伊特史密森设计博物馆（Cooper Hewitt, Smithsonian Design Museum）中的触控桌。该超高清触摸桌可以容纳多用户浏览博物馆的数千藏品，并与他人分享自己的设计作品。伦敦帝国战争博物馆分馆丘吉尔战时办公室（Churchill War Rooms）内的17米超长触控桌也是将多用户体验与博物馆互动设施结合的实例。这张长桌位于博物馆内的最大展厅，屏幕显示着战争年代的时间表。当参观者穿过该房间时可了解选定日期的战争大事记。

三、设计评估新框架

新型多媒体互动技术与传统的互动技术特点颇为不同，它们能够创造多重感官和沉浸式体验，并能容纳多用户同时使用。这些新特点也对我们现有的评估工具提出了新挑战：现有评估方法是否能有效捕捉人们使用新型互动科技的体验？经典的评估工具（如访谈，问卷调查和观察）是否能够反映出新互动技术的特点？结合人文社科领域和博物馆研究的新思潮，博物馆数字互动设施的新特点，该项目从感官与情感体验的角度出发，提出一个实用的观众体验评估模型。本节将介绍课题研究所使用的研究方法。

---

① Chan, S. Too busy to blog: A short round up of 2014, http://www.freshandnew.org/.

　　该研究与英国国家航空中心（简称NSC）合作。NSC是英国专注于太空科学和天文学领域最大的博物馆。NSC是开展该研究的理想场所，主要原因有两点：其一，NSC拥有类型、规模齐全的多媒体互动设备；其二，NSC有一家名为NSC Creative的工作室，该工作室专为主题公园和博物馆设计多媒体沉浸式项目。

　　NSC内的帕特里克·摩尔爵士天文馆（Sir Patrick Moore Planetarium）、金星模拟器（Venus Simulator）、互动桌（Space Oddities interactive Table）被选为新型互动设施的代表，它们分别体现了沉浸式、多感官和多用户的特点。具体而言，第一个案例帕特里克·摩尔爵士天文馆（图3）是英国最大的圆顶球幕天文馆。该研究选择的

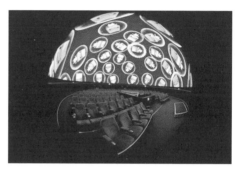

图3　帕特里克·摩尔爵士天文馆
（图片来源：英国国家航天中心）

球幕影片名为"我们是星星！（We Are Stars！）"。影片时长25分钟，讲述了从宇宙诞生到物种进化的故事。该沉浸式观影体验适合探索宇宙化学奥秘的儿童和成人。第二个案例是沉浸式展览中的金星模拟器（图4）。搭乘金星模拟器如同登上宇宙飞船，它将带领游客穿越金星大气层并最终降落在炙热的金星表面。游客可以享受曲面投影和立体环绕声系统所带来的完美体验，更有由NSC创新工作室设计和开发的地板振动系统为游客带来"着陆金星"的真实感受。第三个案例位于太空趣事展厅中，该展厅通过不同寻常的太空物件展示太空历史中有趣但鲜为人知的部分。展厅中的互动桌（图5）最多可供六人或六个小团体同时使用，它营造了一个共同探索、交流和分享的空间。

　　考虑到研究目的是设计测量观众与多媒体互动设施的感官和情感体验的评估模型，该研究采取评估设计的方式，通过多轮的测试来改进评估方法。这意味着，在首轮设计和建立评估体系之后，将对其有效性进行实地测试和改进。因此，实地调查划分为一个试点调查和三阶段正式调查。试点调查的意义在于熟悉环境并确定数据收集的相关细节。该研究采用定性和定量相结合的研究方法，遵循随机抽样的原则选取使用过互动设施的成年参观者作为研究对象。

图4　金星模拟器（作者摄）　　　　图5　太空趣事互动桌（作者摄）

第一阶段实地调查侧重于测试传统的经典评估方法，即访谈、观察和问卷调查。建立在首轮结果的数据分析之上，第二阶段所进行的改进主要针对不同阶段体验的变化和反馈的实时性。第二阶段在经典方法的基础上对前、中、后三期体验进行了细分，并将经典的回溯式访谈升级为在博物馆学领域和观众研究上较少使用的出声思维法（think aloud protocol）以收集实时感受反馈。心理学研究表明，个体的体验可以通过三种相互独立的表达方式来进行测量，即：语言表达方式、行为表达方式和生理表达方式[①]。通过单一的表达方式进行评估有其难以避免的局限性，例如基于语言表达方式的评估，易出现社会期许误差；仅通过行为表达方式的评估则易出现观察者误差。因此，第三阶段的实地调查开创性地引入了博物馆评估中鲜有涉及的生理测量方法，对研究对象的心率和皮电反应进行了测量。

四、在观众调查中运用PAD模型

本节将以在第二阶段问卷调查中所使用PAD语义模型为例，分析新元素与经典观众评估方法相结合所得到的部分结果。前文提到PAD模型是由Mehrabian和Russell开发的情感评估量表，该模型是心理学和市场研究中所使用的经典模型。在PAD模型中"P"为"愉悦度（Pleasure）"，表示个体情

---

① Bradley, M. and Lang, P. Measuring emotion: Behaviour, feelings and physiology. Cognitive neuroscience of emotion. Oxford: Oxford University Press, 2002: 242–276.

绪的正/负面性（Pleasure—Displeasure）；"A"为"激活度（Arousal）"，表示个体神经生理激活程度（Arousal—Non-arousal）；"D"为"优势度（Dominance）"，表示个体对外界的控制程度（Dominance—Submissive）。

在第二阶段问卷调查使用PAD模型中围绕愉悦度、激活度和优势度细分出的36个情绪形容词（组），并让研究对象在所提供的词语中分别选择出1至5个词（组）来形容他们在使用多媒体互动设施的前、中、后期感受。该36个形容词（组）来自PAD模型的三个不同维度，每个维度为6组反义形容词（组），即每维度12个形容词，如表1所示。

表1　PAD模型中的关键词列表[①]

Pleasure （Pleasure—Displeasure）	Arousal （Arousal—Non-arousal）	Dominance （Dominance—Submissive）
Annoyed—Please	Relaxed—Stimulated	Controlled—Controlling
Unsatisfied—Satisfied	Calm—Excited	Influenced—Influential
Despairing—Hopeful	Sleepy—Wide Awake	Submissive—Dominant
Melancholic—Contented	Unaroused—Aroused	Guided—Autonomous
Bored—Relaxed	Sluggish — Frenzied	Cared for—In Control
Unhappy—Happy	Dull—Jittery	Awed—Important

在本课题中，PAD模型的运用不在于强调或区分反义形容词，而是通过运用PAD模型的多维度特点来达到多角度全面描绘观众情感体验的目的。图6为120个参与者关于使用帕特里克·摩尔爵士天文馆、金星模拟器和互动桌情感体验的可视化结果。其中，颜色代表着不同的情感维度，高度代表该词语被选择的次数，从左到右依次为前、中、后期的体验反馈。通过此图组可以清晰地看到观众体验不同类型互动设施的差异以及对于同一互动设施观众体验在不同时期的变化。

当从左至右横向来观察此图组，可以观察到观众在使用同一互动设施前、中、后期体验的变化。具体而言，在帕特里克·摩尔爵士天文馆沉浸式体验中，观众的情感反馈在前期较多选择在愉悦维度中的正面词

---

① Mehrabian, A. and Russell, J. A. An approach to environmental psychology. Cambridge: The MIT Press, 1974.

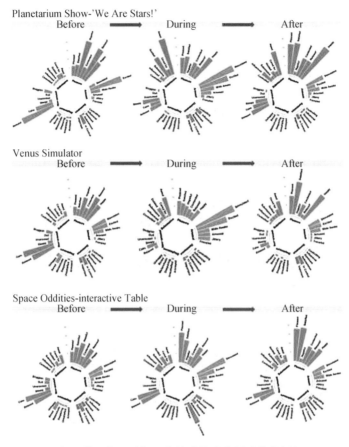

图6　前、中、后期观众情感体验分析（作者摄）

汇（Pleasure），中期变化为优势维度中的被动词汇（Submissive）以及激活性中的高激活程度词汇（Arousal），后期再度回归到了正面愉悦度词汇（Pleasure）。在金星模拟器体验中可以看到由低激活度（Non-arousal），到高激活度（Arousal），再到正愉悦度（Pleasure）的变化；而在互动桌体验中则是由低激活度（Non-arousal），到正愉悦（Pleasure）、主动（Dominance）和高激活（Arousal），并继续保持正愉悦（Pleasure）的过程。

从上到下纵向来观察此图组，可看到不同类型互动设施体验的差异性。比如对于前期互动体验的激活维度来看，去天文馆的观众选择低激活度和高激活度词语的比例相当。但体验金星模拟器和互动桌的游客在前期则更多地选择了低激活度词汇，如感到"冷静（Calm）"和"放松（Relaxed）"。又如对中期互动体验中的优势度而言，天文馆和金星模拟器倾向于被动，"被引导（Guided）""肃然起敬（Awed）"等词汇被多次选择。而互动桌体验则让游客感到更为主动，更多的游客选择了"掌控之中（In control）"。

综合来看该图组，对于研究不同类型的多媒体互动设施而言，该图组清晰地反映了对不同类型设施观众体验的特点：沉浸式天文馆体验的正面愉悦性、多感官金星模拟器的高激活性、多用户互动桌的主动性。对于观众体验评估而言，该图组直观地展示了观众与被选定的多媒体设施互动体验的正愉悦性。正如我们能从图表中所看到的那样，在体验结束之后，观众感到"愉快（Pleasure）""满意（Satisfied）""心满意足（Contented）""快乐（Happy）"。更为重要的是通过设计和运用可以反映出互动情感体验多维度、多阶段特点的测评方法，该图组指出了情感体验变化性和多样性特点。

五、结　语

本文简要介绍了包括博物馆学在内的人文社科领域对人体和感官体验的重新认识；总结了博物馆内新型数字多媒体互动设施的沉浸式、多感官、多用户体验的新特点；介绍了关于感官和情感体验评估框架的设计构思和实地调查中采用的方法；并以第二阶段实际调查中的问卷调查为例，分享了研究的部分成果。

在过去的二十年里，博物馆数字技术和多媒体设施经历了更新换代的过程。这为博物馆研究和观众研究方法提出了新要求和新挑战。同时围绕感官转向和情感转向在博物馆研究领域所展开的学术探讨协同新技术、新设施的特点也给予了我们展开观众研究的全新视角与新灵感。本文分享了笔者在课题研究中所受到的启发，希望借此抛砖引玉。期待更多博物馆学与观众研究领域的专家学者加入到关于观众感官与情感体验的探讨中来，进一步推动观众评估方法的发展与创新，不断深化数字技术对参观体验的影响的多角度理解与全方位认知。

博物馆与藏品

新时期博物馆文物研究理念新思考

张　越[*]

摘要： 中共中央办公厅、国务院办公厅印发的《关于加强文物保护利用改革的若干意见》指出，要加强文物价值的挖掘阐释和传播利用，让文物活起来，发挥文物资源独特优势。新时期文博工作者要转变研究理念，从研究文物的自然属性转变为挖掘文物的社会属性和文化属性。不仅要成为文物的守护者，更要成为中华优秀传统文化的传播者和引领者。本文从文物研究的发展历程、目前博物馆文物研究面临的挑战和博物馆文物研究理念转变三方面探讨转变文物研究理念的重要性和紧迫性，从而更好地推进文物研究成果的全民共享的目标。

关键词： 博物馆　文物研究　理念

文物具有历史价值、艺术价值和科学价值，这是文博界的共识。文物研究工作就是要全面地认识文物，全方位挖掘文物的价值，从而更好地保护文物，还原历史真相，传承中华优秀传统文化。但是，长期以来，我国的文物研究工作成果过于专业化且仅在学术圈内流行，对社会公众的普及还远远不够。因此，我们要转变文物研究理念，让科研成果在纵向深入的同时扩大社会影响力，让更多人了解中国古代文明。

一、目前博物馆文物研究面临的挑战

目前，可移动文物主要分布在考古科研院所、博物馆和私人收藏家手中。考古科研院所的文物研究较为专业化，主要侧重于文物的出土信息、文

　＊　张越，西北大学博物馆馆员，主要从事博物馆藏品研究。

物与遗址的关系、文物的历史价值等。私人收藏家更为关注文物的艺术价值和经济价值。博物馆与考古科研院所和私人收藏家不同的是，博物馆需要搜集文物各方面的信息。首先要研究文物本体；其次要研究文物的分类、管理、收藏；最后要全面研究文物的历史、艺术和科学价值。但随着时代发展，博物馆仅仅做到这些已经无法满足公众的需求。

《关于加强文物保护利用改革的若干意见》中提到："加强文物价值的挖掘阐释和传播利用，让文物活起来，发挥文物资源独特优势，为推动实现中华民族伟大复兴中国梦提供精神力量。"[①]国家文化和旅游部部长雒树刚在"全国博物馆工作座谈会"上的讲话中提出："要丰富博物馆文化产品供给。加强馆藏资源的文化价值挖掘，要树立'策展能力是核心竞争力'的理念，进一步提升博物馆展陈水平，将藏品和展览变成群众听得懂、愿意听的故事，扎实推进文化文物单位文化创意产品开发工作，提高文化产品和服务供给质量，让深藏于馆舍中的藏品变得鲜活，满足人民群众多样文化需要，让人们感受和共享社会发展、文明进步的成果。"

此外，也有学者对此提出了自己的观点。段勇在《中国当代博物馆》一书中指出："学术研究是陈列展览的支撑，学术研究越充分、成果越扎实，陈列展览越具有强大的生命力。学术研究是推动博物馆事业可持续发展的重要动力。"[②]陆建松在《如何讲好中国文物的故事——论中国文物故事传播体系建设》一文中指出："'让文物活起来'的关键是要讲好文物的故事。要讲好文物的故事，必须构建完整、有效的文物故事传播体系：第一要挖掘文物背后的历史文化，做到见物、见人、见精神；第二要做好文物历史文化故事的策划编剧，'内容为王'；第三要开拓平台，不断创新文物故事传播的方式。"[③]李娟在《挖掘文化内涵 讲好文物故事》一文中提到："博物馆需要在举办展览时加强科学研究，运用科研成果和各种展示手段充分挖掘文物藏品的内涵和外延，讲好故事，让观众看明白、感兴趣。博物馆在举办陈列

---

① 中共中央办公厅、国务院办公厅：《关于加强文物保护利用改革的若干意见》，新华社，2018年10月8日。

② 段勇：《当代中国博物馆》，译林出版社，2017年。

③ 陆建松：《如何讲好中国文物的故事——论中国文物故事传播体系建设》，《东南文化》2018年第6期。

展览时，应准确理解和把握区域历史文化内涵，加强对所属区域历史文化与文物资源的科学研究，提炼特色鲜明的展览主题，确保展览内容的思想性、真实性、科学性和知识性。"①

由此可以看出，深入挖掘文物的内涵，让文物活起来，弘扬中华优秀传统文化是目前博物馆的重要任务。这就要求博物馆人要转变文物研究理念，推陈出新，从不同的角度解读文物，给大众提供高质量的文化体验。当前，"让文物活起来"是文博行业乃至整个社会关注的一大热点，越来越多的公众通过展览、电视节目、网络媒体等渠道了解了各大博物馆的"镇馆之宝"。但是，仅仅让大众认识这些"国宝"还远远不够，博物馆珍藏的众多文物从不同层面、不同角度反映了我国古代社会的方方面面，全方位挖掘馆藏文物的价值将有助于中华优秀传统文化的传播。

二、与时俱进，转变博物馆文物研究理念

（一）从物质属性到社会属性和文化属性

任何物质首先具有物质属性，在经过人类的制作、使用，或参与了人类的社会生产、生活后便拥有了社会属性和文化属性。文物亦如此，并且文物的社会属性和文化属性比它的物质属性更为重要，因为只有我们了解了它的社会属性和文化属性才能更好地还原历史的真实面貌。以第一次全国可移动文物普查文物登记表为例，文物的基本信息包括藏品总登记号、名称、级别、类别、年代、质地、尺寸、质量、完残程度、保存状态、数量、来源、入藏时间、描述、照片。以上这些信息都是文物研究、管理工作过程中首先要记录或确定的基础内容，直观地反映出了文物的特点，属于文物本体的特性即文物的物质属性。博物馆文物研究工作不能仅仅停留在研究文物的表面，更重要的是要还原文物产生的历史环境，研究它的制作工艺、使用方法和流传情况。同时还要以点连线，把同类型的文物联系到一起，探索文物背后的历史、政治和文化背景。这样就做到了深入挖掘文物的社会属性和文化属性。

---

① 李娟：《挖掘文化内涵 讲好文物故事》，《中国文物报》2014年6月11日第5版。

（二）从专业化走向大众化

社会科学研究成果如果不能让公众受益则失去了研究的意义。对博物馆文物研究工作更是如此，因为博物馆的一大重要职能就是教育，要让公众从珍贵的古代文化遗产中认识历史，受到启发。博物馆文物研究的成果主要有四种形式：科普图书、专著、学术论文、研究课题报告。这些研究成果可以分为科普类读物和专业读物。专业读物是文物研究工作的重要基石，受众较窄，主要读者是文博从业者。要让博物馆文物研究成果惠及大众就要转变研究理念，在做好基础研究的同时也要注重研究成果的转化和利用。例如，讲解词编写、文物说明牌编写、教育活动策划、展览内容创新、科普书籍撰写、电视节目内容策划等。这些都是让公众了解最新的文物研究成果的途径。博物馆人要在做好基础研究的同时，向大众深入浅出地讲述复杂深奥的历史、文物知识，营造轻松活泼的氛围，传播正确的历史价值观。

（三）重视文物的流传经过

文物的流传经历也是文物的一项重要信息，对于博物馆来说，尽可能搜集有关文物入藏之前的信息对研究文物有着非常重要的意义。凡是有关该文物的文件、书籍、影像资料等都要保存下来，例如文物的照片、发掘信息、收藏信息、修复记录、相关的研究和报道等。这样做有助于建立完善的藏品档案。同时，这些档案也将是珍贵的历史资料。以西北大学博物馆馆藏的汉代四神瓦当为例，共有青龙、白虎、朱雀、玄武四件瓦当，通过查阅相关藏品档案可知这套瓦当是西北大学历史系教授陈直先生于1950年分两次征集的，青龙瓦当和玄武瓦当出自汉长安城遗址一带，时价50万元；白虎瓦当和朱雀瓦当出自西安西郊枣园附近，时价40万元。当时的1万元约合现在的1元钱，也就是说陈直先生用90元钱征集了一套四神瓦当。这份珍贵的档案让我们知道了这套瓦当的来之不易，也对著名历史学家陈直先生和当时的物价有了更深的认识。

（四）结合社会热点，关注公众需求

当今的博物馆要加强和公众的交流，这种交流是双向的。博物馆要利用展览、活动、书籍、文创产品等向公众传播历史文化知识，同时，博物馆也需要及时得到观众对博物馆各项工作的反馈。近年大热的《如果国宝会说话》《国家宝藏》《我在故宫修文物》等节目激发了大众对文化遗产事业的热情，这些节目抓住了观众的兴趣点，从不同侧面介绍了文物的特点，同时也给观众讲述了守护文物的文博工作者在保护、研究文物的过程中所经历的艰辛。这些节目受到了观众的欢迎，也有效地传播了文物研究成果。又如近期陕西历史博物馆微信公众号发布的8篇推送文章，以热播剧《长安十二时辰》为切入点，用翔实的历史、考古、文物资料给读者介绍了唐代的服饰、发式、妆容、铜镜、饮食等。把电视剧中出现的物品与馆藏文物作对比，可以使读者产生强烈的代入感，快速理解文物历史知识。

（五）融会贯通，开展多学科合作

说到文物研究与其他学科的合作，可能很多人首先会想到与历史学、考古学、文物保护学、古文字学等相关学科的联系。其实，在社会高速发展的今天，文物研究工作与越来越多的学科有着广阔的合作前景。比如，三维扫描技术可以帮助博物馆采集文物数据，在对这些数据进行处理后可以做出数字拓片。这样做出来的拓片既美观，也不会对文物造成损害。再如，文物研究也可以和新闻传播学开展合作，对博物馆文物研究成果的输出进行跟踪调查研究，分析博物馆观众的需求，从而助推文物研究成果创新性转化。

综上，博物馆文物研究工作必须要紧跟时代步伐，深入挖掘文物背后的故事，密切关注公众需求，开展多学科交流合作。对文物研究成果进行创新性转化和创造性发展。以丰富有趣的内容和轻松多样的形式让更多人愿意聆听文物的故事，喜爱中国文化。博物馆文物研究人员不仅要肩负起探索中华文明的重任，还要让更多人从文物中了解中华文明，传承中华优秀传统文化、传统美德和人文精神。

文物鉴定人才队伍建设探索

喻　刚　尹夏清*

摘要：随着社会经济、科技的发展，文物鉴定人才队伍已不能很好地满足工作的需求。通过对当前文物鉴定工作现状的分析，指出了文物鉴定人才队伍建设存在的人才储备不足、水平不高、结构不合理等问题，并分析了原因。在对院校文物研究与鉴定类人才培养模式、文博单位需求、技能培训等方面进行调研的基础上，结合现代人才培养理论及方法，提出了文物鉴定人才队伍建设的解决思路。

关键词：文物鉴定　人才队伍建设　培养模式　评价机制

中华民族具有5000多年连续不断的文明历史，在漫长的历史发展过程中，留存了大量文物资源。这些丰富的文物资源，承载灿烂文明，传承历史文化，维系民族精神，是老祖宗留给我们的宝贵遗产，是加强社会主义精神文明建设的深厚滋养。文物鉴定是对文物的真伪、年代、质地、用途和价值进行科学分析的过程，对认识文物价值、发挥文物作用和进行文物保护管理具有决定性的作用。文物鉴定的主要对象包括可移动文物和不可移动文物。对不可移动文物的断代相对容易，如对大遗址的断代，通过对整个遗址进行分析，加上与所处的时代背景及古文献资料进行对照，大致可以将此处遗址断定为属于某个历史时期。而对可移动文物的鉴定难度相对较大，也是目前鉴定工作的主要内容，所以本文主要讨论可移动文物的鉴定。

随着社会、经济、文化、科技的发展，文物造假事件越来越多、技术越来越高超。据各文物进出境审核管理机构和国有文物鉴定研究中心数据统

---

　*　喻刚，西北大学文化遗产学院硕士生；尹夏清，西北大学艺术学院教授。

计，文物的鉴定工作任务量逐年增加，鉴定争议也越来越多。加之文物鉴定工作对结果准确性的要求近乎苛刻，部分鉴定工作对鉴定时限的要求越来越高，这些现实情况造成了文物鉴定人才在数量及总体能力水平上与鉴定工作需求之间矛盾的凸显，如何加快文物鉴定人才培养，提升人才能力素质，已成为亟待解决的问题。

一、文物鉴定工作现状

我国的文物鉴定工作主要由具有行政职能的文物鉴定机构实施，全国共有21家此类机构，分别设立在北京、上海、天津、广东等省、直辖市，统称为"国家文物进出境审核××省（市）管理处"，同时这些机构还加挂"××省（市）文物鉴定中心"的牌子，隶属于当地省级文物行政部门。管理处主要从事本省进出境文物、涉案文物、待征集文物、馆藏文物、社会流通文物的鉴定与审核工作，个别省份管理处还负责邻近未设管理处省份的文物进出境审核。在人员配备方面，21家管理处情况不一，北京、广东等地管理处有专业文物鉴定人才20人左右，大多数管理处为五六人，个别省份只有两三名文物进出境责任鉴定人员。

在鉴定工作量方面，各管理处承担的工作量逐年增长，如陕西省管理处的业务承担单位为陕西省文物保护研究院（陕西省文物鉴定研究中心），其主要负责陕西省内的进出境文物、涉案文物、待征集文物、馆藏文物、社会流通文物鉴定及审核以及西北其他省份的文物进出境鉴定审核工作，2013年至2015年期间，该省鉴定中心仅有4位鉴定工作人员，但工作量却连年突破两万件，最高年人均鉴定工作量达到7500件/（人·年）（表1）；山西省公安厅自2018年开始开展了打击文物犯罪专项行动，至2019年6月25日，分两次向山西文物部门移交涉案文物25413件，其中国家一级文物128件、二级文物265件、三级文物928件，如此大数量、高等级的涉案文物鉴定工作，给鉴定人员带来了巨大挑战；另外，随着科技的发展文物造假技术越来越成熟，对鉴定技能的要求越来越高，鉴定人员在综合素质及人员数量方面均亟待提升。

表1　陕西省文物鉴定研究中心2013—2015年鉴定业务量统计

序号	年份	鉴定量	鉴定人员	人均鉴定量
1	2013年	26000件	4	6500
2	2014年	30000件	4	7500
3	2015年	27400件	4	6850

二、文物鉴定人才队伍存在问题及原因分析

传统文物鉴定是以"眼学"为主要工作方法的学科，没有系统化的理论支撑，同时其是一门需具备深厚理论基础及大量实践经验的学科，这些特点决定着文物鉴定人才培养具有周期长、难度大的特点。通过对目前文物鉴定人才培养、工作模式的研究，发现目前鉴定人才队伍存在人才数量短缺、人才结构不尽合理、队伍的素质和能力有待提高等问题，具体表现在以下方面。

（一）人才数量不能满足鉴定工作需求

面对着涉案文物、待征集文物、馆藏文物、社会流通文物等类型文物鉴定工作量的持续增长，鉴定人才数量已不能满足实际工作需求。主要原因是：第一，文物鉴定涉及陶瓷器、玉石器、金属器、书画、杂项等五个类别[1]，涉及玉、石、陶、瓷、金、银、铜、铁、铅锡、漆、竹木、骨角牙、纸等多种材质，对每种文物进行鉴定，都需掌握每种材料的特性，各个历史时期的制造工艺，以及当时的政治、经济、军事、宗教、农业、手工业发展状况，这就对鉴定人员理论知识储备的深度及广度提出了很高要求；第二，文物鉴定能力的培养需依赖大量的实践经验，由于文物的特殊性，对于绝大多数有志于从事文物鉴定工作的在校学生及文博系统工作人员而言，缺乏鉴定实践机会，从而给人才培养带来了较大难度；第三，对鉴定人员具体鉴定技能的培养，一直采取师傅带徒弟的模式，依赖的是言传身教，至今尚未形成系统化的方法，此种培养模式决定了文物鉴定人才培养不能很好地与国民教育体系相融合，从而限制了人才培养的渠道及效率；第四，鉴定工作对结果

---

[1]　国家文物局、最高人民法院、最高人民检察院、公安部、海关总署：《涉案文物鉴定评估管理办法》，文物博发〔2018〕4号，2018年6月20日。

准确性的要求近乎苛刻，故鉴定工作也被视为"高危行业"，这也影响了从事鉴定工作的积极性。

（二）人才能力水平不能满足鉴定工作需求

当前鉴定人员在能力水平方面具有如下特点：对某一类或几类文物的鉴定研究较深，但对其他类型文物的研究则浅尝辄止；或对各类型文物都有一定研究，但是研究深度却有限。研究很专的文物鉴定工作者在面临类型庞杂文物时，就会有很大的工作压力；而研究面很宽的专家在面对难度深度较高的文物鉴定时又会显得知识储备不足。鉴定人才能力水平与实际工作需求存在一定差距。主要原因是：第一，各个门类文物鉴定虽存在共性，但是每个门类文物的鉴定具有自身的特点，均需鉴定人员掌握较为专业的理论基础；第二，文物鉴定更多的是依靠"眼学"即大量的实践经验，每个门类文物在材质、工艺、纹饰等方面的差别，决定了这些实践经验不具备较强的通用性，因此个人很难对每一类文物都有较深的研究；第三，伴随着科技的发展，文物造假技术更新越来越快，加快了文物鉴定知识技能的更新速度，从而对文物鉴定人员的能力水平提出了越来越高的要求。

（三）人才结构不合理，存在断档缺失现象

目前承担鉴定工作的主力仍以20世纪五六十年代出生的老专家为主，中坚年龄层人才缺乏，年轻人在各机构中占比较大，但尚不能独立承担重要工作，新老结构搭配不合理；对于各个鉴定机构而言，业务专长很难覆盖所有类型文物，存在鉴定门类缺失现象。主要原因是：第一，按照目前培养模式，从一个初学者成长为一名专业的文物鉴定专业技术人员所需周期较长，且需要花费较多精力在学习上，学术收益见效慢，要求从业者要"耐得住寂寞、坐得住冷板凳"，加之近些年随着经济社会的发展，鉴定人员面临的诱惑及选择越来越多，转投其他行业或者岗位的情况屡有发生，一定程度造成了鉴定队伍中坚年龄层人才的流失；第二，老一辈鉴定专家主要来源于1949年后的考古、历史等专业毕业生，20世纪70年代的一段时间则无相关专业毕业生，从而一定程度上造成了中坚年龄层鉴定人才的短缺；第三，对于陶瓷器、玉石器、金属器、书画等门类文物的鉴定工作，由于文物数量多、分布广、流传时间长，形成了一定的理论及实践基础，专业人才相对多一些，而对于象牙、犀角、笔墨纸砚、丝绸等杂项类文物，由于学习资源少、实践机会少，培养难度较大，人才相对缺乏；第四，民间的文物鉴定从业人员水平参差不齐、鱼龙混杂，因此很难与体制内人员形成良好的交流互补机制。

（四）基础理论研究薄弱

文物鉴定仍然是一个以"眼学"为主要工作方法的学科，文物鉴定方面的研究成果相对较少，缺乏系统的理论依据。主要由于鉴定业务量越来越大且人员不足，各鉴定机构的工作重点均放在完成所承担的鉴定业务上，专业人员很难抽出时间精力从事深入的理论基础研究；而且所鉴定文物大多是未经科学发掘出土文物，出土信息的缺失增加了文物鉴定的难度。

三、文物鉴定人才队伍建设模式探索

人才是社会各个行业发展的核心要素，建设一个质量较好、结构合理的人才队伍，是确保文物鉴定事业健康发展，有效发挥文物服务社会功能的基础。解决文物鉴定人才队伍存在的问题可以从发挥现有平台及人员作用、创新人才培养模式两个方面入手。

（一）发挥平台作用，科学统筹现有资源

第一要摸清当前文物鉴定人员、机构等资源情况。对于文物鉴定人员，要摸清体制内鉴定人员数量、专长、职称等基本情况，还要做好民间鉴定人才的登录统计工作，便于后续管理。第二要改革创新，拓展平台职能。要探索新的鉴定工作模式、激励机制及管理制度，赋予省级鉴定机构在机构及人才管理方面的职能，将区域内高校、博物馆、文物商店等其他机构的鉴定人员纳入到鉴定中心平台下，兼职服务于文物鉴定工作，促进文物鉴定人才队伍来源多元化，在壮大人才队伍的同时还可以培养人才。

（二）着眼长远，创新鉴定人才培养模式

"人才培养模式"是指在一定的教育理念指导下，为实现人才培养目标而形成的较为稳定的范式化的结构状态和运行机制。其基本构成要素包括培养目标、培养过程、培养方法、培养评价[①]。如何培养一支质量上乘、数量充足、结构合理的鉴定人才队伍，满足日益增长的文物鉴定需求，以更好保护我国丰富的文物资源，是当下面临的主要问题。可按照"加强研究、打牢基础、分层培养、健全机制"的总体思路，采取加强基础研究、多渠道并举、多层次培养等方法，构建新的鉴定人才培养模式。

1. 加强基础研究，明确培养目标

首先要对文物鉴定人才所需掌握的历史、地理、考古、化学、物理、生物、计算机等方面的基础理论进行研究梳理，建立鉴定基础理论知识体系；其次要对各个门类、各个历史时期文物的制作工艺进行研究梳理，建立鉴定基础技术知识体系；最后要对典型文物的器物造型、纹饰、锈蚀、病害、作假方式等内容进行研究梳理，建立鉴定基础技能体系。在以上基础上，明确本科、硕士、专职鉴定员等各类型人员的培养目标，为鉴定人才的培养提供支撑。

2. 加大科技鉴定的研究及应用力度，降低鉴定工作对主观经验的依赖

传统的文物研究与鉴定，依赖人的感官，即眼观为主，辅以鼻嗅、耳闻、手掂等，通过对器物造型、纹饰、釉彩、工艺的直观观察来判断器物的真伪和年代，因此专业人才成长周期长、难度大。通过加大成分分析、测年、图像分析、人工智能、云计算等科学技术在文物鉴定中的应用研究[②]，提升鉴定工作的科学性，减少鉴定工作对主观经验的依赖，从而缩短鉴定人才的培养周期，降低培养难度。

3. 科学区分层次类别，提升培养针对性

根据人才培养主体不同，可将鉴定人才培养模式分为高校培养、行业部门培养两类。

---

① 袁媛：《中国旅游人才培养模式研究》，中国社会科学院研究生院博士学位论文，2013年。

② 王昌燧：《文物科技鉴定的现状、问题与前景》，《文物天地》2015年第12期。

（1）高校培养：高校主要实施的是国民教育体系内的鉴定人才培养，是鉴定人才队伍新鲜血液的主要来源。要提高高校对鉴定人才培养的重视程度，国家教育及文物行政主管部门可通过政策调控的方式调动高校培养鉴定人才的积极性；加大对文物鉴定相关专业教学研究的支持力度，科学规划本科、研究生阶段的课程体系及培养方案；构建多元化的师资队伍，打破体制限制，协调各方资源，构建本校老师+外校名师+文博行业专家的多元化师资队伍，促进教学质量的提升；建立双元培养模式，选取优秀学生，采取高校同博物馆/鉴定机构合作培养方式，并建立校内外双导师制度，为鉴定专业学生提供更多实践机会及"二对一"指导，做到理论与实践的有机结合，从而促进学生鉴定工作能力的提升。

（2）行业部门培养：行业部门主要是指各鉴定机构、博物馆等文博行业单位，其主要培养对象是具有一定理论基础及实践经验的行业内人员，人才培养的主要目的是提升本机构鉴定人员的综合能力素质。各鉴定机构应该承担起本区域行业内鉴定人才培养的责任，通过举办培训班、学术研讨、挂职锻炼等方式向区域内文博行业人员普及鉴定知识及技能，在提升人员业务能力的同时发掘培养对象，行业主管部门应为鉴定机构从基层选拔培养对象提供支持，开拓人才输入渠道；各大博物馆应充分利用文物资源及鉴定人才优势，与中小博物馆建立帮扶机制，通过业务交流、人员选培等模式，帮助基层培养鉴定人才，促进博物馆鉴定工作整体水平的提升。

4.建立健全鉴定人才技能评价机制，实现对鉴定人员技能的终身跟踪管理

国家文物局组织的"国家文物进出境责任鉴定员资格考试"是目前对鉴定人员鉴定技能进行评价的唯一方式，是鉴定人员从事鉴定工作的一项资质性考试。从管理学的角度而言，建立层级合理的技能评价机制，对于规范鉴定人员管理，促进鉴定人员技能提升具有积极作用。应加强对鉴定工作技能分级制度的研究，科学划分技能层级并制定考评方式，同时配套激励机制，积极引导鉴定人才提升鉴定技能，从而促进鉴定人才队伍整体技能水平的提升。

文物鉴定人才培养周期长、难度大的特点，造成了当前鉴定人才队伍建设不能较好满足鉴定工作需求的矛盾。本文对鉴定工作及人才队伍现状做了充分调研分析的基础上，给出了目前文物鉴定人才队伍建设面临的问题及

原因。文物鉴定人才队伍的建设靠"两条腿"走路，既要统筹利用好现有资源，最大化地发挥现有人才及机构的作用，又要着眼长远，按照"加强研究、打牢基础、分层培养、健全机制"的总体思路，创新文物鉴定人才培养的模式，从而实现文物鉴定人才队伍的可持续发展。

从"贫穷挣扎"[①]到世界经典：英国对巴西艺术态度的转变

埃洛艾萨·罗德里戈 著　李奕菲 译[*]

摘要： 本文认为英国对巴西艺术的态度经历了三次关键性的转变，并指出跨国艺术发展的历史背景。在此背景下，本文还探讨世界动荡局势如何影响博物馆艺术品收购，以及如何与民族艺术观念的相互作用——例如，一些作品被收购不只是因为它们的"巴西特色"，还在于它们对美国和西欧艺术经典的接受与融合。本文是笔者正在进行的博士项目的一部分，该项目旨在分析英国公众收藏的巴西艺术作品。其目的之一是探究影响博物馆决定投资先前不具有代表性的国家的艺术品的潜在原因。巴西艺术在过去或许曾受到傲慢的评价和严肃的批评，而现今的当代艺术博物馆却设置了专门的空间来展示它。

关键词： 巴西艺术　收购收藏品　英国　跨国

第二次世界大战结束以来[②]，随着一些学术研究、展览的举办，以及埃塞克斯·拉美艺术馆（ESCALA，Essex Collection of Art from Latin America）这一积极收集拉美艺术品的机构的成立，英国对巴西艺术品的接纳变得更为

---

　　*　埃洛艾萨·罗德里戈 （Eloisa Rodrigue），莱斯特大学博士候选人；李奕菲，研究方向为文化遗产保护与修复。

　　①　Sitwell, S. Exhibition of modern brazilian paintings. Exhibition catalogue. London: Royal Academy of Arts. 1.

　　②　第二次世界大战是一个有趣的起点，因为在此期间，来自欧洲的艺术家、知识分子、评论家和学者到拉丁美洲国家寻求庇护。一方面，这些人不仅为这些国家的文化传播做出了贡献，而且更好地了解和理解了拉美艺术，将拉美艺术思想带回自己的祖国；另一方面，欧洲也接纳了因本国的独裁政权而寻求庇护的拉丁美洲艺术家。

系统而正式。在英国，人们对巴西艺术的兴趣似乎遵循着巴西当时的社会风潮、政治影响力和经济实力的发展趋势。例如，20世纪60年代，拉美艺术品和艺术家在英国受到关注，出现频率增加，这与艺术国际化的转变有不可分割的关系。Caroline Jones观察到，这种艺术国际化的观念打破了国界，承认人、思想和形势的变迁。这一观念自20世纪60年代萌芽，在20世纪70年代受到关注，并在20世纪八九十年代不断发展，至今广泛传播。从艺术实践角度看，她认为“在从‘国际’和‘世界’向‘跨国’和‘全球’的转变过程中，艺术也从教条主义向充满生机过渡，从垂直向水平扩展。”[1]

正是出于这些考虑，我打算介绍英国接纳巴西艺术的三个关键点[2]。这些关键点证明了英国对此类艺术作品态度的变化，其中包括收藏巴西艺术作品的关键时刻。最后，我将以一个有关接纳巴西艺术的较新的案例作总结，这个案例可谓认可拉美艺术的高光时刻。

一、他们既不贫困也不挣扎

若追溯英国公众开始收藏巴西艺术品的时间，那应该是1944年。由伦敦皇家艺术学院主办的“现代巴西绘画展（Exhibition of Modern Brazilian Paintings）”，是英国举办的第一个巴西艺术展。这次展览的组织以及在此机缘下对巴西艺术品的首次收藏，时至今日仍是英国对巴西艺术品的态度发生翻天覆地变化的典型案例。

然而，在展览对外开放之前，巴西政府、外交部，以及英国文化协会和艺术家本人都付出了巨大的努力。做这样一场展览的想法源于一群巴西艺术家，他们在1943年11月与英国驻里约热内卢大使沟通，并提供了一系列艺术品供伦敦展出和出售，以此为皇家空军慈善基金会（RAF）提供支持。然而，在当时开展此番事业是十分艰难的。二战期间，潜水艇袭击频繁，将艺

---

① Caroline A. Jones. The global work of art : World's fairs, biennials, and the aesthetics of experience. Chicago: University of Chicago Press, 2017: 154.

② 所谓英国的巴西艺术，是指自巴西独立年（1822年）起，该国或旅居国外的巴西艺术家创作的任何艺术作品，并已由英国的一家公开博物馆正式收购。

术品从巴西通过船只运到英国的路上危险重重。而当艺术品终于运送到伦敦时，举办展览的场所却尚未确定。一些博物馆和美术馆，例如英国国家美术馆、泰特美术馆、维多利亚和阿尔伯特美术馆，均拒绝举办该展览，"这些艺术品里可能藏有炸弹，况且是在长期的运输后重新将它们打开，太过于危险了"①。被多次拒绝后，展览最终在英国皇家艺术学院举办。英国皇家艺术学院当时的主席Alfred Munnings爵士接受了委托，前提是藏品的出处要清楚说明，且藏品在展出时可能出现的作品品质问题不由学院及英国政府承担。

这在当时是一场非常特别的展览，因为英国大多数机构都很少关注现代主义艺术展览，更何况这些艺术品来自巴西等国家。除了当代美术馆中的某些特例（如Signals London和20世纪60年代末的诺丁汉Midland Group画廊②）外，直到1989年，英国才出现了有关拉美艺术综合展览，笔者将在后文加以阐述。

1944年的这场展览很特殊，当时还出版了作品图录，但它的举办并不是出于机构利益、展览策划和研究实践的考虑。Sacheverell Sitwell（1897—1988，英国艺评人）、Ruben Navarra（巴西艺评人）为图录作序，体现了这次展览的权威性。Sitwell在序言开篇中讲，"巴西画家赠送给英国公众的，更确切地说是送给RAF慈善基金会的礼物，微妙地表达着对那些挽救文明、阻止野蛮入侵的年轻人的敬意。我们至少能做的，是认真对待他们的画作，尝试用我们的评价及见解去反馈他们作为回报。"他认为"这里出场的所有艺术家一定都是贫困而挣扎的。"③

在Sitwell倨傲的序言中，描绘了巴西所不为人知的地域文化及艺术背景。正如Jones、Locke和Asbury所指出的那样，20世纪40年代巴西在现代化进程中突飞猛进。艺术上的发展则始于20世纪20年代的《现代艺术周

---

① Gadelha, H. 'The art of diplomacy' in Brazilian Embassy. The art of diplomacy: Brazilian modernism painted for war. London, 2018, 45.

② Midland Group画廊于1968年组织了六个拉丁美洲国家艺术展览，展出来自阿根廷、巴西、智利、墨西哥、乌拉圭和委内瑞拉的艺术家作品。

③ Sitwell, S. Exhibition of modern brazilian paintings. Exhibition catalogue. London: Royal Academy of Arts. 3.

刊》（Modern Art Week）创刊[①]，和相继开设的三个博物馆： Museu de Arte Moderna（MAM）和Museu de Arte de São Paulo（MASP），这两所博物馆都在圣保罗市，另一所Museu de Arte Moderna do Rio do Janeiro（ MAM Rio）在里约热内卢。这些新近开放的博物馆还将Max Bill和Alexander Calder等现代国际艺术家的作品带到了巴西。"最初的泰特美术馆成立于100年前，即1897年。改扩建后的泰特美术馆于2000年作为英国新一代的囊括现代及当代国际艺术的国家美术馆面世。"[②]这三个博物馆分别位于巴西的经济中心和政治中心：作为工业和金融中心的圣保罗；作为当时联邦首都的里约热内卢。为伦敦展览捐赠绘画作品的大多数现代派艺术家都在这两个城市生活和工作，而他们既不贫困也不挣扎。他们出差旅行，在国外生活、工作和接受培训，并对全球艺术界有着深入的理解。1944年皇家艺术学院展览上展出的艺术品中约有一半被售出，有一些还被收入了英国公共博物馆。

二、所谓的南美特质

英国皇家艺术学院举办的巴西现代绘画展通过民族历史的视角展示了这些艺术品，然而背离了这些艺术品原有的审美趣味；但鉴于其慈善宗旨——出售画作筹集的资金用于战争——第一批巴西艺术品被英国的艺术机构以及私人收藏。José Cardoso Junior创作的一幅有趣的画作《自娱自乐》（They Amuse Themselves）反映了巴西的这种民族主义观念，这是巴西艺术家在1945年首次被泰特美术馆收入的艺术品。皇家艺术学院的展览即将开幕之际，Lord Bossom勋爵与当时的泰特美术馆馆长John Rothenstein爵士取得联系并表示将为泰特美术馆购买艺术品。Rothenstein爵士与泰特美术馆的受托人参观了展览之后，立刻购买了该作品。Rothenstein爵士在致Bossom勋爵的信中表示，他们决定购买《自娱自乐》是鉴于其"南美特质"，"董事会认为

---

① 《现代艺术周刊》于1922年在圣保罗创刊，被认为是巴西艺术现代主义的开始。

② Locke, A. Oranges and bananas or pears and apples? Exhibition of Modern Brazilian Painting at the Royal Academy of Arts in Brazilian Embassy in London. The Art of Diplomacy: Brazilian Modernism Painted for War. London, 2018: 70.

这幅画作是对他们现有收藏品的精准补充"。这个表述很有趣，画作上是一群半裸的女人在热带海滩上享受美好时光的场景，在某种程度上，画作所描绘的主题与其起源地（巴西/南美）有关，这与当时他们对巴西艺术所可能产生的理解联系在了一起。关于这次购买可追溯的唯一信息出现在展览的图录中。图录中提到了Cardoso的一些个人经历：他的学艺经历，他的老师Candido Portinari，以及纽约现代艺术博物馆曾购买过他的一件作品。

John Rothenstein爵士对巴西艺术的态度难以捉摸，但众所周知的是，当时泰特美术馆馆长相比于前任馆长们对英国和国际现代艺术有着更多的兴趣和理解。他曾在美国工作生活过，也许就是那时在现代艺术博物馆中他见到了José Cardoso Junior的这幅画作。Rothenstein先生对收集英国及外国的艺术作品，将泰特美术馆打造为现代艺术殿堂这一事业颇为着迷。无论泰特美术馆负责人和受托人是否是由于他与现代艺术博物馆的关系而了解到José Cardoso Junior的作品，购买这个特别的（具有所谓南美特质的）作品都可能与他们所抱有的对南美、巴西的固有观念有所联系，而这种观念与以下历史背景有关。

在皇家艺术学院举办的展览是由巴西艺术家们捐赠艺术品并在伦敦出售以支持战争的倡议而发起的，此时巴西政府向欧洲派遣了约25000名战士加入盟军参战。此事件发生在GetúlioVargas政府（1882—1954）执政期间，在他的专制政权（1930—1945）内，巴西第一次开始对文化输出的战略性规划，其中包括在国际范围内推广巴西文化。尽管政权充满专制与压迫，但有趣的是Vargas政府热衷于推广巴西文化的各方面，这也是现代化运动的一部分。在推广中强调：巴西文化是由原住民、移民共同创造的。正如Williams所指出的那样："该政权将现代主义作为民族认同的载体。这似乎是个非常正确的选择，因为现代主义者所采用的现代化文化习俗对国际范围内的受众都兼容并蓄，同时又保持了巴西人的特殊性。"[①]换句话说，Vargas政权促进了Oswald de Andrade在他的《宣言》（Manifesto Antropófago）中提到的巴西艺

---

① Daryle Williams. Culture Wars in Brazil : The First Vargas Regime, 1930 – 1945. Durham: Duke University Press, 2001: 207.

术的发展：将外国元素（例如巴西的欧洲历史和前卫艺术）与本国元素相结合。巴西艺术容纳外来者所提供的东西，使其融入本国元素而使国家变得更强大。种族文化和落后的状况是巴西艺术品的对外输送的两大主题。另一个有趣的事实是，巴西是美国前总统富兰克林·罗斯福实施的美国睦邻政策（Good Neighbour Policy）——当时对拉丁美洲的外交政策——的重要对象。

这种国际背景导致世界对巴西产生了独特的看法。在艺术方面，直到20世纪50年代的圣保罗艺术双年展（Sao Raulo Art Biennial）创立后，世界对巴西的看法才有所转变。正如Jones所指出的那样："启蒙运动之后，只要巴西艺术家们愿意讲述他们的家园，那种异国风情便会受到旧世界的欢迎，比如关于图皮瓜拉尼公主的歌剧，关于Fazenda生活的小说，神秘丛林的风景画以及食人女王的传说。而双年展改变了这个定式。"[①]如此推测，在双年展创立前，沙滩半裸女人的画作也可以被看作是民族象征的一部分。

三、风貌的变化：走向跨国艺术

在前文中提到Jones对巴西艺术传统固有认知的改变与推动抽象艺术发展的第一届圣保罗艺术双年展关系密切。从那时起，全球艺术世界网络形成了。圣保罗双年展于1951年开幕，是继威尼斯双年展（始于1895年）之后的第二个世界双年展。它的前两个版块包含了Max Bill（1908—1994）、Constantin Brancusi（1876—1957）、Henry Moore（1898—1986）的作品和毕加索的《格尔尼卡》。Jones指出，这个巴西双年展的诞生"永久地"改变艺术世界的边界，"产生一种新的全球化的艺术品"。做出这样大胆声明的原因之一，是选定了几何抽象艺术/纯理性艺术作为其第一版块所采用的主要风格。例如，Antonio Maluf（追随纯理性艺术的工程师、工业设计师）的作品被选为双年展的海报。"世界博览会和威尼斯双年展要求来自边缘地区的艺术家采用国际艺术语言，但早期的圣保罗双年展就已经使用了几何非客观的

---

① Caroline A. Jones. The Global Work of Art : World's Fairs, Biennials, and the Aesthetics of Experience. Chicago: University of Chicago Press, 2017: 116.

艺术语言来根除差异。世界舞台上的'边缘国家'体现出了文化霸气……当代艺术将会有所不同。"①

圣保罗双年展展出本国艺术家采用国际艺术语汇创作的作品，使巴西立足于世界艺术之中。Jones有一点分析十分有趣，他认为巴西接受抽象艺术是一种消除差异、走向国际的策略——在1922年举行的现代艺术周，Oswald de Andrade、Tarsila do Amaral 和 Graça Aranha等知识分子和艺术家强调了巴西与世界的差异。如前所述，de Andrade的《宣言》呼吁包容、吸收、兼收并蓄地构建巴西文化。巴西文化应该被国际和现代艺术语言所吸收。通过采用抽象主义，双年展消除了巴西艺术与世界艺术的差异。国家与国家之间不平等的问题，无论是社会、经济还是种族问题，在官僚主义下都笼统地抽象为"非具体化的艺术"。看似与外国对巴西资源开发的官方计划正吻合②。直到20世纪60年代，才出现了一种新型的"食人主义"的回归，再次强调了巴西的文化及历史的差异，这又回到了食人主义艺术的年代，根据Jones的说法，它始于圣保罗伊比拉普埃拉公园（圣保罗双年展的举办地）的Oscar Niemeyer建筑群。"其混合性及拟人性是扭转了巴西后生代艺术家的几何抽象艺术创作的关键因素。"③正是在20世纪60年代，巴西（以及拉丁美洲）的艺术品在英国引起了更为热切的关注。泰特美术馆收藏了Sérgio Camargo在1963年创作的Large Split Relief No.34/4/74，就是的一个范例。美术馆在1965年通过Signals London向Camargo购得此作品。

Guy Brett以笔名Gerald Turner为Signals London撰稿指出，Camargo创作的木雕作品是"最重要，最新和最繁复的作品"④。除了强调作品的材质以及光线在揭示作品复杂性中的作用，Brett还突出了一个观念，即Camargo的南美

① Caroline A. Jones. The Global Work of Art : World's Fairs, Biennials, and the Aesthetics of Experience. Chicago: University of Chicago Press, 2017: 114.

② Caroline A. Jones. The Global Work of Art : World's Fairs, Biennials, and the Aesthetics of Experience. Chicago: University of Chicago Press, 2017: 133.

③ Caroline A. Jones. The Global Work of Art : World's Fairs, Biennials, and the Aesthetics of Experience. Chicago, IL: University of Chicago Press, 2017: 144.

④ Turner, G Camargo. Signals - Newsbulletin of Signals London. London: Signals Callery, 1965, 1 (5): 4.

身份是他作为艺术家在创作中面临的挑战：南美由不同的国家和文化组成，但Camargo以及该地区的其他艺术家，例如Otero、Cruz-Diez和Soto，"显然正在西方艺术长河中留下属于他们的痕迹"，通过创作出介于绘画和雕塑之间的非凡精细并经过细微改良的作品，来复兴"浮雕、壁画等西方艺术形式"①。

这些评论准确地表述了巴西艺术作品在那时所经历的一切，以及例如Signals London这类代理商在其中扮演的重要角色。Signals London由Paul Keeler和David Medalla创立，是众多代理商（私人商业画廊）中的一家，从1964年11月至1966年10月，该画廊仅运作了两年。它在短暂的运营期间，对拉美艺术及拉美艺术家的贡献超过了英国多数博物馆和商业画廊。20世纪60年代，Sérgio Camargo、Lygia Clark和Mira Schendel等艺术家都在Signals London举办英国首次个展。1969年，Hélio Oiticica通过他与Signals London的关系，在Whitechapel画廊举行了他的首个英国个展。在博物馆尚未包容西欧和北美以外的艺术之前，画廊使那些尚未被英国博物馆重视的艺术家们更加活跃，相比之下，泰特美术馆的拉美收藏委员会成立于2002年，旨在增强他们收藏的该地区艺术品的区域代表性。"许多在Signals London举办英国首秀的艺术家成了拉丁美洲艺术史上的核心人物；有些人还步入了新兴的国际典范之列，现已成为当代艺术中举足轻重的一员"②。在这方面，Signals将拉美艺术与西欧、北美现代艺术并列。1964年在"拉丁美洲现代艺术节"上举办的首次群展是一次颇为特殊的展览，该展汇集了21个拉美国家及地区的艺术家创作的100余幅作品。"这次展览和其后与Signals London联合举办的个展和藏品展相比，有更为广泛的区域意义。"③Whitelegg还观察到，Signals London对这些艺术家的关注并不是由于他们来自拉美地区，"而是由于他

---

① Signals - Newsbulletin of Signals London. London: Signals Gallery, 1965, 1 (5): 4.

② Whitelegg, I. Signals London, Signals Latin America, Radical Geometry. Modern Art of South America from the Patricia Phelps de Cisneros Collection. London: Royal Academy, 2014: 57.

③ Whitelegg, I. Signals London, Signals Latin America, Radical Geometry. Modern Art of South America from the Patricia Phelps de Cisneros Collection. London: Royal Academy, 2014: 57.

们与其他文化中心之间的联系……然而，de Camargo和Soto既彼此分散又都与欧洲社会保持联系，他们代表了现代拉美艺术，现代拉美艺术中也包含了Clark、Schendel等其他许多艺术家的创作"①。

因此，Signals London的意义在于：他们使这些艺术创作在更大范围内被认可。他们认识到了拉美艺术的国际性：Signals London关注他们，不仅因为他们是拉美艺术家，事实上，他们也并未由于巴西人的身份而遭排斥或区别看待。这些巴西人之所以受到认可，是由于前文所提到的圣保罗双年展举办之后，他们作为艺术家所创作的作品而得到赞誉。

四、学术背景

巧合的是，英国埃塞克斯大学（University of Essex）对拉美艺术的学术研究也是在20世纪60年代开始进行。或许是因为这是一个更正式、更传统的机构，相比Signals London等画廊所提出的构想，对拉美艺术的认识在这里发生了不同的转变。埃塞克斯大学的研究采用"区域研究"的方法，即拉美地区研究。尽管研究一开始主要关注墨西哥艺术和前哥伦比亚时期的艺术，并成为比较研究学学生的选修课，但后来逐渐转变为更为专业的文学硕士课程。20世纪70年代末，学校将其分为两门课程，一门关于前哥伦比亚时期的艺术，另一门关于拉美的殖民地时期和现代艺术。拉美艺术学术研究的开展有两个重要成果：首先，埃塞克斯拉美艺术馆在这种背景下成立了，这是英国唯一的专门针对拉美区域的公共收藏机构。其次，在埃塞克斯大学研究成果的基础上，1989年伦敦的海沃德美术馆（Hayward Gallery）举办了名为"拉丁美洲艺术（Art in Latin America, The Modern Era, 1820 - 1980）"的展览。

该展览主要体现了采用"地域研究"方法取得的学术成果。该展览旨在向广大不了解这个主题的人展示160年来的艺术作品。这是英国首次尝试举办

---

① Whitelegg, I. Signals London, Signals Latin America, Radical Geometry. Modern Art of South America from the Patricia Phelps de Cisneros Collection. London: Royal Academy, 2014: 61 - 62.

这种以这一时间段的艺术作品为主题的展览，"因为当时英国的公共收藏中几乎没有那个时期的作品"①。

该展览展示的作品始于19世纪初期，此时拉丁美洲国家的独立运动方兴未艾。"从某种意义上说，这一研究成果足以创建一个临时的拉美艺术博物馆，这所博物馆提供的是一个经必要筛选后的非综合的局部视角。"②但是，这是一个有意思的矛盾，因为有人可能会说，拉美艺术博物馆可以（或应该）从综合视角去展现其主题。

与许多宏伟的项目一样，该展览也受到了一些批评。一方面，有人认为展览体现了欧洲中心的的特殊视角、将拉美异域化，将"地域研究"的方法运用到艺术作品上；另一方面，极度西欧中心主义的艺术视角突出了该展览中一些艺术作品展现的"贫困"特性。Rodney Palmer提出了展览中的遗漏，例如没有收录表现土著方言和宗教艺术的作品，但他仍认为"批评'拉丁美洲艺术'展的不完整是毫无意义的；因为问题其实在于，它包含了太多的内容"③。David Thomas批评了作品的"艺术价值"，他认为某些艺术作品的吸引力仅在于它们的社会意义而非艺术意义④。

展览中的艺术作品被用来讲述拉美国家的历史和文化特征。"拉丁美洲艺术"并没有像Signals London和皇家艺术学院所组织的艺术展那样，对英国公众收藏拉美艺术作品产生直接的影响；但这次展览仍然是英国接纳巴西艺术的历史上的关键点。有关拉美艺术的学术研究和调查，特别是图录，在展览策划的过程中都发挥了重要的作用，并为许多研究人员在国际层面研究拉美和巴西艺术提供了帮助⑤。

---

① Brades, S. F. and Drew, J. Foreword to art in Latin America : The modern era, 1820 - 1980. London: The South Bank Centre, 1989: ix.

② Ades, D. Art in Latin America: The modern era, 1820 - 1980. London: The South Bank Centre, 1989: 1.

③ Palmer, R. ed. Art in Latin America. London: Hayward Gallery (Book Review). 1989: 569.

④ Thomas, D. Art in Latin America. RSA Journal, 1989, 137 (5397): 588.

⑤ Caragol, T. and Whitelegg, I. eds. The archival avant-garde: Latin American art & The UK. Unpublished, 2009: 11,

五、结　　论

本文主要介绍了历史上英国对巴西艺术态度的变化及其复杂性。对于1944年皇家艺术学院的展览，英国评论者展现出自认高人一等的姿态。而到了20世纪60年代，Signals London所举办的拉美艺术展上出现了前所未有的对国际性的认可。有关拉美艺术的学术研究的开展，使人们重新回到通过理解国家历史来欣赏艺术的角度。本文展现了全球局势和当时的主流国家如何影响艺术评论与认可。可以说20世纪40年代对José Cardoso Junior的画作进行的屈尊俯就的评论以及所谓的"南美特质"论，皆源于现代巴西绘画展览的举办及其特定的历史背景；而组织者对巴西艺术的了解又十分有限。同样，Signals London对这类艺术作品的展出也呼应了艺术全球化运动的发展。这场运动同时在巴西展开，使之跨越国界。1951年圣保罗双年展的举办将巴西置于全球艺术舞台上，也相应地使巴西艺术在全球艺术典范的行列中占据一席之地。

在皇家艺术学院举办展览期间，英国也收购了少量艺术作品。这对英国的艺术机构而言，是一个损失。因为他们无法再购买到当今受到高度认同的艺术家作品。巴西艺术家在Signals London展览上也出现了类似的境遇，除了Camargo的作品被伦敦泰特美术馆购买收购之外，许多艺术家在几年后才被接纳。例如，泰特美术馆作为英国收藏国际艺术品的主要公共机构，也仅在21世纪初收购了Lygia Clark、Hélio Oiticica和Mira Schendel的几件作品。这让我们联想到另一个有趣的问题。Lygia Clark和Hélio Oiticica的作品在画廊的临时展与常设展中都有展出。这两位艺术家的作品被列入泰特美术馆在2000年举办的"世纪之城（Century City）"开幕展中，陈列在专门为里约热内卢地区作品设置的空间里。 Oiticica于2007年举办了一次回顾展，名为"身体的色彩（Hélio Oiticica：the Body of Colour）"。Cildo Meireles和Mira Schendel也分别于2008—2009年和2013—2014年举办了展览。对Oiticica的Tropicália，Penetrables PN2'Purity is a Myth'和PN3'Imagetical'的收藏是一个有趣的研究案例：作品于2007年被泰特美术馆收藏，并出现于同年的个展，这为同一位艺术家的作品曝光度大大提升提供了依据。如Caragol和Whitelegg指出的那样，这推进了原创性研究书籍《伦敦的Oiticica》（Oiticica in London）的出版。"关于拉美艺术的历史地位的解读也许以后会浮现，但是在这点上，泰特美术馆的收藏选择说明了为永久性投资（表现为收藏品）所需要的历史意义和艺术家个人通过展览所表现的想要被认同的历史意义之间的关系。"①在某些情况下，艺术家的认同需求和藏品的永久性投资需求是并存着，相辅相成的。如果"物理距离"曾经是英国缺少巴西代表性艺术品收藏的理由的话，这个理由迫使巴西艺术家产生了只有努力跨出国门才能跻身国际平台的观念，因为拉美似乎（从地理位置上和隐喻意义上）太过遥远了。拉美艺术评论经历了从本国到国际再到跨国的转变，使之成为艺术经典的范本。这也反映了收藏政策的变化。

最后要提到的一点，上文所说到的拉美艺术至今得以闻名天下，并在艺术史和全球收藏界中独具永久代表性，是有赖于人脉网络的。这种人脉存在一定的局限性，因为作品终将落入国际范围内的同一批代理商。正如Quiles所观察到的，这种人脉"会导致拉美艺术圈内部的相互排斥，并固化它（相对世界艺术的）的边缘化位置"②。一方面，这些人脉网络使该地区的艺术家走进国际艺术圈，提高了拉美艺术的认可度；另一方面，也反映出艺术家要想跻身国际平台是多么依赖人脉关系。

---

① Caragol, T. and Whitelegg, I. eds. The archival avant-garde: Latin American art & The UK. Unpublished, 2009: 11.

② Quiles, D. R. Exhibition as network, network as curator: Canonizing art from Latin America, Artl@s bulletin, 2014, 3 (1): 63.

体验互动 融合发展

——博物馆藏品管理新模式

黄 薇 张 蕾*

摘要：博物馆与世界的沟通、互动、交融成为发展趋势。藏品是博物馆的基础，也在博物馆发展中起到关键性作用，而藏品管理是否得当决定了这座博物馆未来的走向和规划。每一座博物馆、每一种类型的博物馆都要以一种深度开放的姿态，来迎接新的时代。具体而言，博物馆学专业教学中的藏品管理课程实践机会少，而与高校博物馆藏品管理工作结合，各取所需，形成双方共赢的良好机制，将拓展高校博物馆对外公共服务的广度和深度，提升高校博物馆的管理能力，贴合中国博物馆公共服务建设的具体要求；从而顺应国家对公共教育的全面开放方针，融入全球博物馆推进互动交流的发展趋势中。

关键词：博物馆发展 藏品管理 互动交流

博物馆在现代社会的文化功能意义愈发凸显，而我们深知让博物馆发挥社会教育功能的根本在于藏品。也就是说馆藏藏品的数量和质量在很大程度上决定了该博物馆的展示陈列、科学研究以及所承担的各个层次的教育活动的质量。

一、藏品管理的重要性

藏品可以说是社会物质文明发展或者是大自然演化的最有力的实物见

---

* 黄薇，陕西师范大学历史文化学院；张蕾，南京博物院《东南文化》编辑部。

证，它既能客观地反映物质的真实状况，也能为科学研究提供重要的原始资料，同时还能帮助我们正确认识历史，认识自然，起到证经补史的作用。

藏品管理的好坏直接关系到博物馆的陈列展览、社会教育和科学研究的水平。何为管理？管理就是在一定特殊环境下，通过计划、组织、领导和控制等行为活动，对所拥有的一切资源进行有效合理的整合，以达到组织目标的过程。可见任何领域的管理目的，都是为了"更有效"地实现目标，也就是要追求最佳效率和效果，使组织以尽量少的资源而尽可能多地完成预期的合乎组织要求的目的。

张謇先生在创建我国近代史上第一座博物馆——南通博物苑时，就提出了他的博物馆藏品管理理论，他认为文物征集应"纵之千载，远之外国，古今中外都要广事收罗"；藏品收藏要"室中宜多窗，通光而远湿。庋阁之架，毋过高，毋过隘，取便陈列，且易拂扫"；对于文物要妥善保存，按藏品性质分为历史、自然、美术三部分，"分别部居，不相杂厕"，每件物品都要"条举件系，立表编号"，并提出做好藏品的编目、著录工作。这几点论述涉及征集、编目、保存和分类等，已基本构成了我国博物馆藏品管理的工作流程。同时可见，从设立之初，博物馆就对藏品管理设立了严格的规章制度，这在现代博物馆事业中也同样重要。

《中国大百科全书·文物 博物馆卷》中关于藏品的定义如下："藏品是指博物馆依据自身性质、任务和社会需求征集并经过鉴选符合入藏标准，完成登记、编目等入藏手续的文物和自然标本等。"近年来随着全国博物馆事业现代化程度的提高，藏品管理早已不局限于上述流程，新增藏品的信息化管理也日趋成熟。但万变不离其宗，藏品管理仍然是博物馆业务活动的核心。

二、高校藏品管理教学的薄弱环节

目前，社会物质生活丰富，文化需求日益提高，博物馆事业蒸蒸日上，据不完全统计，我国现有国有和非国有博物馆已超过五千家，对文博人才的需求也逐步增大，其中本科阶段开设博物馆学专业的高校也增加至20余所，而藏品管理这门课程可谓博物馆学三大核心专业课程之一。但从课程教学来看，主要还是以理论教学为主。众所周知，藏品管理课程不同于其他博物馆类课程，比如说陈列设计课程教学中可以穿插介绍各博物馆基本陈列、临时展览的案例，也可到博物馆进行现场教学实践，甚至可以拟定展品请学生自己设计展陈大纲，以达到教学目的。关于社会教育方面的课程也可以通过在博物馆志愿讲解服务、编写讲解词进行实践。文物学方面课程既可以通过博物馆的展陈来温习理论教学内容，还可以借助文物市场的拍卖、回流展以及私人收藏家等多渠道实践。唯独藏品管理课程的教学形式略微单薄，实践部分较难实现，原因有很多，总的来说是因为博物馆的幕后工作一直出于文物安全的考虑而秘不示人。当然，必要的安全防范和行政手续是可以理解的，但是随着博物馆由免费开放到全面为公众服务的理念进一步深入人心，博物馆内部，尤其是库房最终也会有条件地对公众部分开放。高校博物馆应如何适应并应对这种发展趋势，实现博物馆互动、交融的需要呢？是否能与高校博物馆学专业藏品管理课程相结合实现互补呢？是否可以为藏品管理课程开辟新的体验环节呢？这是一种深度融合与体验互动式的交流。在互动中，既有利于提高博物馆藏品管理的理论水平，又可以使未来的博物馆从业人员更深层次地了解博物馆内部的藏品管理环节。

三、藏品管理体验式教学的优势

20世纪五六十年代，欧美社会的新教育思潮提出，已有的教育已不能完全适应迅速发展的社会需求，我们不能再一劳永逸地获得知识了，需要终身不断地学习，并把学习化社会作为未来社会形态的构想和追求目标。唯有全面的终身教育，才能培养完善的人。而实际意义上的终身教育，应该包括学校教育、家庭教育以及继续教育在内的社会教育等，必须将这几种教育有机结合起来，组成完善全面的一体化教育系统，丰富传递和记忆知识的教育形式，重视培养学习的能力。其中包括博物馆在内的公共社会服务体系将承担大量的社会教育职能，使教育平等得以真正实现，使人的个性发展得到应有的尊重。

高校博物馆也同样面临社会教育的职责和义务，多数高校博物馆都把在校大学生做志愿讲解服务作为社会教育或校园文化建设的一部分，比如陕西师范大学教育博物馆从2006年新馆建立之初，就设想让大学生自己来做讲解服务工作，近年也尝试让学生参与博物馆的一些小型临时展览，发挥学生的创造性，多年来收到了良好的效果。同时与高校博物馆学专业教学结合，让学生充分参与到藏品管理的各个环节，完善专业教学中缺乏的实践部分，发挥出高校博物馆的优势。2006年新馆筹建时，让学生充分参与原文物陈列室的文物整理编目建档工作，文物卡片档案等几乎全是由老师指导博物馆学专业学生来完成的。学生体验了博物馆藏品管理的工作全流程，对博物馆有了深入了解，同时对博物馆的藏品也产生了感情。随着全国文物普查工作的推进，陕西师范大学教育博物馆这两年的文物普查工作也是以由老师带领、学生协助的模式来清查、梳理、完成的。2017年按学校安排搬迁新馆，文博专业同学也参与了部分搬迁与整理工作。

虽然这三次尝试都有良好的成效，但是也存在问题，这种任务式的工作具有随机性和偶然性，不是一种有计划有步骤的工作，似乎与博物馆学的教学联系不很紧密，与教学互助的优势不明显，那如何解决这个矛盾呢？

因笔者也为博物馆学专业开设藏品管理课程，就设想两者结合有无可能性。藏品管理课程就是讲授和研究博物馆藏品如何有效管理，而高校博物馆中的藏品管理存在人力不足等困难，学生的学习实践恰好能弥补这个不足；同时博物馆学专业学生也具备基本的专业素养，又因为高校博物馆藏品数量有限，规模适中，学生可以体验藏品管理的全流程。所以，把学生安排在本校博物馆进行藏品管理的专业实习是非常妥当的。

四、高校博物馆教学与藏品管理工作互动的意义

在今天全球博物馆推进互动、融合的大趋势下，高校博物馆要深刻反思。博物馆专业本身具有较强的实用性，其与所在高校的博物馆的互动可以在一定范围内较为有效地解决藏品管理课程教学的问题。高校博物馆在做藏品管理计划时，应与本学期的课程安排相结合，使学生通过亲身体验去感知、理解、领悟、验证学习的专业知识。在体验的过程中，学生依据个人不同的兴趣、认知程度可以与老师交流和分享不同的理解与感受，凸显教育过程中学生的主体地位与个体差异。

受博物馆强调教育功能的影响，高校博物馆在开展公众服务方面的局限更为明显，那么我们如何发展呢？我们还是要立足高校，以服务高校为首，不能仅仅满足于志愿讲解服务工作，而更应该提高服务的广度和深度，充分与博物馆学专业教学结合。高校博物馆与藏品管理课程相结合的意义如下。

（1）解决高校博物馆人员不足的问题。博物馆藏品管理需要具有专业知识的人员来实践，博物馆学专业学生系统学习了专业技能，基本具备专业素养，在老师的指导下，实习一段时间，是完全有能力胜任这项工作的。

（2）双方共赢。两者结合弥补了藏品管理课程的实践环节不足的遗憾，改善了高校博物馆人力不足的缺憾，可以通过每年的课程安排，使博物馆藏品管理工作年计划完成，不断深层次地挖掘藏品的内涵，尽可能发挥藏品的作用。

（3）发挥优势。博物馆面临全面开放的趋势，高校博物馆也应顺应时代潮流有计划分步骤地开放，藏品管理也就显得尤为重要。只有高质量的藏品管理才能迎接未来的博物馆更深层次的开放，通过教学实践活动将我们的藏品管理工作提高到一个新的水平，发挥高校博物馆小而精的优势，使博物馆的内部管理水平达到国内甚至国际前列。

（4）提升能力。通过与专业师生共同努力，进一步提高对馆藏藏品的科学研究水平，有利于加强藏品的社会教育功能，充分发挥其丰富高校校园文化内涵的作用，拓展高校社会公共教育职责的新渠道，为办"社会的大学，人民的大学"贡献一份力量。

当然，我们也可以看到存在的一些困难，比如学校层面管理不对口；博物馆人员配备不足，无法配合实践工作；经费不足等；但我们认为文博专业要发展，必须要与博物馆合作，那么高校博物馆就是最理想的合作伙伴；同样高校博物馆想要发展，文博专业就是最合适和专业的顾问团队。

博物馆与全球当代性

识解当代博物馆：博物馆建筑的多学科研究

阿卡特立尼·维拉查克 著　张俊龙 译*

摘要：本文是"博物馆学学者应对多学科交叉互动现状"项目的一部分，处于博物馆学、建筑学和参与设计领域之间。此项目提出：视博物馆建筑创造的过程为丰富语料资源，将形塑一种关于博物馆在当代全球之多样角色的整体认识。本文所涉两处新颖的博物馆建造案例：曼内帝·史莱姆艺术博物馆（2016），英国德比丝绸制造博物馆（2020）。博物馆实现自身全球角色之时，同样为当地社区开创赋能性、时下性的体验，（于实体建筑暨立前）成为改革的能动性变革者。以此可推，当代博物馆之使命、运作和实践，正发生转变——将个体性、文化性的互动交融理念置于其核心要义。

关键词：当代博物馆　建筑　跨学科研究

面对当今全球化，博物馆学研究应对策略之一是采取多学科路径。基于本人目前博士阶段研究，本文旨在阐述（讨论博物馆运作诸多方面的）多学科研究路径，将有助于对当代博物馆多样角色的识解，使博物馆研究视阈能对博物馆当前角色及其多重使命担当形成统合性理解。"面向博物馆建筑的参与介入"作为本人博士研究题目，融博物馆学、建筑学和参与式设计领域为一体，于众文献之间通过对博物馆建筑及其建造过程的研究，探求当代博物馆角色担当。该项目研究说明新博物馆建筑建造的过程，或现存博物馆的更新过程，是如何将博物馆从一个机构变成一个中心/枢纽，建筑设计者、博物馆专业人员通过与公众互动，让人们介入有创造力、有参与感且能产生融

---

　　*　阿卡特立尼·维拉查克（Aikaterini Vlachaki），莱斯特大学博士候选人；张俊龙，中央民族大学博士候选人，研究方向为博物馆人类学、多模态博物馆学。

通感的活动，培养公众对博物馆的归属感。本文将讨论作为过程的博物馆，如何利用建筑学思路/方法，结合科技发展、社会媒介平台和创新性参与设计的方法论，于其有形实体空间推出前实现其社会效益。博物馆将会怎样回应互动、融合与流动等理念，以及围绕参与式博物馆建筑的多学科考量，将会如何助益针对此类回应的理解呢？

进入案例分析前，我先简要陈述本研究的背景与旨向：当代博物馆若想真正履行其公共角色担当，完成包容性、社区赋能的使命任务，他们必须通过调动社区参与规划设计过程，将博物馆建筑空间纳入自身运营实践。此论点基于对最近几十年来相关研究的思考：社会学，特别是布迪厄论著中，以棱镜视角看建筑环境（包括博物馆建筑）[①]；研究关注点从建筑形式和行为转向居于其内且形塑所处空间的用户（群体）[②]；于建筑语境讨论参与式设计原则。同时，还基于博物馆学话语实践——坚持博物馆的社会角色担当与其对观众和社会的责任义务，认为建筑有助于博物馆实现社会平等的使命[③]。Suzanne MacLeod认为，博物馆作为公共空间，应成为创造地方归属感、提升观众生活的沃土[④]，尤其是公共财政支持的博物馆，他们有道德义务"为当地人增设一种地方感"[⑤]。本文将试析参与式设计原则是如何适用于博物馆，以助其实现职责；本研究亦受2010年出版的妮娜·西蒙著作《参与式博物馆：迈入博物馆2.0时代》影响。西蒙将参与式文化机构界定为"围绕主题，一个观众能够创造、共享、彼此互联的地方"[⑥]，将观众视为主动的意义创造参与者，是联结以观众为中心的博物馆与其社区（期望"如购物街或

① Suzanne MacLeod. Museum Architecture. A New Biography. London: Routledge, 2013: 25.

② Suzanne MacLeod. Museum Architecture. A New Biography, London: Routledge, 2013: 22.

③ MacLeod et al. New museum design cultures：harnessing the potential of design and 'design thinking' in museums. Museum Management and Curatorship, 2015, 4 (30) : 315.

④ Suzanne MacLeod. Towards an ethics of museum architecture. Routledge Companion to Museum Ethics. Hoboken: Taylor and Francis, 2012: 383.

⑤ Suzanne MacLeod. Towards an ethics of museum architecture. Routledge Companion to Museum Ethics. Hoboken: Taylor and Francis, 2012: 385.

⑥ Nina Simon. The Participatory Museum. Santa Cruz: Museum 2.0, 2010.

车站一般可及"），阐明"博物馆与当代生活价值的关联"的一种路径。结合既前建筑学背景，我将分析博物馆的视角是怎样浸入（建筑建造）设计过程的。同时，如MacLeod《博物馆建筑：新的传记》（Museum Architecture: A New Biography）所论，为何建筑与博物馆之间会存在"鸿沟"？这也将是本研究关注的问题。此问题部分可能是因（博物馆）建筑研究一直被认为是建筑领域的专业范畴①，博物馆专业人员（以及更多的博物馆群体）在设计过程很少参与其中。进一步论，全球化语境下重要博物馆建筑常被认为是明星建筑，与国际"明星建筑师"②的设计创作联系在一起，使该博物馆成为世界知名建筑样式，凭其自身藏品以及建筑本身吸引国际观众。博物馆及其设计被视为创造社会空间的象征③，以及"充满文化的仓库、灵动的公共空间、欢快的娱乐中心和都市复兴的钥匙"④。异于其他任何建筑类型，博物馆建筑被赋予强烈文化寓意和价值，博物馆建筑不只是"原初艺术品（a pristine object d'art）"⑤，"被展示的最终物件（the ultimate object on display）"⑥。博物馆建筑的建造与全社会相关，可以成为展现博物馆多样性及其作为变革推动者的媒介。总之，博物馆建筑非常重要。博物馆建筑不是孤岛，更不是"存在于真空之中，把博物馆与社会政治环境相隔离"⑦。博物馆人与其他人一样，生存在相同的城市，为生活而奋斗。在历史的某个时刻，当城市人口

---

① Stevens, Garry. The Favoured Circle: The Social Foundations of Architectural Distinction. Cambridge: The MIT Press, 1998: 16. Hill, Jonathan. Immaterial Architecture. London: Routledge, 2006: 50.

② Shelley Hornstein. Losing Site: Architecture, Memory and Place. London: Routledge, 2011: 108.

③ Kali Tzortzi. The museum and the city: Towards a new architectural and museological model for the museum? City, Culture and Society, 2015, 6 (4): 109.

④ Sirefman, Susanna. Formed and Forming: Contemporary Museum Architecture. Daedalus, 1999, 128 (3): 297.

⑤ Stevens, The Favoured Circle: The Social Foundations of Architectural Distinction. 14.

⑥ Sirefman, Susanna. Formed and Forming: Contemporary Museum Architecture. Daedalus, 1999, 128 (3): 300.

⑦ Sandell, Richard. Museums, Moralities and Human Rights. London: Routledge, 2017: 87.

超过乡村人口时，如2013年，在更贫困的国家，40%的城市居住者住在贫民窟，远在贫困线之下①，"贫困是我们当下最严重的问题"②时，博物馆有责任不保持中立，这意味着其规划过程同样不能中立。博物馆关注藏品、物件等物类已久，后现代博物馆则关注人。故，博物馆建筑的建造亦应多关注人而非物。全球化世界语境下，博物馆无法回答作为人意味着什么，但能让人探寻他们自身独特的身份认同、人生体验和认知世界。

英国德比丝绸制造博物馆，与曼内帝·史莱姆艺术博物馆，是凸显当代博物馆样式、运作和愿景之多样性的典型案例。两个项目（前者为既有建筑的扩展，后者为新建建筑）均将其规划过程作为难得契机，来夯实当地文化基础，调用所在社区聪明才智，增强社区幸福感，确保当地人参与其中，与此同时实现博物馆建筑的全球吸引力。此二例充分说明，博物馆有能力将"有吸引力的"建筑建造同社会议题和创新发展打通，打造全球吸引力同时满足当地社区需求。

德比丝绸制造博物馆，坐落于一座旧丝绸厂内（位于联合国教科文组织保护区域），曾是该市工业博物馆所在地③。今天，德比市被认为是"英国引领性高科技城市"④，是非常多元化的城市——其住民超过180个国籍⑤。然而，该市位于英国20%最贫困地区，某些地方甚至位于全国5%最贫困区域，很多居民经常失业⑥。"该地24.6%孩子被认为生活在贫困状态"，而且"德比是英国6个治理社会流动的难点城市之一"⑦。鉴于此，博物馆不单是展陈德比独特制造传统的机构，而是试图成为一个创新型机构，始终处于"发展

---

① Aravena, Alejandro and Iacobelli, Andres. Elemental: Incremental Housing and Participatory Design Manual. Berlin: Hatje Cantz, 2013: 26.

② Hosey, Lance. Toward a Humane Environment: Sustainable Design and Social Justice. Expanding Architecture: Design as Activism. Edited by Bell et al. Melbourne: Metropolis Books shop, 2008: 35.

③ Derby Museums. Derby Silk Mill Museum of Making: How we are making history.

④ Derby City Council, Economic Assessment, Executive Summary, 1.

⑤ Derby City Council, Economic Assessment, Executive Summary, 2.

⑥ Derby City Council, Economic Assessment, Executive Summary, 4.

⑦ Derby Silk Mill, Activity Plan, 18.

状态"，不断调和并满足多元社区的动态需求，解决该地区社会问题，成为拉动该地区旅游经济增长的吸引点。实现上述目标的第一步即扩建博物馆建筑。考虑到该馆财政资源短缺（尚未得到遗产彩票基金会支持），工业博物馆关闭前观众数量的下滑，博物馆更有理由将当地民众纳入其新扩项目：博物馆需要当地支持而且需要保证社区始终参与，与他们相关，成为他们日常生活的有机组成部分。

博物馆建筑扩建（主要是来自遗产彩票基金会的帮助）基于共同创作和以人为中心的设计原则，其规划过程超过七年。2020年开馆后，该馆将成为英国第一个全面通过参与式过程而发展的博物馆[①]，正如该项目领导者在刊物《博物馆和美术馆设计的未来》（The Future of Museum and Gallery Design）所指出的那样，博物馆巩固了当地丝绸制造的特色，将各种文化背景的居民吸引到形塑博物馆建筑的设计过程之中；设计活动的参与者对最终结果充满归属感和拥有感，博物馆与公众建立起社会纽带关系，公众体验到融通感（a sense of flow）。该项目深受心流理论（Theory of Flow）影响，即以一种愉快心态主动追求挑战性项目谓之"心流"；系统的"心流"体验将对个体自尊产生积极影响。德比丝绸制造博物馆，即以系统性、创新性为策略，应对互动、融合与流动概念，最终将这些概念置入操作运营核心，作为一个机构的原则和方法指导当下建筑项目，这是德比博物馆信托（归其所属的博物馆）组织的内核，以此指导其日常运营，转变专业角色和实践模式。该项目第一阶段（2011—2013），超过3万人参与该馆职员和志愿者共同组织的活动，一起描绘未来。第二阶段，实验性项目"再造博物馆（Re: Make the Museum）"，通过原型打印博物馆内部装饰和展览，让博物馆与社区一起讨论设计方案。建筑师和展览设计师开展了一系列工作坊，以此汇聚人们的共同智慧，一起合作创想激发设计的新意。在此工作坊中，参与者使用电脑数控、激光切割等设备，制造、展示在这一过程中设计的物件、展柜和装饰。这项活动有多达8198人参加，他们学到了新技能，彼此之间建立了联系。在

① Fox et al. Placing Citizens at the heart of Museum Development: Derby Silk Mill-Museum of Making in The Future of Museum and Gallery Design, London: Routledge, 2018: 216.

第三阶段"重思博物馆（Re: Imagine the Museum）"，该馆延续上一阶段的理念和方法，通过诸多事项，使设计小组和"原型打印博物馆"工作坊的专业设计人员、博物馆专业人员与志愿者共同合作，致力于博物馆的扩建。超过1.9万人介入此项目，使项目可以进入实施阶段。该馆也使用多种社交媒介平台如Tumblr，来记录整个项目过程，做到公开透明，邀请参与者参加各种活动。利用谷歌眼镜等技术，博物馆能够克服专业人士和非专业人士之间沟通的障碍，让后者更容易了解建筑理念，克服缺乏专业知识的局限。基于社区资源的整个项目，让人们有机会掌握新技能，心生归属感，同时能提升他们的幸福水平。 这一案例说明博物馆在实体建筑空间完成前所能完成的多项使命。

第二个案例是美国加利福尼亚大学戴维斯分校的曼内帝·史莱姆艺术博物馆，本案例将论述当代博物馆在其实体建筑完成前，是如何先施行其角色担当的。作为高校艺术博物馆，该馆2012年以来就邀请当地社区参与博物馆规划。2016年开放前，就已开始践行教育、文化和社会功能。加利福尼亚大学戴维斯分校是加利福尼亚大学十校区之一，与该区经济和公共生活密切相关[①]。该校农学研究非常出名，对中央谷地和其他地方农场影响很大[②]，该校农场是1905年作为加利福尼亚大学伯克利分校农场建立的[③]。该校科学、人文艺术同样非常有名。近年来，该校开始更多地投资本区域的艺术遗产，通过旧金山现代艺术博物馆等其他大型文化机构，收藏北部加利福尼亚艺术家及斯图尔特·戴维斯的作品，以宣称对此类遗产的认定。作为全部由私人赞助的博物馆，该馆的规划过程高度公开，尽可能为社区参与创造机会，这对此类大体量博物馆建筑来说极为罕见。经过四年规划，该馆于2016年开放，秉持社会使命"激发新知，开放沟通……为社区参与博物馆实践建立充满活力

---

① Moore Iacofano Goltsman, Inc. for the UC Davis Office of Resource Management and Planning, UC Davis Long Range Development Plan 2003‐2015, October 2003. 8.

② Gordon, Larry. A Cultural Anchor in Wine Country: The UC Davis Art Museum Competition. https://competitions.org/2013/06/uc-davis/, Accessed on 20/8/2019.

③ UC Davis Architectural Design Guidelines, 2003: 2.

的平台"①。该新馆的目标还包括"为艺术展览、教学和其他事项提供空间；建造建筑，以增强校园认同；将艺术博物馆建于该校中心园区，最大程度服务师生的可及性。"②鉴于该校历史文化及其日常运营的学生参与程度，这一项目将是评测公共参与性设计的不错案例，而且1972年该校另一座建筑，巴金斯穹顶共创屋舍（the Baggins End Innovative Housing）就是通过合作设计建造的。然而，在博物馆规划过程启动前，相比以往，该校还有更多动员社区参与的理由。在2011年发生的学生抗议中，该校学生被校园警察喷射了辣椒粉，这件不光彩的事件损害了学校与学生之间的关系。新校园博物馆的规划过程，也是重建关系、重赢学生信任的一次机会。

规划的第一步是界定阶段（2012年秋），该机构通过系列公共论坛分析出社区对这座新博物馆的态度。所得建议被纳入三所建筑设计团队（建筑师和承包商团队）的详细工程项目中，他们将围绕博物馆建造的设计规划展开竞争。后续阶段，社区将受邀为所支持的参赛建筑设计投票。社区成员可以通过脸书，或评比设计方案，进行投票。建筑设计展的脸书邀请写道："请加入我们，就此事发帖留下你的想法，这样我们可将你的知识和视野反馈给评审作为参考。请在每件设计图片下方留下关于它的具体评论。"③超过1100人参与了此次线上活动，他们写下反馈，给最喜欢的设计投票；1000多人参观线下展览。根据原定计划，获胜设计提案由评审团做出选择，但评审团成员说，公众的喜好在很大程度上影响了他们的决定。最终胜出的方案因其地方感备受赞誉，如评审团一位成员说："它看起来就像戴维斯的，散发着一种戴维斯的气息，是绝不会出现在其他地方的建筑。"④在竞标期间，公众

———————————

① Manetti Shrem Museum of Art. https://manettishremmuseum.ucdavis.edu/about. Accessed on 20/8/2019.

② Environmental Stewardship and Sustainability UC Davis, The Jan Shrem and Maria Manetti Shrem Museum of Art, Draft Tiered Initial Study and Proposed Negative Declaration, August 2013: 13.

③ Comments and Feedback on Design Deliberation: An Exhibition of Three Competing Museum Designs, https://www.facebook.com/events/503579933036362/, Accessed on 20/8/2019.

④ Gordon, Larry. A Cultural Anchor in Wine Country: The UC Davis Art Museum Competition. https://competitions.org/2013/06/uc-davis/ , Accessed on 20/8/2019.

（学校教工、学生、当地民众）受邀贡献其观点、想法和设计以供后续展出。该项目不仅期望人们为博物馆总体设计出点子，还可思考博物馆内部布局和展陈规划。负责此次建筑项目的项目经理说："我认为，这将帮助我们主持的设计团队，去倾听更多人的声音；尤其是某些反复听到的信息，会提醒你'哦，我们确实需要考虑那些方面'。"①同时，在博物馆尚未完工时，该校教授就决定将博物馆作为教学资源，把它纳入设计课程的教学。学生需要为该馆设计一个实验性路线，方案需充分考虑到路线和符号标识系统的色谱、人行道的材质和色彩、咖啡车的设计、图标和视觉认同，以及博物馆的装设。在接下来的规划设计阶段，该校学生有机会与设计师共同设计博物馆陈设。设计竞标阶段的公开透明，同样体现在建造阶段。参与新博物馆装饰、材料选择，设计自己提案的最终用户，是该馆开幕式的嘉宾，他们可以作为首批观众，在盛大的开幕式上受到尊重，共同创作在开幕式上使用的艺术作品，如装扮博物馆外墙的巨大彩链。参与项目的不同利益相关方之间在参加会议、工作坊、展览和讲演等时出现的沟通问题，经过设计师对其提案的描述，使即便是不懂建筑设计的人都能理解。而且，多数展览与现实情境相关，这有助于公众参与其中。该馆所获得诸多奖项说明规划建造过程的公开透明，丝毫没有影响其设计质量。开放三年以来，通过鼓励学生参与其日常运营的各个方面，如建立学生组成的博物馆团体，举办教育活动（如在博物馆外墙放电影）和学生聚会（食物、饮品和音乐），该馆成为非常受学生欢迎的学习或休闲之所。

"互动、融合与流动"是这次会议的主题。那么，针对博物馆回应此三个关键词的方式，上述案例说明：为何对博物馆建筑的多学科研究能推进我们对当代博物馆角色的识解？具体研究项目的主题和性质，均有助于识解当代博物馆为兑现其使命角色所意愿涉及实验性的程度，所能承受的变革以及可用的多种方法（如建筑学方法）。这两个案例是博物馆实践"互动、融合与流动"概念，将其作为实践指导原则的体现。如学者Eilean Hooper Greenhill

---

① Interview with Julie Nola, Project Manager and Director of Major Capital Projects at University of California, Davis, her office, UC Davis, 15/3/2018.

曾强调的，后博物馆时代不再设定某一权威，而是鼓励多种观点[①]。博物馆应该承认，他们没有全部答案[②]，正如《博物馆变革》（Museum Revolutions: How Museums Change and are Changed）所言，博物馆与专业人士应该"走向社区，寻找他们自己能够找到的技能和经验"[③]。博物馆建筑的参与式设计过程，是博物馆承认自身知识局限，在观众中寻求完成建筑项目所必需的技能和知识（多为潜在的知识）的过程。参与者贡献技能和知识，而且均有平等机会去探寻富有创造性的自我，提升自我幸福水平。

上述二例探讨，论述了博物馆专业人士的角色扩展。扩大博物馆的角色和使命，与其专业岗位的扩展相携而进。譬如，德比案例研究促成新岗位的产生，如共创和参与介入的策展人岗位。此外，来自不同部门且既往没有合作的专家可能被要求彼此合作，或者同其他学科的外部专家合作。例如，德比案例中，志愿者和项目协调者需要与建筑师、展览设计师和承包商团队一起，共同合作参与项目。目前研究项目的多学科路径，融合了建筑领域和参与设计领域的成果，使该研究超出基于实体建筑（建筑成果）的研究视阈。以往对建成建筑的研究常产生对某一博物馆建筑是否值得研究的二元切分，由此会遮蔽基于建筑视角对当代博物馆所做的更好识解。如上所述，当前研究集中于建筑建造过程而非建造结果，试图揭示一个有代表性的规划项目，设计的如何转换成一种让博物馆实现社会目标，培养人们为主人翁意识的实践。参与式设计的倡议使日常生活进入博物馆，博物馆成为社区日常生活的一部分。最后，在越来越多新媒体和社会媒介平台邀请人们成为不同内容类型的共创者（co-creators）的时代，上述二例，详述了大型博物馆如何尝试让人们成为博物馆设计等主题的共创者，呼应当下时代诉求，为信息的互动、学习、归属和融通提供另一种平台。

①　Hooper Greenhill, Eilean. Education, communication and interpretation: Towards a critical pedagogy in museums. The educational role of the museum. New York: Routledge, 1999: 13.

②　Butler, Tony. Imagining the Happy Museum, Museum of Ideas, Commitment and Conflict. London: MuseumsEtc, 2011: 48.

③　Janes, R. Robert. Museums, social responsibility and the future we desire. Museum revolutions: How museums change and are changed. New York: Routledge, 2007: 142.

　　本次讲演通过我自己多学科研究向度，论证了多学科融合的博物馆学有助于识解当代博物馆的多样性，两则案例说明了当代博物馆回应"互动、融合与流动"大环境的方法：择用多种方法——如建筑学方法——实现他们角色的扩展；通过实验性探索，鼓励不同观点，有助于日常知识和经验能适用于博物馆及其日常实践之中。通过此案例，重思博物馆的专业性，平衡博物馆拓展全球影响力与赋能当地社区的关系。

国际社区博物馆发展的经验与启示

马丽嘉*

摘要： 国际上第一家社区博物馆是1967年在美国华盛顿特区成立的安娜考斯提亚社区博物馆（Anacostia Community Museum）。经过五十多年的发展，包括美洲、欧洲、亚洲、非洲和大洋洲在内的世界各地都已经建立起了形态各异的社区博物馆。但时至今日，社区博物馆还没有统一的定义。通过国际上社区博物馆的实践，可以将社区博物馆定义为维护和探索居民身份的平台。它优先考虑社区参与，具有灵活的博物馆管理方法。在中国，社区博物馆发展还不到十年。通过比较福建省福州三坊七巷社区博物馆和安娜考斯提亚社区博物馆的创建，发现当地居民、内部博物馆工作人员与外部支持之间关系的不同导致了社区博物馆创建过程的不同。而造成这种差异的关键原因之一是对"社区"的理解存在差异。因此，如果要在中国发展社区博物馆，不能照搬国际经验，要把社区博物馆的国际经验和中国实际情况结合起来，建设中国特色的社区博物馆。

关键词： 社区博物馆　国际经验

社区博物馆作为西方的博物馆概念，在世界范围内呈现出不同的发展模式。社区博物馆作为一种新的社区文化空间，可以通过传承社区遗产、促进社区参与和改善居民日常生活来体现社区价值观，提升社区凝聚力。近年来，国家也在鼓励中国社区博物馆的发展。国家文物局印发的《国家文物事业发展"十三五"规划》中就有"推进生态博物馆、社区博物馆和工业遗产

---

* 马丽嘉，莱斯特大学博士候选人。

博物馆建设"①。但是，中国社区博物馆的发展时间短，学术和实践经验都十分有限。因此，在中国发展社区博物馆，借鉴国际经验的同时，又要结合中国的实际情况。

本文分四个部分阐述国际社区博物馆的经验与启示。第一部分将从国际角度定义社区博物馆的共性特征。通过国际社区博物馆的各种实践，可以将社区博物馆定义为维护和探索社区身份的平台。它优先考虑社区参与，具有灵活的博物馆管理方法。第二和第三部分，本文将比较美国安娜考斯提亚社区博物馆和中国福建省福州三坊七巷社区博物馆的创建。当地居民、博物馆内部工作人员与外部支持之间的关系决定了社区博物馆创建的不同模式，而造成这种差异的原因，即对社区的不同理解。国外大多数社区博物馆所在的社区都聚集了具有相似种族和社会经济特征的居民，而中国城市社区则几乎没有种族特征的地理区域划分。因此，国际经验不能直接适用于中国。第四部分将分析利用国际社区博物馆的经验发展中国社区博物馆的机遇和挑战。

一、何谓社区博物馆

经过五十多年的发展，社区博物馆还没有一个明确的、具体的定义。在国际上，社区博物馆的大多数研究都是对具体案例实践的描述，因此作者通过各种国际案例从三个方面定义社区博物馆：社区博物馆是维护和探索社区身份的平台；优先考虑社区参与；具有灵活的博物馆管理方法。南非开普敦的第六区博物馆（District Six Museum）、希腊的艾斯特拉蒂斯政治流亡博物馆（Museum of Political Exiles of Ai Stratis）、斯洛伐克布拉迪斯拉发的犹太社区博物馆（Jewish Community Museum）和美国纽约的邻里博物馆（Museo del Barrio）将在后文中作为非洲、欧洲和美洲的代表。

（一）社区博物馆是维护和探索居民身份的平台

国际上的绝大多数社区博物馆，都是由城市中的边缘群体创建的。他们

---

① 国家文物局：《国家文物局印发〈国家文物事业发展"十三五"规划〉》，文物政发［2017］4号，2017年2月21日。

被城市中其他公民所误解或歧视，因此渴望表达自己的故事并证明自己的身份。第六区博物馆位于南非开普敦港口的"第六市政区"[①]。自1948年南非颁布种族隔离法以来，这一地区的混血居民遭受着越来越严重的种族歧视。由于第六区当时被政府指定为"白人区"，之前居住在这里的混血居民被迫搬离此地，前往政府规定的、生活环境较差的新居住地。因此，他们希望能记录下自己的艰难生活，并让其他公民得以了解。1994年，"脱离第六区委员会"便在第六市政区建立了一个社区博物馆，旨在促进"后种族隔离时代的和解与康复"[②]，以此来完成居民们的心愿。

希腊政治流亡博物馆于1988年由被流放到艾斯特拉蒂斯岛的前政治犯建立。艾斯特拉蒂斯岛位于北爱琴海，在20世纪20到60年代是希腊的殖民地岛屿[③]。六个流放者在岛上创建了这个基层历史博物馆，以留住他们独特的流放记忆，并让其他希腊公民了解他们流亡期间的生活。这座博物馆所在社区的最初居民都曾经是流放者，他们因为共同的经历联系在一起，但都没有当地岛民的身份。他们希望在社会完全忘掉他们的独特记忆之前，从亲历者的角度，用自己的话语[④]，而不是用历史学家的英雄主义视角，向后代讲述他们的故事。

犹太社区博物馆位于斯洛伐克布拉迪斯拉发的一个东正教教堂内。历经第二次世界大战的犹太人大屠杀，犹太人成为布拉迪斯拉发的少数群体。城市中的大多数人口并不了解犹太人，他们长期秉持着对犹太人的固有偏见[⑤]。布拉迪斯拉发犹太社区的负责人马罗斯·博尔斯基（Maros Borský）称，这家博物馆的宗旨是，在没有国有机构参与的情况下，讲述犹太人自己的故事[⑥]。

① Ballantyne R. Interpreting apartheid: Visitors' perception of the District Six Museum. Curator, 2003, 46 (3): 279－292.

② Ballantyne R. Interpreting apartheid: Visitors' perception of the District Six Museum. Curator, 2003, 46 (3): 279－292.

③ Pantzou N. By the People, for the People. The Case of a Community Museum of Traumatic Greek Heritage. Conservation and Management of Archaeological Sites, 2015, 17 (1): 22－37.

④ http://www.pekam.org.gr/ 2014.

⑤ Salner P. Jewish community museum as a result of citizen activities. Slovak Ethnology, 2015, 63(4): 336－379.

⑥ Borský M. Inside the Museum: When orthodox synagogue meets museum: the New Jewish Community Museum in Bratislava. East European Jewish Affairs, Vol 45, 2015, (2－3).

与犹太文化博物馆侧重于对大屠杀的控诉不同，这个犹太社区博物馆所讲述的故事，更加强调布拉迪斯拉发犹太人在犹太发展历史上的地位，并向公众介绍犹太社区的真实日常生活。

纽约邻里博物馆建于纽约市人口众多的波多黎各人聚居区①。这所博物馆由两所公立学校创建，是"纽约市教育部学区"的一个项目的制度化成果。据博物馆第一任馆长、纽约-波多黎各艺术家、教育家②拉尔夫·奥尔蒂斯（Ralph Ortiz）介绍③，博物馆不仅尝试对波多黎各人在纽约被剥夺公民选举权表示抗议，更将波多黎各民俗文化与主流文化一视同仁，以证明波多黎各人的文化身份，并帮助他们提升社区的自豪感。

（二）优先考虑社区参与

南非第六区博物馆的建馆初衷是把被迫转移到政府指定新定居点的第六区的前居民聚集在一起，因此第六区博物馆作为"人民的博物馆"④而创建。这个博物馆的目的是要建成一个"人们可以表达结构性暴力（被迫搬迁）的愤怒和悲伤"⑤的地方。自2000年以来，它还吸引了国际游客前来参观，从而在世界各地传播他们独特的故事。前居民作为参观向导在第六区博物馆中工作，向观众介绍他们的地区特色，并亲口讲述他们在第六区的生活故事⑥。

对纽约邻里博物馆而言，无论是否有永久性收藏，博物馆的优先重点工作始终是公共教育计划。博物馆开展的研究工作都具有教育意义，向学校和

---

① Moreno M. Art museums and socioeconomic forces: the case of a community museum. Review of Radical Political Economics, 2004, (4).

② Glueck G. Barrio Museum: Hope Si, Home No. New York Times, 30 July 1970.

③ Moreno M. Art museums and socioeconomic forces: the case of a community museum. Review of Radical Political Economics, 2004, (4).

④ Ballantyne R. Interpreting apartheid: visitors' perception of the District Six Museum. Curator, 2003, 46 (3): 279 – 292.

⑤ McEachern C. Working with memory: The District Six Museum in the New South Africa. Social Analysis, 1998, (2).

⑥ Ballantyne R. Interpreting apartheid: Visitors' perception of the District Six Museum. Curator, 2003, 46 (3): 279 – 292.

其他组织提供有关波多黎各文化、民俗和历史的各类教材，包括但不限于展示波多黎各文化和生活的电影、绘画等艺术作品①。

（三）灵活的收藏、教育和研究工作方法

希腊政治流亡博物馆最初仅收藏艾斯特拉蒂斯岛的物品和记忆。随着捐赠、收藏的种类和数量逐渐增加，有越来越多来自世界各地与流放经历相关的捐赠。因此，博物馆的任务扩展为"收集、保护、记录和宣传与流放和监狱相关，特别是与艾斯特拉蒂斯岛有关的、有形或无形的、口头或书面的遗产；此外，收集并记录有关流放营地和监狱从成立到关闭的日常生活和政治行动的口头与书面记录"②。希腊政治流亡博物馆还与其他组织合作，在博物馆空间内、外都组织了丰富的文化和教育活动。其中最具有代表性的户外活动之一是"记忆之旅"。活动邀请前流放者带领其家人、朋友和对此感兴趣的人去政治流亡博物馆"朝圣"，并给他们讲述自己曾经经历的流放生活。

20世纪70年代初期，纽约邻里博物馆的主要任务是开发可以在日常生活中被有效利用的艺术教育资源。当时博物馆只有少量藏品，都集中使用在了针对当地社区和小学生的展览和教育计划上。在20世纪70年代末期到20世纪80年代初，博物馆的新任馆长将更多的精力放在策展上，并将教育职能转移到了中学。同时博物馆开始实行严格的藏品准入政策，并强调藏品的保护和保存规范③。自20世纪90年代以来，博物馆的目标已扩展到展示更广范围的拉丁美洲艺术，而不仅限制在纽约-波多黎各人社区。博物馆当代艺术品收藏和展览都体现了这一趋势④。

---

① Glueck G. Barrio Museum: Hope Si, Home No. New York Times, 30 July 1970.

② Pantzou N. By the People, for the People. The Case of a Community Museum of Traumatic Greek Heritage. Conservation and Management of Archaeological Sites, 2015, 17 (1): 22‒37.

③ Pantzou N. By the People, for the People. The Case of a Community Museum of Traumatic Greek Heritage. Conservation and Management of Archaeological Sites, 2015, 17 (1): 22‒37..

④ Pantzou N. By the People, for the People. The Case of a Community Museum of Traumatic Greek Heritage. Conservation and Management of Archaeological Sites, 2015, 17 (1): 22‒37.

二、美国和中国社区博物馆的创立

中国社区博物馆的状况与其他国家不同。这一部分将通过比较美国华盛顿特区的安娜考斯提亚社区博物馆和在中国的福建省福州三坊七巷社区博物馆的创建，对比分析创建社区博物馆的不同动因以及领导角色如何影响了社区博物馆的发展。两个博物馆都在各自城市的历史街区中，这样的比较可以清楚地展现中美的差异以及形成差异的原因。

安娜考斯提亚社区博物馆是世界上公认的第一个社区博物馆，也是美国第一个由联邦政府资助的社区博物馆[①]，由当地社区居民建造并为他们服务。它于1967年在华盛顿西南部建立，当时名为"安娜考斯提亚邻里博物馆（Anacostia Neighbourhood Museum）"。1979年，博物馆专家对安娜考斯提亚邻里博物馆进行探讨时，将其定义为"一个关注特定邻里区历史文化的博物馆"[②]。为了能更好地反映当代城市社区的发展，它在2006年更名为"安娜考斯提亚社区博物馆"，并一直沿用至今。福建省福州三坊七巷社区博物馆于2011年正式向公众开放。在当年举办的全国生态（社区）博物馆研讨会上，这座博物馆被国家文物局命名为首批生态（社区）博物馆示范点[③]，目的是通过了解中国这五个示范性生态博物馆和社区博物馆的经验和做法，以探索新的有效方法来保护国家和民族的文化遗产以及区域文化的多样性，从而为中国生态博物馆和社区博物馆的发展做出贡献。这两个博物馆都是在各个国家创建社区博物馆的第一次探索，它让公众和博物馆专业人员从实践中看到当地社区博物馆的创建模式。通过研究和分享他们的宝贵经验和典型问题，可以为当地其他的社区博物馆发展提供借鉴和参考。因此，这两个博物馆可以作为中美两国中最具代表性的社区博物馆进行比较，从而分析当地居

---

① Word, Shout, Song: Lorenzo Dow Turner Connecting Community Through Language opens at the Anacostia Community Museum Aug. 9. States News Service, 4 August 2010.

② James P. Building a community-based identity at Anacostia Museum. Curator, 1996, 39 (1): 19 - 44.

③ 国家文物局：《关于命名首批生态（社区）博物馆示范点的通知》，文物博函〔2011〕1459号，2011年8月17日。

民、博物馆内部工作人员和外部支持者的不同角色，是如何影响两国社区博物馆创建的。

（一）美国创立社区博物馆的动因

安娜考斯提亚社区博物馆最初是美国史密森学会（Smithsonian Institution）的一个延伸前哨站，着眼于华盛顿特区当地的非裔美国人社区问题和历史[1]。在低收入的非裔社区中建立一种"铺面博物馆"的想法最初是由时任史密森学会秘书狄龙·里普利（S. Dillon Ripley）提出的，他希望能重新考虑博物馆的作用以及博物馆如何与城市社区进行互动[2]。里普利表明，由于低收入社区的居民缺乏文化资源且容易被城市中的其他居民所歧视，他们便更倾向于留在自己生活区域且很少走出去，甚至没有机会参观本国其他地区的博物馆[3]。里普利认为，吸引这些公民参观博物馆的唯一途径，就是将博物馆送到他们自己生活的社区中。在来自几个街区的社区活动家都进行了一番游说演说之后，由约翰·基纳德（John Kinard）带领的一群安娜考斯提亚社区活动家表现出了极大的热情和积极的反应，成功地从史密森学会官员手里为安娜考斯提亚社区赢得了创建世界上第一个社区博物馆的机会。当时，安娜考斯提亚社区的大多数居民是在三角贸易中被贩卖到美国的黑奴后裔。由于美国内战后政府对他们的忽视，安娜考斯提亚的发展实在不尽人意，教育资源短缺，犯罪率也在持续上升[4]。结果，安娜考斯提亚被华盛顿特区的其他社区的居民歧视，他们将安娜考斯提亚视为城市中的贫民窟。因此，当地人强烈希望安娜考斯提亚向整个城市展现并证明自己。这就是基纳德和社区活动家希望创建社区博物馆的原因。

① Reinckens S. Smithsonian Anacostia Community Museum at 50 Years. Washington History, 2017, (2).

② Portia James P. Building a community-based identity at Anacostia Museum. Curator, 1996, 39 (1): 19–44.

③ Ripley S. D. The Sacred Grove: Essays on Museums. New York: N Y Simon and Schuster, 1969: 105.

④ Hutchinson L. D. & Anacostia Neighbourhood Museum. The Anacostia Story (1608–1930). Washington: Smithsonian Institution Press, 1977: 14.

安娜考斯提亚社区博物馆是史密森学会的唯一一家社区博物馆，专门关注当地社区。它的创立打破了人们之前对"博物馆"含义理解的局限。它关注当地历史、记忆和社区问题，因此可以将其视为史密森学会与基层社区之间的联系纽带。它还为以前从未去过博物馆的当地居民，提供了能够在他们熟悉环境中参观博物馆的机会。在安娜考斯提亚社区博物馆成立之初，由于还没有永久性藏品，首次展览的展品都借自史密森学会①。当安娜考斯提亚居民首次走进位于他们日常生活区域内的社区博物馆之后，大多数人不再害怕参观博物馆。如果观众喜欢到社区博物馆参观并且对史密森学会的收藏感兴趣，他们就会愿意并敢于参观位于城市其他位置的史密森学会博物馆②。同时，安娜考斯提亚博物馆的创立也引起了史密森学会对城市中非裔居民的关注，开始更多地研究以前很容易被忽视的非裔美国人历史文化，以便为此博物馆提供更多的专业支持，同时扩大史密森学会的收藏和研究范围。

（二）中国创立社区博物馆的动因

在福建省福州市历史文化名街三坊七巷创建社区博物馆是城市现代化快速发展和福州市旧城保护的需求。三坊七巷位于福州市中心的老城区，是以明清两代历史建筑为主体的历史文化街区，并设有大量各级文物保护单位。在21世纪初期，由于经济的快速发展，这一地区的"一坊"和"两巷"已被摧毁，用于建造现代化的商业大楼。三坊七巷里的其他历史建筑也正面临被拆除的威胁，许多古老的名人故居也几乎被毁。此外，工业用厂占据了三坊七巷约12%的面积，对当地的安泰河造成了严重污染，包括公共厕所和消防设施在内的许多基础设施落后，严重影响了当地居民的生活便利，并存在安全隐患。当地城市规划部门和学者意识到了这些问题，准备进行改造，当地居民也表示了希望改善生活环境的意愿。

新的城市规划更加重视保护和传承当地传统文化和遗产，并试图在历史

---

① James P. Building a community-based identity at Anacostia Museum. Curator, 1996, 39 (1): 19 - 44.

② James P. Building a community-based identity at Anacostia Museum. Curator, 1996, 39 (1): 19 - 44.

文化与现代城市发展之间建立新的和谐关系①。自2005年9月以来，福建省文化部门和国家文物局进行了大量的三坊七巷调研工作，国家文物局邀请了中国著名的古建专家和当地政府领导，参与三坊七巷重建筹备会议，一起讨论修复三坊七巷历史文化街区的计划②。时任国家文物局局长单霁翔创造性地提出了在三坊七巷建立社区博物馆的想法，作为旧城保护项目的一部分，以可持续地保护当地物质和非物质文化遗产。在修复三坊七巷老建筑的同时，选择其中最有名的建筑，如光禄坊的刘氏故居和南后街的叶氏故居，作为社区博物馆的站点，由当地原居民展示他们的民俗艺术（包括制作软木绘画和油纸伞等手工技艺）。

综上所述，这两个博物馆在最初规划时期的主要区别在于，创建社区博物馆的想法和位置确定的先后逻辑顺序。史密森学会先提出了建立社区博物馆以帮助延伸博物馆社区可及性的构想，之后选择了一个有强烈建馆需求的合适社区作为第一个试点。其中，安娜考斯提亚社区中的积极分子，在赢得这一宝贵机会方面发挥了重要作用。在中国，令人不满的居住环境、历史建筑的破坏以及当地非物质文化遗产的逐步丧失，引起了地方政府和城市规划部门的关注。之后他们向国家文物局寻求建议，并提出了建立一个社区博物馆以保护历史文化街区的想法。其中，地方政府和国家文物局主导了福建省福州三坊七巷社区博物馆的建立。

（三）美国社区博物馆创立的领导角色

在史密森学会创建安娜考斯提亚社区博物馆期间，社区活动家和第一任馆长约翰·基纳德发挥了领导作用。正如现任博物馆副馆长沙龙·赖肯斯（Sharon Reinckens）所言，约翰·基纳德作为社区活动家兼安娜考斯提亚社区主任，被史密森学会正式任命为博物馆的第一任馆长，来"塑造博物

---

① Cao Bingwu. Three Lanes and Seven Alleys: An Example of a Community Museum in China's Urban Development. Museum International, 2011, 63 (1 - 2): 91 - 101.

② 福州市三坊七巷保护开发有限公司：《保护修复成果展》，http://www.fzsfqx.com.cn/PicGalleryList?Code=WSCG_BHXFCGZ，2012年。

馆的实践方向"①。此外，在曾任国际博协主席的雨果·戴瓦兰（Hugues de Varine）看来，基纳德可以看作是一名新教传教士，他带领一群非裔美国人创立了安娜考斯提亚社区博物馆，为被忽视的美国少数族裔争取公民权利而斗争②。在此可以看到20世纪60年代政治局势对博物馆界的影响。毫无疑问，第一任馆长基纳德在安娜考斯提亚博物馆的创立过程中扮演着极其重要的角色，正是他带领他的团队从史密森学会获得了在当地建立博物馆的机会，并主持博物馆的开幕展览、教育及研究工作。

除他之外，博物馆咨询委员会和史密森学会的支持也在安娜考斯提亚社区博物馆的创立过程中发挥重要的作用。博物馆的创建过程旨在"探索非裔美国人的历史、社区问题、安娜考斯提亚社区的历史和当地艺术"③。博物馆工作人员、当地居民和社区组织共同合作，以满足当地居民和博物馆咨询委员会成员对经营一家与其自身经历和历史相关的博物馆的强烈愿望④。博物馆开幕展览的想法主要来自博物馆咨询委员会以及史密森学会的策展人。博物馆咨询委员会每周都举行会议讨论博物馆展览和活动方案，参会者由安娜考斯提亚社区的各个机构组织的代表组成，包括"东南之家（当时的社区组织）、弗雷德里克·道格拉斯联邦社区中心、教堂、学校、公民团体和商业协会"⑤。这是为了确保博物馆咨询委员会中的大多数成员都来自安娜考斯提亚社区。因此，社区居民在咨询委员会中发挥了控制性作用。同时，来自史密森学会的顾问和志愿者团体也做出了自己的专业努力。博物馆的日常管理工作由博物馆咨询委员会做出决定，教育活动构想由居民提出，并尽可能地

---

① Reinckens S. Smithsonian Anacostia Community Museum at 50 years. Washington History, 2017, (2).

② Hugues de Varine. Ecomuseum or community museum? 25 years of applied research in museology and development. Nordisk Museologi, 1996, (2): 21-26.

③ Hugues de Varine. Ecomuseum or community museum? 25 years of applied research in museology and development. Nordisk Museologi, 1996, (2): 21-26.

④ http://anacostia.si.edu/Exhibitions/Details/Your-Community-Your-Story-Celebrating-Five-Decades-of-the-Anacostia-Community-Museum-1967-2017-6198, 2017.

⑤ James P. Building a community-based identity at Anacostia Museum. Curator, 1996, 39 (1): 19-44.

加以实现。前五年的博物馆展览和活动表现了当地社区的多元文化，例如黑人艺术家的作品、牙买加文化节日、黑人文学及非洲雕塑等[1]；也关注了城市社区生活的问题，例如1970年的"老鼠：人类的痛苦（The Rat: Man's Invited Affliction）"展览着重研究了当地居民家中的老鼠泛滥问题。博物馆顾问委员会认为，安娜考斯提亚社区博物馆不仅可以展示居民过去的生活，还可以解决当前可能影响当地居民生活质量的问题。此外，博物馆内的正式员工来自史密森学会博物馆，从事专门的研究、教育和展览工作。当地的社区居民也愿意贡献他们的自身技能，协助博物馆展览的策划布展和活动安排[2]。

（四）中国社区博物馆创立的领导角色

创建福建省福州三坊七巷社区博物馆的主要目的是保护历史街区，并将其建设成"传统建筑、社区历史和当地非物质文化博物馆"[3]，作为三坊七巷历史文化街区的组成部分。该馆的创建是由国家文物局、福建省、福州市的相关政府部门领导并指导的[4]。地方政府部门意识到了旧城三坊七巷的问题，国家文物局提出了解决方案：即在该地区建立社区博物馆。接着当地政府部门组织了一次社会招标，以选择最有效的改造计划。全国所有的城市规划机构都可以参加竞标。最后清华大学团队赢得完成修缮工程的资格。在整个创立过程中，当地居民的参与就是从旧城区迁出以支持拆迁修复工作，并按照政府计划参与博物馆的一些展示工作。博物馆的创建主要还是通过当地政府"三坊七巷文化遗产保护计划"来完成的[5]。

福建省福州三坊七巷社区博物馆是一个展示传统建筑、民俗风情和当地

---

① James P. Building a community-based identity at Anacostia Museum. Curator, 1996, 39 (1): 19 – 44.

② James P. Building a community-based identity at Anacostia Museum. Curator, 1996, 39 (1): 19 – 44.

③ Cao Bingwu. Three Lanes and Seven Alleys: An example of a community museum in China's urban development. Museum International, 2011, 63 (1 – 2): 91 – 101.

④ Cao Bingwu. Three Lanes and Seven Alleys: An example of a community museum in China's urban development. Museum International, 2011, 63 (1 – 2): 91 – 101.

⑤ 福建省人民政府办公厅：《福建省人民政府办公厅关于同意福州市三坊七巷文化遗产保护规划的函》，闽政办函〔2008〕52号，2008年4月23日。

名人故事的文化平台①。由于三坊七巷老旧建筑物的修复需要，当地居民在施工期间必须临时搬迁。建筑工程完成后，搬迁走的居民可以选择是否搬回。那些搬回老城区并在新的社区博物馆工作的人，其中一些是当地非物质文化遗产的传承人；一些对当地的方言和习俗非常了解；还有一些可以出售当地工艺品。这些人参与到当地历史文化的保护中②，讲解和展示当地习俗，其他人则帮助建立馆藏，特别是能够代表非物质遗产的音频和视频资料、传统节庆仪式和口述历史。

三、社区博物馆中的"社区"

导致中美建立社区博物馆的动机不同的一个原因是"社区"的组成部分不同。在社会学领域"社区"的定义至少有140种③，但依旧是一个模糊的概念④。博物馆社区的概念与社会学领域的社区又有不同。沃森根据梅森⑤的建议说明了博物馆社区的特征："共同的历史文化经历、他们的专业知识、人口/社会经济因素、身份（国家、地区、地方性、残疾、年龄和性别）、他们的参观习惯以及与其他社区的区别"⑥，每个人都可以属于不止一个"社区"⑦；但是，"社区博物馆"的"社区"更强调地理因素。在大多数的国际实践中，建立社区博物馆的前提是一群人共同生活在某一地区中并希望通过创建一个社区博物馆以证明他们的身份。上文所述，安娜考斯提亚社区博物馆的社区居民是居住在安娜考斯提亚社区的非洲裔美国人；第六区博物馆的

---

① 陈亮：《在文化遗产保护基础上的社区博物馆规划研究——以三坊七巷为例》，《福建建筑》2012年第3期。

② Cao Bingwu. Three Lanes and Seven Alleys: An example of a community museum in China's urban development. Museum International, 2011, 63 (1 – 2): 91 – 101.

③ 李会欣、刘庆龙：《中国城市社区》，河南人民出版社，2002年，第3页。

④ Abercrombie N., Hill S., and Turner B. The Penguin Dictionary of Sociology. London: The Penguin Group, 2000: 64.

⑤ Mason R. Museums, galleries and heritage: Sites of meaning-making and communication, Heritage, Museums and Galleries. Abingdon: Routledge, 2005: 206 – 207.

⑥ Watson S. Museums and Their Communities. New York: Routledge, 2007: 4.

⑦ Watson S. Museums and Their Communities. New York: Routledge, 2007: 4.

社区是由居住在开普敦"第六市政区"中的混血居民组成的；犹太社区博物馆的社区是由居住在布拉迪斯拉发的犹太人组成的；纽约邻里博物馆的社区是由居住在纽约的波多黎各人组成的。随着各地社区博物馆的发展和藏品范围的逐渐增多，它们都倾向于打破地理限制来讲述整个种族的故事。例如，华盛顿特区的安娜考斯提亚社区博物馆收集了越来越多的社区之外的非洲裔美国人的艺术和历史遗产，纽约邻里博物馆则收藏并展示了全球的拉丁美洲艺术，而不仅限制在最开始的纽约-波多黎各社区。

中国社区是由政府按照地理划分的基层行政单位。中国民政部在2000年对"社区"的官方定义是："社区是指聚居在一定地域范围内的人们所组成的社会生活共同体。"①由于种族和身份问题在中国城市中不明显，因此城市居民很少会因种族身份而聚居在一起。随着城市化的发展，城市移民越来越频繁。保护文化遗产和改善老城居民的生活环境至关重要。同时，大城市中的新居民可能由全国各地迁移到这里。因此，他们很难产生身份认同和城市归属感。这也是社区博物馆可以为城市新兴社区做出的贡献，从而有助于增强凝聚力和和谐社会的建设。

四、在中国应用国际经验的机遇与挑战

国际社区博物馆为发展中国的社区博物馆提供了一定的机遇和策略参考。例如，史密森学会的协助给缺乏博物馆实践经验的安娜考斯提亚社区活动家们以专业博物馆运营知识技能；各个社区博物馆藏品从无到有和侧重教育的工作方式，降低了社区博物馆的藏品准入门槛，可以让更多社区加入到社区博物馆的探索中等。同时，在发展了五十多年之后，社区博物馆的一些潜在问题也逐渐浮出水面。例如，社区博物馆如何平衡社区参与度与博物馆专业化的关系；社区博物馆如何才能不断吸引观众和参与者，以实现可持续发展；社区博物馆如何在扩大收藏和展览范围的同时，保持服务社区的本质

---

① 中共中央办公厅、国务院办公厅：《中共中央办公厅 国务院办公厅关于转发〈民政部关于在全国推进城市社区建设的意见〉的通知》，中办发〔2000〕23号，2000年11月19日。

等。因此，中国社区博物馆有机会在这些问题出现之前就加以考虑并以中国式的方法解决。

按照在文化适合博物馆学（Culturally Appropriate Museology）的观点，文化研究与社会、政治、历史和意识形态情况密切相关①。因此，在中国背景下直接复制国际经验是不合适的。另外，尽管国际社区博物馆的经验并非全部来自西方发达国家，但为避免文化霸权和文化操控，在参考国际经验时需要非常谨慎。中国也将发展出具有中国特色的社区博物馆。

总而言之，从国际角度来看，社区博物馆可以看作是主张和探索社区身份的平台。社区博物馆优先考虑社区参与，并具有灵活的博物馆管理方法。通过对比美国和中国的社区博物馆可以发现，在美国创建社区博物馆的主要目的是保护当地文化并满足当地居民的需求，而在中国创建社区博物馆的关键是在政府的领导下保护历史建筑并实现城市规划。其中，包括当地居民、博物馆内部工作人员和外部支持在内的博物馆相关群体的不同角色，导致在这两个国家发展社区博物馆的方式不同。此外，对社区的不同理解也导致了社区博物馆的不同模式。因此，国际社区博物馆的实践虽然为发展中国社区博物馆提供了机会和策略，但是在中国环境中直接复制国际经验并不科学，因此有必要结合社区博物馆的国际经验和中国情况，建设具有中国特色的社区博物馆。

---

① Kreps. C. F. Appropriate museology in theory and practice. Museum management and curatorship, 2008, 23 (1): 23 - 41.

博物馆全球研究的伦理、方法、机遇和挑战：

《国家博物馆：塑造国家形象的艺术》研究与书写之反思

西蒙·尼尔 著　杨　瑾 译[*]

摘要： 对博物馆进行全球研究的可能性越来越大，但如何开展研究？不妨以一个项目为例，对世界各地的国家博物馆——见于当下几乎所有国家——进行研究。从全球角度来看，如果要做到更加均衡地、平等地理解博物馆，须将某种伦理的、哲学的和方法论的规则落实到位。笔者主持的国家博物馆研究主要源自两项协作型欧洲研究项目，这两个项目运用了7种方法论：比较性、包容性、情境性、相对性、赋权性、建构性和文化性。《国家博物馆：塑造国家形象的艺术》耗时6年之久，经过广泛的实地考察后完成此书，写作彻底改变了我们对这些机构及其建构、绩效、历史与地理的看法。

关键词： 国家博物馆　制造国家　全球研究

本文旨在讨论对博物馆进行全球研究的可能性。这种研究仅仅在近十年左右的时间中才真正成为可能。可是我们为什么要对博物馆进行全球性研究？这种研究能告诉我们哪些其他方法无法告知的内容？2016年，笔者出版的《国家博物馆：塑造国家形象的艺术》（National Galleries: The Art of

---

* 西蒙·尼尔（Simon Knell），莱斯特大学博物馆学院教授，主要研究方向为理论博物馆学；杨瑾，陕西师范大学历史文化学院教授，主要从事文物学、博物馆学研究。

Making Nations）①是首次尝试采用一种包容性的全球视角来理解不同国家的国家博物馆并进行研究的成果。

本文分为以下四个部分。一是讨论促成该研究的语境；二是分析项目的主旨与对象；三是探讨方法论和哲学观，笔者认为这一点对实现真正的全球性比较研究至关重要；四是结论部分。回顾项目进展、本书成型的过程、挑战与结果，笔者相信，有些方法有助于博物馆认知观的形成。

笔者写出该研究项目背后的故事，并非想要欢愉于此或沉迷于轶事中，而是希望对那些打算对博物馆某一主题进行全球性、国际性或区域性研究的人士和准备对被忽视的地方、地理和历史进行考察的人有所帮助。博物馆学的前沿阵地并非仅在那些所谓的"伟大"或基金充足的博物馆，而是在于所有类型的博物馆，在于世界各地的博物馆，在于实践者寻求实现当地潜能的任何地方。

一、语　　境

开始这项研究工程需要很多契机：笔者需要找到主题、灵感与考察经费。项目源自瑞典林奈大学彼得·阿容森（Peter Aronsson）教授和挪威奥斯陆大学阿恩·布格·阿蒙德森（Arne Bugge Amundsen）教授的邀请，合作进行一项玛丽·库热里资助的为期两年的关于国家博物馆的项目（NaMu，2007—2009）②，目标是采用一系列六人会议的方式，讨论国家博物馆的生成与做法等关键问题，与此同时，还要邀请全球相关领域的研究者参与工作。这些年轻的研究者大多数并不在博物馆学院系从事研究，而是就职于社会科学和人文学科部门。这一项目的研究成果发表于《国家博物馆：来自世界各

---

① Simon Knell. National galleries: The art of making nations. London: Routledge, 2016.

② http://namu.ep.liu.se.

地的新研究》①（National Museums: New Studies from around the World）②，笔者认为该项目是其后研究的"试水"，对笔者产生了两方面的影响。首先，它将我的研究重心转移到国家博物馆。其次，笔者是在第一次参观奥斯陆的挪威国家博物馆时最先想出了这个研究项目。挪威国家博物馆有着自己的叙事逻辑，与我所知的伦敦的国家博物馆大不相同。

在"国家博物馆"项目末期，彼得、阿恩和笔者设计的一个更大的欧洲合作项目——"欧洲国家博物馆——政治认同、历史应用与欧洲公民（European National Museums: Identity Politics, the Uses of the Past and the European）"获得了250万欧元的资助，时间从2010年至2013年。笔者主要负责物质文化（器物与藏品）方面的研究。也就是在那个时候，笔者将关注点转向国家博物馆与艺术。笔者此前主要研究地方博物馆、科学家及其从事的自然科学研究。从地方博物馆和科学领域转向国家博物馆与艺术似乎是一个巨大的跨跃，其实并非如此。此前笔者所学的所有关于跨社区和跨机构的知识都可以应用到这项新研究中。此前的博物馆学家对国家博物馆的关注不够，故该项目有巨大的潜能。欧洲项目和这一时期其他为数众多的合作项目使得笔者能够到很多国家博物馆旅行。在个人层面上，该项目也让笔者可以围绕国家博物馆这个单一主题来加强自己的研究工作。相比较之下，笔者此前从事的研究常常会将自己引向两条平行的道路。"欧洲国家博物馆"项目意味着笔者可以集中于一件事情，也将笔者对博物馆的兴趣与多学科知识的生产结合起来。

笔者最初发现，理解这些国家博物馆时会有一些知识缺环和方法局限。

---

① 该书作者主要有：莱斯特大学博物馆学院教授西蒙·尼尔（Simon Knell），林奈大学教授彼得·阿容森（Peter Aronsson），奥斯陆大学教授阿恩·布格·阿蒙德森（Arne Bugge Amundsen），莱斯特大学博物馆学院在研学者艾米·巴奈斯（Amy Jane Barnes），诺丁汉特伦特大学博物馆学、遗产管理与公共历史高级讲师斯图尔德·布尔彻（Stuart Burch），多伦多大学信息学院博物馆学助理教授詹妮弗·卡特（Jennifer Carter），英属哥伦比亚大学历史意识研究中心研究员薇薇安娜·高赛琳（Viviane Gosselin），牛津布鲁克斯大学牛津国际出版研究中心出版方向高级讲师萨利·修斯（Sally Hughes），莱斯特大学在研人员阿兰·凯尔万（Alan Kirwan）。

② Simon Knell, Peter Aronsson, Arne Bugge Amundsen, et al. National museums: New studies from around the world. London: Routledge, 2010.

巴黎卢浮宫（Musee du Louvre）、伦敦国家博物馆（The National Gallery）、维也纳艺术史博物馆（Kunsthistorisches Museum Wien）、马德里的普拉多博物馆（Prado Museum）、阿姆斯特丹的荷兰国家博物馆（The Rijksmuseum）等这些知名的国家博物馆一直是多种传记研究的主题，而其他国家博物馆则大多数被忽视，不为本国以外的人们所知。前人的主要研究成果有格温道林·怀特（Gwendolyn Wright）主编的论文集《国家艺术与考古藏品的形成》（The Formation of National Collections of Art and Archaeology）①、安德鲁·麦克卡莱兰（Andrew McClellan）的《发明卢浮宫：18世纪巴黎现代博物馆的政治与起源》（Inventing the Louvre Art: Politics, and the Origins of the Modern Museum in Eighteenth-Century Paris）②、詹姆斯·塞爱涵（James Sheehan）的《德国艺术世界的博物馆》（Museums in the German Art World）③等。但很少有人尝试在整体上将国家博物馆总结为一类特征鲜明的博物馆形式。唯一的特例是维也纳的艺术史学者汉斯·提埃特兹（Hans Tietze），他的《伟大的国家博物馆之珍宝》（Treasures of the Great National Galleries，又被译为《国家画廊美术图鉴》）将这些博物馆看作是一种特殊的博物馆变体④。提埃特兹是一位搜寻精品的艺术史学者，他以一种权威性的国际主义者视角来看待艺术，当然对欧洲大陆老大师们的作品高看一眼。研究艺术博物馆的大多数学者被训练成为艺术史学者或者艺术家，这样理解似乎就符合逻辑了。但是，这也将很多假设放进了如何理解国家博物馆这一问题中。艺术史学者一直倾向于将自己视为艺术拥有者：他们集中研究那些自认为是杰出的范例，忽视那些或狭窄或庸乏而不值得研究的大多数作品。这肯定是提埃特兹的观点。他们将国家博物馆看作荣耀的建筑空间、陈列艺术大师作品的场所或艺术名作的持有者、艺术史领域中的中立角色等。他们未能承认国家博物馆是独特

---

① Gwendolyn Wright's ed. The formation of national collections of art and archaeology. National Gallery of America, 1996.

② Andrew McClellan. Inventing the Louvre: Politics, and the origins of the modern museum in eighteenth-century paris. New York: Cambridge University Press, 1999.

③ James Sheehan. Museums in the German art world. Oxford: Oxford University Press, 2000.

④ Hans Tietze's. Treasures of the great national galleries. New York: Phaidon, 1954.

的政治机构，国家博物馆不仅仅是"伟大"的艺术博物馆，也与民族国家的形象直接相联。

这些远离美学争论的艺术史研究的确产生出很多关于收藏、收藏者和艺术市场历史的学术成果。像大多数国家博物馆研究一样，这些研究带有传记性倾向。当然，这种历史书写方式可能是近视的，只让作者注意到那些主要机构的成就，当情况并非如此的时候，他们会将之视为独一无二的或开创性的例子。例如，在卡罗尔·保罗（Carole Paul）主编的《现代艺术博物馆的出现：18至19世纪早期欧洲机构的诞生》（The First Modern Museums of Art: The Birth of an Institution in 18-and-Early-19th-Century Europe）[1]中，对上述现象有所批评。其他一些新近研究，如夏洛特·科隆柯（Charlotte Klonk）的《体验的空间：1800年至2000年的艺术博物馆内景》（Spaces of Experience: Art Gallery Interiors from 1800 to 2000）[2]提出了艺术陈列革新史的观点，但仍仅对所谓的"伟大的展馆"感兴趣。尝试对艺术博物馆进行全球综合研究的著作在早期屈指可数。弗吉尼亚·杰克逊（Virginia Jackson）多卷本《世界艺术博物馆》（Art Museums of the World）是多角度综合研究的开创之作[3]，而不是只关注艺术博物馆。另一个例子是安德鲁·麦克麦伦（Andrew McClellan）的《从布雷到毕尔巴鄂的艺术博物馆》（The Art Museum from Boullée to Bilbao）[4]是更为成功的综合研究之作，但同样没有聚焦于全球的国家博物馆。伊丽莎白·克莱格（Elizabeth Clegg）的《中欧地区1890年至1920年的设计与建筑》（Design and Architecture in Central Europe 1890—1920）[5]对笔者意欲探讨的主题而言，是很有启发的案例。该书体现了一种笔者在早年

[1]　Carole Paul ed. The first modern museums of art: The birth of an institution in 18-and-Early-19th-Century Europe. Getty Museum, 2012.

[2]　Charlotte Klonk. Spaces of experience: Art gallery interiors from 1800 to 2000. New Hoven: Yale University Press, 2009.

[3]　Virginia Jackson. Art museums of the world. Santa Barbara: Greenwood, 1987.

[4]　Andrew McClellan. The art museum from Boullée to Bilbao. Berkeley: California University Press, 2008.

[5]　Elizabeth Clegg. Design and architecture in central Europe 1890‒1920. New Haven: Yale University Press, 2006.

研究中所追求的细节丰富的历史，书中的研究项目范围进一步扩大时，它的潜能无限。

二、研究主旨与对象

如果不问"为什么"，就不能进入任何研究。为什么要研究国家博物馆，这样一项研究会告诉我们什么？研究需要目标和中心点，需要确定自己对这些机构最感兴趣的是什么。如上文所言，两项欧洲项目为笔者研究所有类别的国家博物馆的政治建构与意义提供了基础。国家博物馆是或一直是资金最充足类型的博物馆，也有明晰的收藏、展览计划。换句话说，这些博物馆不会是单纯由资金不足造成的，而且这些博物馆也与制造国家有特别的关系，由此成为笔者的案例。

30多年来，笔者一直关注解构博物馆、藏品、收藏、展览的跨学科实践——地理、考古、历史、艺术史等多学科，借此揭示在知识构建过程中心理的、社会的、政治的和物质的力量所发挥的作用。因此，很容易将研究重点从自然科学研究人员、器物和机构转向艺术机构及其伴生文化。笔者的方法论特长——博物馆学、历史学与地理学——是可以转化的。在项目开始的时候，笔者有着较好的艺术史基础，但远远不够，这也成为笔者承担这项研究后不断学习的动力。但对笔者而言，以一名擅长跨学科实践的成熟学者身份来从事这项研究也颇具吸引力。有些艺术史学者认为，非专业的身份也许是研究的优势。从方法论来看，笔者的方法是作为一个"外人"来进行"内行"研究的跨学科和机构性行为（即使笔者具有内行的知识）。笔者很多研究的旨趣并非有助于博物馆提升实践水平，而是努力寻找看待和思考博物馆的新方法。笔者认为，这项特殊项目的目标在于解构那些机构及其实践，在于理解而非批评。

国家博物馆项目始于一种欧洲中心论，而笔者自身的兴趣从未局限于欧洲大陆。"欧洲国家博物馆"研究项目是笔者在更大视野下从事全球性研究的契机，因为与很多亚洲、澳大利亚、新西兰和美国等国家开展的国际合作及其带来的机遇让笔者相信自己可以获得一种全球性理解。同时，笔者要挑战国家博物馆研究中的欧洲—美国模式海外输入论，但并非暗示这样的创新会发生在每一个地方。笔者还想挑战国家博物馆历史叙事中一直使用的精英视角和保守主义的话语体系。

故笔者研究的目标变成解读国家博物馆如何介入塑造国家形象的过程，因为这是这些机构的鲜明特征，不见于其他类型的艺术博物馆。以塑造国家形象为视角也确保笔者的观察主要以当地体验为基础。这种关注层面让项目的目标更为清晰，也有可能达成一种普适观念。然而，一项全球性研究似乎仍是一种荒谬的野心勃勃的行为，从进行研究和写作一本书的角度来看，也定会充满各种潜在的困难。笔者并不认为，进行全球比较研究就不必讨论细节，笔者也决心在研究中尽可能多地保存当地的细节，但笔者也不认为这种比较性研究一定能够得出一些其他方法无法获取的新结论。

笔者的研究目标是：找到一种对不同国家博物馆现状的情境化理解，借此从整体上获得对它们总体实践的认知；从全球范围对各国国家博物馆的地理与历史（这个后期目标是作为一项不可避免之需要而后加的）按图索骥；思考这些机构是如何以国家名义来调集艺术作品的；考察这些机构的建筑与空间策划对塑造国家形象的贡献；理解国家博物馆如何应对变化，适应不断变化的政治和社会环境。

总之，笔者要理解国家博物馆藏品的性质、藏品入藏过程及在此基础上产生的叙事类型，也将解构自己所见的表象，以便揭示这些机构如何为国家做出贡献。当然，研究以在全球范围内都存在国家博物馆为前提。

三、方法论和哲学观

笔者考虑的研究方法一如既往地是跨学科的综合方法。笔者需要怀揣全球理想，也要认识到自己无法参观地球上的每一个国家博物馆，因此决定集中分析那些自己能参观的博物馆。非常幸运的是，很多项目一涌而来，这意味着笔者可以参观欧洲所有的国家博物馆，以及加拿大、美国、墨西哥、澳大利亚、新西兰、中国、日本和新加坡等国的国家博物馆。这样笔者就可以获得足够的广度——单欧洲一地就有非常多元的机构与实践，然后用出版资料和网络来弥补那些没能参观到的地区和国家。

在研究项目开始的时候，笔者首先需要定义何谓国家博物馆。目前，世界半数国家都用"国家博物馆"一词，但其他国家则把这些机构称为"国家艺术博物馆"。但对笔者而言，国家艺术博物馆可能是指那些类型差别很大的机构。例如，伦敦的维多利亚与阿尔伯特博物馆是一个艺术博物馆——一个装饰艺术博物馆——但并非一个国家艺术博物馆。国家艺术博物馆是展示国家美术和特殊绘画收藏的机构。笔者关注这个层面的原因是它能够给予笔者一个进行全球性比较的绝佳机会，因为这种收藏在全球范围均可以看到。因为早在16世纪，一种西方风格的绘画已落脚于美洲和亚洲。绘画的政治性由来已久，它是一种重要的、具有文化复杂性的媒介，蕴含着进行此类研究的巨大潜能。

笔者虽然关注国家博物馆的一些临时展览，而研究重点为固定展览及其策展过程，以及其中表现的建筑和城镇环境等。由于笔者要保持所有研究对象的一致性，并未进行观众采访。笔者兴趣不在于理解策展的意图，而是艺术在展览中的表现。为此，笔者不遗余力地进行考察：常常连续数日将自己关在这些机构中，精神抖擞地拍照，丝毫不漏地记录，并思考这些机构的做法及其效用，因此收集到很多实录性的材料。

就方法论而言，笔者认为，为了有效比较并关注制造国家过程中的诸多可能性，需要采取一套"七元素"方法论或哲学：即比较、一视同仁、情境化、相对主义、赋权性、建构性与文化背景分析。

● 比较。笔者采取比较方法，让每个机构的实践成为观察其他国家博物馆做法的一个透镜。由此展现的相似与差异及其因果关系，也显示了当地价值、独特性、协商与认同行为等问题。比较提供了一种包罗万象的方法论，使对相对主义、权力关系等问题的考察可能性，也是一种支撑我们欧洲项目的重要方法。

● 一视同仁。为有效起见，将平等地看待所有国家博物馆，因此笔者在记叙规模、年代或财富等方面并无区别。因为一旦开始以其拥有国际性精品为基础对这些机构进行区别对待，就不可能真正理解他们。

● 情境化。通过将所有博物馆和艺术品置于一定情境中，就很容易获得一种平等的观察视角。当我们思考艺术的生产和展现过程时，就会理解这些做法的独特性；但这种观念如今已经消失不见，因为艺术史课程、书籍和其他媒体使艺术品图像进入流通中。事实上，几乎所有艺术品都是独特的，这一点非常重要，这意味着它们存在于独特的历史、经济和文化环境中，挑战着那些从普世主义视角对它们进行理解的观念：即国家博物馆的艺术品是分散的，这将对其意义和功能产生根本影响。

● 相对主义。艺术品和机构的情境化研究表明，它们的价值相对而言是可以解读的。某一艺术品对拥有它的国家而言，可能具有一些在其他地区所没有的非凡意义。精品仅仅是作为一种比较结果而存在，对它的考量也具有在地性，例如保加利亚一位艺术史学者和一位普世主义艺术史学者对同一艺术品的看法截然不同。

● 赋权性。所有博物馆都以某些方式受到某种价值观的影响，大多数国家博物馆除此之外还能感觉到其他强有力的，但通常是遥远的机构和文化的影响，对国家博物馆的价值系统带来了二次阻挠。艺术品通常从巴黎或伦敦这样的文化中心输入到世界其他的地方。这些流动的形式给那些发现自己处于弱势的国家带来各种正反两面的后果。笔者既要正确看待这种权利的流动，也要考虑各个国家如何为自己赋权。

● 建构性。从建构性视角来看，世界是符合逻辑的。这不仅仅简单地表明这样的事实，即国家博物馆对艺术品的解读是一种发明，也事关我们如何理解这些事物在世界各地发挥着作用。如果我们认为物品本身拥有其独立于人类思想和行动之外的特性，于是我们冒险地制造出一种压抑性幻想——国家作为一个整体是永恒的真理。而建构主义方法让我们意识到器物和机构是我们行动的媒介，它们代表我们的行为过程，而非行为本身。

● 文化背景分析。我们常认为器物、实践者和机构形成于特定文化中，拥有特定文化但被其所形塑。将这些文化产物看作是艺术展的想法也太过包容了，因为这些文化及其产物具有局限性、场域性和关系性。所谓的文化界是由政治家、专业人员、研究人员与其他人士组成，他们影响国家博物馆实践的性质。

四、项目进展、挑战与结果

有时候，当一个人写一本书时，一开始就知道这本书将采取何种形式。但《国家博物馆：塑造国家形象的艺术》却并非如此。笔者知道自己所采取的方法，也知道自己将要把绝大部分注意力放在固定展览上，但笔者起初并不认为发现实践中的差别或深入了解它们的共性会非常容易。虽然笔者关于欧洲国家博物馆的研究更加宽泛，但笔者此前的跨文化研究也给自己信心，即一些睿智的思考将有助于项目的完成。当然，自信是最重要的，要相信这是可能的，通常情况是经历了很多疑问与困难之后，项目的目标最终会实现。

在本书中，笔者并不想追求丰富的理论构建，而是提供一些体验这些博物馆和思考它们实践的感悟，以有助于更多人理解这些博物馆。笔者在每章开始都有一段概述。采用简短的叙述，让读者了解某个国家博物馆的具体做法。一个个国家博物馆便成为各章节讨论的例子。由此可知，整本书从不同角度对每个博物馆独特做法进行探讨。笔者认为本书篇幅要相对较短，因为我们生活在喜欢简洁的时代，过长篇幅的书籍似乎过于自我放纵。笔者因此决定将本书分成很短的章节，让读者可以快速地且独立地阅读、消化。笔者使用了便宜的文字处理软件Scrivener[①]，使笔者可以在各国的国家博物馆内随时工作。如果作者在最初并不知道该书的最终形式，这种写作形式将是一个真正的恩惠，它意味着写作可以围绕单独的创意和个案研究进行，也意味着会发生一些意想不到的事情。例如，在俄罗斯，笔者偶遇波兰艺术家亨德里克·赫克托·希米拉德斯基（Henryk Hector Siemiradzki，1843—1902）的一件非凡之作。这幅画可能是圣彼得堡当时在展的尺寸最大的一幅现实主义画作，画中心是一个裸体人物。如果从历史角度来看艺术，人们可能认为这幅画的技艺可非常娴熟，但非独创且特别保守，因为亨德里克·赫克托·希米拉德斯基在西欧几乎不为人所知，但作为一件博物馆物，这幅画相当杰出。当笔者在东欧各国旅行参观时，亨德里克的作品出现在各个国家，所有国家都宣称该画家是本国艺术家。在波兰，他的作品被重新诠释为国家及其为生存而进行的斗争。该画家捐献的画作成为波兰国家博物馆藏品体系的基础，因为他绘画中的波兰传统具有强烈的民族主义色彩。

笔者采取的方法论而使揭示这位艺术家的重要性成为可能，笔者认为，

---

① 斯科维娜（Scrivener）是Literature and Latte开发的一个功能强大的写作软件。它能辅助作者完成从作品构思、搜集资料、组织结构、增删修改到排版输出的整个写作流程。还能提供各种写作方式，包括学术论文、散文随笔等。

正是因为缺乏艺术史专业背景，才认为该艺术家非常重要。只有在展陈空间里，才会将其作品看作独特的或值得详细研究的对象。笔者以前也处理过类似的艺术史题材，但是从博物馆展陈体现的作品价值与意义方面进行讨论的。例如，毕加索的《格尔尼卡》（Guernica）对突发政治事件的表现或普拉多博物馆（Prado Museum）发明的西班牙传统①。在这些情境下，国家博物馆不仅是在墙上悬挂着公开发表的艺术史，而是这些艺术史出版是博物馆展品挑选、策展和陈列等行为的结果。

因此，在最初的时候，笔者就知道一些章节将采取不同的策略、通过一些个案来讨论展览所反映的不同实践。笔者也很清楚，要将这些研究置于建筑和城镇规划研究环境中，揭示出象征性的展示是如何层叠的，把国家博物馆的做法放进一个更大的自我定义与实践国家行为的体系中。本书也有一部分笔者不愿意深入讨论的内容，即国家博物馆的全球历史。作为一名历史学家，笔者害怕这样一种历史观将会给这些机构带来泛化和均质化的危险，与笔者得出的每个国家博物馆的不同实践是由其国情或国际环境影响的结论相背离。然而，笔者认为自己别无选择，只能书写这样的历史，因为它对理解这些机构也似乎非常关键。这样做的后果是：将会削弱笔者发现的那些精英主义的和不切实的"伟大"博物馆的"伟大"历史。但当笔者决意要书写这种历史的时候，愈发清楚的是，这些机构此前的历史都将被完全推翻，有些被认为是次要的、后来的物的地位和重要性却凸显出来。概言之，国家博物馆现在都很年轻，它们以不同于文献中所记录的次序或方式出现。例如卢浮宫建立于拿破仑时代，在19世纪大部分时间中，卢浮宫本身实际上已成为一座皇室宫殿，而非一座国家的博物馆。笔者在书中对国家博物馆与皇室博物馆进行了严格的区分。与此相反，大英博物馆的历史被遮蔽于消极的神话制造中，也有人认为它是一个后期发展的产物，但它实际上已变成最早的国家博物馆之一，也的确是首个特地建造的国家博物馆。挪威的国家博物馆也经

---

① 西班牙马德里的普拉多博物馆，建于1819年，被誉为世界上最伟大的博物馆之一，亦是收藏西班牙绘画作品最全面、最权威的美术馆。藏品十分丰富而多元，主要包括11—19世纪西班牙最完整的绘画，特别是西班牙画家戈雅的作品，还有大量佛兰德和意大利的艺术珍品。

历了一个类似的、更有开拓性的变化过程。很多国家博物馆在早期实际上是皇室博物馆，直到其发展至很晚阶段才出现了变化。大英博物馆和泰特美术馆是大英帝国时期和此前帝国时期（以澳大利亚、新西兰、津巴布韦、美国等为殖民地的时期）国家博物馆发展历程中两个比较典型的例子。另一个重要的但此前未被认识到具有帝国主义影响的例子是苏联，苏联政权极大地提升了国家博物馆的建设水平。事实上，苏联各州立艺术博物馆的初衷是传播社会主义意识形态，直到社会主义共和国时期才取得独立地位。这种影响远远超越苏联的边境，强势进入邻近的国家，如中国和朝鲜等。

从哲学层面看，本书阐述了笔者的价值观。笔者追求的是理解，并非批评，也不将它们一同划分高下，而是努力揭示与欣赏不同国家的不同实践。毫无疑问，这是一种特殊的研究和理解机构的方法，挑战以西方为中心的以往的跨学科实践的固有方法。笔者认为，所有国家博物馆均具有同等的研究价值。就各自独有的运行方式而言，所有国家博物馆都是同样重要的国家机构。例如，在阿尔巴尼亚国家博物馆，笔者发现两个展厅有两幅社会主义的现实主义和革命主义绘画，这一发现要比笔者找到另一幅尚未见过的毕加索作品更加令人激动。笔者来到北京，专门观看中国国家博物馆中关于毛泽东时代政治题材的画作，希望自己在中国美术馆中也能够参观诸多以政治为导向的艺术展览。笔者的非评判式方法开启了观察大量而多元机构的实践之门，当然很难抵御维也纳国家历史博物馆这类过分华丽建筑的诱惑，但也必须要评价一个资金匮乏、支持不到位的展馆的工作，事实上，这种博物馆没有实现其充分潜能。对此，研究者一定要下决心坚持原则。

本书分为九章。第一章为导言：思考国家博物馆是什么、保存了什么、国家博物馆和国际博物馆之间的区别、这些主题如何被研究等问题，并以之作为背景材料。笔者还介绍了艺术—国家的概念：从联结艺术品的不同实践的观念到国家的观念。如同民族—国家一样，艺术—国家也是产生于臆想的一种关系，由机构的实践所操纵。其他八个章节两两组合。第二章、第三章解释国家博物馆在将艺术和国家观念融合的过程中发挥的中介作用。第四章、第五章提供了作为国家制造机构的国家博物馆的历史分布与地理。第六章、第七章从城市、博物馆建筑和艺术品策展等方面来看这些机构的成绩，重申艺术和国家之间的关系。第八章、第九章举例说明了国家博物馆如何在国际艺术建构过程中发挥作用。后面章节中讨论的案例是逐步深入的，从展览的成效到跨越边界，从本质主义到包容的复杂性。

　　最终的结果是一本书，它初看起来像是笔者对这些博物馆中一系列瞬间的记录，因为关于这些博物馆的太多方面都很容易被改变。但这并非笔者真正要考虑的问题。笔者无意撰写许多机构的微型传记，而是要表达国家博物馆实践的多元性并从宏观上概述这种多元性。笔者旨在书写一本关于观察与观念的书籍，因心中常念学生，希望他们作为后代研究者考察巴黎、罗马和维也纳的艺术博物馆之后，也受到鼓舞而去书写关于津巴布韦的哈雷拉、玻利维亚的拉巴斯、菲律宾的马尼拉等无数地方的国家博物馆与塑造国家形象的故事。

跨学科与跨文化视角下的中国博物馆与文化外交研究

孔　达*

摘要： 博物馆国际交流合作特别是博物馆对外展览，是当代博物馆专业发展的重要组成部分，也是国家践行文化外交、提升文化软实力的重要方式。过去十多年间，中国的文化软实力备受世界瞩目，博物馆及其对外展览发挥了重要作用。世界范围内，对博物馆与文化外交的关注也日益增长。通过对比国内外对软实力与文化外交和博物馆国际交流合作的研究与实践，本文提倡通过一种跨学科、跨文化的多元、开放视角，探讨中西方对博物馆与文化外交的不同理解，进而更好地反思中国博物馆国际交流合作与文化外交的运行模式与前进方向。

关键词： 博物馆　国际交流合作　文化外交　跨文化　跨学科

从17—18世纪诞生开始，现代博物馆即具有国际性。到了20世纪，这种国际性进入了文化外交的视野，博物馆特别是其国际展览成为塑造国家形象的重要手段。随着全球化、信息化的深入发展，国际交流合作日益成为博物馆扩大自身影响力、贡献国家软实力的重要方式。博物馆国际交流合作，既是博物馆专业发展的必要组成部分，也是一国文化外交、文化软实力的重要内容。过去近二十年，中国的文化外交与文化软实力战略在世界范围内备受关注，而中国博物馆特别是大型文物展览，发挥着重要作用。中国博物馆的国际交流合作，既能反映中国的博物馆管理制度及博物馆发展水平，也能折射出中国文化外交的理念与实践。从一种跨学科、跨文化的视角出发，有利

---

* 孔达，复旦大学文物与博物馆学系讲师，主要研究方向为博物馆学。本文为上海市浦江人才计划资助项目"提升我国博物馆对外展览　服务中华文化'走出去'战略研究（17PJC008）"阶段性成果。

于更好地回应西方对中国博物馆及文化外交的关注，也可以更好地反思中国博物馆与文化外交的发展模式与前进方向。

本文以笔者在英国莱斯特大学博物馆学院的博士研究为基础，结合最新思考，探讨中西方对博物馆与文化外交结合的不同视角，强调跨学科、跨文化视角对当代博物馆学研究的必要性与重要性。

一、中西视角下的文化外交

文化外交，顾名思义，是文化交流与外交利益的结合。单从其实践来讲，可以追溯到古希腊、古罗马时期，疆域扩张往往伴随着文化的传播与征服。19世纪，法国首先意识到，可以利用文化、教育、宗教的传播，来扩大和巩固其政治影响力，特别是在其殖民领地上。"文化殖民"成为这一时期法国、英国、西班牙、葡萄牙等国殖民统治的重要组成部分。20世纪，两次世界大战及之后的冷战使西方国家更加清醒地意识到文化认同对战争成败、国家利益有着至关重要的作用，各国政府在进行军事、政治、经济竞争与合作的同时，开始积极推动文化的交流与传播，现代意义的"文化外交"由此诞生。20世纪90年代以来，随着软实力概念的流行，"文化外交"纷纷被各国当成体现软实力的重要工具，用以提升国家影响力、增强国家软实力。相比于历史悠久的实践，时至今日，"文化外交"并没有公认的标准定义，学者或者外交人员往往将其与同类概念进行比较来进行界定。

美国路易斯安那州立大学政治学教授Kevin V. Mulcahy从"文化外交（Cultural Diplomacy）"与"信息外交（Informational Diplomacy）"区别的角度出发对美国的文化外交加以定义。她认为，两者都是以文化交流手段来增进他国公众对美国社会的理解。但"信息外交"更加强调通过文化手段，直接向他国公众解释美国外交政策，具有明确直接的政治内容，甚至可与政治宣传、心理战画等号，其实施手段可能更多采用电影、新闻、广播等方式。而"文化外交"虽然也同样以政治目的为前提，但更多的是通过文化、思想、教育的交流，来增进双边或多边长久的交流与理解，而不在于一时的政策宣传与辩护。因此，在实施手段上也更加偏向于教育、艺术、表演这一类专业文化艺术交流，政府支持下的博物馆及其展览国际交流合作就属于这一类①。这种强调文化外交在于增进交流理解而非政策宣传的理念，与美国政治学家、约翰·霍普金斯大学教授Milton Cummings基本一致，他认为文化外交是"国家及其公众为了增进相互理解而进行的思想、信息、艺术和其他形式的文化交流"②。这也被认为是文化外交的经典定义之一。

曾任英国文化外交官的Mitchell在其著作《文化国际关系》（International Cultural Relations）中，通过与"文化关系（cultural relations）"对比，对文化外交进行定义。他认为，文化关系是指国际一切文化交流，可以是政府行为，也包括私人力量基于自身目的进行的国际文化交流。而文化外交仅指政府主导或委托实施的文化交流。相比于文化外交，文化关系更为中立和全面，它是通过文化交流传播，呈现最真实而非美化修饰过的国家面貌③。Mulcahy也指出，美国文化外交的核心就是让美国文化活动、文化领袖们自由表达，以此为美式自由社会正名④。在实践中可以看到，西方有些文化外交实践也确实遵循这一理念，把国家最真实的一面展现在世人面前，甚至是不惜揭示国家的矛盾与问题，当然这背后也自有其政治用意与原因。与之相对，西方学者认为，苏联文化外交最大的问题就在于，苏联文化活动及其展示的国家形象是经过审查筛选的，甚至是经过歪曲的，只把最好的、最想要的一面呈现出来，而对所谓的资本主义文化则采取了否定、诋毁的态度。因此，苏联文化外交经常被认为是一种通过文化手段实施的政治宣传，而非真正的文化外交⑤。

"政治宣传"在西方政治语境中，往往带有一种消极含义，简单来说就是指出于政治目的、掩盖事实真相的政治谎言。以上各种文化外交定义，

---

① Kevin V. Mulcahy. Cultural diplomacy and the exchange programs: 1938–1978. The Journal of Arts Management, Law, and Society, 1999, 29 (1): 7–28.

② Milton C. Cummings. Cultural diplomacy and the United States government: A survey. Washington, D.C.: Center for Arts and Culture, 2003: 1.

③ John M. Mitchell. International cultural relations. London: Allen & Unwin, 1986.

④ Kevin V. Mulcahy. Cultural diplomacy and the exchange programs: 1938–1978. The Journal of Arts Management, Law, and Society, 1999, 29 (1): 7–28.

⑤ Frederick C. Barghoorn. The society cultural offensive: The role of cultural diplomacy in soviet foreign policy. Princeton: Princeton University Press, 1960.

都承认文化交流与传播有利于民族、国家之间的相互理解，有利于塑造良好的国家形象，为国家政策的实施创造良好的国际环境，这一终极目标的政治性毋庸置疑。但其形式和内容必须是持续且柔性的、是平等互动的、是文化艺术的、是真实客观的，之所以如此主要就是为了避免与政治宣传挂钩。为此，除了内容要回归文化艺术本身，政府在推动文化交流传播中的角色与作用也必须谨慎。19世纪的法语联盟，20世纪的英国文化教育协会，在对外文化传播过程中，除了政府的推动，都非常重视私人机构的作用。二战之前，美国对外文化交流基本属于私人领域，直到纳粹德国的思想渗透到拉丁美洲的文化中，对美国造成了巨大威胁，政府才不得不开始涉足文化外交，并延续至冷战时期与苏联的文化和意识形态对抗。虽然美国于1953年成立了美国新闻署，但依然以公开或非公开形式，委托或支持大量私人文化组织和力量，由他们出面，进行国际文化交流传播，博物馆就是其中的重要力量。在全球化时代，随着国际文化贸易与信息化的不断发展，包括专业文化教育机构和文化企业在内的非政府力量，在国际文化交流中的地位更加凸显①。

简单总结，西方对文化外交的研究与实践，关注核心在于其文化性与政治性的关系，具体体现之一就是实践中政府与非政府行为体（包括专业机构、个人等）的关系。

再看中国对于文化外交的定义。2005年，时任中国文化部副部长的孟晓驷对文化外交进行了定义，即"为围绕国家对外关系的工作格局与部署，为达到特定目的，以文化表现形式为载体或手段，在特定时期、针对特定对象开展的国家或国际公关活动"。官方判断文化外交活动的标准有四："一、是否具有明确的外交目的；二、实施主体是否是官方或受其支持与鼓励；三、是否在特殊的时间针对特殊的对象；四、是否通过文化表现形式开展的公关活动。"②有学者在著作中指出，文化外交就是"以文化传播、交流和沟通为内容所展开的外交，是主权国家利用文化手段达到特定政治目的或对外

---

① Heather F. Hurlburt and Bill Ivey. Cultural diplomacy and the national interest: In search of a 21st‑century perspective. Washington, D.C: The Curb Center at Vanderbilt, 2006.

② 孟晓驷：《文化外交的魅力》，http://theory.people.com.cn/GB/49150/49152/3849386.html，2015年11月1日。

战略意图的一种外交活动"①。简言之，文化外交是"由一国政府所从事的、带有浓厚的政治色彩的对外文化交流行为"②。

对比中西文化外交定义，双方都认可国际文化交流的价值，认定其服务国家利益和外交战略的终极目标。相较之下，无论从实践层面和理论研究层面，中国的文化外交就更有服从政治大局的意味。当然，这也并不意味着中国的文化外交就是西方所谓的"政治宣传"。近些年，中国日益关注并扶持非政府力量参与国际文化交流合作，包括专业文化机构、教育机构、企业、个人等。但总的说来，服务国家大局是重中之重。值得注意的是，国际社会分析中国的文化外交为什么难以达到理想效果，往往将责任归咎于这些文化交流活动被用作"政府的宣传机器"③。

这里对中西文化外交的理念与实践进行罗列、对比，并不在于辨明各自观点的客观与否。事实上，西方强调的所谓平等、双向、真实、非政治、非意识形态的文化外交，在现实中往往也难以纯粹。打着文化旗号进行意识形态输出，是许多学者对于美国文化外交的印象。但无论现实如何，从以上文化外交的定义与文献中不难看出，西方学者对于文化外交的讨论，更强调文化交流作为政府"政治宣传"工具的危险与弊端。这也往往成为西方解读中国文化外交的预设话语框架。中国想要实现文化外交的效果最大化，就需要知己知彼。当然，对于西方理解中国的文化外交亦是如此。

二、文化外交视角下的博物馆国际交流合作

博物馆国际交流合作特别是国际展览，一直以来都被认为是最有效的、最重要的文化外交手段之一。Mitchell认为，"（艺术）展览可以触动神经，同时留下持久性的影响，因此可能是传达或者改变国家形象最有效的手

---

① 李智：《文化外交：一种传播学的解读》，北京大学出版社，2005年，第24页。

② 李智：《文化外交：一种传播学的解读》，北京大学出版社，2005年，第1页。

③ Donald Clarke. Why is Chinese soft power such a hard sell? China File, 4 November 2013, http://www.chinafile.com/conversation/why-chinese-soft-power-such-hard-sell.

段"①。冷战时期，美国利用现当代艺术展览，塑造自由民主的国家形象，成为文化外交史的经典案例。博物馆也可以成为"外交使者"，显示国家诚意、增进双方互信；甚至是外交关系的破冰者，在双边或多边外交关系的僵局中，架起文明对话的桥梁。大英博物馆在这一方面起到了示范作用，通过展览交流，为英国与伊朗外交关系打开了一扇窗②。

Carol Duncan与Tony Bennett都曾指出，博物馆的诞生与发展一直伴随着国际交流，这要远远早于博物馆与文化外交的结合，这是博物馆的专业性所致③。二战特别是冷战以来，学者开始从文化外交视角关注博物馆及其展览的国际交流合作，这包括外交学者，也包括博物馆学者。一方面，关注博物馆对国家形象的影响，如效果评估、影响方式、影响因素分析等。早在1953年左右，美国学者曾通过大规模观众问卷调查，评估日本输出美国的巡回展览对日本在美国国家形象的影响④。冷战时期，美国在输出对外展览时，十分重视收集观众留言和现场反馈，这也成为20世纪90年代以后美国学者评估冷战时期美国对外展览和文化外交成效的重要文献资料⑤。观众调查之外，著名英国智库Demos曾经出版一份报告，用案例举证等方法，提出博物馆贡献英国文化外交的有力证据⑥。另一方面，媒体报道分析也是评估

---

① John M. Mitchell. International cultural relations. New York: Harper-Collins Publishers, 1986: 180.

② Kirsten Bound et al. Cultural diplomacy. London: Demos, 2007.

③ Carol Duncan. Civilizing rituals: Inside public art museums. London and New York: Routledge, 1995; Tony Bennett. Bennett Tony, et al. Exhibition, difference and the logic of culture. Museum Frictions: Public Cultures/Global Transformations. Durham: Duke University Press, 2006: 46–69.

④ Robert T. Bower and Laure M. Sharp. The use of art in international communication: A case study. The Public Opinion Quarterly, 1956, 20 (1): 221–229.

⑤ Susan E. Reid. Who will beat whom?: Soviet popular reception of the American National Exhibition in Moscow, 1959. Kritika: Explorations in Russian and Eurasian History, 2008, 9(4): 855–904; Tomas Tolvaisas. Cold War "bridge-building": U.S. exchange exhibits and their reception in the Soviet Union, 1959–1967. Journal of Cold War Studies, 2010, 12 (4): 3–31.

⑥ Kirsten Bound et al. Cultural diplomacy. London: Demos, 2007.

国际文化交流项目的常用方式。美国阿巴拉契亚州立大学教授Michael Krenn就曾在其著作中大量引用相关媒体报道，印证艺术展览之于美国冷战时期文化外交的重要价值①。

与此同时，文化外交视角下，博物馆作为政治宣传工具的可能性也备受质疑和挑战。Jenkins认为，"走上文化外交的道路，博物馆藏品将会成为持续关注与发表声明的焦点，而非是思想启蒙"②。也正是出于这种考虑，主导冷战时期美国文化外交的美国新闻署才会将其"国际艺术项目"委托于史密森博物馆学会，由其出面，缓解国内外对政府支持展览过于政治化的质疑与批评③。从2003年参与伊拉克战争时期文化遗产抢救保护开始，大英博物馆通过展览、藏品、人员等全方位交流，不断证明"艺术通常能够涉及那些外交无法涉及的领域"，成为英国重要的文化大使④；上文提及的Demos文化外交报告，也是受大英博物馆为首的多家英国国家博物馆委托，这些博物馆也很有可能因此获得了英国政府多达300万英镑的支持，助其启动"世界藏品项目"⑤。尽管种种，向英国乃至世界证明博物馆在文化外交中重要作用的大英博物馆前馆长Neil MacGregor，却在各种公开场合，反复强调大英博物馆的独立性，否认其是英国政府的文化外交使者⑥。

---

① Michael L. Krenn. Fall-out shelters for the human spirit: American art and the Cold War. London: The University of North California Press, 2005.

② Tiffany Jenkins. Artists, resist this propagandist agenda. spiked, 27 October 2009, http://www.spiked-online.com/newsite/article/7629#.V1pxqf5Jk5s.

③ Michael L. Krenn. Domestic politics and public diplomacy: Appalachian cultural exhibits and the changing nature of U.S. public diplomacy, 1964－1972. The United Sates and public diplomacy: New directions in cultural and international history. Leiden: Martinus Nijhoff Publishers, 2010: 315－343.

④ Cristina Ruiz. Treasure trails: how museums became diplomatic fixers. New Statesman, 16 October 2014, http://www.newstatesman.com/culture/2014/10/treasure-trails-how-museums-became-diplomatic-fixers [accessed June 2017].

⑤ Melissa Nisbett. New perspectives on instrumentalism: An empirical study of cultural diplomacy. International Journal of Cultural Policy, 2013, 19 (5): 557－575.

⑥ John Wilson. On the road with Neil MacGregor, the man who uses culture to win friends. The Guardian, 6 December 2014, https://www.theguardian.com/culture/2014/dec/07/neil-macgregor-cultural-diplomat-parthenon-elgin-marbles-russia.

博物馆实践之外，西方学者也从各个侧面，探讨了博物馆与政府在践行文化外交过程中的关系。Krenn分析了冷战时期美国博物馆与政府在国际文化交流中的理念差异以及由此引发的种种矛盾，前者希望以艺术的力量治愈两次世界大战给人们带来的伤痛，后者则希望传播美国意识形态、确立美国文化和政治领导地位[1]。美国新墨西哥历史博物馆执行馆长、莱斯特大学博物馆学博士Andrew Wulf在其著作《美国冷战时期的国际展》（U.S. International Exhibitions During the Cold War）中指出，博物馆、艺术家、设计师主导着美国冷战时期的对外艺术展览，进而影响着美国的国家形象，政府只做方向性的指导。新西兰惠灵顿维多利亚大学高级讲师Lee Davidson则通过新西兰国家博物馆与墨西哥的交换展览实证研究分析得出，博物馆展览交流中的专业交流、人员交流才是文化外交的根本所在[2]。通过分析法国与新加坡的文化外交与博物馆合作，新加坡学者、现任莱斯特博物馆学院讲师蔡韵慈认为，在进行国际交流合作时，博物馆并不会将文化外交作为主要考量，更多的是随着形势的发展，借助文化外交的平台与资源，实现自己的目标，服务于博物馆的使命和宗旨[3]。最新一本关于博物馆与文化外交的著作《博物馆外交的全球趋势》（Global Trends in Museum Diplomacy），墨尔本大学研究员Natalia Grincheva通过古根海姆博物馆与中国的K11购物艺术中心的案例研究，强调私人博物馆与艺术机构在追求自身目标特别是经济目标的过程中，客观上贡献于文化外交的事实[4]。

以上文献都从不同侧面强调，在践行文化外交过程中，博物馆作为专业机构的专业性、独立性，从客观上回应了针对博物馆作为政治宣传工具的质疑。这与上文总结的西方文化外交研究核心关注完全吻合。

---

① Michael L. Krenn. Fall-Out shelters for the human spirit: American art and the cold war. Chapel Hill and London: The University of North California Press, 2005.

② Lee Davidson and Leticia Pérez Castellanos. Cosmopolitan ambassadors: International exhibitions. Cultural diplomacy and the polycentral museum. Wilmington: Vernon Press, 2019.

③ Yunci Cai. The art of museum diplomacy: The Singapore-France cultural collaboration in perspective. International Journal of Politics Culture and Society, 2013, 26 (2): 127–144.

④ Natalia Grincheva. Global trends in museum diplomacy: Post-Guggenheim developments. New York: Routledge, 2020.

再看中国语境下的博物馆与文化外交。博物馆对外展览是我国对外文化交流的重要形式和传统手段之一。对外展示国家形象，积极配合国家外交外事活动，是我国博物馆的重要使命①。20世纪70年代，"中华人民共和国出土文物展"巡回15个国家，吸引超过650万观众，所到之处，各国政要、皇室、名人均到场参观，在冷战大背景下，对外展览为中国对外关系打开了一扇大门，成功开启了中国的"文物外交"。时至今日，文物展览已经成为"中外文化交流中最有影响、最受欢迎、最具特色、最有实效的活动"②。文物展览伴随文化年、文化节、国家领导人出访等各项外交外事活动，"已经成为展示中国形象，提升中华文化国际影响，增进国家互信、民心相通的'金色名片'"③。文物展览之外，中国博物馆努力提升在国际公约与国际组织中的参与度和影响力，在考古与研究、科技保护、人员培训等方面，都积极开展国际交流与合作④。中国政府的双边或多边文化交流协议为中国博物馆开展国际交流合作奠定了坚实基础⑤。中国博物馆也会与外国民间机构或非政府组织合作，争取文物保护资金。例如，从2006年开始，故宫博物院与美国世界建筑文物保护基金会（WMF，原名美国世界文化遗产基金会）合作，对故宫"乾隆花园"进行修复持续至今；2001—2010年，美国梅隆基金会与国家文物局合作开展中国博物馆馆长培训项目，10年里为中国培训了15位博物馆馆长。近几年，中国博物馆积极引进国外博物馆的优秀展览，与国外博物馆建立馆际合作关系，开展全方位专业交流。可以说，如今的中国博物馆在国际交流合作方面积极活跃，合作形式多样、内容丰富、成果丰硕，是中国博物馆事业蓬勃发展的见证。

---

① 陆建松：《走向世界：论新时期博物馆对外展览的重要意义》，《文化遗产研究集刊》第2辑，上海古籍出版社，2001年。

② 国家文物局编：《文物对外交流与合作改革开放30年》，《中国文物事业改革开放三十年》，文物出版社，2008年，第100页。

③ 浙江省博物馆：《金色名片·改革开放40年中国出入境文物展览回顾》，http://www.zhejiangmuseum.com/zjbwg/exhibition/zt_detail.html?id=255&zltype=0。

④ 张文彬：《中国博物馆国际化的进程回顾与展望》，《中国博物馆》2006年第3期。

⑤ 国家文物局编：《文物对外交流与合作改革开放30年》，《中国文物事业改革开放三十年》，文物出版社，2008年，第103页。

通过国际交流合作，积极引进国际展览，满足国内公众对世界文明的认知兴趣与需求，学习国外博物馆经营管理经验，提升中国博物馆经营管理水平、教育与公共文化服务能力，可以说，得益于"走出去"与"引进来"并重的国家文化战略，中国博物馆的专业水平确实得到了极大的锻炼与提升，博物馆的自主性、专业性得到了充分的施展。与此同时，"服务外交大局，服务对外文化交流"始终是中国博物馆在国际交流合作中必须遵守的第一原则①。中国博物馆的管理体制，包括法律法规、经费拨款、涉外活动审批等方面，保证了这一原则的贯彻实施。

相比于蓬勃发展的博物馆实践，目前中国学者关注博物馆国际交流合作的研究凤毛麟角：基本局限于博物馆及其对外展览的价值与意义、博物馆对外交流合作之模式、探讨博物馆对外交流的传播效果等。基本没有深入探讨博物馆作为专业机构、文化机构与文化外交的关系。这一方面反映出当下中国博物馆学更加关注博物馆自身的专业发展，另一方面也符合上文探讨的中国对于文化外交的关注视角。

三、基于跨文化视角的博物馆对外展览与中国文化外交研究

简单总结，西方文化外交关注文化外交行为体与政府的关系，及其折射出的政治宣传的可能性，在这一语境下，探讨博物馆在践行文化外交中的专业性与独立性；中国文化外交强调服从国家战略的大局意识，中国博物馆在服从外交大局的前提下更关注专业提升与发展。更进一步来讲，以博物馆展览为例，西方关注中国博物馆及其对外展览是否是中国政府的政治宣传工具，中国政府是否试图通过这些展览传递政治信息；中国则关注展览产生何种效应，如何贡献于国家形象，是否能够促进博物馆自身专业发展。

2011—2015年，笔者在英国莱斯特大学博物馆学院进行博士研究，正是在这种跨学科、跨文化的视角下，探讨中国博物馆的对外展览与文化外交。作为中国人，带着中国文化视角，利用中国材料，关注中国问题，希望研究

---

① 国家文物局编：《文物对外交流与合作改革开放30年》，《中国文物事业改革开放三十年》，文物出版社，2008年，第103页。

可以为中国实践做出一点贡献；同时，在英国读书，用英语写作，面对英国读者，介绍中国情况，需要对西方关注的问题做出回应。在这种跨学科、跨文化视角下，选择将研究聚焦于21世纪初十年间中国向英国博物馆输出的重要展览，探讨这些展览对中国国家形象和文化外交的影响；同时，探讨这些展览在组织实施过程中，中国博物馆与政府的关系，以及所体现出的中国博物馆管理体制与文化外交模式。

美国国务院关于文化外交的报告中指出，"文化外交最核心的目标看起来与艺术的价值相似，它们都很难评估。涉及文化外交的软性一面时，即增加文化相互理解时，评估就更加困难了"[①]。如何通过展览评估来进行文化外交评估，是一个重点。观众调查是博物馆评估的常见方式，上文提及的新西兰学者Davidson就是用这种方式评估展览对于文化外交的影响，但这种方法对于已经结束的展览则很难利用。在我国，办展博物馆往往会围绕特定展览进行观众研究，但更多是针对本馆发展需求的调查，如展览展陈设计、公共服务质量等，很少涉及对展览输出国的文化认知与国家形象的评估，国外亦是如此。而在英国，凡是稍有规模的展览，博物馆一般都会委托专门的媒体或公关公司，完整收集展览相关报道，包括媒体通稿以及大量的评论，能够从某种程度上反映社会大众与新闻媒体对于展览以及展览呈现的中国文化的印象的评论。但这些报道资料，基本没有得到充分利用。这恰恰是中国展览塑造国家形象、服务文化外交的重要评估资料。

2007—2008年，"秦始皇：中国兵马俑"展览在大英博物馆展出。该展览吸引超过85万观众，是大英博物馆历史上最受欢迎的展览之一，观展人数仅次于1972年的埃及图坦卡蒙珍宝展。展览的成功，成功开启了兵马俑的新一轮世界巡展热潮，延续至今。从策展理念、陈列设计、宣传推广、公共服务等各个角度来看，这场展览都取得了巨大的成功，大英博物馆的经验也值得中国博物馆学习借鉴[②]。展览在当地乃至欧洲引发的"中国热"，无疑是

---

① Milton C. Cummings. Cultural diplomacy and the United States government: A survey. Washington, D.C.: Center for Arts and Culture, 2013: 14.

② 张颖岚：《大英博物馆"秦始皇：中国兵马俑"展览的启示和借鉴》，《文博》2008年第3期。

对中国文化外交的重要贡献。但从大英博物馆收集的660多篇媒体报道看，从秦始皇的专制和"焚书坑儒"，到兵马俑所体现的军事力量和批量化生产，这场展览似乎被当做解读当代中国政治、经济、社会、人权的窗口。当然西方媒体对中国的解读总是自带视角，这场展览引发的"透古见今"的解读方式，并不属特例，也有积极的一面，而媒体分析也仅能反映展览影响的一个侧面。但无论如何，值得我们重视的是，"文物外交"也并不是毫无风险，需要慎重对待。

这就引出另一个问题，中国政府在输出这些展览中发挥了何种角色，这种通过历史展览、文物展览，帮助西方社会更好地了解中国文化、进而认识当代中国的做法，是由中国政府或博物馆推动的吗？笔者统计了2002—2017年英国博物馆举办的15个较有影响力的中国文物展览，包括大英博物馆的"秦始皇：中国兵马俑"展览。严格来说，仅有2012年诺丁汉城堡博物馆举办的、来自杭州中国丝绸博物馆的"衣锦环绣：5000年中国丝绸精品展"，是作为中国丝绸博物馆全球巡展的一站，由中方策展。其余全部展览基本以英方为主组织策展，中方提供展品并提出相关意见。至于展览期间的宣传、教育、公共文化服务，更是以英方为主导。根据中华人民共和国文物保护法及其实施条例规定，文物出境展览需要得到国家文物局乃至国务院的审批同意，但更多属于行政审核以及对于文物安全的保证。可见，中国的文物展览，并不如西方媒体及学者认为的，属于中国政治宣传的工具；但也从中暴露出中国博物馆在塑造国家形象过程中的缺位。无法掌握策展话语权，又如何能够讲好中国故事、传播好中国声音。这也最终回到了中国关注的议题上——如何在国际交流合作中提升中国博物馆专业水平、贡献国家软实力上来。

诚然，西方世界内部对于中国的认知不尽相同，新闻媒体中的中国也仅是中国形象的一个侧面；博物馆及其对外展览仅是文化外交众多参与者之一，文化外交也仅是审视博物馆国际交流与合作的一个维度。中国对外展览的目的、模式、类型、内容多种多样，不同国家对中国展览有不同需求、中国也有不同的应对之策。在这复杂交错的现实中，本文仅抽出其中的一条主线，做一种最精简的解读，未免有失严谨。谨希望以此强调一种跨学科、跨文化的研究方法与视角对当代中国博物馆学的重要性。中国的博物馆与文化外交都是一种复杂的综合体，是政治、文化、经济、专业的结合，本质上与世界其他国家的博物馆与文化外交并没什么不同。这需要中外学者，以一种更加开放、多元的眼光去理解它、挖掘它、阐释它。